पुस्तक GUNS AND GLORIES का हिंदी रूपांतरण

राजपूताना क्रॉनिकल

पराक्रम और परम्परा

राजपूताना के विस्मृत शासकों और मंत्रियों के शौर्य की ऐतिहासिक गाथा

प्रतap सिंह मेहता

अनुवाद : प्रगति जितेन्द्र बच्छावत

INDIA • SINGAPORE • MALAYSIA

ISBN 979-8-89186-344-6

अनुक्रम

डा. देवेन्द्र राज मेहता, पद्म भूषण,

संस्थापक एवं मुख्य संरक्षक, प्राकृत भारती अकादमी, जयपुर

प्राकृत भारती अकादमी
Prakrit Bharati Academy
पं.सं. 475/76-77
१३-ए. गुरुनानक पथ, मेन मालवीय नगर, जयपुर-३०२ ०१७, दूरभाष : २५२४८२८/२५२०२३०
13-A, Gurunanak Path, Main Malviya Nagar, Jaipur-302 017, Phone : 2524828 / 2520230
E-mail : prabharati@gmail.com • Website : www.prakritbharati.net

प्रस्तावना

स्वतंत्रता से पूर्व देसी रियासतों के इतिहास के नाम पर या तो अंग्रेजी शासन के तथाकथित सुधारों की जानकारी मिलती है अथवा मुग़ल शासन का स्पष्ट-अस्पष्ट प्रभाव दिखाई देता है। अंग्रेजों और मुग़लों के निरंकुश हस्तक्षेप से हमारा राजनीतिक और सांस्कृतिक इतिहास तो लगभग एक परिधि में सिमट चुका हैं। सार्वजनिक लोकहित के लिए किए गए प्रयास अलबत्ता स्वतंत्र अध्ययन की अपेक्षा रखते है। कमांडर प्रताप सिंह मेहता की पुस्तक, **'राजपूताना क्रॉनिकल: पराक्रम और परम्परा - *राजपूताना के विस्मृत शासकों और मंत्रियों के शौर्य की ऐतिहासिक गाथा*'**, इसी दिशा की एक महत्वपूर्ण कड़ी है। यह उन्हीं की लिखित पुस्तक, 'Rajputana Chronicles: Guns and Glories - The thousand-year story of the Bachhawat clan' का हिंदी रूपांतरण है। उनके इस ऐतिहासिक महत्वपूर्ण कार्य का प्रकाशन इसी दिशा में उल्लेखनीय है।

राजाओं और राज्यों के बारे में पर्याप्त इतिहास लिखा गया है, लेकिन उनकी इस पुस्तक के माध्यम से हमें समकालीन विस्मृत व अल्प ज्ञात शासकों उनके मंत्रियों के पराक्रम और परम्परा की अनकही ऐतिहासिक गाथाओं की जानकारी प्राप्त होती है। अपने अनुभवों की कटुता के बावजूद उनका जीवन विनम्र भाव से चला है। बच्छावत वंश की उत्पत्ति, अतीत और वर्तमान में, दस शताब्दी से ऊपर राजपूताना के देलवाड़ा, मेवाड़, मारवाड़ और बीकानेर राज्यों के शासकों एवं वहां के प्रशासन से किसी न किसी रूप में निकटस्थ रहा है। जीवन के व्यापक घात-प्रतिघात के बीच उनकी यह कहानी, इतिहास भी है और इतिहास से सीखा गया सबक भी। राजपूताना के इतिहास पर शोधकर्ताओं और जिज्ञासुओं के लिए तो यह पुस्तक एक अत्यंत संवेदनशील दस्तावेज है।

इतिहास साक्षी है कि मध्यकाल के दौरान बच्छावत वंश जैन धर्म को पल्लवित करने वाले थे। शासन को गौरवशाली बनाने में बच्छावत श्रावक वर्ग का योगदान आचार्यों व साधुओं से

कम नहीं है। श्रावकगण - देव, गुरु, धर्म में श्रद्धा रखते हुए धार्मिक, राजनीतिक, सामाजिक और कूटनीति जैसे महत्वपूर्ण कार्यों में अपनी भूमिका प्रतिबद्धता से निभाते रहे। ऐसे ही कुशल प्रशासक, वीर योद्धा और कर्मठ श्रावक - राजा सागर (देवड़ा चौहान), राजा बोहित्य (देवड़ा चौहान), दीवान बच्छराज (ओसवाल जैन), दीवान करमचंद बच्छावत मेहता (ओसवाल जैन) और प्रधान राय पन्नालाल बच्छावत मेहता (ओसवाल वैष्णव), के नाम उल्लेखनीय है। वे देलवाड़ा के शासक, जोधपुर, बीकानेर और मेवाड़ राज्य के मंत्री पद पर आसीन रहते हुए राज्य, संघ, समाज, के विभिन्न प्रकार से सेवा करते रहे।

बधाई देता हूँ कि यह ऐतिहासिक पुस्तक, रचनाकार एवं शोधकर्ता कमांडर प्रताप सिंह मेहता (नौसेना से सेवा-निवृत्त, वेटरन) के द्वारा प्रकाशित की जा रही है। वे भारतीय नौसेना और 1971 के भारत-पाक युद्ध के एक अनुभवी वेटेरन रहे हैं। वे उन्नीसवीं शताब्दी में मेवाड़ राज्य के वरिष्ठ सैन्य कमांडर लक्ष्मीलाल मेहता एवं निष्ठावान प्रधान मंत्री राय पन्नालाल मेहता के प्रपौत्र हैं। वे राजा सागर के पैंतीसवें एवं दीवान बच्छराज के बाईसवें प्रत्यक्ष वंशज भी हैं। यद्यपि वे समुद्री विज्ञान में भारतीय नौसेना अकादमी के स्नातक हैं, लेकिन वे हमेशा राजपूताना के इतिहास के बारे में बहुत भावुक रहे हैं। इतिहास के प्रति उत्साही होने के नाते, वे विशेष रूप से अपने पूर्वजों के इतिहास के गहन पर्यवेक्षक भी हैं।

यह पुस्तक, इतिहास और धरोहर प्रेमियों के शोध-कर्ता के लिए ही नहीं, बल्कि बच्छावत एवं बोथरा वंश के संस्कृति प्रेमियों के लिए बहुउपयोगी रहेगी। मैं कामना करता हूं कि बच्छावत गोत्र के वंशज, अपने पूर्वजों की सच्ची भावना से मानवता की सेवा करने के लिए बढ़ते और समृद्ध होते रहें।

देवेन्द्रराज मेहता

डॉ. देवेन्द्र राज मेहता
पद्म भूषण, पूर्व भारतीय प्रशासनिक सेवा अधिकारी
संस्थापक एवं मुख्य संरक्षक, प्राकृत भारती अकादमी, जयपुर
संस्थापक, भगवान महावीर विकलांग सहयोग समिति, जयपुर
पूर्व अध्यक्ष, सेबी (सिक्योरिटीज एंड एक्सचेंज बोर्ड ऑफ इंडिया)
पूर्व डिप्टी गवर्नर, भारतीय रिजर्व बैंक

कमांडर प्रताप सिंह मेहता, वेटरन, भारतीय नौ सेना

पुस्तक परिचय

अधिकांश इतिहास राजाओं के बारे में लिखा गया हैं कि वे कैसे अपना राज्य चलाते थे। लेकिन यह पुस्तक विस्मृत व अल्प-ज्ञात शासक, उनके मंत्रियों के पराक्रम और परम्परा की अनकही ऐतिहासिक गाथाओं के बारे में है। किसी भी राष्ट्र का इतिहास हर एक के दिल को प्रसन्न करता है। यह उस राष्ट्र के विशेष वंश के हर व्यक्ति के लिए ख़ास महत्व रखता है जो अपने पूर्ववर्तियों के कार्यों और जीवन को जानना पसंद करता है। यह पुस्तक, न केवल प्रशासन बल्कि राज्य की संप्रभुता की रक्षा में बच्छावत वंश के विस्मृत शासक और मंत्रियों के योगदान पर भी केंद्रित है। इसमें बच्छावतों के सामाजिक, सांस्कृतिक और राजनीतिक आयाम पर चर्चा की गई है।

इस पुस्तक में शोध – ऐतिहासिक अभिलेख, वैज्ञानिक पत्रों के संकलन, संबंधित लोगों और चारण-भाटों के साथ साक्षात्कार और संलग्न ग्रन्थ-सूची पर आधारित है। सभी तिथियां-वर्ष सामान्य युग (सी.ई./ए.डी. CE/AD) में हैं; हालाँकि, स्टार (*) अनुमानित वर्ष को दर्शाता है। रा. - राज्य काल तथा ज. - जन्म-मृत्यु को दर्शाता है। पाठकों को आसानी से अनुसरण करने के लिए पूरी पुस्तक को दो भागों में विभाजित किया गया है।

भाग 1 – पराक्रम

राजपूताना (राजस्थान) के पूर्व राज्यों के अभिजात्य वर्ग से संबंधित बच्छावत वंश ने जीवन के कई उतार-चढ़ावों का सामना किया। वे बहादुर थे। उनमें से कई ने तो राज्य के लिए लड़ते हुए अपने जीवन का बलिदान भी दिया। वे उत्कृष्ट दूरदर्शी प्रशासक थे। उन्हें भाग्य के उतार-चढ़ाव का सामना करना पड़ा। विरोधियों के षड्यंत्रों के चलते, निर्वासन और यहां तक कि अपने जीवन पर संकटों से गुजरना पड़ा। कभी-कभी उन पर राज्य विरोधी और मुग़ल व ब्रिटिश शासन समर्थक होने का संदेह भी किया जाता था। उन्हें मुगलों और अंग्रेजों द्वारा सम्मानित किया गया था, जिससे उनके स्वामी ईर्ष्या करते थे। इस प्रकार यह बच्छावत वंश के हजार वर्षों की कहानी हैं जिसने अनेक कष्ट सह कर भी पराक्रम और परम्परा की विरासत को अक्षुण्ण बनाये रखा।

इस वंश के सदस्य पीढ़ियों से राज्य के प्रशासन से जुड़े रहे। प्रत्यक्ष पूर्वजों में से कई देलवाड़ा राज्य में स्वतंत्र शासक थे। जोधपुर, बीकानेर और मेवाड़ राज्यों के ग्यारह दीवान और प्रधान थे। नौ सदस्यों को क़िलेदार के रूप में नियुक्त किया गया। इस वंश के पच्चीस से अधिक

सदस्यों ने पाटन (गुजरात), बीकानेर और मेवाड़ के विभिन्न परगना और ठिकानों में मंत्री या हाकिम के रूप में कार्य किया था।

बच्छावत वंश की उत्पत्ति - देवड़ा चौहान वंश

देवड़ा वंश के चौहान राजपूतों के पूर्वज सम्राट पृथ्वीराज चौहान और नाडोल के शासक राव अलहना (अरहान) थे। उनके पुत्र राव कीर्तिपाल ने सन् 1181 के आसपास आहड़ (मेवाड़) और जालौर पर कब्जा कर लिया और जालौर के राव बन गए। जालौर के राव कीर्तिपाल के वंशज, देवड़ा चौहान राजा सागर, देलवाड़ा (देवकुल पाटन नगरी) के शासक तथा बच्छावत वंश के प्रथम पूर्वज थे।

मेवाड़ के राणा रतनसिंह और महाराणा हमीरसिंह प्रथम को मुस्लिम आक्रमणकारियों (अलाउद्दीन खिलजी और मोहम्मद बिन तुग़लक़) के विरुद्ध युद्ध में साथ देते वक़्त, देलवाड़ा के शासक, राजा सागर के पुत्र और पौत्र, राजा बोहित्य और राणा श्रीकर्ण वीरगति को प्राप्त हुए। श्रीकर्ण की मृत्यु के बाद उनकी पत्नी रानी रत्ना देवी अपने चार छोटे बच्चों के साथ उनकी शिक्षा और युद्ध कला में प्रवीणता के लिए खेड़ीनगर (पाटन, गुजरात) में अपने पीहर (माता-पिता के घर) चली गईं।

देवड़ा चौहानों द्वारा जैन धर्म अंगीकार करना

देवड़ा चौहान वंश के राणा श्रीकरण के बड़े पुत्र राजकुमार समधर, अपनी वंशावली में, संत और विद्वान श्री जिनेश्वर सूरी महाराज से जैन धर्म के खरतरगच्छ संप्रदाय को अंगीकार करने वाले पहले व्यक्ति थे। इसके बाद उनके वंशज ओसवाल समुदाय में विलीन हो गए। उन्होंने ओसवाल समुदाय के साथ वैवाहिक संबंध स्थापित किए।

बच्छावत वंश का अतीत

संघपति समधर के वंशज बच्छराज, जिन्हें वत्सराज के नाम से भी जाना जाता हैं, न केवल एक धार्मिक व्यक्ति थे, बल्कि पाटन (अनहिलपुर, गुजरात) में एक बहुत ही बहादुर और वीर योद्धा भी थे। बच्छराज के वंशजों को लोग बच्छावत के नाम से जानने लगे, जो बाद में एक विशिष्ट गोत्र और एक कुल का समूह बन गया। इस प्रकार, ओसवाल समुदाय की बच्छावत शाखा का जन्म हुआ। इस शाखा के लोग जैन धर्म में श्वेतांबर शाखा के खरतरगच्छ संप्रदाय साधुओं में विश्वास करते हैं। जबकि, बच्छावत मेहता पीढ़ियों से राज्य के शासकों की सेवा में थे, इसलिए उन्होंने वैष्णव धर्म का भी पालन किया। श्रीनाथजी उनके इष्ट देव (पारिवारिक देवता) बन गए। इसी

कारण बच्छावत परिवार में दोनों जैन और वैष्णव संप्रदाय की तरह तीर्थ, त्यौहार और उपवास किये जाने लगे।

बच्छराज के वंशज करमचंद (ज.1542-1607*) को राव कल्याणमल के समय बीकानेर का दीवान (रा.1571-92) नियुक्त किया गया। वे बीकानेर में बहुत लोकप्रिय थे और सम्राट अकबर के साथ उनके बहुत अच्छे संबंध थे। राजा राय सिंह को बीकानेर की राजगद्दी से उतारने का षड्यंत्र रचने वाला कथित रूप से दीवान करमचंद बच्छावत को माना जाने लगा था। इसलिए राजा सूर सिंह, दीवान करमचंद द्वारा अपने पिता, राजा राय सिंह के कथित अपमान का बदला लेना चाहते थे। बीकानेर के राजा सूर सिंह (रा.1613-31) के समय दीवान करमचंद बच्छावत के पुत्र भागचंद और लक्ष्मीचंद की वीरता और बलिदान की कहानी प्रसिद्ध है।

बच्छावत मेहता का उदयपुर में आगमन और वर्तमान

मेवाड़ के दानवीर प्रधान, भामाशाह (ज.1547-1600) की पुत्री जिगीषा बाई का विवाह दीवान करमचंद के पुत्र, भागचंद से हुआ था। गर्भवती जिगीषा बाई, जो सम्मान की लड़ाई में भाग नहीं ले सकी, उदयपुर में अपने माता-पिता के घर आई। जिगीषा बाई ने उदयपुर में एक लड़के को जन्म दिया, जो भाणजी के नाम से जाना गया। मेवाड़ के महाराणा कर्ण सिंह ने भाणजी के वंश की महिमा और दक्षता के अनुसार, उन्हें अपनी सेना के एक सेनापति के रूप में नियुक्त किया। भाणजी मेहता की कई पीढ़ियों ने प्रधान, सेनाध्यक्ष एवं प्रशासकों के रूप में मेवाड़ के महाराणाओं की सेवा की। वर्तमान में, भाणजी के वंशज, बच्छावत मेहता परिवार, मेवाड़ में प्रवास करते हैं।

उन्नीसवीं सदी के मेवाड़ राज्य में विभिन्न महत्वपूर्ण प्रशासनिक सुधार, बच्छावत मेहता वंश के प्रधान, मेहता अगरचंद (रा.1769, रा.1796-99), मेहता देवी चंद (रा.1799-1802), मेहता शेर सिंह (रा.1828-56), मेहता गोकुल चंद (रा.1856-78) और मेहता राय पन्नालाल (रा.1878-94) के मार्गदर्शन और नेतृत्व में किए गए।

उपसंहार

राजपूताना का इतिहास बताता है कि बच्छावत वंश के कई सदस्यों ने जोधपुर, बीकानेर और मेवाड़ के शासकों की पूरी निष्ठा और भक्ति के साथ सेवा की है। चौहान वंश के सम्राट पृथ्वीराज और राव कीर्तिपाल से देवड़ा कुल के राजा सागर, बच्छावत करमचंद और मेहता अगरचंद से लेकर मेहता राय पन्नालाल तक, लगभग हज़ार वर्षों तक बच्छावत वंश के अभिजात्य वर्ग ने

शासन, प्रशासन और कई युद्धों में भाग लिया। वे बहादुर और शिष्ट थे। यहां तक कि उन्होंने में राष्ट्र-प्रेम को सर्वप्रिय मानते हुए समय-समय पर अपने जीवन का बलिदान भी दिया।

वैश्य जाति के होने के बावजूद बच्छावत सैन्य रणनीति में, क्षत्रिय सलाहकारों से बेहतर जाने जाते थे, क्योंकि उनमें राजसी (देवड़ा चौहान) रक्त प्रवाहित था। अपनी कलम एवं तलवार का उपयोग वे समान हुनर और प्रभाव के साथ करते थे।

भाग 2 – परम्परा

बच्छावतों का सामाजिक-सांस्कृतिक जीवन

आगे का लेख बच्छावत वंश के पूर्वजों द्वारा छोड़ी गई विरासत के प्रति मेरी भावनाएं और कल्पनाएं हैं। मुख्य धारा के बच्छावत, क्षत्रिय वर्ण (योद्धा वर्ग) का प्रतिनिधित्व करते हैं, इसलिए मूल संरचना और उनकी जीवन शैली राजपूतों से प्रभावित होती है। इस प्रकार, बच्छावत उच्च और दो बार पैदा हुए अनुष्ठान रूप से सूर्यवंशी स्वच्छ जाति समूह से संबंधित हैं।

वर्तमान में ओसवाल समुदाय की बच्छावत गोत्र से संबंधित समुदाय मूल रूप से जैन धर्म में श्वेतांबर शाखा के खरतरगच्छ साधुओं में विश्वास करते हैं तथा विभिन्न जैन सम्प्रदाय, जैसे तेरापंथी, मंदिरमार्गी और स्थानकवासी में भी विश्वास रखते हैं। लेकिन पीढ़ियों से महाराणाओं की सेवा में होने के कारण, बच्छावत मेहता वैष्णव संप्रदाय और श्रीनाथजी उनके इष्टदेव (कुल देवता) बन गए हैं।

समय-समय पर रहन सहन की जैसे-जैसे सुविधाएँ उपलब्ध होती रही, बच्छावत गोत्र के परिवार विभिन्न स्थलों में स्थाई वास करने लगे। बच्छावत परिवार विभिन्न प्रान्तों में व्यापारिक वृत्तियों में संलग्न हैं। अपने-अपने स्वतंत्र मतानुसार भले ही बच्छावत विभिन्न संप्रदाय जैसे श्वेताम्बर – मंदिरमार्गी हो या तेरापंथी या स्थानकवासी एवं दिगम्बर हो, लेकिन पारिवारिकता को निभाने वाले सेवाभावी परिवार हैं।

अभिवादन के तरीके, संबोधन के रूप, शिष्टाचार और पोशाक आदि बच्छावतों के बीच पारंपरिक सांस्कृतिक मान्यता के रख-रखाव के लिए महत्वपूर्ण थे। आज भी बच्छावत घरों में, रसोई एक पवित्र स्थान है और भोजन परमात्मा का एक प्रसाद माना जाता है। पुस्तक के इस भाग में एक रूढ़िवादी ओसवाल (जैन/वैष्णव) वर्ग के मूल्यों और परम्पराओं में पले-बढ़े बच्छावतों की आकर्षक कहानियां भी हैं।

इस जानकारी का आधार सामाजिक और परम्परागत ज्ञान है। इनमें से कुछ बातें अनुभूत हैं, कुछ बातें पूर्वजों से सुनी हैं और कुछ बातें समाज में प्रचलित हैं। हर विषय पर शोध नहीं हुए हैं और ना ही हो सकते हैं।

वर्तमान में बच्छावत वंश के लोग भारत में समाज के विभिन्न क्षेत्रों यथा सेवा, शिक्षा, साधना, व्यवसाय, एवं शासन में उच्च पदस्थ होकर अपनी सेवाएं दे रहे हैं। साथ ही धार्मिक क्रिया कलापों में भी निरंतर अपना योगदान दे रहे हैं।

उपसंहार

देश हो या परदेस, बच्छावत परिवार का जन हित कार्यों में महत्त्वपूर्ण सहयोग रहता आया है। पूर्व में बीकानेर के करम चंद बच्छावत और उसके बाद के वंशजों की अविस्मरणीय सामाजिक उन्नयन वृत्तियाँ, आज विशेष स्मृतियाँ बनी हुई हैं।

इस पुस्तक को पढ़ने के बाद प्रत्येक योग्य पाठक को एहसास होगा कि बच्छावत का कुल पारम्परिक विचारों का है, जिसमें प्रत्येक सदस्य ने अपने स्वामी के प्रति पूरी निष्ठा के साथ राज्य की सेवा की हैं। उन्होंने अपने राज्य की भलाई के लिए तन-मन-धन न्योछावर किया। इस परिवार के प्रत्येक सदस्य को प्रधान, क़िलेदार, जागीरदार और हाकिम के उच्च पदों से पुरस्कृत भी किया गया।

आशा है, राजपूताना के विस्मृत गणमान्य शासकों और मंत्रिगण की विरासत और इतिहास की अन्य कई विविधताओं का यह दर्पण आपको सुन्दर लगेगा। यहाँ विशेष रूप से उनकी अनकही दास्तान के पराक्रम और परम्परा का प्रतिबिम्ब दर्शाया गया हैं। यह सामग्री इतिहास के विद्यार्थियों के लिए पठनीय होगी और आगे इस पर शोध कर सकेंगे। इसी आशा के साथ...!

रचनाकार एवं शोधकर्ता

कमांडर प्रताप सिंह मेहता, वेटरन, भारतीय नौसेना

Bachhawat Heritage Foundation
बच्छावत हेरिटेज़ फाउन्डेशन

अभिस्वीकृति

बचपन से अपने पूर्वजों के पराक्रम और प्रतिष्ठा के बारे में बहुत कुछ सुना था। यह शायद मेरे लिए सशस्त्र बढ में शामिल होने के लिए एक प्रमुख प्रेरणा शक्ति थी। मुझे बच्छावत वंश के अल्प-ज्ञात मंत्री और योद्धा की वीरता की गाथाएँ सुनना पसंद था। ऐसा कहा जाता है कि इस तरह की कहानियों को कलमबद्ध करने की इच्छा देर-सबेर किसी से आगे निकल ही आती है। मुझे जल्द ही एहसास हुआ कि मैंने डायरी तो दूर, कोई नोट्स भी नहीं रखे हैं। एक दिन, सन् 1992 में मेरे पिता इंदर सिंह मेहता के निधन के बाद, मेरे काका भागवत सिंह मेहता, जिनकी मैं कुलीन जीवन शैली और चित्रकारी के एक विशाल संग्रह के लिए सबसे अधिक प्रशंसा करता हूं, ने मुझसे पूछ ही लिया कि क्या मैंने अपने पूर्वजों की दास्तानों को लिखने के बारे में सोचा है? मैंने अस्पष्ट रूप से स्वीकार किया। भगवत सिंह जी ने कहा, *"प्रताप, आप के संदेह भ्रम पैदा करने वाले हैं; वास्तव में अगर आप अपनी यादों से लिखते हैं, मतलब जब कोई कार्य शुरू करते हैं तो पुरानी यादें वापस आती हैं।"*

भगवत सिंह जी ने उदयपुर में अपने संकलन में प्रत्येक पूर्वजों की चित्रकारी से संबंधित मूल्यवान सुझाव दिए और उपाख्यानों को सुनाया। इस प्रकार एक छोटे से कदम के साथ इस लंबी यात्रा की शुरुआत हुई। मैं उनकी इस प्रेरणा के लिए अत्यंत ऋणी हूं। जैसे ही मैं पीछे मुड़कर देखता हूं, मुझे विश्वास हो जाता है कि पिछली यादें किसी के जीवन को आकार देती रहती हैं, चाहे वे कितनी भी पुरानी क्यों न हो जाए।

मैं जानता हूँ कि मैंने जो भी सावधानी बरती है और जो मेहनत की है, उसके बावजूद गलतियां होंगी। हो सकता है कि कुछ घटनाओं को कम करके दिखाया गया हो और कुछ अन्य को बढ़ा-चढ़ा के। जिसके लिए मैं पाठकों का अनुग्रह चाहता हूँ और उन्हें आश्वस्त करता हूं कि जैसा मैंने पुस्तक में लिखा है, मैं किसी भी स्तर पर दुर्भावना से प्रेरित नहीं हूँ और न ही किसी की भावनाओं को आहत करने का मेरा इरादा था।

आभार की अभिव्यक्ति

मैं विशेष रूप से श्रीजी अरविंद सिंह जी मेवाड़ का आभार व्यक्त करना चाहता हूं, जिन्होंने मेरी अंग्रेजी पुस्तक गन्स एंड ग्लोरिज की प्रस्तावना प्रदान की। मैं मेवाड़, उदयपुर के महाराणाओं

के सचित्र अभिलेखागार से तस्वीरों का उपयोग करने की अनुमति देने के लिए भी उन्हें धन्यवाद देता हूं। यह काम मेवाड़ चैरिटेबल फाउंडेशन / MMCF के कर्मचारियों की मदद के बिना संभव नहीं था।

बच्छावतों पर अध्ययन के अनुसरण में, अधिकांश सामग्री बच्छावत मेहता परिवार के सदस्यों द्वारा उपलब्ध कराई गई थी। इसमें स्वर्गीय इंदर सिंह, स्वर्गीय सरदार सिंह, स्वर्गीय लक्ष्मण सिंह, स्वर्गीय राम सिंह, स्वर्गीय भगवत सिंह, स्वर्गीय पृथ्वी सिंह, भूपेंद्र सिंह, धीरेंद्र सिंह मेहता, प्रदीप सिंह, माहिम सिंह और लखपत सिंह के चित्र और दस्तावेज शामिल हैं। मैं स्वर्गीय मेहता कन्हैया लाल के सुपुत्रों (अशोक और दलीप) और स्वर्गीय गोकल लाल की सुपुत्रियों (वनमाला, नलिनी और निशाज्योति) का भी विशेष उल्लेख करना चाहता हूं जिन्होंने मुझे पैतृक चित्रों का उपयोग करने की अनुमति दी।

मेवाड़ के प्रधान, मेहता राय पन्नालाल की पुस्तक 'स्वजीवनी', मेहता लक्ष्मण सिंह की पुस्तक, "बच्छावत गोत्रीय मेहता वंश: उत्पत्ति, अतीत एवं वर्तमान", भंवरलाल नाहटा द्वारा लिखित 'मंत्री करमचंद बच्छावत', अंग्रेजी की पुस्तक 'In Different Worlds' by KL Mehta और 'Caste, Clan and Ethnicity' by Lalit Mehta द्वारा संग्रहित सामग्री से जानकारियां ली गईं जिनके लिए मैं उनका कृतज्ञ हूँ। जयसोम उपाध्याय विरचित 'मंत्री करमचन्द्र वंशावली प्रबंध', मंत्रिश्वर करम चंद एवं बच्छावत परिवार का इतिहास समाज की अमिट धरोहर हैं, एवम् आने वाली पीढ़ियों के लिए प्रेरणा का स्रोत है।

साथ ही मैं रायपुर से भाई छत्र सिंह बच्छावत, पाली से भाई हुक्मीचंद मेहता, मुंबई से भाई सुधीर कुमार बच्छावत, बीकानेर से भाई उज्ज्वल और दीपक बच्छावत, रानी गाँव से भाई शैलेन्द्र बच्छावत, अगरतला से भाई तरुण कुमार जैन बच्छावत, कोलकत्ता से भाई विक्रम मानक चंद बच्छावत का भी आभारी हूँ। सम्पूर्ण बच्छावत परिवार के सहयोग बिना यह प्रयास सफल नहीं हो पता।

मुंबई से लेखिका-कवयित्री, बहन प्रगति बच्छावत को हिंदी अनुवाद तथा बीकानेर से साहित्यकार, भाई नदीम अहमद और जयपुर से पत्रकार-साहित्यकार, भाई जयदेव शर्मा को संपादन के लिए भूल नहीं सकता। इनके अदम्य सहयोग से ही इस पुस्तक का प्रकाशन सम्भव हो सका है।

पारिवारिक जानकारियां उपलब्ध करने के लिए गत 5 वर्षों में अनेक बार पत्राचार/ वाहट्सअप्प सन्देश भेजे गए। बहुत से महानुभावों का पत्रोत्तर प्राप्त हुआ। जिन कुछ एक परिवारों को स्वविवरण मालूम नहीं हैं या भेज नहीं पाए उनका भी कृतज्ञ हूँ। वस्तुतः अधिकांश विवरण प्राप्य है।

अंत में, मैं अपनी पत्नी शैल मेहता के प्रति अपने दायित्व की गहरी भावना व्यक्त करना चाहता हूं, जो प्रोत्साहन का निरंतर स्रोत हैं। साथ ही हमारे पुत्र नकुल मेहता, बहू जानकी मेहता, पुत्री प्राची शाह का इस परियोजना में मूल्यवान सुझाव देने के लिए के लिए आभारी हूँ।

लेखक अनुसंधान के लिए प्रदान की गई सहायता के लिए अपना आभार व्यक्त करता है:

- Shree Eklingji Trust, Eternal Mewar, Udaipur
- Museum Archives of the Maharanas of Mewar (MMCF), Udaipur
- Department of Achieves, Govt of Rajasthan, Bikaner
- Abhay Jain Granthalaya, Nahatton ka Chowk, Bikaner
- Maharaja Ganga Singhji Trust, Bikaner
- Rajasthan Oriental Research Institute, Udaipur
- Sahitya Sansthan, Rajasthan Vidhyapeeth, Udaipur
- Prakrut Bharati Academy, Jaipur
- Mewar Shodh Pratisthan, Bhilwara
- Prachya Shodh Sansthan, Mandalgarh
- Rajasthani Shodh Sansthan, Jodhpur
- Google and amazon.com / amazon.in through internet

लेखक एवं शोधकर्ता

कमांडर प्रताप सिंह मेहता, वेटरन, भारतीय नौसेना

अस्वीकरण

देवड़ा चौहान और बच्छावतों की वंशावली के बारे में जानकारी, इतिहास की विभिन्न पुस्तकों, इंटरनेट, चारण-भाट और शिलालेखों से उपलब्ध है, जो विरोधाभासों से भरी हुई है। कई नाम भी अलग-अलग हैं। किसी भी व्यक्ति या स्थान का इतिहास भी यथासंभव जस का तस प्रस्तुत करना लेखक की मंशा रही है। साथ ही, पेपर को तथ्यात्मक रूप से और सही मायने में उचित मॉडरेशन के बाद प्रस्तुत करने के लिए हर सम्भव सावधानी बरती गई है। इसलिए इस पुस्तक के लेखक और प्रकाशक, प्रकाशित सामग्री के सन्दर्भ में किसी भी आपत्ति या विरोधाभास के लिए जिम्मेदार नहीं हैं।

राजपूताना क्रॉनिकल

पराक्रम और परम्परा

भाग 1 - पराक्रम

तनद्वश वर्णानाम श्रोतुं सज्जनाः सन्तु सममुखाः ।
सतां संजायते यस्मात प्रीतिः परगुण श्रुतेः ।।

(मंत्री करम चंद वंशावली प्रबंध – श्लोक 17)

उनके (मंत्रीराज करम चंद) वंश की उज्जवल कीर्ति का श्रवण करने के लिए सज्जन पुरुष सदैव उन्मुख होंगे, क्योंकि अन्य श्रेष्ठ पुरुषों के सद्णों का श्रवण करने से सज्जनों को प्रसन्नता होती है।

यः सर्वत्रानभिस्नेहस्तत्तत्प्राप्य शुभाशुभम् ।
नाभिनन्दति न द्वेष्टि तस्य प्रज्ञा प्रतिष्ठिता ।।

(भगवत गीता अध्याय 2, श्लोक 57)

जो पुरुष सर्वत्र स्नेह रहित हुआ उस-उस शुभ या अशुभ वस्तु को प्राप्त होकर न प्रसन्न होता है और न द्वेष करता है, उसकी बुद्धि स्थिर है।

He whose mind is unaffected by misery or pleasure and is free from all bonds and attachments, fear, and anger, is man, of steady wisdom and decisive intellect.

सभी तिथियां-वर्ष सामान्य युग (सी.ई./ए.डी. CE/AD) में हैं; स्टार (*) अनुमानित वर्ष को दर्शाता है। रा. - राज्य काल तथा ज. - जन्म-मृत्यु को दर्शाता है।

सम्राट पृथ्वीराज चौहान (रा.1177-92)
– चित्र सौजन्य: किला राय पिथोरा, दिल्ली

अध्याय 1

12-15वीं शताब्दी

देलवाड़ा - मध्यकाल से पूर्व का इतिहास

क्षत्रिय (देवड़ा चौहान) से वैश्य (ओसवाल)

देवड़ा चौहान कौन थे? यह जानने से पहले देलवाड़ा के इतिहास पर कुछ प्रकाश डालते हैं। देलवाड़ा, उदयपुर शहर से 28 किलोमीटर दूर, अरावली के पर्वतों में बसा एक छोटा-सा नगर है। यह मूलतः 'देवकुलपाटन नगरी' यानी की देवताओं की नगरी, के नाम से विख्यात था। इसमें किसी समय पंद्रह सौ मंदिर थे, जिसमें चार सौ से ज्यादा जैन मंदिर थे। 13वीं शताब्दी के मध्य में, राजा सागर, देवड़ा चौहान एवं जालौर के राव कीर्तिपाल के वंशज, देलवाड़ा (मेवाड़) के पराक्रमी राजा थे। राजा सागर के वंशजों ने मेवाड़ के राणाओं का साथ दिया एवं मुस्लिम आक्रमणकारियों के विरूद्ध लड़ते हुए वीरगति को प्राप्त हुए।

प्रख्यात इतिहासकार, राय बहादुर गौरीशंकर ओझा के अनुसार, देवड़ा चौहानों की वंशावली के बारे में जानकारी, भाट और शिलालेखों की विभिन्न पुस्तकों से उपलब्ध है, लेकिन यह विरोधाभासों से भरी हुई है। सोनगरा और देवड़ा चौहानों की वंशावली के बारे में इतिहासकारों के बीच भी मतभेद हैं।

राजा सागर, बच्छावत (ओसवाल) गोत्र के पूर्वपुरुष थे। सागर के पुत्र राजा बोहित्य जैन दर्शन शास्त्र से बेहद प्रभावित एवं प्रेरित हुए। राजा बोहित्य के पौत्र, समधर (देवड़ा चौहान), अपने वंश के प्रथम पुरुष थे, जिन्होंने जैन धर्म अंगीकार किया।

1.1 देलवाड़ा (मेवाड़) की ऐतिहासिक एवं आध्यात्मिक पृष्ठभूमि

देलवाड़ा, उदयपुर से 28 किलोमीटर की दूरी पर अरावली पर्वत श्रृंखला में बसा है। यह एकलिंगजी मंदिर के नजदीक, नाथद्वारा के रास्ते पर है। देलवाड़ा मूलतः "देवकुलपाटन नगरी" यानी "देवों की नगरी" के नाम से जाना जाता है। ऐसा दावा किया जाता है कि इस शहर में क़रीब पंद्रह सौ मंदिर थे जिनमें से चार सौ जैन मंदिर थे। देलवाड़ा के प्राचीन जैन मंदिर जो अब खंडहर बन चुके हैं, राजा सम्प्रति (224-215 ईसा पूर्व) के शासन काल में बनाए गए। राजा सम्प्रति सम्राट अशोक के पौत्र एवं कुणाल के पुत्र थे। वे भारत के सम्पूर्ण पश्चिमी एवं दक्षिणी भाग (मौर्य साम्राज्य) के सम्राट बने। उन्होंने अपना शासन उज्जैन से किया। उन्हें 'जैन अशोक' के नाम से भी जाना जाता है। उन्होंने सम्पूर्ण भारत वर्ष में हज़ारों जैन मंदिर बनवाए। राजस्थान, गुजरात के प्राचीन जैन स्मारक एवं देलवाड़ा (मेवाड़) के प्राचीन जैन मंदिर राजा सम्प्रति की देन हैं।

ईसा पश्चात् 15 वीं शताब्दी से पूर्व देलवाड़ा, नागदा और आयड़ शिक्षा एवं सभ्यता के केंद्र रहे। मेवाड़ एवं निकटवर्ती राज्यों के राजकुमारों / कुंवरों को देलवाड़ा में युद्ध कुशलता एवं औपचारिक शिक्षा में प्रशिक्षित किया जाता था। अपितु, यह कँवरपदा यानी शिक्षा केंद्र भी कहलाया। देलवाड़ा एक विशाल नगर था जो गंधर्व सागर झील से नागदा तक फैला हुआ था। वर्तमान में मूल नगर के केवल पच्चीस प्रतिशत ही अवशेष बाकी हैं।

सन् 2017 तक, तीन मुख्य जैन मंदिर देलवाड़ा में रहे, जिनके जीर्णोद्धार का कार्य आरम्भ हुआ। देलवाड़ा के जैन मंदिर सफ़ेद संगमरमर में बनवाए गये। बाहर से सादगी पूर्ण होते हुए भी भीतर से ये मंदिर नाज़ुक नक़्क़ाशी से सजे हुए हैं। हर मंदिर में दीवारी परिसर है। परिसर के मध्य में मंदिर स्थापित है जिसमें मूलनायक भगवान ऋषभदेव की मूर्ति है। मंदिर परिसर के चारों ओर अनेक छोटे मंदिर हैं जिनमें 24 तीर्थंकर भगवानों की सुंदर प्रतिमाएँ हैं। मंदिर मुख्य द्वार से परिसर तक सुंदर नक़्क़ाशी के स्तंभों से जुड़ा हुआ है। मंदिर की विशेषता इसकी भीतरी छत है जो ग्यारह खूबसूरती से तराशे हुए गुंबद रूप में बनायी गयी है। मंदिर की मध्य छत आलीशान नक़्क़ाशी से सजी हुई है जो मध्य भाग में जाते हुए झूमर के रूप में परिवर्तित होती है। झूमर नुमा गुम्बद नीचे की तरफ़ आते हुए एक बिंदु के रूप में कमल के फूल की भाँति प्रतीत होता है। यह एक अद्‌त कला का नमूना है। यह इस भावना का प्रतीक है कि छत पर सोलह विद्या देवियों की ईश्वरीय कृपा स्वयं मानवीय अभिलाषा को साकार करने हेतु पृथ्वी पर आयी है।

1.2 माउंट आबू के जैन मंदिर देलवाड़ा जैन मंदिर क्यों कहलाये?

11वीं से 13वीं सदी के दौरान, एक भाट के अभिलेख के अनुसार, गुजरात के सोलंकी शासक के मंत्री देलवाड़ा (मेवाड़) के मंदिरों के भ्रमण पर आये एवं मंदिरों की बनावट और नक़्क़ाशी से बहुत प्रभावित हुए। अतिथि मंत्रियों की विनती पर उस समय के देलवाड़ा (मेवाड़) शासक राजा सागर ने जैन मंदिरों के रेखाचित्र उन्हें मुहैया करवाए। विमल शाह, गुजरात के शासक भीमादेव प्रथम के मंत्री एवं प्रधान सेनापति हुआ करते थे। विमल शाह ने अपने जीवन काल में लड़े हुए युद्धों से हुई जन हानि को लेकर पश्चाताप होने के कारण बचा हुआ जीवन धार्मिक उपदेशों में चंद्रावती (आबू रोड के क़रीब) में गुज़ारा। युद्ध भूमि पर हुए पापों से मुक्ति पाने के लिए एक जैन आचार्य से प्रेरित होकर उन्होंने माउंट आबू में एक मंदिर बनवाया जो देलवाड़ा (मेवाड़) जैन मंदिर की प्रतिकृति थी।

यह मंदिर विमल वसहि (श्री आदिनाथजी मंदिर) के नाम से जाना गया। सन् 1230 में गुजरात के वाघेला शासक के मंत्री, वस्तुपाल एवं तेजपाल, दो पोरवाल भाइयों ने भी मिलकर विमल वसहि के बाद आबू में जैन मंदिरों की रचना की। 11वीं से 13वीं शताब्दी के बीच आबू में पाँच मंदिर बनवाये गए जिनकी रूपरेखा एवं बनावट देलवाड़ा (मेवाड़) के मंदिरों के समान हैं। इसलिए माउंट आबू के मंदिर देलवाड़ा (अंग्रेजी में दिलवाड़ा / Dilwara लिखा हैं) जैन मंदिरों के नाम से पहचाने गए। अपितु माउंट आबू के देलवाड़ा जैन मंदिर पाँच मंदिरों का वह समूह हैं जो अपनी अनूठी पहचान लिए हुए हैं। हर मंदिर को वह नाम दिया गया जो जिस गाँव में वह स्थित हैं। संगमरमर की खुदाई की भव्यता, छत की नक़्क़ाशी की बारीकी, गुम्बद, स्तंभ एवं मंदिर के वृत्त खंड हर किसी की कल्पना के परे हैं।

1.3 राजस्थान के दक्षिण पश्चिम अरावली में चौहानों का आगमन

राजपूताना में 11वीं शताब्दी के दौरान चौहान वंशज आमेर, साम्भर और अजमेर के संस्थापक रहे। 12वीं शताब्दी के मध्य में चौहान वंश के अंतिम राजा, विग्रहदेव या राव बिसालदेव ने अपने पैतृक वर्चस्व को बढ़ाने का विचार किया और तोमर वंश के प्रधान से लड़कर दिल्ली पर जीत हासिल की। उस समय उनके भाट के अनुसार चौहान राज्य का प्रभुत्व उत्तर में हिसार से लेकर दक्षिण में अरावली के पर्वतों तक फैला हुआ था। चौहानों के साम्राज्य का अंत तब हुआ जब सन् 1192 में पृथ्वीराज चौहान तृतीय युद्ध में वीरगति को प्राप्त हो गए। वास्तव में पृथ्वीराज को मुहम्मद गौरी कैद कर अफग़ानिस्तान ले गया। वहां उन्हें अनेक यातनाएं देकर मारा गया। लेकिन मरने से पहले पृथ्वीराज ने मुहम्मद ग़ौरी को भी चंदरबरदाई के दोहे में निहित संकेत से तीर चलाकर खत्म कर दिया था, ऐसा कहा जाता है।

देवड़ा वंश के राजपूतों ने राजस्थान एवं गुजरात के दक्षिण पश्चिमी बड़े क्षेत्र में अपना शासन क़ायम किया। 10वीं सदी के अंत में राव वाकपती चौहान के छोटे पुत्र अलहना ने परमार शासकों से नाडोल (जोधपुर के पास) छीन लिया और अपना राज्य स्थापित किया। 12वीं शताब्दी में अलहना के वंशज कीर्तिपाल (केतु) ने परमार राज्य से जालौर छिनने से पहले भीनमाल और साँचोर की दिशा में यात्रा की इसलिए कीर्तिपाल के कुछ वंशज जालौरा चौहान के नाम से जाने जाते हैं। अलहना के सबसे छोटे पुत्र और नाडोल के शासक राव कीर्तिपाल, चौहानों के जालौर वंश के संस्थापक थे। यह राज्य राव कीर्तिपाल ने सन् 1181 में परमार शासकों से छीन लिया। राव कीर्तिपाल चौहान वंश से निर्मित सोनगरा गोत्र के आदि स्त्रोत थे। सन् 1182 में राव कीर्तिपाल की मृत्यु के बाद उनके पुत्र समर सिंह उत्तराधिकारी बने।

प्रसिद्ध इतिहासकार गौरी शंकर ओझा के अनुसार,

"चौहान वंश के 26 मुख्य गोत्र - हाड़ा, सोनगरा, देवड़ा, खींची, शम्भ्री, साँचोरा, पविया, गोयलवाल, भद्रूरिया, मालानि, निर्वाण, पुरविया, मदरेचा, छीबा, मोहिल, छहिल, बालेचा, छचेरा, बोड़ा, नाडोला और निकुम्भ, इत्यादि हैं। माना जाता हैं कि राव बिसलदेव, देवड़ा कुल के प्रथम पुरुष थे। पृथ्वीराज चौहान तृतीय, राव बिसालदेव के भतीजे थे। जालौर ,चंद्रावती और सिरोही के शासक, सोनगरा एवं देवड़ा चौहान वंश से थे।"

1.4 मध्यकाल पूर्व देलवाड़ा के शासक - मेवाड़ में सोनगरा एवं देवड़ा चौहान

ऐसा कहा जाता है कि सन् 1172-80 के दौरान, जालौर के राजा राव कीर्तिपाल (केतु, सोनगरा चौहान) ने मेवाड़ की राजधानी आयड़ को क्षेम सिंह या सामंत सिंह से छीन लिया था। सन् 1172 में, मजबूरन मेवाड़ के रावल सामंत सिंह अपनी राजधानी डूंगरपुर ले गये। सामंत सिंह और उनके छोटे भाई कुमार सिंह ने डूंगरपुर पर शासन किया। लेकिन, आयड़ एवं पास के मेवाड़ क्षेत्रों पर सोनगरा / देवड़ा चौहानों ने उस अल्प काल तक शासन किया जब तक रावल कुमार सिंह ने इस क्षेत्र पर अपना वर्चस्व पुनः बनाया। ऐसा प्रतीत होता है कि इन चौहान शासकों के लघु शासन काल के दौरान सोनगरा / देवड़ा चौहानों के भाई एवं रिश्तेदारों को गिरवा में जागीर दे दी गयी थी। गिरवा, वर्तमान में अरावली पर्वतों के बीच बसा उदयपुर शहर का गाँव है। गिरवा के जागीरदार राजा कहलाए। मेवाड़ / जालौर की ऐसी कोई भी ऐतिहासिक हस्तलिपि या अभिलेख मौजूद नहीं हैं, जो बताते हों कि जालौर के केतु ने रावल सामंत सिंह को शासन से हटाया। अपितु सन् 1939 में मेवाड़ राज्य के राजपुरोहित मथुरानाथ पुरोहित के निजी अभिलेख में लिखा तो गया है,

"नाडोल के राजा केतु चौहान ने सामंत सिंह को युद्ध में हराकर आयड़ उनसे छीन लिया। सामंत सिंह वागड़ गए और डूंगरपुर राज्य स्थापित किया। इसके पश्चात् रावल सामंत सिंह के छोटे भाई रावल कुमार सिंह ने मेवाड़ की राजधानी आयड़ को पुनः जीत लिया।"

यह तथ्य आशापुरा माता मंदिर के अस्तित्व से भी सिद्ध होता हैं जो पर्वत के ऊपर बेडवास गाँव में स्थित है। यह गाँव उदयपुर क्षेत्र में आहर एवं देबारी के बीच बसा हुआ है। स्थानीय भाषा के अनुसार देबारी का अर्थ हैं, देवड़ा की बारी यानी 'देवड़ा साम्राज्य का झरोखा'। मेवाड़ के एक प्रख्यात इतिहासकार एवं लेखक डॉ. श्रीकृष्ण जुगनू के अनुसार, देबारी यानी 'देवताओं के साम्राज्य' का झरोखा (देव-बारी)। सन् 1975 में आशापुरा माता मंदिर के जीर्णोद्धार के समय एक शिलालेख रखा गया, जिस पर लिखा है, "सन् 1528 में (महाराणा रतन सिंह, द्वितीय, रा.1528-31 के समय), गिरवा के राजा मुंजेराव देवड़ा ने देवड़ा चौहान वंश की कुलदेवी (परिवार की प्रतिमा) आशापुरा माता का मंदिर बनवाया।" आज तक इस मंदिर की देखभाल देवड़ा चौहान कर रहे हैं।"

उदयपुर के गिरवा गाँव में और भी गाँव हैं जिन्हें देवड़ा चौहानों ने बसाया है। उदयपुर के समीप एवं गिरवा के क्षेत्र में देलवाड़ा हैं जहाँ कई देवड़ा चौहानों के परिवार रहते हैं। तभी इस बात की सम्भावना है कि 13वीं सदी के मध्य में राव कीर्तिपाल के वंशज एवं जालौर के राव सामंत सिंह के चौथे पुत्र राजा सागर को देलवाड़ा की जागीर प्रदान कर दी गयी थी। ऐसा माना जाता है कि बाद में मेवाड़ के महाराणा उदय सिंह द्वितीय (रा.1540-1572) ने यह जागीर देवड़ा चौहानों से पुनः हासिल की। याद रहे कि महाराणा उदय सिंह सन् 1568 में अकबर से चित्तौड़गढ़ हारने के बाद अपनी राजधानी चित्तौड़ से उदयपुर ले आये थे।

प्रख्यात इतिहासकार राय बहादुर गौरीशंकर ओझा लिखते हैं,

"देवड़ा चौहानों की वंशावली के बारे में जानकारी भाट (कथाकार) और शिलालेखों की विभिन्न पुस्तकों से उपलब्ध है, लेकिन विरोधाभासों से भरी हुई है। सोनगरा और देवड़ा चौहानों की वंशावली के बारे में इतिहासकारों के बीच भी मतभेद है।"

साहित्य वाचस्पति भंवरलाल नाहटा अपनी पुस्तक, 'मंत्री करमचंद बच्छावत' में लिखते हैं,

"चौहान वंश के 24 गोत्र हैं और देवड़ा उनमें से एक हैं। देवड़ा सोनगरा गोत्र से प्रथम थे संवन्तसि (सामंत सिंह) सोनगरा, जिनके चार पुत्र थे, 1-कल्हदे (कान्हादेव), 2-मलदे (मालदेव), 3-सलहे (रेनिंगदेव) एवं 4-सागरसी (सागर)। सागर के पुत्र बोहित्य संत वर्धमान सुरी खरतर के आशीर्वद से श्रावक (जैन अनुयायी) बने।"

1.5 राजा सागर: देलवाड़ा के साहसी और चक्रवर्ती सम्राट

12वीं शताब्दी के दौरान, जालौर के राव सामंत सिंह के चार पुत्र थे – राव कान्हादेव, मालदेव, रेनिंगदेव एवं सागर। सन् 1311 में राव कान्हादेव और उनके पुत्र कुँवर विरमदेव, अलाउद्दीन खिलजी के विरुद्ध युद्ध में वीरगति को प्राप्त हुए जबकि राव मालदेव एवं राव रेनिंगदेव ने जालौर में छोटी जागीरों पर शासन किया। ऐसा माना जाता है कि राव सागर को देलवाड़ा की जागीर दी गयी क्योंकि 14-15वीं सदी तक गिरवा (उदयपुर) के आसपास के क्षेत्र पर देवड़ा चौहानों का शासन था।

12वीं शताब्दी के दौरान एक अन्य भाट के अनुसार, देलवाड़ा पर राजपूत शासक राव भीम सिंह ने शासन किया। उनकी इकलौती पुत्री का विवाह जालौर के राव सामंत सिंह से हुआ जिनकी दो रानियाँ थीं। देलवाड़ा बाईजी ने कुंवर सागर को जन्म दिया तथा जालौर सिंहासन के उत्तराधिकार को लेकर अन्य रानियों के साथ उनका मनमुटाव रहा। इसीलिए देलवाड़ा बाईजी अपने मायके देलवाड़ा चली आयीं। चूंकि, राव भीम सिंह के कोई भी पुत्र ना होने के कारण उनके पौत्र सागर एक देवड़ा चौहान को देलवाड़ा राज सिंहासन का उत्तराधिकारी चुन लिया गया।

13वीं शताब्दी के मध्य में देलवाड़ा के साहसी और चक्रवर्ती सम्राट राजा सागर, देवड़ा चौहान, जालौर के राव कीर्तिपाल के वंशज थे। वे बच्छावत गोत्र के प्रथम पुरुष भी रहे। राजा सागर के तीन पुत्र हुए- बोहित्य, गंगादास एवं जयसिंह। जब भी मुस्लिम आक्रमण हुए तब मेवाड़ के राजा जैत्र सिंह (रा.1213-53) ने युद्ध में राजा सागर से सहायता ली। राजा सागर ने हमेशा अपने सैन्य दल को साथ लेकर मुस्लिम घुसपैठियों के विरुद्ध युद्ध किया।

राजा सागर का मुस्लिम आक्रमणकारियों के विरुद्ध युद्ध

इस समय 13वीं शताब्दी के मध्य में चित्तौड़गढ़ के राणा जैत्र सिंह ने मालवा के सुल्तान महमूद पर हमला किया था। राजा सागर उसकी सहायता के लिए अपनी सेना के साथ गए और सुल्तान का पीछा करने में सफल रहे और मालवा पर भी कब्जा किया। कुछ समय बाद गुजरात के सुल्तान अहमद शाह ने राजा सागर को भी धमकाया, लेकिन राजा सागर ने भयंकर लड़ाई लड़ी और गुजरात पर जीत हासिल की। फिर सन् 1243 में गुजरात के सुल्तान मुहम्मद गौरी ने चित्तौड़गढ़ के राणा जैत्र सिंह पर हमला किया । राणा ने फिर राजा सागर को मदद के लिए आमंत्रित किया। इस बार राजा सागर ने कूटनीति का इस्तेमाल किया और सुल्तान के साथ बातचीत की। वापसी में दोनों मालवा और गुजरात लौट गए।

भूतालाघाटी का युद्ध

राजा सागर के लड़े हुए सभी युद्धों में सबसे भीषण युद्ध नागदा के पास भूतालाघाटी का था जिसमें वे राणा जैत्र सिंह (रा.1213-53) के साथ, सुल्तान शम्सुद्दीन इल्तुतमिश के विरुद्ध लड़े। शम्सुद्दीन इल्तुतमिश दिल्ली सल्तनत में शम्सी वंश का एक प्रमुख शासक था। तुर्की राज्य संस्थापक कुतुबुद्दीन ऐबक के बाद वह उन शासकों में से था जिससे दिल्ली सल्तनत की नींव मजबूत हुई। वह ऐबक का दामाद भी था। उसने सन् 1211 से 1236 तक शासन किया। जैसे राजा सागर ने राणा जैत्र सिंह की सुरक्षा का ज़िम्मा उठाया ठीक उसी तरह देलवाड़ा सैन्य दल ने निडरता से लड़ते हुए मेवाड़ सैन्य दल का साथ दिया। इल्तुतमिश ने देलवाड़ा और नागदा के भीतर एवं आसपास कई मंदिर तबाह किये। कई गाँव भी जला दिये।

डॉ. श्रीकृष्ण जुगनू अपनी किताब 'नंदेश्मा अभिलेख - राजस्थान के प्राचीन अभिलेख', में लिखते हैं,

"यह भीषण युद्ध गोगुन्दा की ओर नागदा की निकटवर्ती घाटी में लड़ा गया। गोहिलों के अलावा चौहान, चांदना, सोलंकी एवं परमारों के वीर योद्धा भी इस युद्ध का हिस्सा थे। चारण एवं क़बायली भी मेवाड़ के लिए लड़े। सुल्तान की सैन्य शक्ति के विरुद्ध उन्होंने कड़ा मुक़ाबला किया। हालाँकि जब जैत्र सिंह को घेर लिया गया, तब उन्होंने नागदा के एक घर में गुप्त रूप से शरण ली। इल्तुतमिश ने क्रोधित होकर नागदा का घेराव किया। हर घर की तलाशी ली गयी, जलाया गया और तबाह कर दिया गया। 14वीं शताब्दी में, एक पौराणिक परम्परानुसार, भूतालाघाटी के शहीदों को जल श्रद्धांजलि देने हेतु नागदा (कैलाशपुरी के पास) में एक तालाब का निर्माण किया गया जिसे बाघेला तालाब नाम दिया गया। एक अन्य भाट के अनुसार, यह तालाब महाराणा मोकल सिंह ने अपने भाई बाघ सिंह की स्मृति में बनवाया था।"

1.6 राजा बोहित्य का मेवाड़ के लिए जीवन बलिदान

राजा सागर के पुत्र राजा बोहित्य भी अपने पिता के समान मेधावी एवं साहसी थे। उन्होंने रावल समर सिंह (रा.1273-1302) एवं राणा रतन सिंह (रा.1302-1303) के कार्यकाल में देलवाड़ा पर शासन किया। भंवरलाल नाहटा अपनी पुस्तक, 'मंत्री करमचंद बच्छावत' में लिखते हैं,

"एक दिन बचपन में, जब राजकुमार बोहित्य अपने महल में सो रहे थे तब एक सांप रेंगता हुआ उनकी शय्या पर आया और उन्हें पैर पर डस गया। डसने के बाद सांप ने अपने पूँछ से राजकुमार को मारा और शय्या से नीचे आ गया। राजकुमार घबरा कर उठे और मदद के लिए आवाज़ लगायी। महल में उठी हलचल राजा सागर को ज्ञात हुई। राजा ने राजकुमार से

पूछा - क्या हुआ? राजकुमार ने जवाब दिया - एक साँप मुझे डस गया। पिता ने उन्हें बचाने के हर प्रयास किये लेकिन राजा के प्रयास विफल रहे। सुरक्षा कर्मियों ने साँप को आसपास ढूँढा, लेकिन नहीं खोज पाये। राजकुमार का पैर नीला पड़ चुका था और शरीर ठंडा। राजकुमार की मृत्यु को निश्चित क़रार देने के बाद उन्हें अंतिम यात्रा के लिये ले जाया गया। उसी समय आचार्य जिनदत्त सुरी जी के शिष्य (भट्टारक) 'गोचरी' (भोजन जमा करना) के लिये वहाँ से निकले और उन्होंने राजकुमार की शव यात्रा देखी। वे आपस में कानाफूसी करने लगे। एक शिष्य ने कहा - राजकुमार की मृत्यु नहीं हुई हैं। वे उन्हें दाह संस्कार के लिये क्यों ले जा रहे हैं?"

यह बातचीत राजा सागर के मंत्री ने सुनी जो वहीं से गुज़र रहे थे। उन्होंने राजा को इस बात से अवगत करवाया। इस तरह राजकुमार बोहित्य के प्राण बचाये गये और उन्हें महल में पुन: लाया गया। एक बार मुस्लिमों से अपने जीवन को ख़तरे में पा कर बोहित्य ने देलवाड़ा के जैन मंदिर में शरण ली। ऐसा माना जाता हैं कि वे जैन सिद्धांतों से प्रभावित एवं प्रेरित हुए। तभी से बोहित्य और उनका परिवार जैन धर्म में अटूट श्रद्धा रखने लगा एवं जैन आचार्य और उनके शिष्यों को आदर सम्मान देने लगे। राजा बोहित्य की पत्नी बहरंग देवी, बेहद सुंदर एवं प्रतिभावान स्त्री थीं जो देलवाड़ा में रहती थी। उनके आठ पुत्र थे – श्रीकर्ण, जयसो, जयमल, नन्हा, भीमा, पदम, सोमजी एवं पुष्मल।

सन् 1303 में राणा रतनसिंह प्रथम के साथ अलाउद्दीन खिलजी के विरुद्ध लड़ते हुए राजा बोहित्य ने भी अपने प्राणों का बलिदान दिया। जब अलाउद्दीन खिलजी ने चित्तौड़गढ़ के क़िले पर कब्ज़ा किया तब रानी पद्मिनी (राणा रतनसिंह प्रथम की पत्नी) के साथ कई सौ दरबारी स्त्रियों ने खुद को तत्पश्चात् जलती ज्वाला में झोंक कर, जौहर किया। खिलजी ने चित्तौड़गढ़ के क़िले को जब्त किया और उसे जालौर के राव सामंत सिंह के पुत्र राव मालदेव, चौहान सरदार को शासन हेतु सौंप दिया। राव मालदेव, रिश्ते में राजा बोहित्य के चाचा थे। राणा रतन सिंह प्रथम एवं उनके भाई रावल लक्ष सिंह (लक्ष्मण सिंह) युद्ध में वीरगति को प्राप्त हुए। तत्पश्चात् सिसोदिया वंश के उत्तराधिकारी, राणा हमीर सिंह (1326-64) का विवाह राव मालदेव की पुत्री से हुआ।

1.7 मेवाड़ के लिए राणा श्रीकर्ण वीरगति को प्राप्त हुए

राजा बोहित्य के बाद उनके सबसे बड़े पुत्र राजा श्रीकर्ण देलवाड़ा के सिंहासन पर बैठे। श्रीकर्ण एक दयालु राजा थे। उन्होंने युद्ध में मछिन्द्रगढ (वर्तमान में कुम्भलगढ़ के क़रीब मछिन्द गाँव) जीता और उन्हें "राणा" के ख़िताब से नवाज़ा गया। 14वीं शताब्दी के मध्य में, राणा श्रीकर्ण ने

सुल्तान मोहम्मद बिन तुग़लक़ का ख़ज़ाना लूट लिया। तब उनका सैन्य दल दिल्ली से गुजरात यात्रा पर था। मचीन्द, व्यापार मार्ग के नजदीक स्थित है।

इसके पश्चात्, सन् 1330* में महाराणा हमीर सिंह प्रथम (रा.1326-64) ने चित्तौड़गढ़ का क़िला मुस्लिम क़ब्ज़े से पुनः हासिल करने का प्रयास किया। महाराणा हमीरसिंह प्रथम उसके विशाल सैन्य दल के आगे परास्त हो गये। महाराणा हमीरसिंह प्रथम का इस युद्ध में साथ देते वक़्त राणा श्रीकर्ण वीरगति को प्राप्त हुए। चित्तौड़गढ़ पर कब्जे के पचास वर्षों में, सन् 1353 में महाराणा हमीरसिंह प्रथम ने क़िला पुनः हासिल किया।

1.8 देवड़ा चौहानों के पश्चात् देलवाड़ा

सन् 1593 में जयसोम द्वारा लिखित 'मंत्री करमचंद वंशावली प्रबंध' (संस्कृत - करमचंद वंशोह कीर्तनकम काव्यम) के अनुसार, युद्ध में राणा श्रीकर्ण की मृत्यु पश्चात् उनकी पत्नी रानी रत्ना देवी, अपने चारों पुत्रों - समधर, उधरम, हरिदास एवं वीरदास के साथ उन्हें शिक्षा एवं युद्ध कला में निपुण बनाने हेतु अपने पीहर खेड़ा नगर (गुजरात) चली आयी।

रानी रत्ना इतनी रूपवती थी की एक बार अगर कोई देख ले तो उनकी छवि भुलाए नहीं भूलती थी। ऐसा भी कहा जाता हैं कि जब रानी रत्ना पानी पीती थी तो उनके कंठ से पानी अंदर जाते हुए नजर आता था। रानी रत्ना की सुंदरता के ये चर्चे महारानी पद्मावती के साथ किसी तरह दिल्ली में बादशाह अलाउद्दीन खिलजी के कानों तक भी पहुंचे थे।

14वीं शताब्दी में देवड़ा चौहानों के जाने के बाद और 16वीं शताब्दी में झाला राजपूतों के आने तक देलवाड़ा पर किसने शासन किया, यह पता लगाने की जरूरत है। सन् 1975 में बने एक शिलालेख पर अंकित हैं कि सन् 1528 में (महाराणा रतन सिंह द्वितीय के समय), बेडवास (देबारी के निकट) स्थित आशापुरा मंदिर, गिरवा के राजा मुंजेराव देवड़ा ने बनवाया था। आज भी इस मंदिर का प्रबंध देवड़ा चौहान ही करते हैं। राजा मुंजेराव के पूर्वज कौन थे? क्या वे राजा सागर के वंशज थे? इसकी खोज एवं प्रमाण अब भी बाकी है।

तत्पश्चात्, मेवाड़ साम्राज्य को सोलह प्राथमिक ठिकानों या ज़िलों में विभाजित किया गया। बड़ी सादड़ी एवं गौगुन्दा के साथ ही, देलवाड़ा सोलह रजवाड़ों में से एक हुआ करता था। 15वीं सदी के बाद, देलवाड़ा पर झाला राजपूतों ने शासन किया। झाला परिवार के पूर्वज धरंगधरा (हलवाड, गुजरात) के राजसाहिब रायधरजी वाघोह्जी, हरपाल मकवाना के पुत्र थे।

महाराणा रायमल (रा.1473-1509) के शासन काल में राजसाहिब रायधरजी के निष्कासित पुत्र अजोजी (अज्जा सिंह झाला) अपने भाई सजोजी (सज्जा सिंह झाला) के साथ मेवाड़ आये।

झाला राजपूतों ने मेवाड़ में अपनी उत्कृष्ट सेवाएँ दीं। पश्चात् महाराणा ने देलवाड़ा की जागीर कुँवर सज्जा को एवं बड़ी सादड़ी कुँवर अज्जा सिंह को बहाल की और उन्हें राज राणा के ख़िताब से नवाज़ा।

सन् 1527 में, अज्जा सिंह, महाराणा संग्राम सिंह प्रथम (रा.1509-1527) के साथ बाबर के विरुद्ध खानवा के युद्ध में लड़े। जब महाराणा संग्राम सिंह (राणा सांगा) युद्ध भूमि पर ज़ख्मी हुए, तब अज्जा सिंह ने राणा जी का अंगरखा पहन कर मेवाड़ के सैन्य को एकजुट रखा लेकिन राज राणा अज्जा की यह कोशिश उनके लिये घातक साबित हुई और वे वीरगति को प्राप्त हुए। झाला परिवार की सात पुश्तों ने मेवाड़ के महाराणाओं के लिए अपने जीवन का बलिदान दिया।

1.9 देवड़ा चौहानों द्वारा जैन धर्म अंगीकार करना

इधर, खेड़ा नगर (गुजरात) में राणा श्रीकर्ण की पत्नी, रानी रत्ना देवी के पुत्र राजकुमार समधर एक देवड़ा चौहान अपनी वंशावली के प्रथम पुरुष थे जिन्होंने खरतरगच्छ के विद्वान संत श्री जिनेश्वर सुरी जी महाराज के सानिध्य में जैन धर्म अंगीकार किया। तत्पश्चात् उनके वंशज ओसवाल समाज के प्रमुख व्यापारी वर्ग से जुड़े। उन्होंने जैन-ओसवाल समाज के साथ वैवाहिक संबंध स्थापित किए। अपने दादाजी राजा बोहित्य के नाम से उन्होंने अपने गोत्र का नाम बोहोत्रा (बोथरा) चुना। समधर एवं उनके सभी भाइयों ने जैन धर्म अपनाया और संघ यात्रा का आयोजन किया। इस प्रकार उन्हें 'संघपति' की पदवी मिली। समधर के पुत्र का नाम तेजपाल था।

समधर (बोथरा) के मरणोपरांत तेजपाल संघपति बने। उन्होंने गुर्जर पाटन (अनहिलपुर) क्षेत्र के राजा को सोना, हाथी, घोड़े आदि भेंट स्वरूप दिए। तेजपाल की मित्रता से ख़ुश होकर राजा ने अपने क्षेत्र के कुछ हिस्से का प्रशासन उन्हें सौंपा। तेजपाल ने सफलतापूर्वक प्रशासन संभालते हुए ग़रीब एवं जरूरतमंद लोगों के भोजन का प्रबंध कर उनकी मदद की। तेजपाल और उनकी पत्नी तारा देवी को पुत्र-रत्न की प्राप्ति हुई जिसका नाम विल्हा रखा गया। तत्पश्चात् तेजपाल ने संथारा (आमरण उपवास का प्रण) लिया और उनकी मृत्यु हो गयी। तेजपाल अवसान के बाद विल्हा संघपति बने। विल्हा धनवान होने के साथ ही परोपकारी भी थे। उन्होंने उदार मन से विशेष तौर पर जैन धर्म के लिये दान पुण्य किया एवं साध्वियों और श्रावकों को सम्मानित किया।

विल्हा के तीन पुत्र थे – कडुआ, धर्मा एवं नंद। विल्हा के देहान्त के बाद उनके बड़े पुत्र कडुआ संघपति बने और स्थायी रूप से चित्तौड़ चले गए। पश्चात्, उनके वंशज बच्छराज, जोधपुर के दीवान एवं बीकानेर के संस्थापक दीवान बने। दीवान बच्छराज के वंशज बच्छावत कहलाये।

1.10 चित्तौड़गढ़ के महाराणा लक्ष सिंह द्वारा कडुआ का सम्मान

जयसोम पाठक (सन् 1593) अपने ग्रन्थ, 'मंत्री करमचंद वंशावली प्रबंध' में लिखते हैं कि पाटन नगर में विल्हा के तीन पुत्र थे - कडुआ, धर्मा एवं नंदा। विल्हा के देहान्त के बाद उनके बड़े पुत्र कडुआ संघपति बने और स्थायी रूप से चित्तौड़गढ़ चले गए। कडुआ ने चित्तौड़गढ़ में प्रजा से आदर सम्मान पाया और महाराणा लाखा (रा.1382-1421) ने उन्हें सम्मानित किया।

एक बार जब मालवा का सुल्तान चित्तौड़गढ़ पर आक्रमण करने आया तब महाराणा लाखा ने कडुआ को वार्ताकार के रूप में नियुक्त किया। कडुआ ने सफलतापूर्वक महाराणा और सुल्तान के बीच समझौता करवाया एवं सुल्तान के सैन्य दल को मालवा लौटने के लिए मजबूर किया। महाराणा लक्ष सिंह कडुआ की इस कुशलता से ख़ुश हुए और उन्हें सोना और गहने देकर सम्मानित किया। साथ ही 'मंत्री राज' की पदवी से नवाज़ा। पश्चात्, कडुआ अपने मूल स्थान पाटन (अनहिलपुर) पहुँचे। वहाँ जैन धर्म का प्रचार जारी रखा।

कडुआ के एक पुत्र था, मेरा। कडुआ की पत्नी हरशम देवी बहुत प्रतिभाशाली एवं सम्मानित स्त्री थी। मेरा को पाटन के मंत्री रूप में नियुक्त किया गया और उनके पुत्र मांडण का विवाह विरमपुर (सिरोही के निकट, राजस्थान) की महिमा देवी से हुआ। मांडण विरमपुर चले गए। उनके पुत्र ऊदा एक समझदार एवं धार्मिक व्यक्ति थे। ऊदा का विवाह उचरंग देवी से हुआ जो सुंदर, दयालु एवं सभी तरह की कलाओं में निपुण थीं। ऊदा के दो पुत्र हुए - नागदेव एवं नरपाल। नागदेव के दो पुत्र हुए - जैसल और विरम। जैसल का विवाह जसमा देवी से हुआ जो एक उदार स्त्री थी।

जैसल के तीन पुत्र हुए – बच्छराज (वत्सराज), देवराज और राजहंस। जसमा देवी ने अपने बड़े पुत्र बच्छराज को आत्मरक्षा का प्रशिक्षण एवं धार्मिक शिक्षा सिखाने में कोई कसर नहीं छोड़ी। बच्छराज के वंशज बच्छावत कहलाये, जबकि, देवराज और राजहंस के वंशज बोथरा ही रहे।

भंवरलाल नाहटा, अपनी पुस्तक मंत्री करम चन्द्र बच्छावत में लिखते हैं,

"कडुआ के वंशजों ने सफलतापूर्वक पाटन के विभिन्न मंत्री पदों को संभाला। साथ में गुरु महाराज के उपदेश से शत्रुंजय, गिरनार संघ सह यात्रा करके तीर्थों को कर मुक्त कराया और गुजरात-सौराष्ट्र प्रदेश में स्वधर्मी के घर स्वर्णमुद्रा के साथ थाली सहित पांच सेर मोदक बांटे। पाटन (पट्टन नगर) में श्री जिनकुशल सूरी जी महाराज का आचार्य पद स्थापना महोत्सव श्री राजेंद्र चन्द्र सूरी जी के हाथ से नंदी स्थापना बड़े ठाठ से कराया। श्री सम्मेतशिखर महातीर्थ की यात्रा म्लेच्छ संकुल मार्ग पर होने पर भी अपने सुभटों की सेना सजाकर, रण क्षेत्र में म्लेच्छों को

हरा कर दयामय हृदय वाले तेजपाल ने बीस तीर्थंकरों की निर्वाण भूमि की यात्रा भी बड़े महोत्सव पूर्वक की। उन्होंने मार्गवर्त्ती प्रत्येक स्वधर्मी के घर स्वर्ण मुद्रा और मोदक भरे हुए थाल बांटे तथा दीन-अनाथ याचकादि के लिए दानशाला खोली।"

आचार्य जिनेश्वर सूरी जी

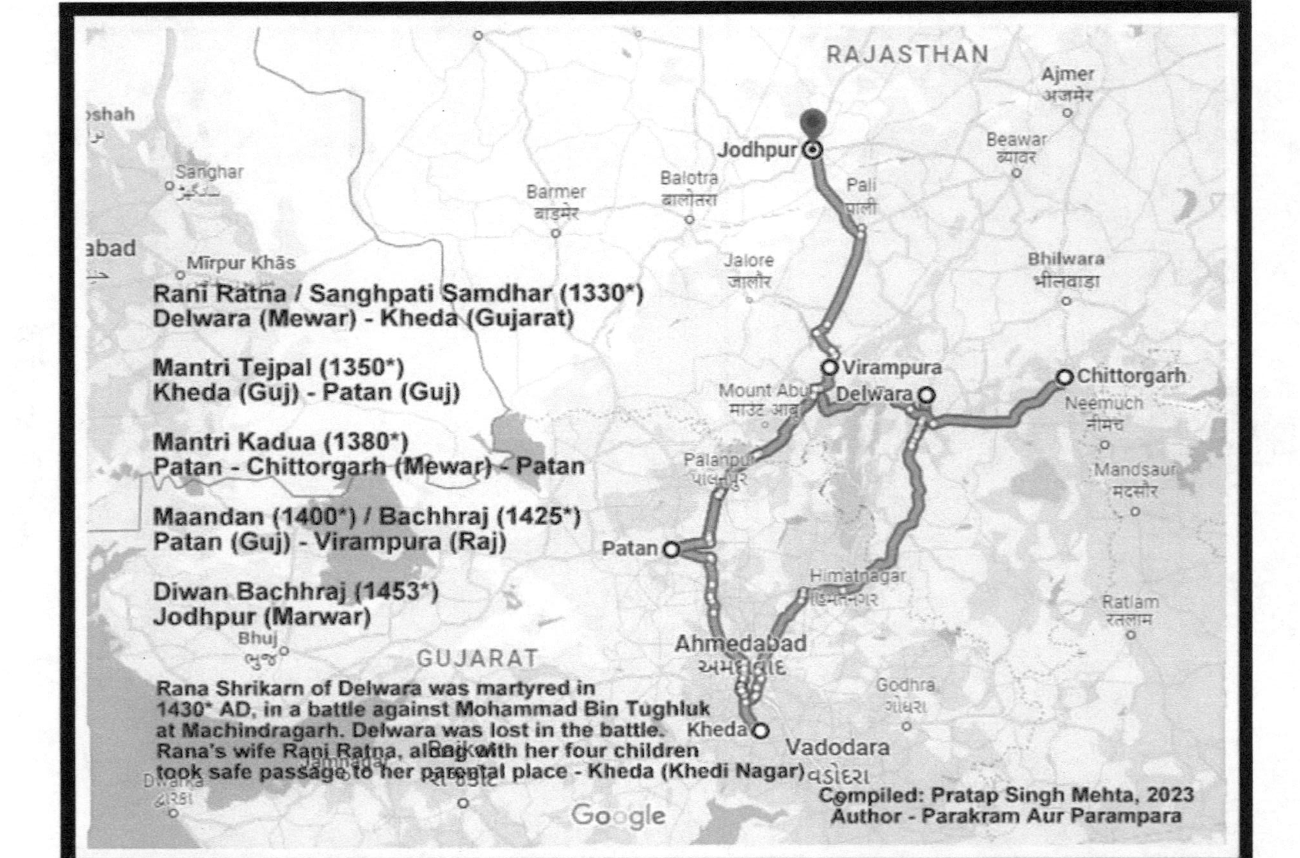
RAJASTHAN
Ajmer
अजमेर
Jodhpur
Beawar
ब्यावर
Sanghar
Barmer
बाड़मेर
Balotra
बालोतरा
Pali
पाली
Mirpur Khās
Jalore
जालोर
Bhilwara
भीलवाड़ा
Rani Ratna / Sanghpati Samdhar (1330*)
Delwara (Mewar) - Kheda (Gujarat)
Mantri Tejpal (1350*)
Kheda (Guj) - Patan (Guj)
Virampura
Chittorgarh
Mount Abu
Delwara
Neemuch
नीमच
Mantri Kadua (1380*)
Patan - Chittorgarh (Mewar) - Patan
Palanpur
Mandsaur
मंदसौर
Maandan (1400*) / Bachhraj (1425*)
Patan (Guj) - Virampura (Raj)
Patan
Himatnagar
Diwan Bachhraj (1453*)
Jodhpur (Marwar)
Bhuj
ભુજ
Ratlam
रतलाम
GUJARAT
Ahmedabad
Rana Shrikarn of Delwara was martyred in
1430* AD, in a battle against Mohammad Bin Tughluk
at Machindragarh. Delwara was lost in the battle.
Rana's wife Rani Ratna, along with her four children
took safe passage to her parental place - Kheda (Khedi Nagar)
Godhra
ગોધરા
Kheda
Vadodara
વડોદરા
Compiled: Pratap Singh Mehta, 2023
Author - Parakram Aur Parampara
Google

दीवान बच्छराज (जोधपुर रा.1453-65 / बीकानेर रा.1488-1505)

अध्याय 2

15-16वीं शताब्दी

दीवान बच्छराज से दीवान संग्राम सिंह बच्छावत

जोधपुर एवं बीकानेर राज्य की स्थापना

बच्छराज जो वत्सराज के नाम से भी जाने गए, एक धार्मिक व्यक्ति ही नहीं बल्कि पाटन और विरमपुर के एक पराक्रमी योद्धा भी थे। बच्छराज के वंशज ही बच्छावत कहलाए जो बाद में एक अलग गोत्र एवं विशिष्ट जाति समूह के रूप में सामने आए। समय के साथ बच्छावतों का प्रभाव तेज़ी से बढ़ता चला गया। इस गोत्र का हर वंशज कालांतर में बीकानेर दीवान के रूप में नियुक्त हुआ।

ईसा पश्चात् 8वीं शताब्दी के दौरान, इस्लाम के जन्म के कुछ सदियों में ही मुसलमानों ने हिंदुस्तान पर आक्रमण करना शुरू कर दिया। मेवाड़ के बाप्पा रावल के हाथों पराजित होने के बाद कई सौ सालों तक किसी भी मुस्लिम आक्रमणकारी ने मेवाड़ पर चढ़ाई नहीं की। 15वीं शताब्दी के मध्य में, गुजरात के मुसलमान सुल्तानों के द्वारा अशांति के कारण मंडोर (मारवाड़), मुसीबत में था और अपने पैरो पर खड़े रहने की कोशिश कर रहा था। इस स्थिति में मंडोर के शासक राव जोधा (रा.1453-89) के निमंत्रण पर बच्छराज सेवारत् हुए।

बच्छावत वैश्य जाति के होने के बावजूद सैन्य रणनीति में क्षत्रिय सलाहकारों से बेहतर जाने जाते थे क्योंकि उनमें राजसी (देवड़ा चौहान) रक्त प्रवाहित था। अपनी कलम एवं तलवार का उपयोग वे समान हुनर और प्रभाव के साथ करते थे।

2.1 भारत में मुस्लिम आक्रमण

यह जानकारी डॉक्टर सर्ज ट्रिफ़कोविक (Dr Serge Trifkovic) की किताब, 'The Sword of the Prophet: A Politically Incorrect Guide to Islam' से एक पत्रिका (18 नवंबर 2002) के मुखपृष्ठ लिए रॉबर्ट लॉक (Robert Locke) द्वारा रूपांतरित की गयी।

विदित रहे कि पैग़म्बर मोहम्मद साहब की मृत्यु (सन् 632) के बारह साल के अंदर ही मुस्लिम सेना पूर्व की तरफ बढ़ी। सिंध प्रान्त में, हिन्द राज्य के शासक अलोर के छाछ को हरा कर अपना आधिपत्य स्थापित किया। शीघ्र ही 8वीं शताब्दी की शुरुआत में राज्यपाल हज्जाज़ के आदेशानुसार मुसलमान आक्रमणकारियों ने भारत में दाख़िल होना शुरू किया। मुस्लिम आक्रमणकारी इस्लाम के कट्टर अनुयायी थे। अन्य देशों पर आक्रमण उनकी साम्राज्यवादी नीति और धर्म परिवर्तन के तहत था।

2.2 राज्यपाल हज्जाज़ के आदेश से भारत में प्रवेश

राज्यपाल हज्जाज़ वर्तमान इराक़ से थे। उनके आदेशों के अनुसार सन् 712 की शुरुआत में उनके सेनापति मुहम्मद क़ासिम ने भारत को निशाना बनाया। मुहम्मद क़ासिम के हुक्म पर आक्रमणकारियों ने मंदिरों को तबाह किया, मूर्तियाँ तोड़ीं, राजमहल ध्वस्त किये, शहर लूटे और बड़ी तादाद में कत्ल-ए-आम किया। हालाँकि, हिंसा की इस शुरुआती लहर के बाद क़ासिम ने नये जीते हुए इलाक़े में क़ानून और व्यवस्था स्थापित करने की कोशिश की और इसके लिए उसने धार्मिक सहिष्णुता की इजाजत भी दी। लेकिन इस मानवीय व्यवहार के ज्ञात होने के बाद क़ासिम के वरिष्ठ राज्यपाल हज्जाज़ ने आपत्ति जतायी और क़ासिम को पत्र में लिखा,

"आप के ख़त से ऐसा मालूम होता हैं, हालांकि आपकी प्रजा के लिये लागू किये गये नियम सख्त रूप से धार्मिक नियमों के अनुरूप हैं, लेकिन आप के द्वारा दिया गया क्षमादान सभी के लिए ऊँच या नीच, मित्र या शत्रु का भेद नहीं करता लेकिन क़ानून के क्षमादान के नियमों से भिन्न हैं।"

हज्जाज़ आगे बयान करते हैं, *"महान अल्लाह त'आला कुरान में कहते हैं [47.4]: "ओ सच्चे ईमान वाले, जब आप के सामने बेईमान आए तो उसका सिर क़लम कर दो।"*

हज्जाज़ और आगे लिखते हैं, *"महान अल्लाह का यह हुक्म सबसे बड़ा हुक्म है और इसे इज़्ज़त देकर इसकी तामील की जाए। आप रहम के इतने शौक़ीन भी ना हों कि इस काम को बेअसर कर दें। इस के बाद किसी भी दुश्मन को ना तो बख़्शें ना ही माफ़ करें वरना आप एक कमज़ोर दिमाग वाले इंसान कहलाएंगे।"*

आगे के संवाद में हज्जाज़ दोहराते हैं कि सभी क़ाबिल पुरुषों को मार दिया जाए और उनके नाबालिग़ बेटे और बेटियों को क़ैद कर के बंधक बना लें। क़ासिम ने आज्ञा को पालते हुए 6000 से लेकर 16000 लोगों का नरसंहार किया।

डॉक्टर सर्ज ट्रिफ़कोविक (Dr Serge Trifkovic) आगे लिखते हैं,

"इस घटना के तथ्य सिर्फ इस भयानक अंकों को ही नहीं दर्शाते बल्कि इस सच्चाई को भी बयान करते हैं कि नरसंहार के अपराधी धार्मिक नीति मूल्यों को दुत्कारने वाले ठग सैनिक ही नहीं, बल्कि वे सभी, जैसे कि यूरोपीय ईसाई धर्म योद्धा, वही कर रहे हैं जो उनकी धार्मिक शिक्षा में सिखाया जाता है।"

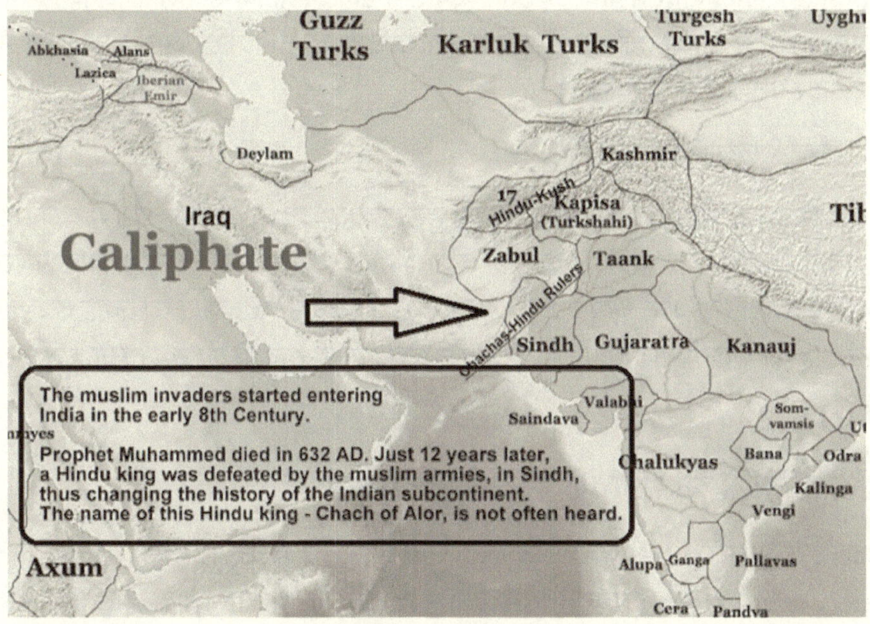

2.3 मोहम्मद गजनी का तूफ़ान

डॉक्टर सर्ज ट्रिफ़कोविक (Dr Serge Trifkovic) लिखते हैं,

"11वीं सदी के प्रारम्भ में, क़ासिम का शुरुआती शोषण तब तक जारी रहा जब तक, गजनी का महमूद तूफ़ान की भाँति तबाही, लूटपाट और कत्ल-ए-आम करता हुआ हिंदुस्तान से गुज़रा, पूरे जोश के साथ कुरान के उस हुक्मनामे की तामील करता हुआ जिसके चलते उस ने क़सम खायी थी कि मूर्ति पूजकों को वह दंड भी देगा और मारेगा भी।"

अलबरूनी, वह विद्वान जिसे महमूद अपने सत्रहवें आक्रमण के दौरान भारत लाया था, कहता है,

"महमूद ने देश की ख़ुशहाली को पूरी तरह से तबाह कर दिया और बेतहाशा शोषण किया, जिसकी वजह से हिंद्रू धूल के कणों की तरह हर दिशा में बिखर गये और मुसलमानों के प्रति घृणा पैदा हुई।"

उसका अगला निशाना भगवान श्रीकृष्ण की पावन नगरी मथुरा थी। नगर के मध्य में सभी मंदिरों से भव्य एवं सुंदर एक कृष्ण मंदिर था जिसका ना तो वर्णन किया जा सकता था ना ही चित्रित किया जा सकता था। सुल्तान (महमूद) की राय में इस मंदिर को बनाने में 200 वर्ष का समय लगा होगा। मंदिर में पाँच गज ऊँची, पाँच लाल सोने की मूर्तियाँ शामिल थीं जिनकी आँखें अमूल्य रत्नों से बनायी गयीं थी। सुल्तान ने आदेश दिया कि सभी मंदिर आग और तेजाब से जलाकर धराशायी कर दिए जायें।

सर्ज ट्रिफ़कोविक लिखते हैं,

"वाराणसी, मथुरा, उज्जैन, महेश्वर, ज्वालामुखी एवं द्वारिका जैसे प्राचीन नगरों में आक्रमण के बाद एक भी मंदिर पूर्णतः अखंड नहीं बचा। यह ऐसे था मानो सैन्य दल कूच करता पेरिस और रोम, फ़्लॉरेन्स और ऑक्सफ़र्ड से गुज़रता हुआ अपने वास्तु के ख़ज़ाने को तबाह कर रहा हो। यह कार्य विनाशवाद के परे है, यह पूर्ण नकारात्मक है, संस्कृति एवं सभ्यता के प्रति घृणा है।"

2.4 इतिहास की भयानक रक्तरंजित दास्तान

विल डूरेंट (Will Durant) एक प्रसिद्ध इतिहासकार ने बड़े दुःख के साथ अपनी किताब '*The story of civilization*' (प्रकाशन 1939-75) में लिखा हैं कि यह संभवतः इतिहास की सबसे भयानक रक्तरंजित दास्तान हैं,

"मुसलमान आक्रमणकारियों ने हिंदुस्तान की हर ख़ूबसूरत चीज़ तोड़ी और जलायी। मुसलमान सुलतानों ने तहस नहस किए गए मंदिरों पर मस्जिदें बनाई और कई हिंदुओं को ग़ुलामों के तौर पर बेच दिया। उनके मुताबिक़ हिंदू सबसे कट्टर मूर्तिपूजक और काफ़िर थे।"

वर्तमान में जो भारत के उत्तर-पश्चिमी पर्वत हैं, उन्हें हिंदु कुश कहा जाता हैं। क्योंकि यहाँ पर "हिंदु नरसंहार" उस दिन की याद दिलाता हैं जब हिंदू ग़ुलामों को अफगान के कठोर पर्वतों से मध्य एशिया महाद्वीप की तरफ़ ले जाते हुए मारे गए। सोमनाथ के पवित्र मंदिर में

जहाँ नरसंहार हुआ, महमूद के आदेश पर, पचास हज़ार हिंदुओं की सामूहिक हत्या की गयी, जिसकी पीड़ा सदियों तक दिखायी देती है।

उस समय के एक अत्यंत प्रभावशाली इस्लाम वादी विद्वान अलबरूनी और मोहम्मद गजनी ने घोषित किया था,

"उनका जीवन केवल एक लक्ष्य के इर्द-गिर्द घूमता है और वह है पृथ्वी पर अल्लाह के शासन की स्थापना और ख़िलाफत की पुनः स्थापना का आरंभ अफ़ग़ानिस्तान से होगा।"

आज भी ओसामा बिन लादेन के करीबी, सहयोगी अमान-अल-जवाहिरी का भी सपना ख़िलाफत की पुनः स्थापना है। वह अमरीकी ड्रोन हमले में हाल ही मारा गया था। सन् 1193 में बौद्धों का प्रसिद्ध पुस्तकालय जलाने के पश्चात् मुहम्मद खिलजी ने उन्हें भी मौत के घाट उतारा। 12वीं सदी के अंत तक बिहार में मुसलमान जीत के बाद भारत में बौद्धों की महत्वपूर्ण मौजूदगी नहीं रहीं। बचे हुए बौद्धों ने नेपाल और तिब्बत में आश्रय लिया और शेष दक्षिण महाद्वीप की ओर बच निकले। उनकी सभ्यता के कुछ अंश पश्चिम में तुर्किस्तान तक फैले थे। मुसलमान आक्रमणकारियों और उनके वंशजों ने सब कुछ सुनियोजित ढंग से नष्ट कर दिया। ठीक इसी तरह से मार्च 2001 में, अफ़ग़ानिस्तान के बामियान में तालिबान द्वारा बुद्ध की चार विशाल मूर्तियों को तोपों के गोलों से उड़ा दिया गया।

2.5 मुग़ल बादशाह अकबर

मुग़ल बादशाह अकबर के लम्बे शासन काल (ज.1542-1605) के दौरान एक बड़ा नरसंहार दर्ज किया गया जब 24 फ़रवरी 1568 के दिन तीस हज़ार हिंदू राजपूतों को, चित्तौड़गढ़ के लिए हुई लड़ाई के वक़्त, हल्दीघाटी में शहीद कर दिया गया। लेकिन मुग़ल बादशाह अकबर एक सहिष्णु शासक के तौर पर भी याद किए जाते हैं। अकबर की दूसरे धर्मों की स्वीकृति, सामूहिक आराधना के प्रति सहिष्णुता, ग़ैर मुस्लिमों पर लगान माफ़ी और अन्य आस्थाओं में रुचि, सहिष्णुता को दर्शाते हैं। विरोधाभास यह था कि धार्मिक जगत के प्रति उनका झुकाव और खुले विचार उन्हें पूर्णतया धर्म त्याग की ओर ले गए। सर्ज ट्रिफ़कोविक कहते हैं,

"श्रेष्ठ मुसलमान वही है जो कम से कम मुसलमान हो।"

2.6 मारवाड़ और मेवाड़ में कूटनीति के दाव पेच

मारवाड़ के राव चूँडा का ज्येष्ठ पुत्र होते हुए भी रणमल (रीडमल) को अपने सौतेले भाई कान्हा (रा. 1423-27) के पक्ष में अपना राज्याधिकार छोड़ना पड़ा था। परन्तु रणमल स्वभाव से

महत्वाकांक्षी था। कुछ समय वहाँ रहकर वह मेवाड़ में राणा लाखा (लक्ष्य सिंह) की सेवा में चला गया।

वहाँ उसने अपनी बहन हंसा बाई का विवाह राणा लाखा से इस शर्त पर किया कि उससे उत्पन्न पुत्र ही मेवाड़ का उत्तराधिकारी होगा। कुछ समय बाद जब उसने अपनी बहन हंसा बाई का विवाह लाखा के साथ कर दिया तो मेवाड़ की राजनीति में उसका प्रभाव बढ़ने के आसार बन गये। सन् 1421 में राणा लाखा की मृत्यु हो गयी और उसका पुत्र मोकल मेवाड़ की गद्दी पर बैठा।

वीरविनोद भाग-1, लेखक: कवि श्यामल दास, प्रस्तुत कर्ता रघुवीर सिंह (मालवा), पृष्ठ 276-286 में लिखते हैं,

"उसके अल्पवयस्क होने के कारण मेवाड़ के राज्य का सारा प्रबन्ध राणा मोकल (रा. 1421-33) का बड़ा भाई चूंडा देखता था। परन्तु हंसा बाई को चूंडा पर सन्देह होने लगा, जिससे चूँडा मांडू (मध्य प्रदेश) के सुलतान होशंग के पास चला गया। इस घटना के बाद मेवाड़ के सभी कामों की देखरेख मामा राव रणमल करने लगा। अब वह मेवाड़ का सर्वेसर्वा बन गया। कुछ समय पश्चात् रणमल (रा. 1427-38) ने मेवाड़ की सेना लेकर मण्डौर पर आक्रमण किया और सन् 1427 में उसे अपने अधिकार में ले लिया।" [राव चूंडा – राव रणमल के पिता (मारवाड़); राज कुमार चूंडा – राणा मोकल (मेवाड़) के बड़े भाई]

सिसोदिया के मेवाड़ दरबार में एक पद हासिल करने के बाद, रणमल बाद में जांगलू लौट आए, जहाँ उन्हें चारण देवी करणी माता द्वारा शासक घोषित किया गया था। इसके अलावा, उसने भाटी क्षेत्र में घुसपैठ की और बीकमपुर पर कब्जा कर लिया।

ले. कर्नल जेम्स टॉड अपनी पुस्तक, 'Annals and antiquities of Rajasthan – Vol 3', page 32 to 36, में लिखते हैं,

"महाराणा मोकल की हत्या के बाद, राव रणमल ने महाराणा कुम्भा के दरबार में अपना स्थान मेवाड़ प्रशासक के रूप में जारी रखा। महाराणा कुंभा (रा. 1433-68) के अल्पवयस्क काल तक मेवाड़ के प्रशासन की देखरेख रणमल के हाथों में ही रही। सन् 1438 में, महाराणा कुम्भा ने अपने शासन में हिस्सेदारी का अंत करने का निर्णय लिया और चित्तौड़ में राव रणमल की हत्या करवाने के बाद मंडोर पर क़ब्ज़ा करने निकल पड़े।"

भंवर लाल नाहटा अपनी पुस्तक, 'मंत्री करमचन्द बच्छावत', प्राकृत भारती अकादमी प्रकाशन, पृष्ठ 51 में लिखते हैं,

"राव रणमल के पुत्र राव जोधा चित्तौड़गढ़ से बच निकले और मारवाड़ की तरफ़ कूच कर गए। चित्तौड़गढ़ से बच निकलते समय तक़रीबन सात सौ घुड़सवार राव जोधा के साथ थे। चित्तौड़गढ़ के क़रीब और सोमेश्वर घाटी के पहले महाराणा कुम्भा से घमासान युद्ध में राव जोधा ने बहुत संख्या में अपने सैनिक खोये। जब राव जोधा मंडोर पहुँचे तब उनके साथ केवल सात सैनिक थे।"

वीरविनोद भाग-1, लेखक: कवि श्यामल दास, प्रस्तुत कर्ता रघुवीर सिंह (मालवा), पृष्ठ 276-286 में लिखते हैं,

"राव जोधा ने मंडोर छोड़ते वक़्त सारी सम्भव रसद बटोरी और उत्तर दिशा में जांगलू प्रदेश की ओर बढ़ चले। वे बहुत कठिनाई से कहूनी (वर्तमान बीकानेर के पास गाँव) सुरक्षित पहुँच पाये। पंद्रह सालों तक राव जोधा ने मंडोर पर क़ाबू पाने की बहुत सारी कोशिशें की। सन् 1453 में, राव जोधा की कोशिश तब सफल हुई जब महाराणा कुम्भा, मालवा और गुजरात के सुलतान के कई आक्रमणों के साथ एक ही वक़्त जूझ रहे थे। उन्होंने राव जोधा की सहायता बतौर, मंडोर (गुजरात सुलतान के आधीन) पर अचानक हमला बोला।"

मुस्लिम आक्रमणकारी मेवाड़ और मारवाड़ के सम शत्रु

ईसा पश्चात् 8वीं शताब्दी के दौरान, इस्लाम के जन्म के कुछ सदियों में ही मुसलमानों ने हिंदुस्तान पर आक्रमण करना शुरू कर दिया। मेवाड़ राज्य में गुहिल राजपूत वंश के संस्थापक, कालभोज 'बप्पा रावल' (रा.734-53) ने लड़ाई में अरब हमलावरों को पराजित कर देश से खदेड़ा। बप्पा रावल ने अरब सैनिकों पर क़ाबू पाकर उनके अपने ही प्रांत सिंध में हिन्द राज्य पुनः स्थापित किया। उनके हाथों पराजित होने के बाद कई सौ सालों तक किसी भी मुस्लिम आक्रमणकारी ने मेवाड़ पर चढ़ाई नहीं की। गौरतलब हैं कि मुस्लिम इतिहासकारों ने हिंदु राजाओं की पराजय को नगण्य रूप से दर्ज किया। राणा कुम्भा (रा.1433-68), बाद में महाराणा कुंभकर्ण, मुस्लिम आक्रमण के विरुद्ध प्रमुख रूप से उभरे।

जयसोम पाठक द्वारा रचित, 'करमचन्द वंशोह कीर्तनकम काव्यम', श्लोक 102 से 108 में लिखा हैं,

"महाराणा कुम्भा और राव जोधा के सैन्य दलों ने गुजरात के सुलतान को पूर्णतया पराजित किया और मंडोर पर विजय हासिल की। राव जोधा एवं राणा कुम्भा ने आपसी सहमति से एक होकर अपने बीच के विवाद को ख़त्म किया ताकि वे सम शत्रु, मालवा और गुजरात के मुसलमान शासकों का सामना कर सकें।"

2.7 राव जोधा के निमंत्रण पर बच्छराज का जोधपुर में आगमन

जयसोम पाठक द्वारा रचित, 'करमचन्द वंशोह कीर्तनकम काव्यम', श्लोक 102, में बताया गया है कि बच्छराज, जो वत्सराज के नाम से भी जाने गए, एक धार्मिक पुरुष ही नहीं बल्कि पाटन (अनहिलपुर) के एक प्रभावशाली मंत्री एवं वीर-साहसी योद्धा भी थे। वे राव रणमल के निकटस्थ थे।

कुछ तथ्य गौर करने वाले - तत्कालीन राजनीतिक परिस्थितियों, समय और उम्र का निष्पक्ष विवेचन:

जयसोम पाठक द्वारा रचित, 'करमचंद वंशोह कीर्तनकम काव्यम' (श्लोक 102 से 108) में बताया गया है कि बच्छराज (ज.1425*-1505), राव रणमल के निकटस्थ थे (श्लोक 102), फिर राव जोधा के साथ जांगलू प्रदेश गए (श्लोक 105)। यह कथन पूर्ण रूप से सत्य नहीं हैं। तत्कालीन राजनीतिक परिस्थितियों का निष्पक्ष विवेचन करने से पता चलता हैं कि, इस समय बच्छराज मात्र 15 से 18 वर्ष के थे। राव जोधा ने उन्हें सन् 1453 में मंडोर से राज्य स्थापित करने के समय ही वहां मंडोर आने का आमंत्रण दिया होगा। इस समय बच्छराज 25 से 28 वर्ष के थे, जो एक समझदार और निर्णय लेने वाले व्यक्ति की उम्र होती है। अलबत्ता हम इस विवाद को यहीं विराम देते हैं।

15वीं शताब्दी के मध्य में मंडोर (मारवाड़), गुजरात के मुसलमान सुलतानों के द्वारा अशांति के कारण मुसीबत में था और अपने पैरों पर खड़े रहने की कोशिश कर रहा था। इस स्थिति में मंडोर के शासक राव जोधा (रा.1453-89) के निमंत्रण पर बच्छराज गए। उन्हें अपनी प्रशासनिक और रणनीतिक कुशलता के कारण मंडोर के दीवान के रूप में नियुक्त किया गया। राव जोधा ने उस वक़्त पहली बार दीवान बच्छराज (1453-65) एवं अन्य ओसवालों को सेना का नेतृत्व करने की अनुमति दी।

इस दौरान एक महात्मा ने राव जोधा को सुरक्षा हेतु राजधानी के क़िले को पहाड़ की चोटी पर स्थापित करने की सलाह दी। इस तरह सन् 1459 में राव जोधा ने दीवान बच्छराज की देखरेख में क़िले का निर्माण कार्य शुरू करवाया, जिसे महाराजा जसवंत सिंह (रा.1438-89) ने पूर्ण किया। इस तरह जोधपुर राज्य की स्थापना हुई। नये क़िले को मेहरानगढ़ नाम दिया गया। 125 मीटर ऊँची पहाड़ी पर स्थित मेहरानगढ़ क़िला राजस्थान के सबसे प्रभावशाली एवं दुर्जेय क़िलों में से एक हैं।

किंवदंती हैं कि एक साधु चीरिया नाथजी इस पहाड़ी पर ध्यान करते थे। नाथजी इस योजना से नाखुश थे। राज परिवार को श्राप दे दिया। उस श्राप से बचने के लिए किसी ज्योतिष की सलाह से राव जोधा ने इस क़िले की नींव में एक जिन्दा व्यक्ति को दफ़न किया। उन्होंने एक व्यक्ति राजाराम मेघवाल को कहा, जिसने स्वेच्छा से अपनी सेवाएं दीं। उसे नींव में जीवित दफन कर दिया क्योंकि यह उन दिनों शुभ माना जाता था। राजाराम मेघवाल से वादा किया गया था कि बदले में उसके परिवार की देखभाल राज परिवार द्वारा की जाएगी। उसके परिवार को जमीन दी गई थी और आज तक उनके वंशज अभी भी सूर सागर के पास राज बाग में रहते हैं। राजपूताना में अन्य किलों के निर्माण में इस तरह की कोई घटना हुई, इसका कोई प्रमाण नहीं है।

2.8 बीकानेर के संस्थापक – राव बीका एवं बच्छराज का जांगलू प्रदेश की ओर प्रस्थान

सन् 1464 में, राव जोधा के छोटे पुत्र, राठौड़ राजपूत, राव बीका (रा.1465-1504) ने अपने राज्य निर्माण हेतु राठौड़ योद्धाओं के छोटे दस्ते के साथ जोधपुर से प्रस्थान किया। जिसमें पांच सौ पैदल सैनिक और सौ घुड़सवार शामिल थे। राव बीका ने अपना नया राज्य स्थापित करने हेतु अपने चाचा कांधल के साथ जोधपुर दीवान बच्छराज एवं लखनसी बैद को अनुयायियों के रूप में चुना। अन्य लोगों में उनके साथ नापा, सांखला एवं दो भाई जोगा और बिरा भी थे। वे सभी राजकीय रणनीति के सलाहकार के रूप में थे।

वर्तमान बीकानेर क्षेत्र जो कभी बंजर प्रदेश था, 'जांगलू देश' के नाम से जाना जाता था। महाभारत के समय से राजपूताना के उत्तरी-पश्चिमी क्षेत्र, जांगलू पर वहाँ के निवासी जाट गोत्र के प्रधानों का अधिकार था जिसमें उनके अपने पारम्परिक क़ानून का नियमन होता। नाममात्र के अधिपति दिल्ली सल्तनत के नाम का उपयोग कर प्रधानों ने बड़ी मात्रा में स्वयं शासित राज्य का उपभोग किया।

राज्यश्री कुमारी अपनी किताब 'The Maharajas of Bikaner' में लिखती हैं,

"15वीं शताब्दी में, 25 पीढ़ियों पूर्व, मेरे पूर्वज राव बीका ने जब बीकानेर राज्य की स्थापना की, तब थार रेगिस्तान के मध्य में उनकी जागीर का क्षेत्र होलैंड और बेल्जियम के संयुक्त क्षेत्र से काफ़ी बड़ा था, जिसकी मूल विशेषता थी मनुष्य और पशुओं के लिए पर्यावरण का विरोधाभास। इसी लिए राव बीका और उनके साथी असाधारण रूप से निडर एवं बलवान रहे होंगे।"

2.9 देशनोक का करणी माता मंदिर

बीकानेर के ऐतिहासिक अभिलेख में बताया गया हैं कि सन् 1465 में, वर्तमान बीकानेर से 31 किलोमीटर दक्षिण की ओर राव बीका, बच्छराज एवं अन्य साथियों के साथ देशनोक नगर पहुँचे। उस नगर में श्री करणी जी नामक चारण जाति की एक दिव्य स्त्री रहा करती थीं। राव बीका ने उनकी तरफ़ जब अपना आदर व्यक्त किया तब वह पवित्र स्त्री बोलीं - *"तुम्हारा भाग्य तुम्हारे पिता से श्रेष्ठ है एवं कई सेवक तुम्हारे पैर छूएंगे।"*

देशनोक में इन्हीं करणी माता की स्मृति में संगमरमर का मंदिर बनाया गया। इस मंदिर के परिसर में मौजूद अत्यधिक चूहों ने विश्व भर का ध्यान अपनी ओर बटोरा है। इन चूहों को काबा के नाम से ही संबोधित किया जाता है। हिंदू पौराणिक कथाओं के अनुसार हर देवी देवता का अपना वाहन होता हैं। जैसे लक्ष्मी का वाहन हंस, वैसे ही गणेश और करणी माता का वाहन चूहा। यह काबा, चूहों की ही एक प्रजाति हैं लेकिन मंदिर के प्रांगण में मौजूद चूहों का इस तरह उल्लेख नहीं किया जाता। मंदिर के अंदर या बाहर जाने के लिए चूहों पर कोई रोक नहीं है। फिर भी वे मंदिर से दूर नहीं जाते। मंदिर के प्रांगण में हर आकार के कई हज़ार काबा घूमते नज़र आते हैं। आराधना करते समय वे पैरो पर नाचते-कूदते रहते हैं। फिर भी उनसे कोई नहीं घबराता।

दिलचस्प बात यह हैं कि आज तक काबा के काटे जाने का ना तो कोई प्रसंग सामने आया है ना ही देशनोक में प्लेग की कोई घटना हुई है। आज तक एक भी मृत काबा किसी ने नहीं देखा है। काबा को शुभ माना जाता हैं, ख़ासकर श्वेत काबा को। मंदिर प्रांगण के बाहर पाये जाने वाले चूहे हिंसक माने जाते हैं और उन्हें उसी तरह रखा जाता हैं। अपने संकट समय में लोग करणी माता से उसी तरह शक्ति पाते हैं जैसे हमारे पुरखों ने पायी थी।

2.10 बच्छराज की बीकानेर राज्य के संस्थापक दीवान पद पर नियुक्ति

कर्नल जेम्स टॉड के मुताबिक़, राव बीका ने अपनी राजधानी के लिए जो स्थान चुना वह नेरा जाट का जन्म सिद्ध अधिकार था। वह इसे देने के लिए इसी शर्त पर राज़ी हुआ कि उसके साथ उसका नाम भी चिरकाल तक जोड़ा जाना चाहिये। चूंकि आदिवासी मुखिया का अधिकारिक नाम नेरा था, इसलिए राव बीका ने उसे अपने नाम के साथ जोड़कर भावी राजधानी बीकानेर के नाम की रचना की। राव बीका और बच्छराज के प्रयत्नों से वीरान देश फिर से आबाद होने लगा। राव बीका तो अपना सैन्य दल ले कर चले ही थे। वे अब अपने राज्य का आकार और ताक़त बढ़ाने लगे। बच्छराज नव स्थापित राज्य के दीवान (मंत्रिश्वर) नियुक्त हुए।

दीवान बच्छराज ने राव बीका के निवास करने के लिए उत्तम मुहूर्त में सन् 1486 (वि. संवत 1543) में श्रेष्ठ दुर्ग बनवाया, जो दुष्ट दुर्जेय शत्रुओं के आक्रमण को रोकने में सभी प्रकार से उपयुक्त एवं मजबूत था। दीवान बच्छराज को बीकानेर के दक्षिण पश्चिम की तरफ, लक्ष्मीनाथ मंदिर के क़रीब, रेती घाटी में क़िले का निर्माण कार्य सुपुर्द किया गया। राव बीका ने क़िले की नींव डाली। तीन साल पश्चात् नगर का निर्माण कार्य दीवान बच्छराज ने करवाया जो वर्तमान में बीकानेर कहलाता है। बीकानेर के एक वरिष्ठ इतिहास प्राध्यापक भवानी शंकर व्यास विनोद का कहना है,

"नये नगर में, ओसवाल समाज के लिए गवाड़ (सामाजिक व्यवस्था) का नियोजन एवं प्रारूप दीवान बच्छराज के दिमाग़ की उपज थी। लगातार होने वाले मुस्लिम आक्रमण के कारण उस क्षेत्र में कई हिंदू बस्तियों को असुरक्षा महसूस होने लगी। अतः गवाड़ की संकल्पना का आरम्भ हुआ।"

ओसवाल गवाड़ की सफलता को देख बाकी समाजों ने भी इस प्रथा को अंगीकार किया। वर्तमान बीकानेर में पचास से भी अधिक गवाड़ हैं जैसे आचार्यों का चौक, आसानियों का चौक, भिश्तियों का चौक, रांगडी चौक, बच्छावतों का मोहल्ला, नाहटों का मोहल्ला, जोशीवाडा, मोहल्ला चूनगरान, इत्यादि। आज गवाड़ सभी समाजों की हैं, मुस्लिमों की भी।

भंवरलाल नाहटा अपनी पुस्तक 'मंत्री करमचंद बच्छावत' में लिखते हैं,

"धीरे-धीरे राव बीका ने दीवान बच्छराज की सहायता एवं सलाह से अपने साम्राज्य को पश्चिम की ओर बढ़ाते हुए नये राज्य क्षेत्रों पर विजय हासिल की। साथ में दीवान बच्छराज को 'परभूमि पंचानन' की उपाधि भी प्रदान की गयी", जिसका मतलब हैं, *"शिव के स्वरूप में मानव कल्याण की आभा। शिव का पंचानन रूप: 1. भस्म यानी पृथ्वी, 2. गंगा यानी जल, 3. त्रिनेत्र यानी तेज तत्व, 4. सर्प यानी वायु और 5. डमरू यानी आकाश। एक सृष्टि नाशक हिन्द देवता, जिसके पाँच आनन या मुंह हों – जैसे पंचमुखी शिव या शेर या सिंह, जो किसी विषय का बहुत बड़ा विद्वान और साहसी हो।"*

राव बीका की बढ़ती शक्ति ने दिल्ली के सुल्तान बहलोल लोधी का ध्यान आकर्षित किया। सारंग खान ने हिसार में बहलोल लोधी के सुबेदार रहते हुए बीकानेर पर आक्रमण किया। दीवान बच्छराज के नेतृत्व में बीकानेर सेना ने सारंग खान को भीषण युद्ध में पराजित कर उसे मार गिराया। इसके बाद राव बीका ने सन् 1504 में अपनी मृत्यु तक पूर्ण शांति का आनंद लिया।

राव बीका के उत्तराधिकारी राव नरसिंह लंबे समय तक नहीं रहें और राव लूणकरण को गद्दी पर बिठाया गया।

दीवान बच्छराज की प्रशंसनीय सेवा को ध्यान में रखते हुए उन्हें एवं उनके परिवार को एक गाँव जागीर में दिया गया, जिसका नाम बच्छासर रखा। यह बस्ती बीकानेर से पंद्रह किलोमीटर दक्षिण पश्चिम की ओर स्थित है। यहाँ पर अंतहीन रेगिस्तान फैला हुआ है और सूर्य धधकता रहता हैं। बच्छासर की स्त्रियाँ चमकीले लाल-केसरिया रंग की वेशभूषा के साथ अपनी बाँहों एवं गले में जटिल चांदी, हाथी दाँत और चीड़ के गहनों का श्रृंगार करती हैं।

समय के साथ, बच्छावतों का प्रभाव दिन-दुगना रात-चौगुना बढ़ता रहा। इस गोत्र के हर वंशज अपने अनुभव और प्रभाव के कारण दीवान पद पर नियुक्त हुए। 'बीकानेर राज्य का इतिहास' के लेखक, वरिष्ठ इतिहासकार डा. गौरी शंकर ओझा का कहना हैं,

"बच्छावत वैश्य जाति के होने के बावजूद सैन्य रणनीति में क्षत्रिय सलाहकारों से बेहतर जाने जाते थे, क्योंकि उनमें राजसी (देवड़ा चौहान) रक्त प्रवाहित था। अपनी कलम एवं तलवार का उपयोग वे समान हुनर और प्रभाव के साथ करते थे।"

2.11 करम सिंह बच्छावत की बीकानेर राज्य के दीवान पद पर नियुक्ति

दीवान बच्छराज के निधन पर, सन् 1505 में, राव नरसिंह (नारो) ने बच्छराज के बड़े बेटे करम सिंह को दीवान (रा.1505-26) नियुक्त किया। अपने पिता की तरह करम सिंह भी एक सक्षम प्रशासक, रणनीतिज्ञ और वीर योद्धा थे। दीवान करम सिंह धार्मिक और सरल प्रवृत्ति के पुरुष भी थे।

राजपूत रेजिमेंट का इतिहास, 1947-70, Living Up to Heritage: Part 2, लेखक ले. कर्नल मुस्थाद अहमद; अध्याय 'बीकानेर सार्दुल इन्फेंट्री का इतिहास', में लिखा हैं,

"सन् 1513 में नागौर के मोहम्मद खान ने बीकानेर पर आक्रमण किया। लेकिन दीवान करम सिंह के नेतृत्व में राव लूणकरण की सेना ने उसे पीछे धकेल दिया। राव लूणकरण ने दीवान करम सिंह की सलाह पर डीडवाना पर कब्जा कर लिया। बाद में सन् 1526 में राव लूणकरण ने अपने बेटों और दीवान करम सिंह के साथ पानीपत के पास, नारनौल में बाबर के सैनिकों के खिलाफ आक्रमण किया। भयंकर लड़ाई में राव लूणकरण, उनके बेटे और दीवान करम सिंह को वीरगति प्राप्त हुई। उसी वर्ष बाबर ने पानीपत के प्रथम युद्ध में इब्राहिम लोदी को हराया और मुग़ल साम्राज्य की स्थापना की।"

भंवरलाल नाहटा, अपनी पुस्तक, 'मंत्री करमचंद बच्छावत' में आगे लिखते हैं,

"दीवान करम सिंह, जिनेश्वर भगवान की पूजा कर, नवकार मंत्र स्मरण पूर्वक सागारी अनशन लेकर रणभूमि में उतर पड़ा और वह स्वामी भक्त वीरगति को प्राप्त हुआ। स्वयं राव लूणकरण भी अपनी राज्य मुद्रा जैत सिंह को सौंपकर शहीद हो गए।"

दीवान करम सिंह (रा.1505-26) एक जुझारू योद्धा की तरह लड़े। उनका यह स्थान, जो नमिनाथ मंदिर में हैं, 'भोमिया की देवली' के नाम से प्रसिद्ध हैं। बीकानेर के ही शिक्षक एवं लेखक, नदीम अहमद नदीम का कहना है,

"दीवान करम सिंह, एक जुझारू योद्धा थे, जो अपना सिर धड़ से अलग होने के बाद भी लड़ते रहे। इसलिए उन्हें 'भोमिया' की पदवी प्रदान की गयी एवं उनके द्वारा निर्मित नमिनाथ जिनालय में शिला प्रतिमा स्थापित कर सम्मानित किया गया।"

बच्छासर गाँव के मोहन राम प्रजापति का कहना हे,

"भोमियों की देवली को दिव्य, प्रभावशाली एवं चमत्कारी देवता माना जाता हैं। यहाँ की प्रथा अनुसार यहाँ कोई स्त्री कभी भी नंगे सिर चढ़ावा नहीं चढ़ाती है। स्त्री और पुरुष को अपना सिर ढक कर ही पूजा-अर्चना करनी होती है।"

2.12 बीकानेर में नमिनाथ जिनालय का निर्माण

भंवरलाल नाहटा, अपनी पुस्तक, 'मंत्री करमचंद बच्छावत' में लिखते हैं,

"जैन दर्शन में गृहस्थ के लिए जिनालय निर्माण से बढ़ कर दूसरा धर्म नहीं हैं। गुरु महाराज के आशीर्वाद से करम सिंह बच्छावत ने नमिनाथ स्वामी (21वें तीर्थंकर) का जिनालय निर्माण कराया। प्रतिष्ठोत्सव में बहुत राज्यों से आये हुए स्वधर्मी बंधुओं का भोजनवस्त्रादि से वात्सल्य किया। नमिनाथ जिनालय का निर्माण सन् 1499 (वि.स.1556) में प्रारंभ कर, सन् 1513 (वि.स.1570) में सम्पूर्ण हुआ। श्री शांति सागर सूरी जी से सुरिमंत्र दिलाकर श्री जिनहंस सूरी जी को आचार्य पद पर प्रतिष्ठित किया। यह पदोत्सव भी सन् 1499 में हुआ। प्रतिष्ठा, पदोत्सव और संघ यात्रा में लाख-लाख का द्रव्य खर्च कर शोभा प्राप्त की।"

उपरोक्त और निम्न तथ्य जयसोम पाठक कृत 'करमचंद वंशावली प्रबंध' ग्रन्थ सन् 1593 (वि.स.1650), के श्लोक 161 से 189 में भी लिखा है। यह ग्रन्थ जयसोम द्वारा बादशाह अकबर के लाहौर दरबार में विजयादशमी को लिखा गया तथा इसकी संस्कृत टीका उनके शिष्य श्री गुणविजय द्वारा सन् 1598 (वि.स.1655) में लिखी गयी।

दीवान करम सिंह की प्रशंसनीय सेवा को ध्यान में रखते हुए उन्हें एवं उनके परिवार को एक गाँव जागीर में दिया गया, जिसका नाम करमीसर रखा। यह गाँव बीकानेर से बारह किलोमीटर दक्षिण पश्चिम तथा बच्छासर से 9 किलोमीटर की दूरी पर स्थित है।

2.13 वर सिंह बच्छावत को बीकानेर राज्य का दीवान नियुक्त किया

राव लूणकरण के उत्तराधिकारी राव जैत सिंह (रा.1526-42) ने करम सिंह के छोटे भाई वर सिंह को दीवान (15026-35) बनाया, जो धर्मिष्ठ और निपुण वे वीझादेवी के पति थे। राव जैत सिंह ने बीकानेर दुर्ग की चाबियाँ जिस दीवान वर सिंह को सौंपी, वह देश का रक्षक था।

राजपूत रेजिमेंट का इतिहास, 1947-70, Living Up to Heritage: Part 2, लेखक ले. कर्नल मुस्थाद अहमद; अध्याय 'बीकानेर सार्दुल इन्फेंट्री का इतिहास', में लिखा है,

"सन् 1534 में, बाबर के छोटे बेटे कामरान मिर्ज़ा ने बीकानेर पर कब्ज़ा किया। दीवान वर सिंह की सूझबूझ, सही सलाह तथा रणनीति द्वारा राव जैत सिंह ने रातों-रात बीकानेर पर पुनः कब्ज़ा कर लिया। लेकिन इस चौबीस घंटे के दौरान कामरान और उसके सैनिकों ने बीकानेर में मंदिरों का अथाह विनाश किया।"

उपरोक्त तथ्य 'बीकानेर लेख संग्रह', जिसकी प्रस्तावना डॉ. वासुदेव शरण अग्रवाल, संपादन अगरचंद नाहटा और भंवरलाल नाहटा (2013), प्रकाशक अभय जैन ग्रंथालय, बीकानेर और सन्दर्भ: राय बहादुर गौरीशंकर ओझा (1939) का लिखित, 'बीकानेर राज्य का इतिहास' (प्रकाशक एवं मुद्रक वैदिक यन्त्रालय, अजमेर) में भी मिलते हैं।

क्या उस मंदिर विनाश में दीवान करम सिंह द्वारा निर्मित नमिनाथ जिनालय भी था? क्या उसका जीर्णोद्धार उनके पौत्र दीवान नगराज ने सन् 1536 में करवाया? हो सकता हे, इस लिए मंदिर के द्वार पर स्थापना वर्ष सन् 1536 (वि.स.1593) अंकित है।

दीवान वर सिंह एक साहसी योद्धा थे जो हाजी खान लोदी से लड़ते वक़्त वीरगति (सन् 1535) को प्राप्त हुए। भंवरलाल नाहटा अपनी पुस्तक, मंत्री करमचंद बच्छावत में लिखते हैं,

"पुण्यवृद्धि के लिए उन्होंने शत्रुंजय, आबू, गिरनार तीर्थों की यात्रा कर उन्हें करमुक्त किया। वर सिंह, दादा श्री जिनकुशल सूरी जी की यात्रा हेतु देराउर (देवराजवर, सिंध प्रान्त में) जाने के बड़े उत्सुक थे, पर असमर्थता देख कर गुरुदेव ने स्वप्न प्रदर्शन में कहा - 'यहीं सारंगडाला (नाल) गाँव में चरण (पादुकाएं) स्थापना कर दो। तुम्हारी देराउर यात्रा मान्य हो गयी'। तब से सारंगडाला (नाल) गाँव गुरु तीर्थ रूप से प्रसिद्ध हो गया। सभी गच्च के भक्त सेवकों की मनोकामना यहाँ पूर्ण होती है।"

उपरोक्त तथ्य जयसोम पाठक कृत "करमचंद वंशावली प्रबंध" ग्रन्थ सन् 1593 (वि.स.1650), के श्लोक 191-192 में भी लिखा हे।

2.14 नगराज बच्छावत को बीकानेर राज्य का दीवान नियुक्त किया

राव जैत सिंह के प्रतापी और शोभनीय दीवान, वर सिंह के दूसरे पुत्र, नगराज की दीवान पद (1535-42) पर नियुक्ति हुई। नगराज, कर्मठ और बुद्धिमान थे। उन्होंने राव लूणकरण के शासन काल में विद्रोह को दबाकर अपना अस्तित्व क़ायम किया था।

भंवरलाल नाहटा अपनी पुस्तक, 'मंत्री करमचंद बच्छावत' में लिखते हैं,

"इस समय में, जोधपुर के राव मालदेव ने बीकानेर पर आक्रमण का षड्यंत्र रचा। इस षड्यंत्र का पता चलते ही दीवान नगराज ने राव जैत सिंह को शेरशाह सूरी से मदद लेने की सलाह दी और इस मक़सद से दीवान नगराज दिल्ली की ओर चल पड़े। इससे पहले कि वे लौटते बीकानेर पर आक्रमण हो चुका था एवं राव जैत सिंह मारे जा चुके थे। शेरशाह सूरी के सैन्य दल के साथ दिल्ली से लौटते वक़्त दीवान नगराज ने राव मालदेव (जोधपुर), जिन्होंने बीकानेर के राव जैत सिंह की हत्या की थी, पर विजय हासिल कर बीकानेर को अपने क़ब्ज़े में ले लिया। पश्चात्, उन्होंने राव जैत सिंह के पुत्र राव कल्याणमल (1542-73) को राज सिंहासन पर आसीन करवाया।"

उपरोक्त तथ्य जयसोम पाठक कृत 'करमचंद वंशावली प्रबंध' ग्रन्थ, सन् 1593 (वि.स.1650), के श्लोक 208-210 में भी लिखा है।

शेरशाह सूरी (रा.1540-45) एक पुरानी शैली का अफगान था। उसने उत्तर भारत में सूर साम्राज्य की स्थापना कि और सन् 1540 में मुग़ल साम्राज्य पर क़ाबू पाया। लेकिन वह सन् 1545 में कलिंजर (बुंदेलखंड के पास) के क़िले में बारूद फटने की दुर्घटना से मारा गया। उसे एक सक्षम प्रशासक होने के साथ ही नियम एवं बदलाव लागू करने के लिए याद किया जाता है। माना जाता है कि वह पहला शासक था जिसने टका की जगह रुपया और पैसा प्रचलित किया। हालाँकि उसने भारत पर पाँच वर्ष का अल्पकालीन शासन किया लेकिन उसके द्वारा लाये गए बदलावों ने लोगों के जीवन पर लम्बे समय तक अपनी छाप छोड़ी। मध्यकालीन भारत का वह एक सफल शासक माना गया।

उपरोक्त तथ्य 'बीकानेर लेख संग्रह', जिसकी प्रस्तावना डॉ. वासुदेव शरण अग्रवाल, संपादन अगरचंद नाहटा और भंवरलाल नाहटा (2013), प्रकाशक अभय जैन ग्रंथालय, बीकानेर में भी मिलते हैं।

2.15 संग्राम सिंह बच्छावत को बीकानेर राज्य का दीवान नियुक्त किया

विश्वसनीय एवं निष्ठावान दीवान नगराज को शेरशाह सूरी ने सम्मान के लिए दिल्ली में आमंत्रित किया। वापिस लौटते समय अजमेर में उनका अकस्मात देहान्त हो गया। उनके छोटे पुत्र बच्छावत संग्राम सिंह, शेरशाह सूरी के साथ रहे लेकिन राव कल्याणमल ने उन्हें बुलाकर दीवान पद (रा.1542-71) पर उनकी नियुक्ति की। दीवान नगराज की पुण्यात्मा पत्नी नवल देवी के तीन पुत्र थे। तीसरा पुत्र संग्राम सिंह, रणविजयी और भाग्य बली, नरेश्वर कल्याणमल द्वारा सम्मानित था। सुल्तान शेरशाह सूरी ने भी संग्राम सिंह की बुद्धि की प्रशंसा की जिससे उन्हें ही बीकानेर का प्रधान मंत्रित्व पद सौंपा गया।

भंवरलाल नाहटा, अपनी पुस्तक, 'मंत्री करम चंद बच्छावत' में लिखते हैं,

"संग्राम सिंह ने शत्रुंजय (वर्तमान में पलिताना तीर्थ) को कर मुक्त कर यात्रा की एवं चैत्य बनवाये। करोड़पतियों से स्पर्धा पूर्वक इन्द्रमाल ग्रहण किया। आबू, गिरनार की भी सेना के साथ विधिपूर्वक यात्रा की। चित्तौड़ पहुँचने पर महाराणा उदय सिंह द्वितीय (रा.1540-68) ने दीवान संग्राम सिंह का बहुत सम्मान किया एवं हाथी, घोड़े, गांव आदि देकर सम्मानित करना चाहा, लेकिन स्वामी धर्म ही जिसके धनाधिक हैं वह न परायी भेंट स्वीकार करता है, न ही परायी सेवा भी करता है।"

बीकानेर में अपनी माता के पुण्यार्थ पौषदशाला (बड़ा उपाश्रय) का निर्माण करवाया। राव कल्याणमल के विवाह पर चित्रकूट जाने पर दीवान संग्राम सिंह ने अन्य राजाओं से अधिक द्रव्य, स्वर्णादि देकर यशोपार्जन किया। शाहजीखां और हसनकुली खां से संधि कर चित्रकूट राज्य के जिन मंदिरों की रक्षा की।

दीवान संग्राम सिंह की तीन पत्नियाँ थीं। सुरतान देवी, भगता देवी और सुरूपा देवी। ये तीनों ही जैनागम सिद्धांतों के श्रवण में संलग्न रहती थीं। वे एक प्रकार से दानशीलता के रूप में प्रतिष्ठित थीं। संग्राम सिंह के करमचंद और जसवंत पुत्र हुए। इनमें करमचंद रहस्यालोचानादि मंत्रणा कार्यों में प्रवीण थे। करमचंद के उत्तम लक्षणों तथा वैभव को विशेष रूप से देख कर राव कल्याणमल ने दीवान की पदवी प्रदान की।

दीवान करम चंद बच्छावत मेहता (रा.1571-92) ज.1542-1607**

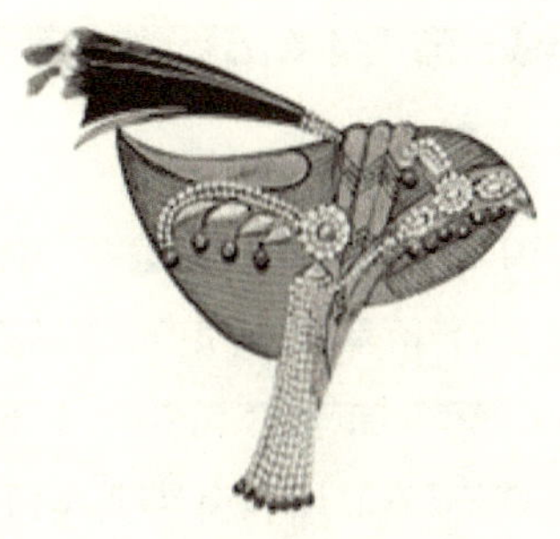

अध्याय 3

17वीं शताब्दी

दीवान करमचंद बच्छावत

कुशल प्रशासक, चतुर रणनीतिज्ञ, शिष्ट राजनेता

राव कल्याणमल ने दीवान संग्राम सिंह बच्छावत के देहान्त पश्चात्, सन् 1571 में, उनके पुत्र करमचंद बच्छावत (ज.1542-1607) को बीकानेर के दीवान पद पर नियुक्त किया। करमचंद बीकानेर में लोकप्रिय थे एवं बादशाह जलालुद्दीन मोहम्मद अकबर (रा.1556-1605) के साथ उन्होंने अच्छा तालमेल एवं स्नेह सम्बंध स्थापित किया था।

दीवान करमचंद बच्छावत मेहता एक बुद्धिमान प्रशासक, चतुर रणनीतिज्ञ, शिष्ट राजनेता एवं बहुत सज्जन व्यक्ति थे। अपने पुरखों की ही भाँति वे राजा के प्रति निष्ठावान रहे। तत्पश्चात् करमचंद, बादशाह अकबर के क़रीबी मित्र एवं रणनीतिज्ञ होने के साथ-साथ इतिहास में एक महत्वपूर्ण व्यक्ति बने। वे मध्यकालीन समय में जैन धर्म के महत्वपूर्ण संरक्षक भी रहे।

सन् 1618-19 के दौरान बीकानेर में बच्छावत पुनः स्थापित हुए। लेकिन एक सुबह, कपट से, उनकी हवेली को राजा सूर सिंह की राजसी सेना ने घेर लिया। बच्छावतों ने तुरंत ही इस घेराव के पीछे छुपी विनाश की नीयत को भाँप लिया। एक बनिया (व्यापारी) जाति होने के बावजूद, उनकी जाति के सभी सदस्यों ने क्षत्रियों जैसा साहस दिखाया एवं कठिन मृत्यु का संकल्प लिया। बच्छावतों की स्त्रियों ने कुएँ में कूदकर जल जौहर करते हुए अपने प्राण त्यागे।

3.1 दीवान करमचंद बच्छावत एवं बादशाह अकबर के मध्य अच्छा तालमेल

राव कल्याणमल ने दीवान संग्राम सिंह बच्छावत के देहान्त पश्चात्, सन् 1571 में, उनके पुत्र करमचंद बच्छावत (ज.1542-1607) को बीकानेर के दीवान पद पर नियुक्त किया। करमचंद बीकानेर में लोकप्रिय थे एवं बादशाह जलालुद्दीन मोहम्मद अकबर (रा.1556-1605) के साथ उन्होंने अच्छा तालमेल एवं स्नेह सम्बंध स्थापित किए थे। बीकानेर के राजसी परिवार के मुग़लों के साथ वैवाहिक सम्बंध स्थापित करने में भी करमचंद की मुख्य भूमिका थी। सन् 1570 में, राव कल्याणमल की पुत्री का विवाह बादशाह अकबर के साथ हुआ। राजा राय सिंह की पुत्री का विवाह राजकुमार सलीम (पश्चात्, बादशाह जहांगीर) के साथ हुआ। इस तरह, बीकानेर का शासक परिवार उन चुने हुए राजपूताना परिवारों से था जिनका दीवान करमचंद ने वैवाहिक संधि द्वारा मुग़लों से गहरी मित्रता का प्रबंध किया। लेकिन 'कियाँत' में ऐसे किसी भी प्रसंग का उल्लेख नहीं हैं। किन्तु, अभिलेख फरिश्ता (पृष्ठ 234 और 260, ब्रिग का अंग्रेजी भाषांतर) में सभी तथ्य दर्ज हैं। इस तरह, सन् 1573 में, राव कल्याणमल के उत्तराधिकारी राव राय सिंह, अकबर के चुनिंदा सेना प्रमुखों में से एक थे।

'मंत्री करमचंद वंशावली प्रबंध' के श्लोक 276-286 के अनुसार, सन् 1571 में बीकानेर के कृतज्ञ दीवान करमचंद, राजकुमार राय सिंह के साथ लाहौर में बादशाह अकबर के दरबार की ओर यात्रा पर निकले। करमचंद ने प्रस्थान से पहले राव कल्याणमल से पूछा, "स्वामी, आप आज्ञा दें"। राव कल्याणमल ने कहा,

"मेरे पास सब कुछ है बस मैं अपने पूर्वजों की इच्छा पूरी करना चाहता हूँ। मैं जोधपुर के राज महल के 'गवाक्ष' (सिंहासन) पर बैठकर, अपने पूर्वज राव बीका की इच्छापूर्ति के लिए कमल पूजा (पूर्वजों की आत्मा के लिये शांति प्रार्थना) करना चाहता हूँ।"

दीवान करमचंद राजकुमार राय सिंह के साथ, बादशाह अकबर का अभिवादन करने लाहौर पहुँचे। दीवान करमचंद के समीकरण बादशाह अकबर के साथ बहुत अच्छे थे, उन्होंने बादशाह अकबर से राव कल्याणमल के लिए अनुग्रह किया कि जोधपुर राज महल में उन्हें पूजा की अनुमति दी जाये। चूकि जोधपुर, बादशाह अकबर के क़ब्ज़े में था, यह इच्छा तुरंत पूरी की गयी। इस तरह, राव कल्याणमल अपने वंशजों की इच्छापूर्ति कर पाये और उन्होंने दीवान करमचंद से पूछा कि इसके एवज़ में वे क्या चाहते हैं? दीवान करमचंद ने विनम्रता पूर्वक कहा,

"आप की कृपा से मेरे पास सब कुछ है। लेकिन, आप के कहने पर मैं विनती करता हूँ कि तेली, कुम्हार, कंदोई, कसाई आदि चातुर्मास (वर्षा ऋतु) के चार महीने में कोई भी हिंसा कार्य नहीं करेंगे। आप भी उनसे भेड़, बकरी एवं माल आदि पर कोई भी कर वसूल नहीं करेंगे।"

राव कल्याणमल ने दीवान करमचंद की मंशा पूर्ण कर, साथ में चार गाँव उन्हें अंक पत्र पर भेंट दिये।

3.2 मध्यकाल में दीवान करमचंद बच्छावत जैन धर्म के उद्धारकर्ता

सन् 1573 में, राव कल्याणमल के उत्तराधिकारी, राजकुमार राय सिंह बीकानेर की गद्दी पर बैठे। दीवान करमचंद की रणनीति एवं सक्रिय मदद से, राव राय सिंह ने अपने साम्राज्य का विस्तार किया और बीकानेर राज्य में समृद्धि लाये। राव राय सिंह ने बलूचियों को पराजित कर अपनी सत्ता सिंध में हड़प्पा तक फैलाई। युद्ध में पकड़े गए बलूची क़ैदियों के अन्न-वस्त्र की अच्छी व्यवस्था कर उन्हें उनके घर वापिस भेज दिया गया।

दीवान करमचंद की विनती पर साहसी और वीर राव राय सिंह को बादशाह अकबर द्वारा 'राजा' के ख़िताब से नवाज़ा गया। दीवान करमचंद के सुझाव पर रावी, सतलज और डेक नदियों में मछली पकड़ने की गतिविधियों पर रोक लगाने का फरमान राजा राय सिंह द्वारा जारी किया गया। दीवान करम चंद के प्रयासों से रेगिस्तान के वीरान क्षेत्रों में वृक्षों की कटाई पर भी रोक लगा दी गयी। राजा राय सिंह ने चातुर्मास (पर्युषण) के दौरान पशु हत्या पर भी प्रतिबंध का फ़रमान जारी किया।

सन् 1586 में, दीवान करमचंद को ज्ञात हुआ की नवरंग खान ने द्वारका नगरी में मंदिरों का विध्वंस किया। जैन मंदिरों को तोड़े जाने के भय से, उन्होंने शीघ्र ही बादशाह अकबर से जैन मंदिरों की सुरक्षा की याचना की। बादशाह अकबर ने गुजरात के आज़म खान के नाम तुरंत ही मुद्रांक फ़रमान (आदेश) जारी किया, जिसके अनुसार अर्बुदाचल (आबू), शत्रुंजय (पलिताना) एवं सौराष्ट्र के जैन मंदिर, तीर्थ, एवं पुण्य क्षेत्र दीवान करमचंद की सुरक्षा में दिये गये। तत्पश्चात् शत्रुंजय और मेड़ता शहर में अपनी माता की स्मृति में दीवान करमचंद ने एक जैन मंदिर बनवाया।

3.3 रणनीतिज्ञ दीवान करमचंद द्वारा राजा राय सिंह का युद्ध अभियानों में अनुगमन

बादशाह अकबर के शासन काल में, बीकानेर के शासक, साम्राज्य के सबसे विश्वसनीय समर्थकों में से एक थे एवं राज दरबार में मनसबदार जैसे उच्च पदवी धारक थे। ठीक उसी तरह जैसे आमेर (वर्तमान में जयपुर) के राजा मानसिंह प्रथम। भारत के उप महाद्वीप पर विविध मुग़ल अभियानों में वे सेना प्रमुखों के रूप में सेवारत रहे। गुजरात के सुल्तान को पराजित करने के लिये दीवान करमचंद ने राव राय सिंह की युद्ध में सहायता की। बादशाह अकबर, रणनीतिज्ञ

दीवान करमचंद से बेहद ख़ुश थे और इसी के चलते उन्होंने दीवान करमचंद से उनकी इच्छा पूछी। उन्होंने उत्तर दिया,

"मुझे अपने लिये कुछ भी नहीं चाहिये लेकिन अपने राजा के लिए मैं बावन परगनों का अनुदान चाहता हूँ।"

'मंत्री करमचंद वंशावली प्रबंध' के श्लोक 287-291 के अनुसार,

"कुछ समय के पश्चात् एक बार बादशाह अकबर का द्रोही, मिर्ज़ा इब्राहिम नागौर के समीपस्थ सीमावर्ती प्रदेश को (जो कि दिल्ली राज्य का ही हिस्सा था) हड़पने के लिए वहां आ गया। यह वृतान्त अपने गुप्तचर के मुख से सुनकर साहसियों में शिरोमणि मंत्री करमचंद ने सैन्य साज सामान से सुसज्जित होकर राजा राय सिंह का अनुगमन करते हुए युद्ध के द्वारा शत्रु सेना को नष्ट करके मिर्ज़ा इब्राहिम को परास्त करके विजय हासिल की थी।"

इसी प्रकार बादशाह अकबर के साथ में गुजर भूमि (गुजरात) की ओर आक्रमण करने के लिए प्रस्थान के समय राय सिंह के अनुगामी व गम्भीर मंत्रणा कार्य में कुशल मंत्री करमचंद ने अपने स्वामी की सहायता से मोहम्मद हुसैन मिर्ज़ा को युद्ध में जीत कर प्रसिद्धि प्राप्त की थी। दीवान करमचंद ने जाबालपुर (जालौर) में जाकर उसके शासक को बंदी बनाकर अपने स्वामी राजा राय सिंह के चरण कमलों पर नत मस्तक करके अर्बुदाचल (आबू) को अधिगृहित कर लिया था।

3.4 बच्छावतों को पैरों में सोना पहनने की अनुमति मिलना एवं 'मेहता' ख़िताब से सम्मानित होना

सन् 1586 में, बादशाह अकबर के पुत्र सलीम (पश्चात् बादशाह जहांगीर) को अशुभ ग्रह नक्षत्रों के प्रभाव में पुत्री प्राप्त हुई। शेख़ अबुल फ़ज़ल (बादशाह के प्रमुख वजीर एवं अकबरनामा, आईना-ए-अकबरी के लेखक) एवं अन्य जानकार लोगों की सलाह ली गयी। अंत में, दीवान करमचंद और ज्योतिषियों के आग्रह पर, पुजारी भानु चंद्र द्वारा, जैन दर्शन शास्त्रों के अनुसार, बुरी नज़र एवं प्रभाव दूर करने के लिये विशेष पूजा की गयी। दीवान करमचंद ने राजकुमार सलीम को कीमती मोतियों का हार, उपहार स्वरूप भेंट किया, जिसका मूल्य तेरह सौ स्वर्ण मोहरें था। दीवान करमचंद से बादशाह अकबर विशेष रूप से प्रसन्न हुए। बादशाह ने बच्छावतों की स्त्रियों को पैरो में सोना पहनने का सम्मान प्रदान किया। इससे पहले यह सम्मान ओसवाल गोत्र के सारंग परिवार के पास था।

करमचंद बच्छावत को 'मेहता' की पदवी भी प्रदान की गयी। मेहता वह व्यक्ति कहलाता हैं जो महत्वपूर्ण कार्य के लिए नियुक्त होता है।

3.5 राजा राय सिंह द्वारा चारणों पर लुटाये जाने वाले दान पर दीवान करमचंद की असहमति

राजा राय सिंह अति क्रोधी व्यक्ति थे एवं हर तरह की अफ़वाह पर विश्वास कर लिया करते थे। हर निर्णय वे जल्दबाजी में, परिणाम की चिंता किए बिना, लिया करते। अपनी गलतियाँ छिपाने के लिए वे ऊँची आवाज़ में बोलते और अपनी बड़ाई करते। इसके चलते राजा राय सिंह के साथ, दीवान करमचंद की मित्रता बहुत लम्बे समय तक नहीं रह पायी और दोनों के बीच का तनाव उभर कर सामने आने लगा।

जैन सूत्रों और दयाल दास की ख्यात ने, राजा राय सिंह को एक उदार लेकिन अतिव्ययी व्यक्ति के रूप में चित्रित किया है। चारण एवं भाटों ने, कियाँत (चारणों के दस्तावेज) में, राजा राय सिंह की दानशीलता एवं कवि-साहित्य के प्रति उनकी प्रशंसा का उदारता से वर्णन किया है। दुदाजी चारण ने अपनी कविता में, सिरोही के विजयी अभियान के सम्मान में, राजा राय सिंह के बारे में लिखा है कि कैसे उन्होंने सूरतन पर क़ब्ज़ा करते वक़्त अपने भाले से उसका दाँत गिराया था। इस स्तुति से राजा राय सिंह बहुत ख़ुश हुए और उन्होंने चारण से उसकी इच्छा पूछी।

चारण ने पूछा - "क्या यह पूरी होगी?"

राजा ने जवाब दिया - "हाँ, पूछो।"

दुदाजी चारण बोला - "तो मुझे सूरतन दे दीजिए,"

राजा राय सिंह ने दुदाजी चारण को ना केवल सूरतन दिया बल्कि सिरोही का राज्य भी दे दिया।

राय सिंह की बीकानेर वापसी के बाद, भाट शंकर ने, उनकी स्तुति में कुछ पंक्तियाँ गायीं जिससे ख़ुश होकर राय सिंह ने अपने मंत्री, दीवान करमचंद बच्छावत को आदेश दिया कि ख़ज़ाने से एक करोड़ (100 लाख) रुपये निकालकर भाट को दे दिए जाएं। जब मोहरों की 10,000 थैलियों का प्रबंध किया गया तब करमचंद ने राजा को सूचना दी, जो उस समय रात्रि भोजन करने जा रहे थे। राजा ने कहा कि आदेशानुसार रकम शंकर को दे दी जाए। लेकिन करमचंद चिंतित थे कि राजा बिना किसी वजह के इतनी बड़ी रकम राज खजाने से दे रहे हैं।

करमचंद ने राजा से कहा - "पहले शंकर, राजा को कुछ 'नजराना' भेंट करें।"

इनाम के रकम की सुपुर्दगी राजा के रात्रि भोजन तक स्थगित कर दी गयी। विशेष दरबार बुलाया गया, राजा के सम्मुख 10,000 थैलियाँ रखीं गायीं। करमचंद ने सोचा कि राजा को पता नहीं वे क्या करने जा रहे हैं, इसीलिए करमचंद निश्चित करना चाहते थे की पूरे एक 'करोड़' राजा के समक्ष हों।

3.6 बच्छावतों ने द्याड़ी माता की आराधना क्यों बंद की?

पारम्परिक तौर पर, नवरात्र के आख़िरी दिन, राजस्थान के उच्च जातियों में द्याड़ी माता (कुलदेवी) की आराधना की जाती थी। 16वीं सदी के अंत में, जब एक दिन दीवान करमचंद द्याड़ी माता की आराधना करने में लीन थे, जैन महाराज साहब के एक शिष्य ने, गोचरी (भोजन) के लिए, बच्छावत हवेली में प्रवेश किया। उस समय महाराज साहब बाहर प्रतीक्षा कर रहे थे। करमचंद को पूजा में व्याधा पड़ी, और कुछ परेशान हुए। उन्होंने शिष्य से महाराज साहब को गोचरी हेतु बाद में आने के लिए कहलवाया। इस बात से महाराज साहब नाराज़ हुए और उन्होंने द्याड़ी माता की मूर्ति को अपने आध्यात्मिक शक्ति से बोलने की शक्ति दी।

मूर्ति करमचंद से बोलीं, *"आज के बाद तुम मेरी पूजा नहीं करोगे। ऐसा करने से मैं कोई गलती नहीं मानूँगी। मेरी मूर्ति पानी में विसर्जित की जाए।"*

ऐसा माना जाता है कि महाराज साहब ने सवा मण (तक़रीबन 1.5 क्विंटल) सोने की मूर्ति को हवेली के बाहर कुएँ में डलवा दिया। ऐसा भी माना जाता हैं कि उन्होंने कहा था, *"अगर तुम्हारे वंशज ऐसी ही मूर्ति बनवाकर सवा मण तेल से उसकी शुद्धि (स्नान) करेंगे तब पूजा पुनः शुरू की जा सकेगी।"*

बच्छावत मेहता एवं इस कुल के सदस्यों ने उस दिन के पश्चात् से द्याड़ी माता की आराधना नहीं की।

3.7 दीवान करमचंद ने बीकानेर क़िले की नींव रखी

राव बीका के निर्देशों अनुसार दीवान बच्छराज द्वारा, बीकानेर में बनाए गये छोटे क़िले के अवशेष आज भी नगर कोट परिसर में, लक्ष्मीनाथ मंदिर के निकट रेती घाटी पर देखने को मिलते हैं। बीकानेर के राज परिवार ने वहाँ तब तक निवास किया जब राजा राय सिंह ने नया क़िला बनाया जिसे 'चिंतामणि' कहा जाता था।

बीकानेर के राजा राय सिंह, सन् 1585 से 94 तक, बादशाह अकबर के आदेश अनुसार दक्षिण में बुरहानपुर के सूबेदार नियुक्त थे। ऐसा कहा जाता है कि उन्होंने छोटे शासकों को क़ाबू में रखा एवं अपने प्रांत पर बख़ूबी शासन किया। उन्होंने बुरहानपुर से भेजकर कर, उनके मंत्री करमचंद बच्छावत से बीकानेर के आकर्षक क़िले का काम, राव बीका के कार्यकाल में बताए गए स्थान पर शुरू करवाया। सन् 1588 में दीवान करमचंद ने बीकानेर के क़िले की नींव रखी और निर्माण कार्य की देखरेख की क्योंकि राजा राय सिंह तब बुरहानपुर में थे।

राजा राय सिंह की लम्बी ग़ैर मौजूदगी के कारण उनके और दीवान करमचंद के बीच संदेह पैदा होने लगा। इसलिए सन् 1591-92 में, दीवान करमचंद ने राजा राय सिंह से विनम्रता पूर्वक इजाजत ली और मेड़ता चले गए। क़िले का निर्माण कार्य सन् 1594 में पूर्ण हुआ। राजा राय सिंह अपने सूबे से, 9 साल बाद, सन् 1594 में लौटे।

बादशाह अकबर राजा राय सिंह की सैन्य सेवा एवं सफल मुहिमों से बेहद ख़ुश थे। उन्होंने सन् 1593 में, राजा राय सिंह को गुजरात (सौराष्ट्र) में जूनागढ़ की जागीर सौंपी। ऐसा भी अनुमान हे कि सन् 1594 में, शानदार विजय की सफलताओं को मनाने हेतु नवनिर्मित दुर्ग का नाम चिंतामणि से बदल कर जूनागढ़ रखा गया। जूनागढ़, उत्तर भारत का एक प्रभावशाली दुर्ग, अपनी आलीशान वास्तुशिल्प, सुंदर रचना एवं सजावट के लिए प्रसिद्ध है। बीकानेर क़िले के नाम से भी सम्बोधित किया जाने वाला यह क़िला, समय-समय पर हुए विध्वंस को झेलकर आज भी अजेय अपने स्थान पर अडिग है। 20वीं शताब्दी के प्रारंभ में जब लालगढ़ महल का निर्माण सम्पन्न हुआ तब राजसी परिवार लालगढ़ में निवास के लिए गया। उस समय से लोग चिंतामणि दुर्ग को जूनागढ़ (पुराना क़िला) के नाम से जानने लगे।

3.8 राजा राय सिंह और दीवान करमचंद के बीच संदेह

कैप्टन पी. डब्लू. पौलेट, बीकानेर की गज़ेटियर 1874 (अधिसूचि) में लिखते हैं,

"बुरहानपुर के मनसबदार बतौर, बीकानेर के राजा राय सिंह की लगातार ग़ैर मौजूदगी को दीवान करमचंद ने, मुग़ल दरबार में अपने सम्पर्क स्थापित करने के लिए उपयोग किया। करमचंद ने बीकानेर की शासन व्यवस्था पर नियंत्रण करके कई राजकुमारों को प्रभावित भी कर लिया। बादशाह अकबर के साथ यह निकटता, दीवान करमचंद और राजा राय के बीच दूरी का कारण बनी।"

दीवान करमचंद एक प्रभावशाली व्यक्ति थे जिनकी सक्रिय कार्यशीलता राजा राय सिंह को चुभने लगी थी। करमचंद को बादशाह अकबर से मिले सम्मान पर, राजा राय सिंह को ईर्ष्या

होने लगी थी। इतिहासकारों द्वारा इसके कई कारणों में से एक कारण प्रोटोकॉल का उल्लंघन बताया गया है। दीवान करमचंद शतरंज के खेल में निपुण थे और बादशाह अकबर अक्सर मुग़ल दरबार में उनके सामने बैठकर शतरंज खेला करते थे, जबकि राजा राय सिंह एवं अन्य शासक विनम्रता से हाजिरी में खड़े रहते थे। यह स्वाभाविक रूप से राजा राय सिंह के लिए अपमानजनक स्थिति थी। इसी कारण, उनके मन में अपने सेवक करमचंद के प्रति घृणा जग गयी और उन्होंने बुरहानपुर से घर लौटने पर करमचंद को निष्कासित करने का मन बना लिया।

राजा राय सिंह एवं करमचंद के बीच तनाव बढ़ने लगा। राजा राय सिंह को लगा कि करमचंद उनके खिलाफ षड्यंत्र कर रहे हैं। राजा राय सिंह और उनके ज्येष्ठ पुत्र राजकुमार दलपत सिंह के मध्य मतभेद उन्हें बादशाह के दरबार में ले आए। राजा राय सिंह को बीकानेर की राजगद्दी से उतारने का षड्यंत्र रचने वाला कथित रूप से दीवान करमचंद बच्छावत को माना जाने लगा। बहुत विचित्र बात हैं की राजा राय सिंह का ब्राह्मणों और चारणों के प्रति रुझान ज्ञात होते हुए भी पुरोहित तथा चारण (भाट) भी इस षड्यन्त्र का हिस्सा थे। इस षड्यन्त्र का उद्देश्य था कि राजा के ज्येष्ठ पुत्र दलपत सिंह या उनके भाई राम सिंह राज गद्दी पर बैठें और इस तरह करमचंद के पास राज्य का एकाधिकार रहे। लेकिन राजद्रोहियों की योजना असफल रही। समय रहते इसकी भनक करमचंद और उनके परिवार को लग गयी और वे अपने ननिहाल मेड़ता (नागोर जिला) चले गए।

बीकानेर के गजट (अधिसूचि) में कैप्टन पी. डब्लू. पौलेट ने लिखा गया है,

"वे बादशाह अकबर के उच्च पदाधिकारी बने एवं हो सकता हैं कि बादशाह को बीकानेर के रहस्यों से अवगत करवाया। राज्य में अब तक यह अपराध सम्भावित रूप से सबसे जघन्य माना गया है। लेकिन अन्य संदर्भ में करमचंद अब राजा राय सिंह के लिए पाँव का काँटा बन गए थे। यह समझना ज़रूरी हैं कि यह जानकारी कियाँत के लेखकों द्वारा दी गयी है।"

कियाँत, भाट कुल के चारणों एवं भाटों द्वारा लिखी गयी है, जो कविताएँ एवं कथाएँ बड़ी आसानी से लिख सकते थे। उन्होंने इतिहास की मौखिक परम्परा को जीवित रखा था। कथाएँ पिता से पीढ़ी-दर-पीढ़ी आगे बढ़ती जाती हैं। दरअसल, वे वेतन लेने वाले शुरुआती इतिहासकार भी थे। तथापि, इस कथन का अन्य रूप जो 'मंत्री करमचंद वंशावली प्रबंध' में मिलता है। इसकी रचना सन् 1593 (वि.स.1650) में जयसोम पाठक तथा इसकी संस्कृत टीका उनके शिष्य गुण विनय द्वारा सन् 1597 (वि.स.1655) में की गयी थी। इसके श्लोक 336-337 के अनुसार,

"स्वामी धर्म को ही अपना सर्वस्व धन समझने वाला मंत्री करमचंद कुछ समय बीतने के बाद दैवयोग से अपने प्रति अपने स्वामी राय सिंह के चित्त में कलिकाल के प्रभाव से उत्पन्न

कालुष्यभाव को मन ही मन जान कर राजा राय सिंह से अन्यत्र निवास करने का आदेश प्राप्त करके, अपने स्वजनों को लेकर मेदिनी तट (मेड़ता) नाम से प्रसिद्ध स्थान पर निवास करने लगा।"

श्री भंवरलाल नाहटा अपनी किताब 'मंत्री करमचंद बच्छावत' में लिखते हैं ('मंत्री करमचंद वंशावली प्रबंध' के श्लोक 336 से 340 का सार),

"राजा राय सिंह करमचंद के विरुद्ध हो गए और उनसे प्रतिशोध लेना चाहा। राजा राय सिंह के दुष्ट इरादों को भाँपते हुए करमचंद ने विनम्रता के साथ उनकी अनुमति ली और अपने परिवार के साथ मेड़ता शहर की ओर प्रस्थान किया (सन् 1591-92 के क़रीब) ताकि वे अपना समय पार्श्वनाथ स्वामी एवं श्री जिनदत्त सूरी जी की सेवा में व्यतीत कर सकें। आमेर (जयपुर) के राजा मानसिंह, जो प्रसिद्ध 'नवरत्नों' (बादशाह अकबर के राज दरबार के नौ रत्न) में से एक थे एवं अन्य राजाओं ने करमचंद को निमंत्रण दिया लेकिन उन्होंने सभी को सप्रेम नकार दिया क्योंकि वे, बीकानेर के राजा राय सिंह के प्रति निष्ठावान थे।"

3.9 बादशाह अकबर ने दीवान करमचंद को लाहौर दरबार में आमंत्रित किया

सन् 1591-92 में, बादशाह अकबर ने दीवान करमचंद के हुनर और निष्ठा को जानते हुए उन्हें लाहौर राज दरबार में आमंत्रित करने के लिए राजा राय सिंह की मंजूरी के लिए पत्र भेजा। अपने राजा के आदेश पर, दीवान करमचंद अपने दल के साथ लाहौर की ओर चल पड़े। रास्ते में वे अजमेर अपने गुरु दादा जिनदत्त सूरी जी के स्तूप में दर्शन एवं आशीर्वाद हेतु रुके। जैसे ही दीवान करमचंद लाहौर पहुँचे, बादशाह अकबर ने उन्हें तुरंत दरबार में बुलाया, जबकि उन दिनों अक्सर प्रतिष्ठित लोग भी दरबार में बुलावे की प्रतीक्षा किया करते थे। बादशाह अकबर को दीवान करमचंद के बारे में सब ज्ञात था और उन्होंने करमचंद को आश्वस्त किया कि उनका खोया हुआ गौरव जल्द ही पुनः प्राप्त होगा।

भंवरलाल नाहटा अपनी किताब 'मंत्री करमचंद बच्छावत' में लिखते हैं ('मंत्री करमचंद वंशावली प्रबंध' के श्लोक 358 के अनुसार),

"बादशाह अकबर ने दीवान करमचंद को राज्य समिति का प्रभारी एवं गज्जाधिकारी (भंडार एवं तिजोरी का प्रभारी) नियुक्त किया। बादशाह ने उन्हें सोने से लदा हुआ शिकारी घोड़ा उपहार स्वरूप दिया। करमचंद उचित संख्या में हाथी, पैदल सैनिक एवं घोड़ों के साथ तोशाम (वर्तमान हरियाणा में) के साम्राज्याधिपति (राज्यपाल) नियुक्त किए गए। इसका अर्थ

था कि मुग़ल शासन के सभी राजा एवं मनसबदार को बादशाह से भेंट करने से पहले दीवान करमचंद से मिलना अनिवार्य था।"

नवीन दलाल www.jagran.com में 25 अक्तूबर 2021 को लिखते हैं,

"तोशाम की बारह दरी को पृथ्वीराज चौहान की कचहरी कहा जाता है। 12वीं सदी के राजा पृथ्वीराज चौहान के शासन क्षेत्र में तोशाम भी आता था। इसे उनकी सेना की छावनी के रूप में भी जाना जाता था। यहां उनका बारूद खाना भी था। यहां पहाड़ के एक छोर पर उन्होंने बारह दरी का निर्माण करवाया था। बारह दरवाजों से निर्मित इस बारहदरी के मध्य में बैठकर वे लोगों की समस्या सुनते थे तथा अपनी सेना व बारूद खाने पर नजर रखते थे। इस इमारत को इस तरह से बनाया गया था कि युद्ध में दुश्मन पर दूर तक नजर रखी जा सके। इसके अंदर बैठा व्यक्ति चारों तरफ की वस्तुओं को देख सकता था। तोशाम एक धर्म नगरी है। यहाँ पर हरियाणा का सबसे प्राचीन विष्णु मंदिर है। भगवान विष्णु के 8वीं शताब्दी के वामन अवतार की मूर्तियां तोशाम की पहाड़ी से मिली हैं। आज यह हरियाणा की सबसे धनी ग्राम पंचायत है।"

3.10 आचार्य जिनचन्द्र सूरी को बादशाह अकबर के लाहौर दरबार में आमंत्रण

एक सभा के दौरान बादशाह अकबर ने कुछ धर्म ज्ञानी पंडितों से पूछा,

"सबसे विद्वान जैन दार्शनिक कौन है?"

पंडितों ने जवाब दिया, *"आचार्य जिनचंद्र सूरी जी ऐसे व्यक्ति हैं।"*

फिर बादशाह ने पूछा, *"उनके शिष्य कौन हैं?"*

पंडितों ने उत्तर दिया, *"दीवान करमचंद।"*

प्राकृत भारती अकादमी, जयपुर की प्रकाशित पुस्तक 'मंत्री करमचंद बच्छावत' में भंवरलाल नाहटा लिखते हैं, *"करमचंद को आदेश दिया गया कि वे अपने गुरु महाराज को जल्द से जल्द आमंत्रित करें।"* 14 फ़रवरी 1592 को ईद के दिन आचार्य श्री अपने इकतीस शिष्यों के साथ लाहौर पहुँचे।

बादशाह, जो अपने महल के गवाक्ष में बैठे थे, आचार्य जिनचंद्र सूरी जी के स्वागत हेतु नीचे आए और कुशलक्षेम पूछने के पश्चात् उन्होंने कहा ('मंत्री करमचंद वंशावली प्रबंध' के श्लोक 383-386 के अनुसार),

"मैंने आपको गुजरात से यहाँ आमंत्रित किया हैं ताकि धर्म सभा में आपके विचारों से हम लाभ ले सकें।" आगे बादशाह ने कहा,

"मैं अहिंसा में अटूट विश्वास रखता हूँ और इसलिये कामना करता हूँ कि आप रोज़ दरबार में आकर, एक बार व्याख्यान दें ताकि मेरे बच्चों में आध्यात्मिक चेतना जागे।"

बादशाह के राजसी आश्रय से आचार्य श्री लाहौर में प्रिय हो गए एवं सभी ने उनका स्वागत किया। अगली वर्षा ऋतु तक वे लाहौर में ही रहे।

आचार्य श्री की विद्वत्ता एवं व्यक्तित्व से अकबर पूर्ण रूप से प्रभावित थे। अपनी सभा में उन्होंने कई धार्मिक परिचर्चाओं एवं वाद विवादों का आयोजन किया। जैन दर्शन के अहिंसा एवं शाकाहार के सिद्धांतों से वे सहमत थे और अंत में उन्होंने सभी तरह के मांसाहार का त्याग कर दिया। दीवान करमचंद की विनती पर बादशाह ने कई राजसी आदेश जैनों के पक्ष में जारी किये जिनमें मछली एवं पशु हत्या पर बंदी का आदेश भी शामिल था। जैन लेखकों ने संस्कृत ग्रंथों में मुग़ल दरबार के अनुभवों के बारे में लिखा जिनसे अब तक मुग़ल इतिहासकार अनजान थे।

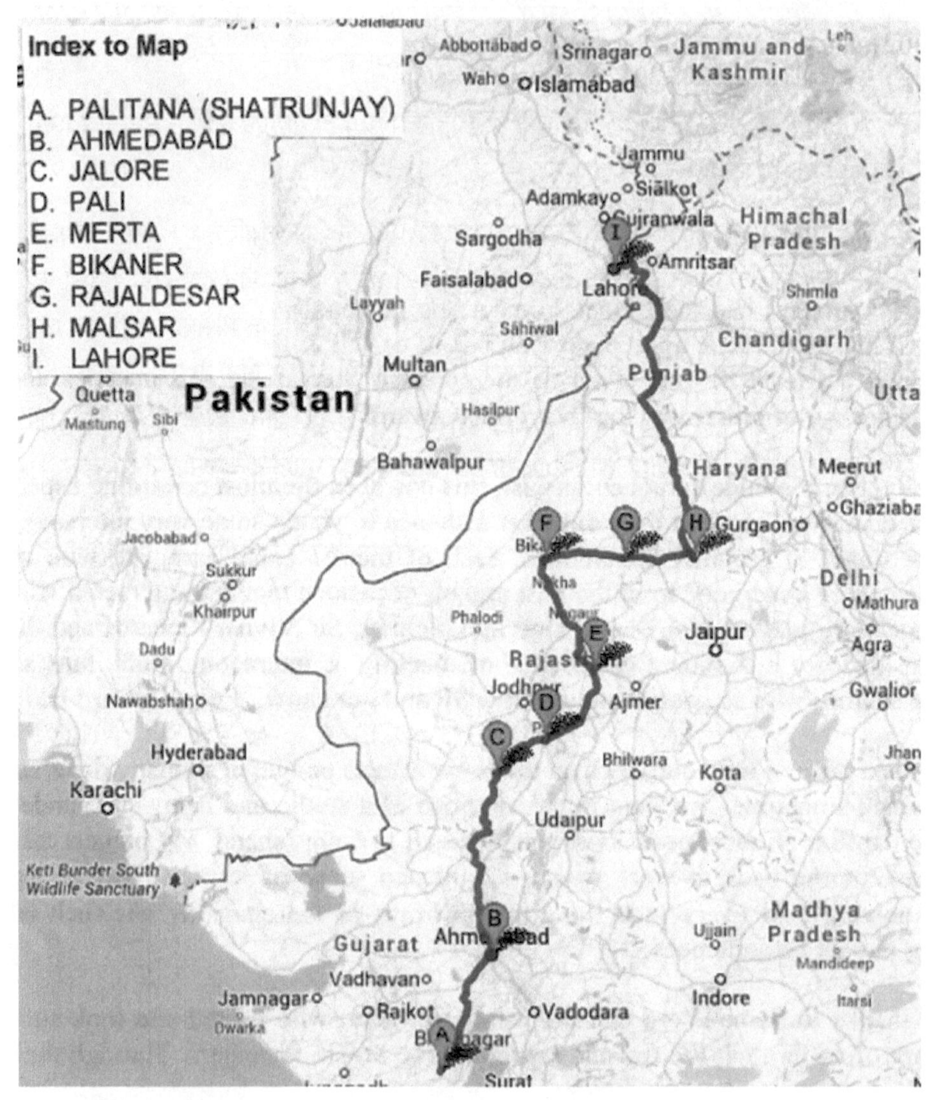

आचार्य जिनचंद्र सूरी जी – शत्रुंजय (पालीताना) से लाहौर की यात्रा का मार्ग (1592)

सौजन्य – गूगल मैप

आचार्य जिनचंद्र सूरी – मंत्रिश्वर करम चंद और बादशाह अकबर (लाहौर दरबार में)

बादशाह अकबर और दीवान करम चंद - शतरंज खेलते हुए
रेखा चित्र – अंकुर सिंह (वलसाड)

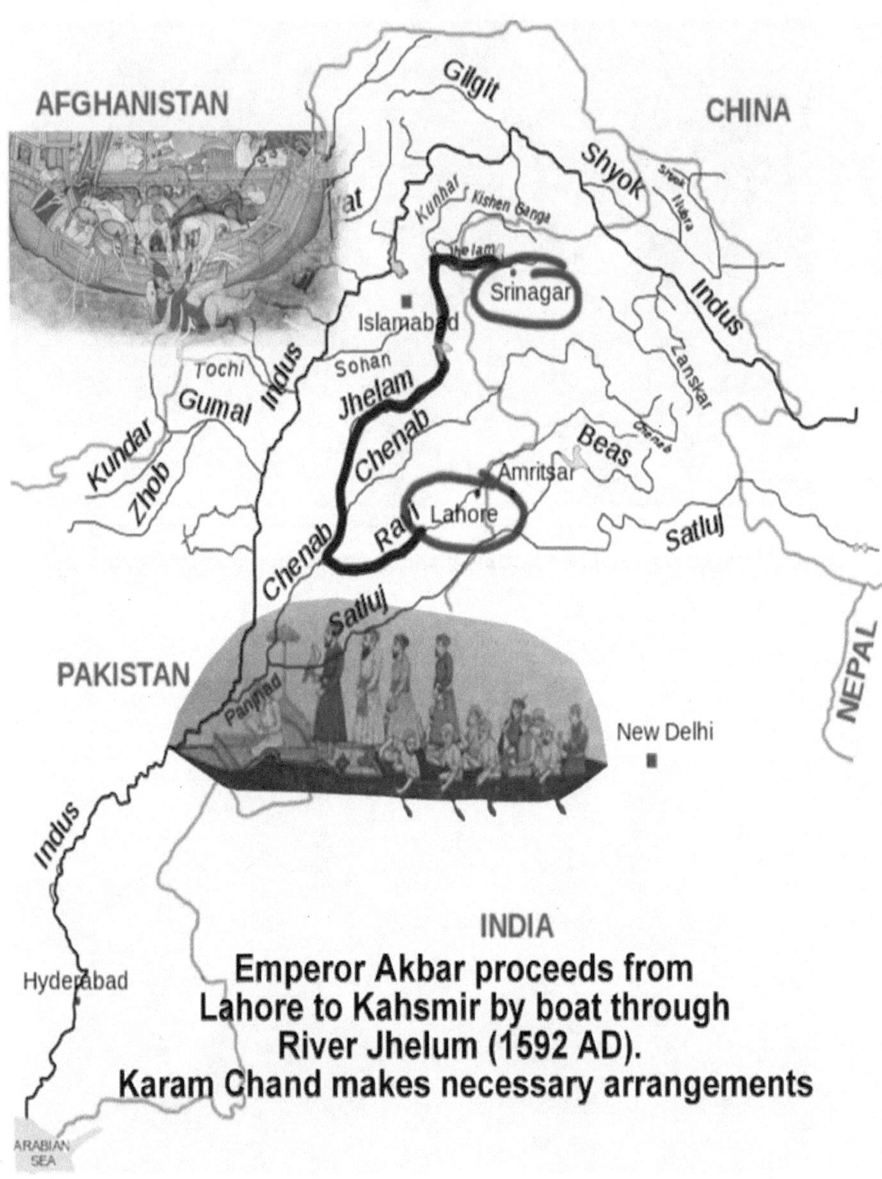

Emperor Akbar proceeds from Lahore to Kahsmir by boat through River Jhelum (1592 AD). Karam Chand makes necessary arrangements

3.11 बादशाह अकबर का झेलम नदी पर नौका से कश्मीर की तरफ प्रस्थान

जैन शास्त्र 'करमचंद वंशावली प्रबंध', (श्लोक 407-423) में जयसोम पाठक तथा पुस्तक, 'मंत्री करम चंद बच्छावत' में भंवरलाल नाहटा लिखते हैं कि लाहौर में बादशाह अकबर के सैनिकों ने कई बार उज्बैकों का सामना किया। तदनंतर बादशाह ने सीमावर्ती प्रदेश को सुरक्षित करने हेतु ऊपरी सिंधु घाटी पर क़ब्ज़ा करना अनिवार्य समझा। उन्होंने कश्मीर पर विजय पाने के लिए ऊपरी सिंधु घाटी में सैन्य दल भेजा।

सन् 1589 में अली शाह ने मुग़लों के आगे तुरंत समर्पण कर दिया लेकिन उनके एक बेटे याकूब ने ख़ुद ही राजा का ताज पहनकर मुग़ल सेना का जमकर विरोध किया। अंत में सन् 1589 में, बादशाह अकबर ने ख़ुद ही लाहौर से श्रीनगर की यात्रा कर याकूब और उसकी विद्रोही फौज को घुटने टेकने पर मजबूर किया।

सन् 1592 में, एक अन्य अवसर पर बादशाह अकबर ने झेलम नदी के रास्ते, नौका से कश्मीर जाने की इच्छा जतायी। इस सफ़र के सभी ज़रूरी इंतज़ाम करने के लिये उन्होंने दीवान करमचंद को आदेश दिया। अकबर ने कश्मीर की ओर प्रस्थान करने से पहले आचार्य जिनचंद्र सूरी जी को दर्शन एवं व्याख्यान हेतु आमंत्रित किया था। अकबर ने दीवान करमचंद से उनकी गैर-हाज़िरी में आचार्य जिनचंद्र सूरि जी के सुविधाजनक आवास का विशेष ध्यान रखने का आदेश दिया ताकि राज्य में धार्मिक सद्भाव, दया, सभी के प्रति करुणा एवं गायों की संरक्षा बनी रहे। तदनुसार, बादशाह ने अपने 11 सूबों में अहिंसा के आदेश पर चलने का फ़रमान भी जारी किया। बादशाह को प्रभावित करने के लिये कई राजा एवं सुल्तानों ने भी कुछ खास दिनों के लिये जीवों की सुरक्षा हेतु आदेश जारी किये।

बादशाह अकबर ने दीवान करमचंद, श्रावक मान सिंह एवं वाचक महिमा राज (वरिष्ठ जैन कथा वाचक एवं उपदेशक) को कश्मीर साथ चलने के लिए कहा। दीवान करमचंद ने इस लम्बी यात्रा के लिए विस्तृत प्रबंध किए। जैसे कि तंबू, सैन्य संचालन, शाकाहारी भोजन बनाने के लिये ब्राह्मण, एक महात्मा एवं तांत्रिक इत्यादि।

अपनी यात्रा के दौरान बादशाह अकबर रास्ते में रोहतासपुर रुके। रोहतास में एक छावनी क़िला है जो टोडरमल ने शेरशाह सूरी के आदेश पर, झेलम नदी के किनारे बनवाया था। वर्तमान में यह क़िला, अफगानिस्तान एवं पश्चिमी पाकिस्तान के बीच पुरानी ग्रँड ट्रंक (Old GT) रोड पर स्थित है। तत्पश्चात 7 अक्तूबर 1592 के दिन, कश्मीर में अपनी दूसरी भेंट के वक़्त,

मुग़लों ने पंपोर में केसर की बहार का आनंद उठाया एवं दीवाली मनायी। इस अवसर पर झेलम नदी के किनारे पर खडी नौकाओं और श्रीनगर में घरों की छतों को रोशनी से जगमगाया गया।

ऊपरी सिन्धु घाटी (सीमावर्ती प्रदेश) में विद्रोही याकूब का शासन था। इस बीच विद्रोहियों से बग़ावत की आशंका होते ही बादशाह अकबर के आदेश पर, सबसे निष्ठावान एवं वीर अधिकारी, दीवान करमचंद को शाही अनंतनाग की सुरक्षा के लिए भेजा गया। महत्वपूर्ण बात यह हैं कि बिना किसी खून-ख़राबे के करमचंद ने चतुराई से सफलतापूर्वक विद्रोहियों पर क़ाबू पा लिया।

डॉक्टर नग़मा मंग्रियो, जो सिंध (पाकिस्तान) यूनिवर्सिटी में डिपार्टमेंट ओफ् इंटरनेशनल रिलेशन की प्राध्यापिका हैं, अपने शैक्षणिक दस्तावेज़ (2006) - 'A historical and political perspective of Kashmir issue' में लिखती हैं -

"अनंतनाग के पास, तीन धाराओं का संगम हैं, अरपाठ, ब्रेंग़ी और सन्द्रन। इस संगम से निर्मित नदी हैं झेलम। निचले हिस्से में लिडर नदी की धारा से मिलती है जहां से नदी नौका चलाने योग्य होती है। प्राचीन काल में झेलम नदी, अरब सागर एवं अनंतनाग के निचले हिस्सों के बीच यातायात का मुख्य स्रोत थी। श्रीनगर, अनंतनाग से 53 किलोमीटर दूर नदी के ऊपर की तरफ़ स्थित है। चूंकि, अनंतनाग मध्य में स्थित हैं, इसलिए यह व्यापार एवम् वाणिज्य की दृष्टि से, रणनीति का मुख्य केंद्र बना। ब्रिटिश भारत (1836) के पुराने नक़्शे के अनुसार कुछ लोगों ने अनंतनाग को इस्लामाबाद भी कहा है।"

कश्मीर की भाँति ही अनंतनाग भी समय-समय पर उथल-पुथल एवं परिवर्तन का साक्षी रहा है।

3.12 दीवान करमचंद बच्छावत का देहान्त

बादशाह अकबर का स्वर्गवास सन् 1605 में हुआ। फिर जहांगीर की ताजपोशी हुई।

जैन शास्त्र, 'करमचंद वंशावली प्रबंध', में जयसोम पाठक लिखते हैं,

"भारत के बादशाह के तौर पर जहांगीर के राज्याभिषेक समारोह में राजा राय सिंह दिल्ली गये। वे अस्वस्थ करमचंद से भी मिलने गए एवं उनका स्वास्थ्य लाभ पूछकर अतीत के लिए क्षमा मांगी। उन्होंने अकबर के निधन पर अपनी सहानुभूति जतायी और सिसकियाँ लेकर रोए।"

राजा राय सिंह के प्रस्थान के बाद करमचंद ने अपने दोनों पुत्रों, भाग चंद और लक्ष्मी चंद से राजा राय सिंह की प्रशंसा तो की लेकिन उनसे सावधान रहने के लिए कहा। यह भी समझाया कि,

"राजा राय सिंह ख़ुश हैं कि मैं जल्द ही गुज़र जाऊँगा और उन्हें पछतावा भी हो रहा हैं कि वे अपने भूतकाल का प्रतिशोध मुझसे नहीं ले पाये। मेरे प्यारे बच्चों, बीकानेर लौटने की भूल नहीं करना। ये मगरमच्छ के आँसू हैं, प्रेम और स्नेह के नहीं।"

बादशाह अकबर के निधन के पश्चात्, सन् 1605 और 1607 के बीच दीवान करमचंद का भी स्वर्गवास हो गया।

कैप्टन पी डब्ल्यू पोवलेट 'Gazetteer of Bikaner' (*बीकानेर राज्य की अधिसूचि*) में लिखते हैं,

"यह दिलचस्प बात गौर करने क़ाबिल हैं कि करमचंद की मुग़ल राज दरबार में मौजूदगी, उनके अकबर के साथ सुसंबंधों के कारण थी या फिर अकबर के जैन धार्मिक विचारों से करीबी की वजह से थी। यह तथ्य भी स्थापित करना बाकी हैं कि क्या करम चंद को मुग़ल दरबार में बीकानेर घराने से सुरक्षा के साथ, नियंत्रण और संतुलन बना रहे? बच्छावत परिवार के प्रति सहानुभूति जताने के बाद भी राय सिंह, करमचंद या उनके पुत्रों को बीकानेर लौटने के लिए नहीं मना पाए। इस तरह जैन परम्परा के नायक, बीकानेर राजघराने और राजपूत परम्परा के खलनायक बने।"

मेवाड़ के प्रधान (1878-94), राय पन्नालाल मेहता की दीवान करमचंद को श्रद्धांजलि,

"मेहता करमचंद बच्छावत एक कुशल प्रशासक, चतुर रणनीतिज्ञ, शिष्ट राजनेता एवं अत्यंत संस्कारी व्यक्ति थे। अपने पूर्वजों की ही तरह वे राजा के प्रति निष्ठावान थे। तदनंतर, करमचंद बच्छावत, बादशाह अकबर के करीबी मित्र एवं रणनीतिज्ञ, एक ऐतिहासिक व्यक्ति बने। उनके ही कार्यकाल में बच्छावतों को मेहता की पदवी से शोभित किया गया।"

3.13 राजा राय सिंह की मृत्यु पूर्व बच्छावत परिवार के लिए अंतिम इच्छा

कैप्टन पोवलेट 'बीकानेर राज्य की अधिसूचि' में लिखते हैं,

"तुरंत करमचंद की मृत्यु पश्चात् राजा राय सिंह को पुनः बुरहानपुर का सूबेदार नियुक्त किया गया। बीकानेर दौरे के बाद, अपने छोटे पुत्र राजकुमार सूर सिंह के साथ वे दक्षिण की ओर रवाना हुए एवं सात सालों तक वहाँ सफलतापूर्वक शासन किया।"

सन् 1612 में, राजा राय सिंह बीमार हुए, सूर सिंह ने भाँपा कि उनके पिता का अंत समय आ गया हैं तब अपने हाथ जोड़कर उन्होंने पिता की अंतिम इच्छा पूछी। मृत्यु-शय्या पर लेटे राजा राय सिंह बोले -

"करमचंद और बच्छावतों के परिवार को फुसलाकर बीकानेर राज्य में आमंत्रित करो तथा उन्हें, उनके पापों की सज़ा दो। पुरोहित मान महेश और भारत छोटजी एवं अन्य षड्यंत्रकारी जो करमचंद के सहयोगी थे, सभी को अपने कुकर्मों का दंड मिलना चाहिये।"

इस इच्छा की पूर्णता का वादा लेकर सन् 1612 में राजा राय सिंह चल बसे।

सन् 1612 में, राजा राय सिंह के बड़े पुत्र, राजकुमार दलपत सिंह, बीकानेर की राजगद्दी पर बैठे। दलपत ने अपने छोटे भाई सूर सिंह और दिल्ली के बादशाह जहांगीर की नाराजगी मोल ली, क्योंकि पिता, राजा राय सिंह को सूर सिंह ज्यादा पसंद थे । दलपत की बदनामी की वजह से उनके निष्ठावान अधिकारी भी उनसे दूर होते चले गये और सूर सिंह से गुप्त एवं खुले तौर पर जा मिले। पश्चात्, बादशाह जहांगीर की सहमति से सूर सिंह ने विद्रोह किया। अपने बड़े भाई दलपत सिंह और साथ में उनके रक्षक दल की हत्या की। बीकानेर में दलपत की पत्नियों की हत्या कर दी गयी एवं भटनेर में, उनकी एक अन्य पत्नी, पति दलपत की पगड़ी हाथ में लिये सती हो गयी।

3.14 बीकानेर में बच्छावतों का शौर्य एवं पराक्रम

सन् 1613 में, सूर सिंह बीकानेर की राजगद्दी पर आसीन हुए। सन् 1619 के क़रीब, राजा सूर सिंह, बादशाह जहांगीर का अभिवादन करने दिल्ली पहुँचे, जहां बादशाह ने ग्यारह हज़ार मनसब उन्हें प्रदान किये। राजा सूर सिंह ने दीवान करमचंद के पुत्र भागचंद और लक्ष्मीचंद से भी भेंट की। उनको पूरी तरह भरोसा दिलवाकर बीकानेर निमंत्रित किया। वे इस हद तक पहुँचे कि अपने दीवान को बर्ख़ास्त कर लक्ष्मीचंद एवं भागचंद को मंत्री कार्य पद सौंपा। करमचंद के दोनों पुत्रों को अपने पिता की सलाह का स्मरण न रहा और वे नेक नीयत से बीकानेर की ओर चल पड़े। आदर सहित वे दीवान पद पर नियुक्त किए गये। राजा सूर सिंह ने कुछ महीनों तक दोनों भाइयों के प्रति उदारता दिखायी। उन्होंने बच्छावत हवेली में भेंट का निमंत्रण भी स्वीकार किया, जहां दोनों बच्छावत भाइयों ने एक लाख से भी ज़्यादा धन खर्च कर, राजा के सत्कार हेतु मंच बनवाया। सन् 1623 में लिखी गयी 'जिनसार सूरी रास' में उल्लेख है कि सन् 1619 के दौरान, दीवान भागचंद और उनके भतीजे मनोहर दास ने बीकानेर में आचार्य जिनसागर सूरी जी की मेजबानी की।

तत्पश्चात, बच्छावत बीकानेर में पुनः स्थापित हुए। लेकिन एक सुबह कपट से, उनकी हवेली को 4000 राजसी सेना दलों ने घेर लिया और बच्छावतों ने तुरंत ही इस घेराव के पीछे छुपी विनाश की नीयत को भाँप लिया। एक बनिया (व्यापारी) जाति होने के बावजूद, उनकी जाति के सभी सदस्यों ने राजपूताना साहस दिखाया एवं कठिन मृत्यु का संकल्प लिया। भागचंद विश्राम

कर रहे थे एवं लक्ष्मीचंद अपने पुत्र मनोहर दास के साथ दरबार में थे। लक्ष्मीचंद की पत्नी रतन बाई ने गर्व एवं क्रोध में एलान किया,

"राजकीय सेना हमारी हवेली को घेर चुकी है। अगर आपकी अनुमति हो तो मैं पुरुष का वेश धारण कर उन्हें अपनी शक्ति का परिचय देती हूँ।"

इसकी अनुमति ना देते हुए ज्येष्ठ भागचंद ने बेशकीमती जवाहर को नष्ट किया और हाथ में तलवार लिए राजा सूर सिंह के सैनिकों पर हमला बोल दिया। साहसी बच्छावतों ने अपने 500 कुशल सैनिकों के साथ प्रतिकार किया। लेकिन बच्छावतों का सैन्य दल शक्तिशाली राजकीय सेना के सामने टिक न पाया। करमचंद, लक्ष्मीचंद, मनोहर दास की पत्नियाँ एवं बच्छावतों की अन्य स्त्रियों ने कुएँ में कूदकर जल जौहर करते हुए अपने प्राण त्यागे। वहीं पुरुष वर्ग, राजकीय सेना से लड़ते हुए वीरगति को प्राप्त हुए। लक्ष्मीचंद एवं मनोहर दास की दरबार में ही हत्या कर दी गयी।

इस क्षेत्र में, बड़ा-उपासरा के सामने, बच्छावतों का एक कुआँ हुआ करता था जिसे बंद करवा कर उस पर एक चबूतरा बनवाया गया। वर्तमान में, उस जगह पर एक हनुमान मंदिर स्थित है। यह वही कुआँ था जिसमें बच्छावतों की स्त्रियों ने अपने सम्मान की रक्षा हेतु जल जौहर किया था।

बच्छावत वंश को समूल नष्ट करने का क्रूरतापूर्ण तरीके से किया गया कार्य बीकानेर के स्वर्णिम इतिहास के बीच एक काले धब्बे की तरह प्रलय तक दिखाई देगा। यह काला अध्याय युगों-युगों तक बताएगा कि किस तरह एक राजा के अहंकार ने निर्मम तरीके से एक वंश को नष्ट करने की कुचेष्टा की।

हालाँकि, बच्छावतों का पूर्ण रूप से विनाश करने में सूर सिंह असफल रहे क्योंकि भागचंद की पत्नी, मेवाड़ी जी (जिगीषा बाई), उस वक्त गर्भवती थीं और गर्भवती स्त्री को बलिदान की अनुमति नहीं हुआ करती थी। निष्ठावान सेवक रघुनाथ की मदद से उन्होंने करणी माता मंदिर की ओर पलायन किया। प्रथानुसार, गर्भवती मेवाड़ी जी को सुरक्षित अपने पीहर (पिता के घर) उदयपुर भेज दिया गया। जिगीषा बाई, भामाशाह की पुत्री थीं, जो महाराणा प्रताप के समय, मेवाड़ राज्य के प्रधान के रूप में कार्यरत थे। प्रधान भामाशाह एवम् दीवान करमचंद समकालीन कुशल प्रशासक, चतुर रणनीतिज्ञ, शिष्ट राजनेता एवं बहुत संस्कारी व्यक्ति के अलावा रिश्ते में समधी भी थे। अन्य बच्छावत परिवारों ने रातों रात बीकानेर छोड़ कर, विभिन्न दिशाओं में पलायन किया।

कैप्टन पी डब्ल्यू पोवलेट 'बीकानेर राज्य की अधिसूचि'' (गज़ेटियर) में लिखते हैं,

"जिस वर्ष बच्छावतों का नरसंहार हुआ, उसी वर्ष अपने पिता की अंतिम इच्छा पूर्ण करने हेतु राजा सूर सिंह ने, षड्यंत्रकारियों के वंशज, पुरोहित मान, महेश एवं भरता जाट से जागीरें छीन लीं। तत्पश्चात, दोनों पुरोहितों ने क़िले की करण पोल के बाहर डीन्गली गाँव में विरोध जताते हुए चिता जला कर आत्म-दाह किया। तब जान बूझकर इन्हें नहीं रोका गया। राजा राय सिंह के दोषी ठहराने पर, भरता जाट की भी निर्मम हत्या बिदावत ठाकुर द्वारा करवा दी गयी।"

मोहम्मद इक़बाल ने अपनी किताब, 'बीकानेर राज्य का इतिहास – कुछ अनछुए पहलू' में दर्ज किया हैं कि ये घटनाएँ हृदय विदारक थीं और राज्य के लिए अशुभ मानीं गयी। सभी हत्याओं के प्रति प्रायश्चित जताने के लिए सूर सिंह ने एक तालाब बनवाया जहां ब्राह्मणों ने आत्म दाह किया था। पश्चात्, तालाब सूर सागर के नाम से जाने जाना लगा।

ऐसा कहा जाता है कि अपशकुन के कारण आज भी तालाब का पानी किसी धरती के अंदरूनी जल स्त्रोत से, रहस्यमय रूप से समय-समय पर प्रदूषित हो जाता है जिसे हर समय सफ़ाई की ज़रूरत पड़ती है। आधुनिक युग में अरबों रुपये खर्च करने के बाद भी सूर सागर का स्वच्छ नहीं होना रहस्य को गहरा करता है।

3.15 बीकानेर में रांगड़ी के चौक का इतिहास

जब बच्छावतों को सैन्य दल के साथ समाप्त कर दिया गया तब उनकी हवेलियाँ भी नष्ट कर दी गयीं। ऐसा कहा जाता है कि नींव के पत्थर भी राजा सूर सिंह की निर्दयी सेना द्वारा निकलवा दिए गए। तत्पश्चात् उस जगह में भोजक (जैन मंदिर के सेवक) एवं मुनि (जैन साधु) रहते थे। अन्य किसी को भी वहाँ रहने की अनुमति नहीं थी।

बीकानेर के इतिहास में रांगड़ी चौक का बहुत ही महत्वपूर्ण स्थान हैं। लेखक - एम. रामलाल गनी अपनी किताब 'महाजन वंश मुक्तावली' (2010) में लिखते हैं कि रिंगतमल, बच्छावतों का निष्ठावान एवं वीर सैनिक, अपने स्वामी के लिये युद्ध में निडरता से लड़ा और वीरगति को प्राप्त हुआ। बच्छावत बंधुओं के पास रिंगतमल के मृत्यु पूर्व, उसके परिवार को देने के लिये कुछ भी न था। अतः उन्होंने उसकी एक इच्छा पूर्ण की,

"रिंगतमल, अपने वंशजों के प्रथम देव के रूप में जन्म एवं विवाह के शुभ अवसरों पर पूजा जायेगा एवं उसकी जाति क्षेत्रपाल कहलायेगी।"

रिंगतमल की इस वीरतापूर्ण कृति के लिये बीकानेर में बच्छावतों की हवेली "रांगड़ी की हवेली" के नाम से भी जानी जाने लगी। वर्तमान में जो "रांगड़ी का चौक" है, जहां सैकड़ों रांगड़

राजपूत युद्ध में शहीद हुए, पूर्व में 'माणिक चौक' के नाम से जाना जाता था। रांगड़ी के चौक में रिंगतमल (भैरूनाथ) मंदिर की भी स्थापना हुई।

रांगड़ी चौक के इतिहास का एक अन्य वर्णन भी हैं। संजय श्रीमाली अपनी किताब 'एक शहर की कहानी: लोगों की जुबानी' (बीकानेर 2011) में लिखते हैं,

"उन्होंने नींव के पत्थरों को भी खोदा ताकि बीकानेर से बच्छावतों का अस्तित्व ही साफ़ कर दिया जाये। नींव के पत्थरों को लोक भाषा में 'रांग' कहते हैं। इसलिये उस दुर्भाग्य पूर्ण घटना पश्चात् "माणिक चौक" का पुनः नामकरण 'रांगड़ी का चौक' हुआ।"

रांगड़ी चौक में हवेलियों सहित वंश को समूल नष्ट करने की घटना बीकानेर रियासत के इतिहास के मध्य काला अध्याय जोड़ने वाली साधारण घटना नहीं अपितु निर्मम घटना है।

गर्भवती जिगीषा बाई (मेवाड़ी जी) मंत्री भाग चंद की पत्नी

और मेवाड़ के प्रधान भामाशाह की पुत्री

दीवान करम चंद बच्छावत मेहता *(ज.1543-1607*)*

अंतिम समय में अपने पुत्र भाग चंद और लक्ष्मी चंद को सलाह - निर्देश देते हुए

प्रधान (मेवाड़) अगर चंद मेहता (रा.1767-69, 1796-99),
किलेदार मंडलगढ़ (रा.1765-99)

अध्याय 4

17-19वीं शताब्दी

सेना नायक भाणजी मेहता से प्रधान शेर सिंह मेहता

मेवाड़ पर मराठा आक्रमण और सत्ता की राजनीति

मेवाड़ के पूर्व प्रधान भामाशाह की पुत्री, जिगीषा बाई उर्फ़ मेवाड़ी जी, जो गर्भवती थीं, बीकानेर से मेवाड़ अपने पिता के घर लौट आईं। उन्होंने एक पुत्र को जन्म दिया, जिसका नाम भाणजी रखा गया। कई पुश्तों तक, भाणजी मेहता के वंशजों ने, उदयपुर के महाराणाओं की प्रधान, सेना प्रमुख एवं प्रशासकों के रूप में सेवा की।

महाराणा राज सिंह द्वितीय की मृत्यु पश्चात्, उत्तराधिकारी पद के क्रम का पतन होने लगा। महाराणा जगत सिंह का बचकानापन, प्रताप सिंह द्वितीय एवं राज सिंह की अनुभवहीनता, साथ में महाराणा अरि सिंह द्वितीय का क्रोधित स्वभाव और परिस्थितियाँ जिनके चलते उन्होंने सत्ता हासिल की, यह सभी अव्यवस्था की कड़ी का कारण बने जो मेवाड़ के लिये घातक सिद्ध हुए। इन सभी विपदाओं ने संयुक्त रूप से लोगों को असहाय कर दिया और वे घुसपैठियों के शिकार होते चले गये।

जब मेवाड़ के शासकों की सैन्य शक्ति नष्ट हो गई, तो राज्य में गृह युद्ध और विद्रोह भड़क उठा। इनमें युद्धरत दो प्रमुख उप-कुल, शक्तावत और चुंडावत थे। पठानों और पिंडारियों (अनियमित सैन्य लुटेरों) के वर्चस्व वाली मराठा सेनाएं मेवाड़ को उजाड़ती रहीं।

सन् 1764 में, चतुर प्रधान, मेहता अगरचंद के साथ उन्होंने राहत महसूस की।

4.1 भामाशाह परिवार से सम्बंधित बच्छावत मेहता का बीकानेर से मेवाड़ में आगमन

भंवरलाल नाहटा द्वारा लिखित पुस्तक 'मंत्री करमचंद बच्छावत' एवं जैन शास्त्र, 'करमचंद वंशावली प्रबंध', में जयसोम पाठक लिखते हैं कि मेवाड़ के दानवीर प्रधान भामाशाह (1547-1600) की पुत्री (जिगीषा बाई) का विवाह भागचंद से हुआ जो दीवान करमचंद के पुत्र थे।

जिगीषा बाई अपने सम्मान की लड़ाई में भाग नहीं ले सकी थीं। उन्होंने बीकानेर के निकट करणी माता मंदिर में शरण ली। उदयपुर में अपने माता-पिता के घर जाने के लिए एक वफादार सेवक ने उनकी मदद की, जहां उनके पिता और मेवाड़ के पूर्व प्रधान भामाशाह रहते थे। जिगीषा बाई ने उदयपुर में एक पुत्र को जन्म दिया, जो भाणजी के नाम से जाना गया। उन्होंने अपने पुत्र को शास्त्र और युद्ध कला में प्रवीणता की शिक्षा का प्रबंध किया। भाणजी, भामाशाह का दोहिता और पुत्री जिवाशाह की बहन का भाणजा था। भाणजी मेहता की कई पीढ़ियों ने प्रधान, सेनाध्यक्ष एवं प्रशासकों के रूप में मेवाड़ के महाराणाओं की सेवा की। वर्तमान में, भाणजी के वंशज, बच्छावत मेहता परिवार मेवाड़ में रहते हैं। भामाशाह के वर्तमान वंशज से पता चला कि उनकी पुत्री का नाम जिगीषा बाई था।

'वीरविनोद' (पृष्ठ 259) के अनुसार, भामाशाह का जन्म 28 जून 1547 (आषाढ़ शुक्ल 10, विक्रम सम्वत् 1604) को हुआ था। बीकानेर के दीवान करमचंद बच्छावत मेहता, जिनका जन्म सन् 1542 (पोष विद 11, विक्रम सम्वत् 1599) में हुआ था। दीवान करमचंद और प्रधान भामाशाह समधी थे।

भामाशाह एक क्षत्रिय जैन थे एवं जैन धर्म के प्रथम तीर्थंकर आदिनाथ भगवान में उनकी अटूट आस्था थी। अपने समय के वे सबसे धनवान व्यक्ति थे एवं एक व्यापारी समुदाय, कावड़िया गोत्र (ओसवाल जैन) के सदस्य थे। उनके पिता भारमल, राणा सांगा (रा.1509-27) द्वारा रणथंभोर क़िले पर क़िलेदार के पद पर नियुक्त किये गए थे। तत्पश्चात् महाराणा उदय सिंह द्वितीय (रा.1540-72) के प्रधान रहे। भामाशाह भी प्राथमिक रूप से महाराणा उदय सिंह द्वितीय एवं तत्पश्चात् महाराणा प्रताप सिंह प्रथम (रा.1572-97) द्वारा प्रधान के पद पर नियुक्त किये गए। महाराणा प्रताप के नेतृत्व में, वे बादशाह अकबर के विरुद्ध, प्रसिद्ध हल्दीघाटी (1576) और दिवेर (1582) के आक्रामक एवं निर्णायक युद्धों में महाराणा के साथ-साथ लड़े। भामाशाह को राज्य के एक वीर एवं दानवीर मंत्री के रूप में आदर से याद किया जाता है।

4.2 सेना नायक भाणजी मेहता को औरंगज़ेब के विरुद्ध युद्ध में वीरगति

उदयपुर के महाराणा जगत सिंह प्रथम (रा.1628-52) ने बच्छावत वंश के महत्व को ध्यान में रखते हुए भाणजी मेहता (जन्म 1621-80*), दीवान करमचंद के पोते एवं प्रधान भामाशाह के दोहिते को सेना नायक के पद पर नियुक्त किया। इस के बाद भी महाराणा राज सिंह प्रथम (रा.1652-80) के समय भाणजी मेहता सेनाध्यक्ष बने रहे।

सन् 1660 में महाराणा राज सिंह ने किशनगढ़ की राजकुमारी चारुमती (राजा रूपसिंह की पुत्री) से विवाह किया। उससे औरंगज़ेब (रा.1658-1707) भी विवाह करना चाहता था। उस समय औरंगज़ेब की शक्ति अपने चरम पर थी, पर प्रजा पालक राजा राज सिंह ने इस बात की कोई परवाह नहीं की। राज सिंह ने औरंगज़ेब के आक्रमण को दबाने के लिए मेवाड़ के बहादुर सेना नायक भाणजी मेहता के साथ सलूम्बर के नव-विवाहित सामन्त रतन सिंह चुण्डावत को किशनगढ़ पर आक्रमण करने हेतु भेजा। लेकिन युद्ध में अपनी पत्नी की याद आने पर रतन सिंह युद्ध नहीं करना चाहता था तब उनकी पत्नी सहल कंवर (हाडी रानी) ने अपना सिर काटकर निशानी के रूप में भेजा। इस युद्ध में औरंगज़ेब की सेना को मुंह की खानी पड़ी।

दूसरी बार, सन् 1679 में राज सिंह ने औरंगज़ेब को जजिया कर हटाने और निरपराध भोली जनता को परेशान ना करने के बारे में भी पत्र भेज डाला। इससे औरंगज़ेब तिलमिला गया और मुग़ल साम्राज्य की पूरी शक्ति लगाकर मेवाड़ पर आक्रमण कर दिया। इस समय मारवाड़ के राठौड़ों पर भी औरंगज़ेब के सैनिक भारी पड़ रहे थे। इसी कारण मेवाड़ के सिसोदिया और मारवाड़ के राठौड़ों ने एकजुट होकर औरंगज़ेब का सामना किया। भाणजी मेहता की गोरिल्ला युद्ध नीति के कारणवश उसे किसी ने नहीं रोका और वह निश्चित होकर डट गया। औरंगज़ेब के सेनापति ताज खां को मेवाड़ से खदेड़ दिया गया।

सन् 1680 के पूर्वार्द्ध में औरंगज़ेब ने अपने पुत्र शहजादे अकबर को बंगाल से वापस बुलाया और वह पचास हज़ार की सेना लेकर उदयपुर जा पहुंचा। इस युद्ध के लिए औरंगज़ेब ने पूरी ताकत लगा दी। प्रसिद्ध योद्धा अज़ीम खां काबुल से और मौजुम खां दक्खिन से बुलाये गए। उस समय महाराणा राज सिंह प्रथम के साथ सेनापति भाणजी मेहता और मारवाड़ के वीर दुर्गादास के सैन्य दलों ने अचानक हमला कर शहजादे अकबर के सारे सैनिकों को तलवार के घाट उतार दिया। शहजादे अकबर को बंदी बना लिया और शांति-संधि के पश्चात् ही उसे छोड़ा गया। (सन्दर्भ: वीरविनोद / मंत्री करमचंद बच्छावत)

इस युद्ध में सेना नायक भाणजी मेहता वीरगति को प्राप्त हुए। भाणजी एक सच्चे योद्धा की भाँति लड़े और मेवाड़ राज्य के लिये अपने जीवन का बलिदान दिया। उनकी मृत्यु पश्चात्, दयालु महाराणा राज सिंह प्रथम और उनके पुत्र महाराणा जय सिंह ने भाणजी मेहता के परिवार एवं वंशजों को सम्भाला और जागीर प्रदान की।

4.3 मेवाड़ प्रशासन में बच्छावत मेहताओं की नियुक्ति

सन् 1699 में, बादशाह औरंगज़ेब ने माण्डलगढ़ क़िला, जुझार सिंह 'दुदाजी', पिसांगन (वर्तमान अजमेर ज़िले में) के राठौड़ प्रमुख, को सौंपा। जुझार सिंह ने क़िले का बँटवारा अपने भाइयों में किया और क़िले की मरम्मत एवं नगर प्रशासन कार्य के लिए कोई राजस्व नहीं छोड़ा।

सन् 1706 में क़िला महाराणा अमर सिंह द्वितीय द्वारा पुनः प्राप्त किया गया और तभी से वह उनके उत्तराधिकारियों के निरंतर अधिकार में रहा। इसी वर्ष, 1706 में माण्डलगढ़ क़िले के रख-रखाव का अनुबंध, भाणजी मेहता के प्रपौत्र, मेहता महासिंह को महाराणा अमर सिंह द्वितीय द्वारा दिया गया।

मेहता महासिंह के पुत्र, पृथ्वीराज की काबिलीयत एवं सेवा से ख़ुश हो कर महाराणा जगत सिंह द्वितीय (रा.1734-51) ने उन्हें मेवाड़ के निंबाहेडा ज़िले के हाकिम पद पर नियुक्त किया। सन् 1764 में, मेहता पृथ्वीराज का देहान्त हुआ।

'वीरविनोद' में पृष्ठ 1545 पर कवि श्यामल दास लिखते हैं,

"सन् 1761 में, महाराणा राज सिंह द्वितीय की मृत्यु के पश्चात् जब महाराणा अरि सिंह द्वितीय ने उत्तराधिकारी पद संभाला तब राज्य प्रशासन को ध्यान में रखते हुए, अपने हितैषी एवं निष्ठावान अमर चंद बड़वा से महत्वपूर्ण मंत्रिपद (प्रधान) लेकर जसवंतराय पंचोली को सौंपा। उन्होंने रणनीतिज्ञ मेहता अगरचंद बच्छावत को सलाहकार पद पर नियुक्त किया।"

मेहता अगर चंद (जन्म 1735*-1799), मेहता पृथ्वीराज के पुत्र थे।

4.4 मेवाड़ राज्य में अट्ठारहवीं शताब्दी के उत्तरार्ध में अशांति

जब मेवाड़ के शासकों की सैन्य शक्ति नष्ट हो गई, तो राज्य में गृह युद्ध और विद्रोह भड़क उठा। इनमें युद्धरत दो प्रमुख उप-कुल, शक्तावत और चुण्डावत थे। पठानों और पिंडारियों (अनियमित सैन्य लुटेरियों) के वर्चस्व वाली मराठा सेनाएं मेवाड़ को उजाड़ती रहीं। तब महादजी सिंधिया (महादजी शिंदे रा.1730-94, ग्वालियर रियासत के संस्थापक) ने एक अनुशासित सेना का गठन किया, जिसमें उत्तर भारतीय सैनिक और गोरों (अंग्रेजों) का नेतृत्व था। मराठों के करीबी

सहयोगी अमीर खान के पठानों ने सिंधिया की मौत के बाद मेवाड़ में अपने विनाश के बीज बो दिए। विदेशी भाड़े के आतंकवादियों को काम पर रखने के बावजूद, मराठों को अपने उद्देश्य की प्राप्ति नहीं हुई, क्योंकि इन पठानों और पिंडारियों ने मराठों को तहस-नहस कर दिया।

देश के पतन का असर अंग्रेजों पर पड़ा, जिनके साथ मेवाड़ ने शांति संधि पर हस्ताक्षर किए थे। चुण्डावतों के शक्तिशाली गुट ने अपने ही महाराणा अरि सिंह द्वितीय (1761-73) को पद से हटाने की योजना बनाई। गोगुंदा के प्रमुख की बेटी तथा स्वर्गीय महाराणा राज सिंह द्वितीय के कथित पुत्र रतन सिंह की ताजपोशी कुम्भलगढ़ में हुई और उन्होंने महादजी सिंधिया को पुरस्कार देने के वादे के साथ उनकी सहायता का न्यौता दिया।

राजस्थान इतिहास के जनक कहलाने वाले कर्नल जेम्स टॉड अपनी पुस्तक 'Annals and Antiquities of Rajasthan' में लिखते हैं,

"सन् 1751 में महाराणा प्रताप सिंह द्वितीय मेवाड़ के उत्तराधिकारी बने। इस राजा के इतिहास में, अपने तीन साल के शासन काल में मराठा आक्रमण एवं युद्धों के अलावा कुछ और दर्ज नहीं है। इन के बाद, इनके पुत्र महाराणा राज सिंह द्वितीय आए जिन्होंने अपने पूर्वजों के नाम एवं पद के अलावा कुछ और नहीं पाया। उनके सात साल के शासन काल में मराठा समुदाय ने लगभग सात बार चढ़ाई की और मेवाड़ साम्राज्य को क्षीण कर दिया।"

सन् 1761 में, महाराणा अरि सिंह द्वितीय ने प्रधान का पद अमरचंद बड़वा से लेकर जसवंतराय पंचोली को सौंपा एवं मेहता अगरचंद को विशिष्ट सलाहकार के रूप में नियुक्त किया। इस कारण से पूर्व प्रधान अमरचंद बड़वा अलगाव महसूस करने लगे। जसवंतराय पंचोली, मेहता अगरचंद एवं अन्य महत्वपूर्ण निष्ठावान लोगों ने महाराणा अरि सिंह द्वितीय को राजकीय समस्याएँ समझाने का बहुत प्रयास किया लेकिन क्रोधी राजा ने किसी भी सलाह पर ध्यान नहीं दिया। महाराणा के निर्देशानुसार, सन् 1767 में, निराश प्रधान जसवंतराय पंचोली ने त्यागपत्र दिया और महाराणा ने पद मेहता अगरचंद को सौंपा। ज़ालिम सिंह (शाहपुरा के राजा उम्मेद सिंह के छोटे पुत्र) महाराणा के सलाहकार बने रहे।

4.5 प्रतिभावान मेहता अगरचंद की प्रधान और माण्डलगढ़ क़िलेदार पद पर नियुक्ति

मेहता अगरचंद एक साफ़ दिल व्यक्ति की तरह जाने गए। उन्होंने अपने कर्तव्यों के पालन को प्राथमिकता दी। मेवाड़ के छोटे सरदारों के विरुद्ध कई वर्षों तक चले गृह युद्ध में उन्होंने अपने राजा की विजय के लिए अथक प्रयास किये। सन् 1762 से 1765 तक जब माण्डलगढ़ का

क़िला अनौपचारिक रूप से छोटे सरदारों के कब्जे में था और सिर्फ चार गाँव खालसा (राज्य भूमि) के अंतर्गत थे। राज्य सलाहकार के पद पर रहते हुए मेहता अगरचंद मेवाड़ के लिए यह क़िला पुनः जीतना चाहते थे। उन्होंने छोटे सरदारों पर चढ़ाई की और माण्डलगढ़ को मेवाड़ के लिए हासिल करने में सफल हुए।

सन् 1765 में, राज्य के प्रति सेवा एवं निष्ठा के फलस्वरूप हुए, मेहता अगरचंद को माण्डलगढ़ का 'क़िलेदार' नियुक्त किया गया। महाराणा अरि सिंह द्वितीय द्वारा दिये गये मेवाड़ राज्य के हस्ताक्षरित पट्टे में मेवाड़ी में लिखा हुआ है,

"रुको मेहता भाई अगरा जोग अप परगनों माण्डलगढ़ गैर अमली होर श्रीदरबार रो हुकम उठे दीदो जनी थी। थाहें माना डील जुजान ने मेलो हे सो दरबार रो सुधरे जूं कीजे सुधारता बिगड़ जावे तो भी अटकाव राखे मति। थार मनख कबीला सुदी बठे रीजे। सो श्री एकलिंगजी को राज रहेगा। जत्रे ऊ परगनों को थारा बाप रो जाणान्गा। ई में फ़रक पड़े जी ने श्री एकलिंगजी पूगसी। उठारो निपट जप्तो राख अठारी संभाल आय कीजे। थारे भी जगा वणावजे और असामिया भी बसाव खात्री कर दीजे, जनी पर म्हाने नमेगा वचन हे। दिले हाथ राख क़िला रो निपट जाप्तो राखजे। मैं भी राजता गाजता किलां पर आवां तो क़िला पर आवा दीजे। कोई तेरे औछ रखे तो श्री एकलिंगजी का घर में थान्सू समझूंगा। सम्वत 1822 का कार्तिक बुधि 12 बुधवार।"

हिंदी में:

"मेरा आदेश भाई मेहता अगरचंद के लिए। माण्डलगढ़ ज़िला विद्रोही हो गया है, आप को अपना व्यक्ति जानकर वहाँ भेजा जा रहा है। महाराणा की भलाई के लिये पूर्ण प्रयास करें और भलाई के प्रयास में अगर कुछ ग़लत दिखे तो नज़र अंदाज़ कर दें। अपने परिवार के साथ वहाँ स्थापित हों। जब तक श्री एकलिंगजी की सत्ता प्रबल हैं, ज़िला आपका होगा। रहवासियों के लिए घरों का निर्माण करें एवं किसानों और अन्य लोगों को छूट देकर वहाँ बसाएँ। क़िले की व्यवस्था का सशक्त प्रबंध करें। अगर हम आएँ तो हमें अनुमति दें कि हमारा आगमन धूमधाम से हो।"
- विक्रम सम्वत् 1822, कार्तिक बदी 12 बुधवार।

इसके अनुसार, मेहता अगरचंद अपने परिवार के साथ माण्डलगढ़ क़िले में स्थापित हुए और तभी से, सन् 1947 में भारत की स्वतंत्रता तक, बच्छावत मेह्ताओं के परिवार क़िले में रहते आए हैं और क़िलेदारी पद का गौरव उठाते आए हैं।

सन् 1767 में, जब राज्य अशांति से गुज़र रहा था तब मेहता पृथ्वीराज के पुत्र मेहता अगरचंद (ज.1735-1799) की महाराणा अरि सिंह द्वितीय द्वारा प्रधान पद पर नियुक्ति की गयी

एवं जागीर सौंपी गयी। सन् 1769 के असफल उज्जैन युद्ध के पश्चात्, अमरचंद बड़वा को पुनः बुलाकर प्रधान के पद पर नियुक्त किया गया।

4.6 मेवाड़ पर मराठों का आक्रमण और बाग़ी गुटों को प्रोत्साहन

उसी समय महादजी सिंधिया की सेना जो बाग़ी रतन सिंह एवं उसके दल की सहायक थी, ने उज्जैन के पास, शिप्रा नदी के तट पर डेरा डाला। 13 जनवरी 1769 के दिन, मराठों के साथ युद्ध में, सलूम्बर, शाहपुरा एवं बनेड़ा के प्रमुख मारे गए। कोटा के राज-राजा ज़ालिम सिंह झाला एवं मेवाड़ के प्रधान मेहता अगरचंद, महाराणा अरि सिंह के साथ लड़ते हुए बुरी तरह ज़ख्मी हुए। मेहता अगरचंद एवं अन्य लोग मराठों द्वारा बंदी बना लिए गए। महाराणा के आदेश पर रूपाहेली ठाकुर, शिव सिंह ने कुछ आदिवासियों (बावरी जाति) को भेजा जो मेहता अगरचंद को छुड़वाने में सफल हुए। अन्य सैनिक बाद में रिहा हुए। मेवाड़ की सेना (अधिकतर मुस्लिम एवं सिंधी) ने युद्ध पश्चात् उज्जैन में लूट-पाट की। इस कारण, सिंधिया उत्तेजित एवं क्रोधित हो गए। युद्ध के पश्चात्, कोटा के ज़ालिम सिंह झाला, महादजी सिंधिया के प्रबल समर्थक बनें।

'वीरविनोद' में, कवि श्यामल दास लिखते हैं,

"सन् 1769 में उज्जैन युद्ध की असफलता के बाद सलूम्बर के रावत भीम सिंह ने महाराणा अरि सिंह द्वितीय को सलाह दी कि पूर्व प्रधान अमरचंद बड़वा (सनाढ्य ब्राह्मण) को पुनः बुलाकर ज़िम्मेदारी सौंपी जाए। इस पर महाराणा उनके घर गए और प्रधान पद की ज़िम्मेदारी सम्भालने का प्रस्ताव रखा। अमरचंद बड़वा द्वारा व्यक्त की गई गंभीर आपत्तियों के कारण महाराणा ने किसी भी हद तक उनकी मदद करने का वादा किया।"

अमरचंद बड़वा ने प्रधान के रूप जिम्मेदारी स्वीकार की और महादजी सिंधिया से प्रतिशोध के चलते उदयपुर की किलेबंदी शुरू की। जबकि, उदयपुर के अच्छे महत्त्वपूर्ण रणनीति की दृष्टि वाले स्थानों पर ज्यादातर उमराव और रावत तैनात किए गए, लेकिन पूर्व प्रधान मेहता अगरचंद, कुछ उमरावों के साथ सलाहकार के रूप में महाराणा अरि सिंह के साथ रहे। युद्ध तक़रीबन छः महीनों तक चला। महादजी सिंधिया जो रतन सिंह की ओर से लड़ रहे थे, आखिरकार 21 जुलाई 1769 को अपने सैन्य दल के साथ लौट गये। महाराणा अरि सिंह द्वितीय, अमरचंद बड़वा, सलूम्बर के रावत भीम सिंह एवं कुराबड के रावत अर्जुन सिंह से बहुत प्रसन्न थे।

सन् 1773 में महाराणा अरि सिंह के मरणोपरांत नाबालिग कुंवर हमीर सिंह द्वितीय को गद्दी पर बिठाया। जल्द ही कुराबड के रावत अर्जुन सिंह और अन्य चुण्डावतों ने, जो अमरचंद बड़वा द्वारा निष्ठावान कहलाए गए थे, महाराणा हमीर सिंह के पास प्रधान पद के संचालन को

लेकर अपनी नाराज़गी जतायी। सन् 1775 में, अमरचंद बड़वा को बंदी बनाने के बाद ज़हर देकर मार दिया गया।

महाराणा हमीर सिंह द्वितीय (ज.1761-78) का वयस्क होने से पहले 1778 में निधन हो गया। छोटे नाबालिग भाई कुंवर भीम सिंह गद्दी पर बैठे। सन् 1784 में, बाईजीराज (महाराणा भीम सिंह की माता) की विश्वसनीय सेविका, बाई रामप्यारी की सलाह पर जनानी महल के कार्यकारी सोमचंद गांधी को प्रधान बनाया गया। उन्होंने राज्य के शत्रुओं से मित्रता की जैसेकि रावत रतन सिंह और कोटा, बूंदी के शासक। रावत अर्जुन सिंह, रावत प्रताप सिंह और उनके अन्य साथियों ने महाराणा भीम सिंह की खिल्ली उड़ाई।

'वीरविनोद' में कवि श्यामल दास लिखते हैं,

"मेवाड़ में शक्तावतों एवं चुण्डावतों के दो मुख्य राजपूत दल थे। वे हमेशा एक दूसरे से बैर रखते एवं युद्ध करते रहते थे। यह गुटबाजी मेवाड़ में फिर से तब उभरी जब प्रधान सोमचंद गांधी शक्तावतों की ओर से आए जिससे भिंडर महाराज मोखम सिंह सबसे ताकतवर बने। राज्य के प्रशासन में जहां चुण्डावत, सलूम्बर रावत भीम सिंह के साथ बने रहे वहीं कुराबड़ रावत अर्जुन सिंह इत्यादि की उपेक्षा की गयी। अक्तूबर 1789 में, कुराबड के रावत अर्जुन सिंह एवं भादेसर के रावत सरदार सिंह ने मिलकर जनानी महल में सोमचंद गांधी की हत्या करवाई। सोमचंद के छोटे भाई सतिदास गांधी को प्रधान बनाया गया।"

4.7 प्रधान मेहता अगरचंद का मेवाड़ के लिए जीवन बलिदान

जहाजपुर और माण्डलगढ़ के मध्य स्थित अमरगढ़ क़िले को लेकर, बूंदी के राव राजा उम्मेद सिंह के साथ विवाद खड़ा हुआ। पश्चात्, बूंदी के राजकुमार अजीत सिंह ने महाराणा अरि सिंह को शिकार का निमंत्रण दिया और धोखे से उनकी हत्या कर दी। युवा हमीर सिंह द्वितीय ने मेवाड़ की राजगद्दी संभाली। प्रधान अमरचंद बड़वा, अगरचंद मेहता और जसवंतराय पंचोली ने करजाली के महाराज बाघ सिंह, कुराबड़ के रावत अर्जुन सिंह एवं अन्य चुण्डावतों से राज्य की देखरेख करने की विनती की क्योंकि महाराणा नाबालिग थे। सन् 1778 में, बालिग़ होने से पहले उनकी भी मृत्यु हो गयी। उनके छोटे भाई भीम सिंह ने मेवाड़ का सिंहासन सम्भाला।

सन् 1777 में महाराणा हमीर सिंह द्वितीय की शादी किशनगढ़ राज परिवार की पोती से हुई। माण्डलगढ़ क़िले से मेहता परिवारों के साथ मेहता अगरचंद के बेटे देवीचंद शादी में शामिल हुए थे।

मेहता अगरचंद के चार पुत्र हुए। जिनके नाम क्रमशः देवीचंद (प्रधान मेवाड़), सीताराम (क़िलेदार चित्तौड़गढ़), उदेराम एवं सदाराम। शौर्यवान मेहता सदाराम (जन्म 1765-1835) को सम्माननीय एवं सामरिक जहाजपुर जिले के हाकिम पद पर नियुक्त किये गये। सन् 1835 में, अपनी मृत्यु तक वे पद पर बने रहे।

सन् 1788 की बात हैं, मेहता अगरचन्द के साथ उनके भतीजे, मेहता दीपचंद ने जावड में मराठा आक्रमणकारियों के खिलाफ बहादुरी से युद्ध किया। एक महीने की लंबी लड़ाई के बाद दीपचंद अपने सैन्य दल और कवच के साथ माण्डलगढ़ क़िले में विजयी होकर लौटे।

सन् 1790 में नाहर मगरे लड़ाई में माधव राव सिंधिया, मेहता अगरचंद और भिंडर महाराज मोखम सिंह ने बहादुरी से महाराणा भीम सिंह के साथ मिलकर लड़ाई लड़ी, जबकि प्रधान सतिदास गाँधी और देलवाड़ा के राज राजा कल्याण सिंह, उदयपुर की सुरक्षा के लिए पीछे रखे गए।

सन् 1792 में महाराणा भीम सिंह ने मेवाड़ को अपने बागी सरदार रतनसिंह से बचाने के लिए महादजी सिंधिया से मदद मांगी। महादजी ने सुरक्षा एवं अर्थ व्यवस्था करने के लिए मेवाड़ में अंबाजी इंगलिया को अपना प्रतिनिधि नियुक्त किया। मेहता अगरचंद के साथ अंबाजी इंगलिया और रावत अर्जुन सिंह को कुम्भलगढ़ क़िले से रावत रतन सिंह को हटाने के लिए बुलाया गया। भीषण लड़ाई में रतन सिंह हार गए लेकिन वह भागने में कामयाब रहे। अंबाजी सन् 1792 से 1799 तक उदयपुर में रहे, मेवाड़ सरदारों के बीच आपसी युद्ध को रोककर मेवाड़ के संसाधनों में काफी सुधार किया, साथ ही अपने लिए काफी धन दौलत भी जुटा ली।

तत्पश्चात्, नवंबर 1796 में षड्यंत्रकारी प्रधान सतिदास गांधी और उनके भतीजे जयचंद को बंदी बना लिया गया। मेहता अगरचंद की प्रधान पद पर पुनः नियुक्ति की गयी और सन् 1799 में अपनी मृत्यु तक वे पद पर बने रहे। सलूम्बर रावत भीम सिंह को 'खिल्लत' (ज़मीन और धन की भेंट) से सत्कार किया।

प्रधान मेहता अगरचंद ने महाराणा अरि सिंह द्वितीय, हमीर सिंह द्वितीय एवं भीम सिंह के साथ कई आक्रमणों में भाग लिया। कुम्भलगढ़, टोपल मंगरी, गंगार एवं हमीरगढ़ के आक्रामक युद्ध में भी वे सहभागी रहे। जहाजपुर के आखिरी युद्ध में गम्भीर रूप से घायल होने के बाद, 31 दिसंबर 1799 के दिन, मेहता अगरचंद का माण्डलगढ़ क़िले में स्वर्गवास हुआ।

प्रधान मेहता अगरचंद के स्वर्गवास पर, महाराणा भीम सिंह ने प्रधान अगरचंद के कामदार, मेहता मौजीराम (ढ्याड़ीवाले मेहता) को संवेदना प्रकट करने के लिए पत्र लिखा,

"मेरा आदेश मेहता मौजी राम को। भगवान शिव ने मेहता अगरचंद को शरण दी और इस तरह उन्होंने हमारे लिए महानतम कार्य किया। हम सोचते हैं कि जैसे हमारे अपने पिता एवं पूज्य माता का आज देहान्त हुआ हैं। उनके कंधों पर रखे राजसी अधिकार का हमने लाभ उठाया, लेकिन अब आपके लिए हम हैं, तो आप उदास ना हों। मानवता के नाते हम आप को सहयोग देंगे। और क्या लिखा जा सकता हैं, कलम काँप रही हैं। धैर्य रखें एवं अपनी ज़िम्मेदारी का निर्वाह करें।" - विक्रम सम्वत् 1856, श्रावण बदी 5 सोमवार।

मेहता अगरचंद की छत्री माण्डलगढ़ के जलाशय के किनारे पर स्थित हे। अगरचंद के पिंड समारोह में महाराणा भीम सिंह ने स्वयं माण्डलगढ़ जाकर भाग लिया। महाराणा के आदेश पर माण्डलगढ़ ज़िले में जलाशय के निकट गाँव का नाम अगरपुरा, उनकी स्मृति में रखा गया।

4.8 कर्तव्य और निष्ठावान मेहता देवीचंद की प्रधान पद पर नियुक्ति

मेहता अगरचंद के बड़े पुत्र, मेहता देवीचंद (1754-1827) को अपने पिता की मृत्यु पश्चात् माण्डलगढ़ क़िले के क़िलेदार एवं प्रधान पद पर महाराणा भीम सिंह (1778-1828) द्वारा नियुक्त किया गया। उन्हें जहाजपुर क़िले के संरक्षक का पदभार भी सौंपा गया। चूंकि महाराणा भीम सिंह ने मेहता देवीचंद द्वारा राज्य हित में दी गयी सलाह पर अमल नहीं किया इसलिये अपने कार्यकाल के तीन वर्ष पश्चात् उन्होंने प्रधान पद से इस्तीफ़ा दे दिया और प्रण किया कि वे प्रधान पद पर कभी भी सेवारत नहीं रहेंगे। इसीलिए मेहता देवीचंद के स्थान पर मौजीराम मेहता (ढ्याड़ीवाले) और उसके पश्चात् सतिदास गांधी को नियुक्त किया गया।

शक्तावतों एवं चुण्डावतों के बीच प्रतिद्वंदिता फिर से उभरने लगी थी। उन दिनों, अंबाजी इंगलिया उज्जैन के महादजी सिंधिया के सेनापतियों में से एक थे। उनके भाई भालेराव ने चुण्डावतों के विरुद्ध शक्तावतों एवं प्रधान सतिदास गाँधी से हाथ मिलाये। पूर्व प्रधान, मेहता देवीचंद को चुण्डावतों का तरफदार समझकर शक्तावतों ने उन्हें बंदी बना लिया। लेकिन कुछ ही दिनों में महाराणा भीम सिंह के हस्तक्षेप से उन्हें रिहा कर दिया गया।

प्रतिशोध में कोटा के राज राजा ज़ालिम सिंह झाला, जो शक्तावतों के पक्ष में थे, ने मेवाड़ पर आक्रमण कर जहाजपुर ज़िले पर क़ब्ज़ा कर लिया। उन्होंने महाराणा पर माण्डलगढ़ क़िले के हस्तांतरण के दस्तावेज़ पर हस्ताक्षर करने के लिए दबाव भी डाला। महाराणा भीम सिंह ने माण्डलगढ़ के क़िलेदार मेहता देवीचंद के पास तलवार और ढाल के साथ एक घुड़सवार भेजा। मेहता देवीचंद इस कृत्य के पीछे छुपे गुप्त संदेश को समझ गए और माण्डलगढ़ क़िले की रक्षा कड़ी कर, ज़ालिम सिंह की माण्डलगढ़ क़िले पर क़ब्ज़ा करने की मंशा को नाकाम करने में सफल हुए। इस घटना क्रम पश्चात्, कर्नल जेम्स टॉड (मेवाड़ में ब्रिटिश रेजिडेंट) ने मेवाड़

के प्रशासन को मान्यता देकर मेहता देवीचंद को प्रधान पद पर पुनः नियुक्त किया। हालाँकि, उन्होंने जल्द ही अपना त्याग पत्र दिया क्योंकि वे महाराणा भीम सिंह के दोहरी कूटनीति से नाखुश थे।

सन् 1818 में, महाराणा द्वारा प्रधान का पद भार सम्भालने को लेकर तथा लगातार ज़ोर डालने पर उन्होंने प्रधान पद के लिए क़ाबिल एवं उपयुक्त व्यक्ति के तौर पर अपने बहनोई, मेहता (चील) राम सिंह के नाम का प्रस्ताव रखा। महाराणा ने प्रस्ताव स्वीकार किया और मेहता (चील) राम सिंह जो उस समय माण्डलगढ़ क़िले पर थे, को बुलवाया एवं प्रधान के तौर पर सम्मानित किया। मेहता देवीचंद को माण्डलगढ़ एवं जहाजपुर क़िले की क़िलेदारी के साथ ही सर्वोच्च सलाहकार के रूप में नियुक्त किया। माण्डलगढ़ तराई क्षेत्र में कृषि भूमि की सिंचाई के लिए तालाब का निर्माण करवाया गया। वर्तमान में, इसे देवी तालाब कहा जाता है। मेहता देवीचंद का देहांत सन् 1827 में हुआ तब वे तीर्थ यात्रा पर गए थे।

इस दौरान सन् 1818 में, मेहता अगरचंद के पोते और तीसरे पुत्र सीताराम के बेटे, मेहता शेर सिंह को महाराणा भीम सिंह द्वारा चित्तौड़गढ़ क़िले का क़िलेदार नियुक्त किया गया। तारीख़ 27 मई 1818 के दिन कर्नल जेम्स टॉड द्वारा मेहता शेर सिंह को लिखा गया पत्र (खरीता):

"मुझे आपके दो या तीन पत्र मिले और उनका आशय मैंने ध्यान से पढ़ा। आपके भेजे हुए सीमा बंदी के दस्तावेज़ मिले जिसके खर्च का समायोजन प्रति माह करना होगा। आपकी शासन के प्रति निष्ठा एवं ईमानदारी आपके पुरखों से स्थापित है। निर्धारित गाँवों से आप का चार हज़ार रुपये वेतन एवं चित्तौड़गढ़ क़िले का क़िलेदार पद कायम रहेगा।"

4.9 कर्नल जेम्स टॉड की माण्डलगढ़ यात्रा

मेहता देवीचंद के दो पुत्र थे, त्रिलोकचंद एवं जुगल किशोर। दूसरी पत्नी से उन्हें एक और पुत्र था - स्वरूपचंद। मेहता त्रिलोकचंद ने अल्पायु में ही संयास ले लिया और मेहता जुगल किशोर ने ज्येष्ठता से उत्तराधिकारी पद पाकर माण्डलगढ़ क़िले की क़िलेदारी (1820-42) संभाली। मेहता जुगल किशोर एक बहुत साहसी योद्धा एवं निष्ठावान अधिकारी थे। मेवाड़ के ख़ज़ाने को लेकर वे सदैव चिंतित रहते थे। उस समय, मेवाड़ के अत्यधिक व्यय का प्रबंध मेहता जुगल किशोर के कारण ही सम्भव हो पाया क्योंकि उन्होंने गुजरात को नौ बार लूट कर राज्य कोष को संपन्न बनाया था। लेकिन, सन् 1842 में गुजरात आक्रमण के वक़्त, अल्पायु में ही वे वीरगति प्राप्त हुए। इसी दौरान, सन् 1820 में, कैप्टन जेम्स टॉड जहाजपुर दौरे पर गए और माण्डलगढ़ यात्रा की योजना बनाई।

कर्नल जेम्स टॉड अपनी किताब- 'Annals and Antiquities of Rajasthan' or 'The Central and Western Rajput States of India' (Volume 3) में लिखते हैं,

"प्रहार सिंह मुझे अपने पंच कल्याण घोड़े (श्वेत पैर एवं श्वेत नाक वाले घोड़े के लिए पारिभाषिक शब्द) पर सवार कर माण्डलगढ़ क़िले पर ले गए। जहाजपुर स्थित सेना के साथ, प्रहार सिंह एक निष्ठावान, जोशीले एवं बहादुर सैनिक हैं और महाराणा भीम सिंह के समर्थक हैं। 16-17 अक्तूबर 1820 को वे घाटी चढ़कर आए और माण्डलगढ़ से आधा मील दूर पड़ाव डाला, जहाँ क़िलेदार एवं उनके कर्मचारी मेरे स्वागत हेतु मुझसे मिलने आए। लेकिन मैं अस्वस्थ होने के कारण किले पर चढ़ने में असमर्थ था। यह मेरे लिए पछतावे का विषय था। यह एक अजेय क़िला, जो चार फ़र्लांग लम्बा, साथ में कम कद का परकोटा एवं पर्वत के पठार की गोलाई में दुर्ग है। क़िलेदार एवं सेनाधिकारी का निवास स्थान और तोपख़ाना पश्चिम दिशा में दिखाई देता है।"

कैप्टन जेम्स टॉड की यात्रा के उपलक्ष्य में, क़िलेदार मेहता जुगल किशोर ने तोपखाना एवं राजा रूपसिंह के महलों की छत पर चार यादगार छतरियों का निर्माण करवाया। इनमें से एक छतरी सन् 1950 के दशक में बिजली गिरने से क्षतिग्रस्त हुई।

4.10 सत्ता के तीव्र आकांक्षी – मेहता शेर सिंह एवं मेहता राम सिंह

मेहता अगरचंद के तीसरे पुत्र, मेहता सीताराम (ज.1763-1850) को चित्तौड़गढ़ के क़िलेदार पद पर, उनके पुत्र मेहता शेर सिंह के स्थान पर नियुक्त किया गया। आज भी, चित्तौड़गढ़ क़िले पर महाराणाओं की छत्री के निकट, गौमुख जल कुंड के पास क़िलेदार मेहता सीताराम की छत्री देखी जा सकती है, जहां उनका अंतिम संस्कार हुआ था।

महाराणा भीम सिंह के शासन काल में, आर्थिक अव्यवस्था के कारण शाही सरकार का कर-ऋण सात लाख रुपयों तक बढ़ गया था। सन् 1828 में महाराणा जवान सिंह (1828-38) ने मेहता (चील) राम सिंह को प्रधान पद से हटाया और मेहता शेर सिंह, चतुर राजनेता मेहता देवीचंद के भतीजे को प्रधान पद पर नियुक्त किया। रिश्ते में मेहता (चील) राम सिंह, मेहता (बच्छावत) शेर सिंह के फूफा थे। देवीचंद की बहिन देव कँवर का ब्याह राम सिंह से हुआ था और राम सिंह की बहन गट् कँवर का ब्याह देवी चंद से हुआ था।

कहा जाता हैं कि शेर सिंह को उनकी निष्ठा एवं ईमानदारी के लिए जाना जाता था। लेकिन वे कुशल अर्थ प्रशासक नहीं थे। परिणामस्वरूप, राज्य की उधारी बढ़ती चली गयी और महाराणा जवान सिंह के पास, मेहता (चील) राम सिंह को फिर से बुलाने के अलावा कोई विकल्प ना रहा।

कुछ समय पश्चात् सन् 1831 में, मेहता राम सिंह को प्रधान पद से हटाकर मेहता शेर सिंह को पुनः नियुक्त किया गया। दोनों ही सत्ता के तीव्र आकांक्षी थे और जो भी शक्तिशाली हुआ वह प्रधान पद का दावेदार बना। मेवाड़ राज्य के प्रधान, मेहता शेर सिंह ने ब्रिटिश सरकार से फुलिया परगना (जिला), शाहपुरा को पुनः प्राप्त करवाया। सन् 1831 में शाहपुरा के राजाधिराज, माधो सिंह ने प्रसन्न होकर उबला गाँव उपहार स्वरूप शेर सिंह को प्रदान किया।

राय पन्नालाल मेहता की स्वजीवनी के अनुसार, महाराणा जवान सिंह (रा.1828-38) ने, मेहता शेर सिंह को तिथि आसोज़ विद 11 सम्वत् 1892 (सितम्बर 1835) को विशेष पत्र लिखा:

"मेरे पिता महाराणा भीम सिंह द्वारा आप के निर्वाह हेतु प्रदान की हुई चित्तौड़गढ़ की क़िलेदारी एवं वेतन, बिना किसी ख़लल के आप एवं आप के वंशजों के लिए जारी रहेगा। उपर्युक्त कथन का आपके मंत्रीपद नियुक्ति से कोई सम्बंध नहीं है। पट्टे (भू अभिलेख दस्तावेज़) में अंकित किए हुए गाँव एवं निर्धारित वेतन के आप हकदार रहेंगे, चाहे आप दरबार में हों या ना हों। आप के सम्मान एवं निर्धारित वेतन में कोई दखल अंदाजी नहीं होगी। जब तक आप पद पर हैं तब तक आप मंत्रीपद के वेतन एवं भत्ते का लाभ उठा सकते हैं। राज्य के लिए आप एवं आपके पूर्वजों द्वारा दी गयी मूल्यवान एवं निष्ठावान सेवा को कभी भुलाया नहीं जायेगा।"

4.11 मेहता शेर सिंह के बढ़ते प्रभाव पर क़ाबू पाने के लिए मेहता मोतीराम की हत्या

मेहता हंसराज के पोते, मेहता मोतीराम (जन्म 1787-1842*) एक जुझारू एवं वीर व्यक्ति थे। सन् 1835 में, मेहता सदाराम की मृत्यु पश्चात् वे जहाजपुर के हाकिम नियुक्त किए गये। खेराड़ के मीणा एवं धाँगड़ महुआ के जागीरदारों द्वारा, महाराणा भीम सिंह (जन्म 1778-1828) के विरुद्ध उठाए गए विद्रोह को नियंत्रित करने में वे सहायक सिद्ध हुए। उनकी सेवाओं को पहचानते हुए महाराणा जवान सिंह (रा.1828-38) ने उन्हें पालकी (परिवार की स्त्रियों को ले जाने वाली डोली) एवं जागीर में गाँव प्रदान किया जो बाद में मोतीपुरा के नाम से पहचाना गया।

राय पन्नालाल मेहता की स्वजीवनी के अनुसार,

"मेहता मोतीराम के दो पुत्र थे - मेहता मूलचंद एवं मेहता फूलचंद। सन् 1838 में, महाराणा सरदार सिंह (रा.1838-42) ने मेहता मूलचंद को, उनके पिता मेहता मोतीराम की जगह पर जहाजपुर का हाकिम नियुक्त किया। मेहता फूलचंद को आबू वकील एवं राज्य के सेटलमेंट विभाग में खालसा मोतमिन नियुक्त किया गया। मोतीराम, प्रधान मेहता शेर सिंह के सहायक (सन् 1838-39) के रूप में उदयपुर गए।"*

"प्रधान मेहता शेर सिंह के निष्ठावान योद्धा होते हुए, मेहता मोतीराम एक प्रभावशाली आधिकारिक व्यक्ति बने। प्रधान मेहता शेर सिंह के आलोचकों से शिकायतें आने पर महाराणा सरदार सिंह (रा.1838-42) ने उन्हें बंदी बनाकर करण महल (राजकीय रसोड़ा) में क़ैद कर लिया। धोखे से, गोखड़े के नीचे धकेलकर उनकी हत्या कर दी गयी। कथित रूप से कहा जाता हैं कि यह हत्या प्रधान मेहता शेर सिंह के बढ़ते प्रभाव पर क़ाबू पाने के लिए की गयी।"

4.12 मेहता शेर सिंह को बर्ख़ास्त एवं पुनः आमंत्रण – मेवाड़ में फिर से सत्ता का टकराव

राय पन्नालाल मेहता की स्वजीवनी के अनुसार, महाराणा सरदार सिंह (रा.1838-42) के राजगद्दी पर आसीन होने के पश्चात् ही मेहता (बच्छावत) शेर सिंह को बर्ख़ास्त कर बंदी बना लिया गया। महत्वाकांक्षी, मेहता (चील) राम सिंह को प्रधान पद पर पुनः नियुक्ति की गयी। विदित रहे कि रिश्ते में, मेहता राम सिंह, मेहता शेर सिंह के फूफा (बुआ देव कँवर के पति) लगते थे।

मेहता शेर सिंह को कारावास में बहुत कष्ट उठाने पड़ रहे थे। इसलिये राजनीतिक एजेंट मेजर रोबिनसन ने महाराणा से उनके प्रति नरमी बरतने की विनती की। लेकिन, उनके आलोचकों ने महाराणा से ब्रिटिश एजेंट की बात ना सुनने की सलाह दी। अंततः वचन पत्र पर दस लाख रुपए जुर्माने की रकम भरने पर मेहता शेर सिंह को क़ैद से रिहा किया गया। क्योंकि उनके आलोचक उन्हें जान से मारना चाहते थे, उन्हें मारवाड़ की ओर पलायन करने की सलाह दी गयी।

राय पन्नालाल मेहता ने अपनी स्वजीवनी में लिखा हैं,

"महाराणा स्वरूप सिंह (1842-61) को मेहता (चील) राम सिंह पर आर्थिक अव्यवस्था को लेकर अविश्वास होने के कारण उन्होंने मेहता शेर सिंह को मारवाड़ से बुलवाकर, खास रुक्के पर हस्ताक्षर करवाकर पुनः प्रधान पद पर नियुक्त किया। रुक्के में उनके पूर्वज मेहता अगरचंद की प्रशंसा की गयी। महाराणा स्वरूप सिंह ने मेहता शेर सिंह के राजस्व को सुधारने, पुराने क़र्ज़ चुकाने एवं निर्धारित शुल्क पर छूट पाने के प्रयासों का भी स्मरण किया। उनका वेतन बीस हज़ार रुपये प्रति वर्ष एवं आठ हज़ार रुपए की अधिक रकम पुनर्वास के लिए निर्धारित की गयी।"

4.13 मेहता शेर सिंह की सेवाओं का सम्मान

मेवाड़ के महाराणा स्वरूप सिंह (1842-61) छटून्द चाकरी (ठाकुरों द्वारा महाराणा को दिया गया शुल्क) के मसले को अपने सरदारों के लिए हल करना चाहते थे। छटून्द चाकरी शुल्क के

अंतर्गत ठाकुरों को सेवा करने का एक छठा हिस्सा राजकीय कोष में जमा करवाना होता था। इसलिये प्रधान मेहता शेर सिंह ने राजनीतिक एजेंट लेफ़्टिनेंट कर्नल रोबिनसन की सहायता से महाराणा के लिए छटून्द चाकरी के संशोधन प्रक्रिया का मसौदा बनाया, जिस पर प्रधान एवं सरदारों ने हस्ताक्षर किए।

सन् 1844 में, लावे के ठाकुर छत्र सिंह ने राज्य के ख़िलाफ़ विद्रोह कर दिया। प्रधान मेहता शेर सिंह ने अपने पुत्र ज़ालिम सिंह को लावे के लिए सैन्य दल के साथ क़िले पर कब्ज़ा करने भेजा। तक़रीबन पचास से साठ सैनिक मारे गए। लेकिन वे लावे के क़िले में प्रवेश नहीं कर पाए। तब, प्रधान मेहता शेर सिंह ने अपने अतिरिक्त सैन्य दल के साथ, स्वयं जाकर ठाकुर छत्र सिंह को बंदी बनाया और क़िले पर क़ब्ज़ा किया। उन्हें महाराणा स्वरूप सिंह के समक्ष खड़ा किया। मेहता शेर सिंह की कर्तव्य निष्ठा एवं वीरता से महाराणा स्वरूप सिंह बेहद प्रसन्न हुए एवं उन्हें मूल्यवान खिल्लत बीड़ा उपहार के रूप में देते हुए ताज़ीम से सम्मानित करना चाहा। मेहता शेर सिंह ने खिल्लत बीड़ा स्वीकार किया लेकिन ताज़ीम से इनकार किया।

राय पन्नालाल मेहता की स्वजीवनी के अनुसार, उदयपुर के महाराणा स्वरूप सिंह द्वारा राजनीतिक एजेंट, लेफ़्टिनेंट कर्नल रोबिनसन् को खरीता (पत्र), तिथि - ज्येष्ठ बद 5 सम्वत्, 1903 (मई 1847) को पेश किया,

"यह निश्चित ही दिवंगत मेहता (चील) राम सिंह के प्रशासन के दौरान की बात है जिस कारण उन्हें प्रधान पद से हटाया गया और उनकी जगह मेहता (बच्छावत) शेर सिंह को नियुक्त किया गया। तब ही से आप की कृपा से, राज्य कर वसूली में बढ़ोतरी हुई है। इस कारण मैं आपकी सरकार को कर की भरपाई कर पाया हूँ एवं राज़ का पुराना कर्ज भी चुकता हुआ है। मैंने प्रधान मेहता शेर सिंह को आप के पास ब्योरेवार विवरण देने भेजा है। उन्होंने एक निष्ठावान सेवक के रूप में स्वयं को सिद्ध किया हैं और मैं उनकी सेवाओं से प्रसन्न हूँ। इस अवसर पर जो उनके साथ शत्रुता रखते हैं और कर्नल सदरलैंड के समक्ष मामले की ग़लत प्रस्तुति करते हैं, मैंने मेहता शेर सिंह को आश्वासन दिया हैं कि अगर वे निष्ठावान रहेंगे तो मैं सदैव उनका समर्थन करूँगा एवं भविष्य में उन्हें दंड की रकम में छूट दी जायेगी।"

सन् 1848 में, प्रधान मेहता शेर सिंह, महाराणा स्वरूप सिंह के समक्ष नई मुद्रा का प्रस्ताव लाये। महाराणा ने इसको मंजूरी दी। मेहता शेर सिंह ने राजनीतिक एजेंट, कर्नल रोबिनसन् की मदद से ब्रिटिश सरकार की स्वीकृति दिलवायी। नये रुपए का सिक्का स्वरूप शाही रुपये के नाम से प्रचलित हुआ। सिक्के के अग्रभाग पर देवनागरी में लिखा – 'चित्रकूट उदयपुर' एवं पृष्ठ भाग पर देवनागरी में लिखा – 'दोस्ती लंघन' (लंदन)।

सन् 1851 में, जब मीणों ने लुहड़ी में सरकारी डाकघर लूटा, महाराणा स्वरूप सिंह ने क़ानून एवं व्यवस्था के संचालन के लिए प्रधान मेहता शेर सिंह के पोते, निंबाहेडा के हाकिम, मेहता अजीत सिंह को नियुक्त किया। पश्चात्, जब स्थिति क़ाबू से बाहर हुई तब मेहता शेर सिंह मीणों को परास्त करने स्वयं गए।

4.14 प्रधान मेहता शेर सिंह बर्ख़ास्त - मेवाड़ में सत्ता की राजनीति पुनः सतह पर

राजनीतिक एजेंट, कैप्टन सी एल शावार्ज़ की किताब - A Missing Chapter of the Indian Mutiny के पृष्ठ 184 में लिखा हैं,

"महाराणा स्वरूप सिंह (रा.1842-1861) को सन् 1854 से 56 तक मेहता शेर सिंह को राज्य के प्रधान पद से बर्ख़ास्त करने की अनुमति नहीं थी, क्योंकि राजनीतिक एजेंट ने उन्हें मीणा उपद्रव का कारण देकर धमकी दी कि ब्रिटिश सरकार मेवाड़ का जहाजपुर ज़िला प्रशासन में ले लेगी।"

आखिरकार, दिसम्बर 1856 में मेहता शेर सिंह को प्रधान पद से बर्ख़ास्त कर उनके स्थान पर मेहता गोकलचंद को नामांकित किया गया। गोकलचंद, रिश्ते में शेर सिंह के चचेरे भाई मेहता स्वरुपचंद के पुत्र और भतीजे थे।

राय पन्नालाल मेहता की स्वजीवनी के अनुसार, जनवरी 1857 में, राजनीतिक एजेंट कर्नल लॉरेन्स ने महाराणा स्वरूप सिंह को मेहता शेर सिंह को बर्ख़ास्त करने पर पत्र लिखा,

"महामहिम का अपने राज्य पर पूर्ण नियंत्रण हैं और मैं यह कहने का साहस करता हूँ कि वर्तमान व्यवस्थाएं जो आपने उचित समझी हैं, उससे देश का सुधार होगा। लेकिन मेरी राय में, यह दूरदर्शिता नहीं होगी कि उस मंत्री को हटाया जाए जिसने 12 या 13 वर्षों तक राज्य के प्रति अपने कर्तव्य को निष्ठा पूर्वक निभाया और जो राज्य की कार्य प्रणाली से अवगत है, अनुभवी हैं। खासतौर पर ऐसे समय में, जब आपको चारों ओर से परेशानी और अशांति की धमकी दी जाती है। यह आप के विचार का विषय है कि क्या मंत्री का पद, इतना तुच्छ प्रकृति का हैं, जो हर किसी द्वारा संचालित किया जा सकता है? महामहिम को पता है कि मेहता शेर सिंह आपकी महिमा रखते हैं और ऐसा नहीं हो सकता वे किसी दुर्भावना के शिकार हो जाए। जैसा कि मुझे सूचित किया गया हे कि कुछ दुष्ट लोगों ने महाराणा को उनका दमन करने की सलाह दी हैं।"

4.15 मेहता शेर सिंह को सेवा के लिए पुनः बुलावा

6 जून 1857 को नीमच में विद्रोह की खबर उदयपुर पहुँची। तभी राजनीतिक एजेंट कैप्टन सी एल शावार्ज़ को कैप्टन मक्डॉनल्ड का पत्र मिला जिसमें नीमच की घटना एवं डूंगला के राहत कार्य के लिए प्रस्थान का उल्लेख था। 7 जून के दिन शावार्ज़, मेवाड़ सैन्य दल के प्रमुख, बेदला के राव बख़्ता सिंह के साथ उदयपुर से चल पड़े। बर्ख़ास्त प्रधान, मेहता शेर सिंह को भी उनके साथ चलने का आदेश मिला। मेवाड़ सैन्य दल को किसी विरोध का सामना नहीं करना पड़ा।

उन्होंने देखा शरणार्थी भोजन के अभाव से जूझ रखे थे। उनके जीवन की कोई आशा नहीं थी। मेहता शेर सिंह ने शरणार्थियों के भोजन की व्यवस्था की। अंग्रेज पुरुष एवं महिलाओं के लिए पालकियाँ, हाथी, घोड़े एवं बग्गियों का प्रबंध किया। इन्हें उसी रात उदयपुर भेजा गया। उदयपुर में महाराणा स्वरूप सिंह ने उनका स्वागत किया। उन्हें पिछोला तालाब के जग मंदिर में ठहराया। प्रधान मेहता गोकलचंद को उनकी आवश्यकताओं तथा रक्षा की ज़िम्मेदारी सौंपी। युवा मेहता पन्नालाल को वहाँ अतिथि सत्कार एवं संदेश वाहक के रूप में भेजा गया, क्योंकि वे अंग्रेज़ी अच्छी बोल लेते थे।

तत्पश्चात् कैप्टन सी एल शावार्ज़, लेफ़्टिनेंट स्टेपल्टन एवं मेहता शेर सिंह, अग्रिम सैन्य दल से जुड़ कर, विद्रोहियों के दल को खोजते हुए चित्तौड़गढ़ की ओर बढ़े। नीमच के हालात सामान्य होने के पश्चात्, महाराणा स्वरूप सिंह ने सन् 1838 में, महाराणा सरदार सिंह द्वारा, मेहता शेर सिंह पर लगाये हुए जुर्माने को हासिल करने की कोशिश की। इस मुद्दे को लेकर महाराणा और राजनीतिक एजेंट के बीच मतभेद थे। महाराणा ने मेहता शेर सिंह की जागीर छीन ली। लेकिन, ब्रिटिश राजनीतिक एजेंट के हस्तक्षेप के बाद फिर लौटा दी गयी।

राय पन्नालाल मेहता की स्वजीवनी के अनुसार, ब्रिटिश राजनीतिक एजेंट कैप्टन सी एल शावार्ज़ लिखते हैं,

"निम्बाहेडा की भौगोलिक स्थिति के दृष्टिकोण से, महाराणा स्वरूप सिंह के प्रजा पर कम होते प्रभाव तथा टोंक राज्य के मुसलमान अधिकारी के अविश्वास को ध्यान में रखते हुए, ब्रिटिश सरकार की मंज़ूरी से, सितम्बर 1857 को निम्बाहेडा का अस्थायी अधिकार मेहता शेर सिंह को सौंपा गया। तत् पश्चात्, उन्हें निम्बाहेडा का हाकिम नियुक्त किया गया।"

प्रख्यात इतिहासकार आर के गुप्ता अपनी किताब 'Studies in Indian History: Rajasthan Through The Ages" में लिखते हैं,

"सन् 1857 के विद्रोह पश्चात्, भारत में नयी सरकार के उद्‌घाटन के तहत, ब्रिटिश सरकार ने कई राजकुमार तथा श्रेष्ठ सज्जनों को विद्रोह काल के दौरान उनकी सेवाओं को ध्यान में रखते हुए ज़मीन, रकम एवं पदवियाँ बहाल की। गवर्नर जनरल ने मेहता शेर सिंह, मेहता गोपाल सिंह एवं अर्जुन सहिवाला की सेवाओं के लिए आभार प्रकट किया एवं महाराणा को इन गुणी अधिकारियों को पुरस्कार देने का सुखद कार्य सौंपा।"

राय पन्नालाल मेहता की स्वजीवनी के अनुसार,

"बागोर शाखा के महाराणा स्वरूप सिंह अपना उत्तराधिकारी छोड़े बिना ही सन् 1861 में चल बसे। बागोर के ही महाराज कुमार शंभू सिंह उत्तराधिकारी के रूप में चुने गए।"

4.16 मेहता शेर सिंह और उबला गाँव का प्रसंग

सन् 1831 में, प्रधान मेहता शेर सिंह के प्रयत्नों से ब्रिटिश सरकार ने फुलिया ज़िले को शाहपुरा में जुड़वाया था। शाहपुरा के राजाधिराज माधो सिंह ने मेहता शेर सिंह को मेवाड़ राज्य के प्रति उनकी पूर्व सेवाओं को ध्यान में रखते हुए, उन्हें उबला गाँव की जागीर प्रदान की। सन् 1856 में, जब मेहता शेर सिंह ने महाराणा स्वरूप सिंह की नाराजगी मोल ली तब राजाधिराज माधो सिंह ने अवसर पाकर उबला गाँव फिर से हासिल कर लिया। मेहता शेर सिंह ने निवेदन किया कि यह अन्याय है एवं राजाधिराज से गाँव को पुनः प्राप्त करने की विनती की। लेकिन, उनकी इस विनती को यह कह कर ठुकराया गया कि महाराणा की नाराजगी मोल लेने के कारण गाँव का अधिकार उनसे जब्त कर लिया गया है।

सन् 1871 में, शाहपुरा के कचोला ज़िले में स्थित उबला गाँव के विवाद ने अलग मोड़ ले लिया। क्योंकि महाराणा शंभु सिंह (रा.1861-74) द्वारा उसे सीमा विवाद एवं खर्चों के पेटे जमानत के तौर पर जोड़ा गया। सन् 1874 में, जब गाँव मेवाड़ राज्य भूमि से संलग्न था, तब बेमाली ठिकाने के प्रमुख, ज़ालिम सिंह ने गाँव के पुनः स्थापना की मांग को आगे बढ़ाया। यद्यपि, शाहपुरा के राजाधिराज ने इस को नकारा, लेकिन महाराणा शंभु सिंह ने दिवंगत मेहता शेर सिंह के पक्ष में यह सोचते हुए निर्णय लिया कि उन्हें उनके गाँव से अकारण वंचित रखा गया था। उबला काफ़ी लम्बे समय तक उनके परिवार के अधिकार में रहा जिसे उन्होंने उपजाऊ बनाकर बेहतर बनाया। उबला उनके परिवार को ही मिलना चाहिये था। तब से मेवाड़ एवं शाहपुरा के सम्बंध तनाव पूर्ण रहे।

4.17 बच्छावत मेहता परिवार में सती

राय मेहता पन्नालाल अपनी स्वजीवनी में लिखते हैं,

"मेहता पृथ्वीराज - हंसराज वंश की तीसरी पीढ़ी में, मेहता मोतीराम के ज्येष्ठ पुत्र मेहता मूलचंद, जहाजपुर के हाकिम (जन्म 1818-1857) पद पर सेवारत थे। सन् 1857 (विक्रम सम्वत् 1914 ज्येष्ठ) में, घान्गड़ महुआ के जागीरदारों ने महाराणा के प्रति विद्रोह किया। उनके विरुद्ध घमासान युद्ध लड़ते हुए मेहता मूलचंद वीरगति को प्राप्त हुए। उस समय सती प्रथा प्रचलित होने के कारण, एक वर्ष पश्चात्, सन् 1858 (विक्रम सम्वत् 1915, सावन) में उनकी पत्नी जहाजपुर में सती हुईं।"

वर्तमान में, सती माता की छत्री जहाजपुर में 'बारह-देवरा (12 मंदिरों का स्थान) में स्थित है। परिवार के कुल पुरोहित, स्वर्गीय बालू लाल पत्रिया के परिवार द्वारा वहाँ नित्य पूजा की जाती है। आजकल बलवीर पत्रिया तथा उनके पुत्र राजकुमार (अध्यापक) सेवा पूजा करते हैं।

तत्पश्चात्, मेहता मूलचंद के छोटे भाई मेहता फूलचंद, जो आबू में ऐ.जी.जी. के पास मेवाड़ के वकील थे, ने मेहता मुरलीधर के पुत्र मेहता लक्ष्मीलाल को गोद लिया क्योंकि उनकी अपनी कोई संतान नहीं थी।

प्रधान शेर सिंह मेहता, जन्म 1788-1869, (रा.1827-29, 1831-39, 1844-56),
चित्तोड़गढ़ किलेदार (रा.1818-27)

प्रधान देवी चंद, जन्म 1754-1827, (रा.1799-1802, 1817-18*),
मंडलगढ़ किलेदार (रा.1799-1820)

महाराणा जवान सिंह (रा.1828-38) और प्रधान शेर सिंह मेहता

प्रधान गोकल चंद मेहता, जन्म 1810-78, (रा.1856-59, 1861-67, 1874-78), मंडलगढ़ किलेदार (रा.1865-78)

अध्याय 5

19वीं शताब्दी

प्रधान गोकलचंद मेहता से युवा पन्नालाल मेहता

बच्छावत मेह्ताओं का पराक्रम और चुनौतियां

इस अवधि में मेवाड़ राज्य के बच्छावत मेह्ताओं ने अनेक संघर्ष और चुनौतियां का सामना किया। मेहता शेर सिंह को बर्ख़ास्त कर उनके भतीजे मेहता गोकलचंद को प्रधान गया। सन् 1861 में अपना उत्तराधिकारी नियुक्त किए बिना महाराणा स्वरूप सिंह चल बसे। अल्पवयस्क, महाराज कुमार शंभू सिंह को उनका उत्तराधिकारी चुना गया जो राज्याभिषेक के समय मात्र चौदह वर्ष के थे। इसलिए ब्रिटिश सरकार ने रीजेन्सी कौंसिल चुनने का निर्णय लिया। प्रधान मेहता गोकलचंद के प्रयासों से रीजेन्सी कौंसिल ने सती प्रथा निषेध के संदर्भ में एक घोषणा पत्र जारी किया। गोकलचंद को महाराणा स्वरूप सिंह ने सम्मानित कर उनके परिवार को जागीर प्रदान की। अपने पूर्वजों की ही भाँति वे महाराणा के प्रति निष्ठावान एवं विश्वासपात्र रहे।

इसी काल के दौरान, मेहता पन्नालाल का प्रशिक्षण एवं संवारने की तैयारी शुरू हुई। युवा पन्नालाल कई बार गोवर्धन विलास में श्रीजी हजूर के दरबार भी गए। महाराणा स्वरूप सिंह प्रभावित हुए और उन पर नज़र रखने लगे। सन् 1857 के विद्रोह के दौरान, ब्रिटिश महिलाओं को संरक्षण हेतु पिछौला तालाब के टापू जग मंदिर पर ले जाया गया। युवा पन्नालाल को उनकी देखभाल एवं आवभगत के लिए वहाँ भेजा गया क्योंकि वे अंग्रेज़ी भली भाँति जानते थे।

5.1 शूरवीर और चतुर मेहता गोकलचंद मेवाड़ के प्रधान पद पर नियुक्त

पूर्व प्रधान, मेहता देवीचंद के पोते, शूरवीर एवं चतुर मेहता गोकलचंद (ज.1807-78) को मेवाड़ के प्रधान पद पर सन् 1856 में, महाराणा स्वरूप सिंह द्वारा नियुक्त किया गया जब उनके पिता मेहता स्वरूपचंद (ज.1789-1859) जीवित थे। उन्होंने आर्गींया के क़िले (वर्तमान राजसमन्द जिले में आमेट के पास) को तब पुनः प्राप्त किया जब एक बागी उत्तराधिकारी ने महाराणा को चुनौती देकर अवैध रूप से क़िले पर कब्जा कर लिया था। उनकी असाधारण वीरता के लिए महाराणा स्वरूप सिंह ने उन्हें सम्मानित कर उनके परिवार को जागीर प्रदान की। अपने पूर्वजों की ही भाँति वे महाराणा के प्रति निष्ठावान एवं विश्वासपात्र रहे।

प्रधान मेहता गोकलचंद ने 1865 में माण्डलगढ़ क़िले के क़िलेदार के रूप में अपने पिता मेहता स्वरूप चंद की जगह ली। क़िले में लाडला लालजी (कृष्ण की बाल छवि) मंदिर के निर्माण में उनकी महत्वपूर्ण भूमिका थी। उन्होंने नाथद्वारा के गोसाईजी को उद्घाटन के लिए आमंत्रित किया और मंदिर के प्रबंधन, पूजा और अन्य अनुष्ठानों के खर्चो को पूरा करने के लिए लालपुरा गांव को उपहार में दिया। वे बहुत गंभीर और धार्मिक व्यक्ति थे। मेहता गोकलचंद के बारे में एक कवि ने यह दोहा लिखा था:

मांडलगढ, मथुरा नगरी, सागर, जमना नीर;

कृष्ण ज्यों केली करे, गोकलचंद गंभीर !!

यानी माण्डलगढ़ मथुरा की तरह है, सागर (क़िले में पानी की बावड़ी) इसकी जमुना है। भगवान कृष्ण (लाडला लालजी) चंचल स्वभाव के हैं, लेकिन गोकलचंद जी एक गंभीर व्यक्ति हैं।

मांडलगढ क़िले पर स्थित, प्रतिष्ठित भगवान आदिनाथ को समर्पित जैन मंदिर का मेहता गोकलचंद द्वारा पुराने काम की नकल के साथ नवनिर्माण और मरम्मत करवाया। यह मंदिर, क़िले पर मुग़लों के अधिकार के समय नष्ट किया गया था।

5.2 प्रधान मेहता गोकलचंद के परीक्षण एवं पराक्रम का समय

सन् 1859 में, प्रधान मेहता गोकलचंद के विरोधी सक्रिय हुए। महाराणा के कान भरे गए। महाराणा स्वरूप सिंह (रा.1842-61) ने गोकलचंद को प्रधान पद से हटा कर, कोठारी केसरी सिंह को नियुक्त किया। लेकिन, अल्पकाल में, प्रधान कोठारी केसरी सिंह पर राज्य निधि से सम्बंधित सट्टेबाजी के गम्भीर आरोपों के कारण मेहता गोकलचंद को पुनः सन् 1861 में प्रधान पद पर नियुक्त किया गया।

श्यामल दास कृत वीरविनोद एवं राय पन्नालाल मेहता की स्वजीवनी के अनुसार, महाराणा शंभू सिंह (रा.1861-74) के समय में, रूपाहेली के प्रमुख, बाघ सिंह ने लोगों द्वारा अपने बेटे एवं भाइयों की हत्या का दावा कर मूंड कट्टी (रक्त/हत्या की रकम) की माँग की। इस मामले की छानबीन के लिए महाराणा शंभू सिंह ने पंचायत बुलाई जिसमें बेदला के राव बख़्ता सिंह, भिंडर के महाराज मदन सिंह, मेहता ज़ालिम सिंह (प्रधान अगरचंद मेहता के पोते), कोठारी छगनलाल (पन्नालाल मेहता के ससुर), बक्शी मथुरादास एवं धिनकारिया उदयराम शामिल थे। पंचायत ने महाराणा स्वरूप सिंह के पूर्व निर्णय को समर्थन देते हुए बाघ सिंह के मूंड कट्टी को नकार दिया। लेकिन, रूपाहेली प्रमुख ने निर्णय का अनुपालन करने से मना किया। इसलिए साहसी सेनापति एवं प्रधान मेहता गोकलचंद ने विद्रोही प्रमुख को वश करने हेतु राजकीय सैन्य की चार बंदूकों, एक सौ चालीस घुड़सवार दल, पाँच सौ साठ पैदल सैनिकों के दल के साथ रूपाहेली की ओर कूच किया। अन्य प्रमुखों की सेना ने भी राजकीय सैन्य का साथ देते हुए 15 मई 1861 को रूपाहेली गाँव पर एक साथ आक्रमण किया, तब प्रमुख बाघ सिंह ने आत्मसमर्पण किया।

5.3 सती प्रथा निषेध की घोषणा

प्रख्यात इतिहासकार आर के गुप्ता ने अपनी पुस्तक 'Studies in Indian History: Rajasthan Through the Ages' में इस बात को लेकर कहा है कि प्रधान मेहता गोकलचंद के प्रयासों से 26 अप्रैल 1862 को, रीजेन्सी कौंसिल ने सती प्रथा निषेध के संदर्भ में एक घोषणा पत्र जारी किया। इसमें लिखा गया,

"सभी प्रमुखों, सरदारों, जागीरदारों, दरबार के मंत्रियों, भूमियों, पटेलों, पटवारियों एवं सम्पूर्ण प्रजा को ज्ञात हो कि स्वर्गीय महाराणा स्वरूप सिंह द्वारा दो बार सती प्रथा निषेध के संदर्भ में घोषणा पत्र जारी किया गया था, लेकिन आज तक इस प्रथा पर रोक नहीं लगायी गयी। अब तीसरी बार यह आदेश जारी किया जाता है कि अगर कोई भी स्त्री अपना जीवन बलिदान देने के लिये तैयार या इच्छुक हो तो, गाँव के प्रमुख या उनके प्रतिनिधि अपने अधिकार का उपयोग करते हुए इस अपराध की रोकथाम के लिये ज़िम्मेदार होंगे। अपनी ज़िम्मेदारी के प्रति असावधानी बरतने वाले को जुर्माना एवं कारावास भुगतना पड़ेगा।"

राय मेहता पन्नालाल अपनी स्वजीवनी में लिखते हैं,

"हालाँकि, सदियों से भारतीय संस्कृति में सती प्रथा व्याप्त थी फिर भी न्याय संगत शासकों एवं उनके सलाहकारों द्वारा इसका विरोध हुआ। सती प्रथा निषेध के संदर्भ में घोषणा पत्र प्रथम बार, प्रधान मेहता शेर सिंह के प्रयासों से महाराणा स्वरूप सिंह के काल में हुआ था।"

5.4 नाथद्वारा के गोस्वामी गिरधारी लाल को मेहता गोकलचंद ने बंदी बनाया

सन् 1671 की बात हैं कि बादशाह औरंगज़ेब के उन्मत्त मुग़ल सैनिकों के धमकाने पर वैष्णव धर्म के गोसाई दामोदर ने अपने इष्टदेव श्रीनाथजी की मूर्ति उठायी एवं गोवर्धन पर्वत (गिरिराज पर्वत, मथुरा-वृन्दावन के पास) से उदयपुर की ओर पलायन किया। मेवाड़ के महाराणा राज सिंह (रा.1652-80) ने उन्हें उदयपुर से 30 मील उत्तर की ओर सीहाड़ गाँव (बनास नदी के किनारे) में आश्रय दिया जो बाद में नाथद्वारा के नाम से प्रसिद्ध हुआ। तीर्थ का व्यय चलाने हेतु उन्हें पर्याप्त जागीर बहाल की गयी। इस तरह, गोसाई या गोस्वामी, 'ठिकानेदार' (प्रांत प्रमुख) के नाम से भी पहचाने जाने लगे।

सन् 1871-76 के दौरान, नाथद्वारा के गोसाई (गोस्वामी, वैष्णव धर्म प्रमुख) गिरधारी लाल ने अपने शासक, मेवाड़ के महाराणा के प्रति अविश्वास एवं अवज्ञा का रुख़ अपनाया। तब ब्रिटिश सरकार ने उनसे बलपूर्वक समर्पण करवाने का निर्णय लिया। 8 अप्रेल 1876 को, महाराणा सज्जन सिंह (रा.1874-84) के निर्देश पर राजनीतिक एजेंट मेजर गनिंग, पंच सरदारी मंडल के सदस्य, बेदला के राव बख्ता सिंह, प्रधान मेहता गोकलचंद एवं मुंशी मेहता पन्नालाल ने मेवाड़ भील के बंदूक धारी दस्तों के साथ नाथद्वारा की ओर प्रस्थान किया। गोसाई को 200 लोगों के साथ शहर के मोती महल में घेर लिया गया और बंदी बनाकर उदयपुर भेज दिया गया।

उनके अल्पायु पुत्र को उनके स्थान पर आसीन कर दिया गया। दरबार के सैनिक दल को तीर्थ की रक्षा हेतु वहीं छोड़ दिया गया। नाथद्वारा पर दरबार का प्रभाव पाँच वर्षों तक रहा। कुशल शिक्षक द्वारा युवा गोसाई की शिक्षा का प्रबंध किया गया। मेवाड़ से निष्कासित गोसाई, गिरधारी लाल को मथुरा भेज दिया गया।

5.5 मेहता गोकलचंद प्रधान पद के अधिकारों से वंचित

प्रख्यात इतिहासकार, आर. के. गुप्ता अपनी किताब 'Studies in Indian History: Rajasthan Through the Ages' में लिखते हैं,

"सन् 1867 में, महाराणा शंभू सिंह (रा.1861-74), वयस्क होने पर अपने पूर्ण अधिकारों के साथ, राज्य की कार्यकारी परिषद (ख़ास कचहरी) का पुनर्गठन 'महकमा खास' के तौर पर किया एवं बेमाली के प्रमुख जालिम सिंह को सलाहकार के रूप में नियुक्त किया। स्थानीय लोगों की भावनाओं को ध्यान में रखते हुए प्रधान मेहता गोकलचंद और पंडित लक्ष्मण राव को उनके पदों से हटाया गया। मेवाड़ में राजनीतिक एजेंट लेफ़्टिनेंट कर्नल ईडन के कहने पर

इन्हें कार्यकारी परिषद पर नियुक्त किया गया था। कोठारी केसरी सिंह को मेहता गोकलचंद के स्थान पर पुनः प्रधान के रूप में नियुक्त किया गया। पुनः, कोठारी केसरी सिंह के नाकाम होने पर, गोकलचंद को फिर से प्रधान पद पर नियुक्त किया, लेकिन प्रधान पद के अधिकार, महकमा खास के मुंशी, मेहता पन्नालाल को ही सौंपे।"

प्रधान मेहता गोकलचंद ने अपनी अंतिम श्वास तक, महाराणा सज्जन सिंह (रा.1874-84) के शासन काल में, प्रधान एवं विविध रूप से विश्वासपूर्वक अपने स्वामियों की सेवा की। सन् 1878 में, माण्डलगढ़ क़िलेदार एवं प्रधान मेहता गोकलचंद का उदयपुर में देहांत हुआ। उनका पूर्ण राजकीय सम्मान के साथ दाह संस्कार माण्डलगढ़ में हुआ। उनकी स्मृति में, माण्डलगढ़ तलहटी के जलेश्वर तालाब के किनारे उनके छोटे पुत्र गिरधारी सिंह ने छत्री बनवायी। माण्डलगढ़ में ओसवालों के सभी बावन गाँवों को मृत्यु भोज (बावनी) के लिए आमंत्रित किया गया। तत्पश्चात्, मेहता पन्नालाल की प्रधान पद पर औपचारिक रूप से नियुक्ति हुई।

5.6 मेहता मुरलीधर का प्रशासकीय कार्यकाल

राय पन्नालाल मेहता की स्वजीवनी के अनुसार, सन् 1851 में, राजकुमारी फूल कंवर (महाराणा सरदार सिंह की तृतीय पुत्री) का कोटा के महारावल राम सिंह से विवाह हुआ। मेहता मुरलीधर पुत्र मेहता प्रताप सिंह को उनके साथ भेजा गया। महाराणा स्वरूप सिंह के आदेश पर, मेहता मुरलीधर, महारानी फूल कंवर के साथ कोटा में सन् 1860 तक रहे। प्रत्येक वर्ष 2-3 महीनों के लिए वे उदयपुर आते और फिर कोटा लौट जाते। उन्हें एक सौ पचास रुपए प्रति मास वेतन मिलता था।

मेहता हंसराज के वंशज मेहता मुरलीधर (जन्म 1820-1887) के तीन पुत्र थे। मेहता पन्नालाल (जन्म 1843-1919), मेहता लक्ष्मीलाल (जन्म 1849-1906) एवं मेहता तखत सिंह (जन्म 1855-1924)। इन्होंने सार्वजनिक जीवन में खुद को प्रतिष्ठित किया। मेहता मुरलीधर के दो पुत्रियाँ भी थीं - पन्ना कंवर (कटारिया मेहता भोपाल सिंह से विवाहित) एवं चंदर कंवर (कोटा में विवाहित)।

राय पन्नालाल मेहता की स्वजीवनी के अनुसार, अक्तूबर 1857 की घटना पश्चात्, कोटा के महारावल राम सिंह ने महाराणा स्वरूप सिंह को एक संदेश भेजा। कोटा के महारावल लिखते हैं, *"आप स्थानीय शासकों के प्रमुख हैं, इस अवसर पर मुझे उपयुक्त सलाह देने की कृपा करें।"*

महाराणा ने अपने उत्तर में लिखा, *"कोटा में हुई घटना पर मुझे खेद है और मैं देख रहा हूँ कि ब्रिटिश सरकार की मित्रता से राजपूताना में उनकी ही समृद्धि और कल्याण हुआ है।"* बाद

में मेहता मुरलीधर को राजदूत के रूप में पुनः कोटा भेजा गया एवं महारावल राम सिंह के पत्र का उत्तर और कोटा की घटना का भी मौखिक रूप से जिक्र किया।

सन् 1860 में, मेहता मुरलीधर कोटा से लौटे और उन्हें रेल मगरे ज़िले का हाकिम पद सौंपा गया। उसी वर्ष भयानक अकाल पड़ा और प्रजा के लिए धान्य जुटा पाने में कठिनाई होने लगी। एक बार फिर उन्हें धान्य की ख़रीद के लिए कोटा भेजा गया और उनकी जगह युवा पन्नालाल को रेल मगरे का ज़िम्मा सौंपा गया। इस दौरान, वर्षा ऋतु में पानी बरसा एवं अच्छी सिंचाई होने के कारण फसल बहुत अच्छी हुई। जब महाराणा स्वरूप सिंह को अकाल समय में बेहतर नियोजन के बारे में ज्ञात हुआ तब उन्होंने मेहता मुरलीधर एवं उनके पुत्र मेहता पन्नालाल को मोतियों से जड़ा हार भेंट स्वरूप दिया। पश्चात्, सन् 1860 में, मेहता मुरलीधर को बेहद महत्वपूर्ण एवं सामरिक जहाजपुर ज़िले के हाकिम के रूप में नियुक्त किया।

5.7 निम्बाहेड़ा में युवा पन्नालाल का मेहता अजीत सिंह की देख-रेख में प्रशिक्षण प्रारंभ

मेहता पन्नालाल का पालन पोषण उनकी माता के साथ हुआ क्योंकि उनके पिता मेहता मुरलीधर, लम्बे समय के लिए कोटा में थे। जब वे 12-13 वर्ष के थे तब उनके बड़े चचेरे भाई मेहता अजीत सिंह, निम्बाहेड़ा के हाकिम ने उनका शारीरिक प्रशिक्षण एवं घुड़सवारी की शिक्षा की शुरूआत की। मेहता अजीत सिंह ने ज़ोर डाला कि उन्हें फ़ारसी और अंग्रेज़ी भी सीखनी चाहिये, और कभी-कभी वकील अर्जुन सिंह सहिवाला के साथ कचहरी भी जाना चाहिए। जो युवा पन्नालाल ने 4-6 महीनों तक किया। युवा पन्नालाल कई बार गोवर्धन विलास में श्रीजी हजूर के दरबार भी गए। जब कभी बही खाता एवं हिसाब के गणित पर चर्चा होती वे सही उत्तर देने में प्रथम रहते। इससे महाराणा स्वरूप सिंह प्रभावित हुए और उन पर नज़र रखने लगे। 1857 के विद्रोह के दौरान, ब्रिटिश महिलाओं को संरक्षण हेतु पिछौला तालाब के टापू जग मंदिर पर ले जाया गया। युवा पन्नालाल को उनकी देखभाल एवं आवभगत के लिए वहाँ भेजा गया क्योंकि वे अंग्रेज़ी में निपुण थे।

सन् 1857 में, मेहता पन्नालाल का विवाह मात्र चौदह वर्ष की अल्पायु में, कोठारी केसरी सिंह के छोटे भाई कोठारी छगनलाल की पुत्री से कराया गया। उस समय पन्नालाल के चाचा, मेहता गोकलचंद प्रधान थे एवं कोठारी केसरी सिंह उनके राजकीय प्रतिद्वंदी तथा दरबार में मंत्री पद पर मनोनीत थे। ऐसा माना जाता हैं कि मेहता गोकलचंद को विवाह समारोह में कोठारी केसरी सिंह से मिलनी करना अपमानजनक लगा। कोठारी केसरी सिंह के छोटे भाई, कोठारी छगनलाल राजकोष और सेना के भंडार की देखभाल करते थे।

मेहता पन्नालाल अपनी स्वजीवनी में लिखते हैं,

"ग़दर (1857) के ज़माने के दौरान निम्बाहेड़ा में टोंक का हाकिम बागियों में शामिल हो गया था। इसलिए मेवाड़ एजेंट साहब ने बाबासा साहब शेर सिंह जी को निम्बाहेडा पर कब्ज़ा करने के लिए कहा। साथ में काका जी फूलचंद जी, जो एजेंट साहब की हिफाज़त वास्ते फौज के साथ रहा करते थे, को भी शेर सिंह जी के साथ भेजा। उस समय शेर सिंह जी, दरबार की नाराजगी के कारण नीमच की छावनी में थे। इन्होंने श्री दरबार का हुक्म लेकर मेवाड़ के सरदारों की फौज इकट्ठी कर के निम्बाहेडा पर पुनः कब्ज़ा किया। निम्बाहेडा में बागी लोगों के साथ, खास मुकाबला हुआ, झगडा हुआ, दो-तीन आदमी फौज के मारे गए। एक सोदास जी काबरा, जो बाबासा शेर सिंह जी के साथ थे, भी मारे गए। बाबासा के घोड़े को भी गोली लगी। आखिर फ़तह हमारी हुई।"

"इस पर बाबासा शेर सिंह जी को महाराणा जवान सिंह जी ने निजी धारण की शुद्ध सोने के काम की कंठी बक्शी। जो, भाई तखत सिंह जी के पास मौजूद हैं। एजेंट साहब ने बतौर इनाम के निम्बाहेड़ा को मेवाड़ राज में सुपुर्द किया। मेहता शेर सिंह जी को हाकिम मुकर्रर किया।"

5.8 मेहता पन्नालाल का आंतरिक प्रशिक्षण प्रारंभ

मेहता पन्नालाल ने सन् 1860 में निम्बाहेड़ा से अपने प्रशासनिक जीवन की शुरुआत, भूतपूर्व प्रधान एवं उस समय में निम्बाहेड़ा के हाकिम मेहता शेर सिंह के सहायक के रूप में, पच्चीस रुपए प्रति माह वेतन पर की। पन्नालाल, पूर्व प्रधान मेहता अगरचंद के भाई हंसराज के प्रपौत्र एवं कोठारी छगनलाल (कोठारी केसरी सिंह के छोटे भाई) के जंवाई थे। प्रशिक्षण के अल्प काल में ही उनकी कुशाग्रता एवं व्यावहारिक निपुणता ने महाराणा स्वरूप सिंह का ध्यान अपनी ओर आकर्षित किया। उन्हें छोटी सादड़ी में अंग्रेजों के राजनीतिक कार्यालय में भी प्रशिक्षण लेने के लिए रखा गया। जब कोठारी केसरी सिंह को इस गतिविधि के बारे में पता चला तब उन्होंने युक्ति से मेहता पन्नालाल को उदयपुर दीवानी कार्यालय में बुलवाया।

मेहता पन्नालाल अपनी स्वजीवनी में लिखते हैं,

"जब मैं निम्बाहेड़ा में प्रशिक्षण ले रहा था, उस समय प्रधान कोठारी केसरी सिंह की पुत्री का विवाह होना था। परिवार का जंवाई होने के नाते दो घुड़सवार, एक ऊँट एवं ख़ेराड जहाजपुर के विश्वसनीय छोटू नाई के साथ उदयपुर के लिए निम्बाहेड़ा से प्रस्थान किया। उदयपुर की यात्रा जोखिमपूर्ण थीं, क्योंकि विद्रोही पुलिस कर्मी उपद्रव मचाए हुए थे। लेकिन, यात्रा बिना किसी घटना के पूर्ण हुई।"

सन् 1861 में प्रधान कोठारी केसरी सिंह ने मेहता पन्नालाल से कहा कि वे अपने पिता मेहता मुरलीधर के साथ जहाजपुर में सहायता हेतु जाएं। जहाजपुर में यह प्रथा थी कि हर आठवें दिन हाकिम सीमा पार कर देवली छावनी जाकर राजनीतिक एजेंट को अपने क्षेत्र की खबर देते। मेहता पन्नालाल ऐसा अधिकतर हाकिम मेहता मुरलीधर की ओर से किया करते और इसके चलते सीमावर्ती क्षेत्र में उन्होंने अंग्रेजों से अच्छे संबंध स्थापित कर लिये। मेहता पन्नालाल होली एवं गणगौर के प्रसिद्ध त्योहारों को देखने के लिए कोटा भी गए। इस तरह उन्होंने कोटा के महारावल राम सिंह द्वितीय को व्यक्तिगत तौर पर अभिवादन करने का अवसर प्राप्त किया एवं गणगौर के जुलूस में राजसी मेहमान के तौर पर भाग लिया।

सन् 1861 में, मेहता पन्नालाल उदयपुर लौटे और पंच सरदारी के लिए दो माह तक कार्यरत रहे। कुछ सरदारों ने अपने निजी स्वार्थ के चलते कोठारी केसरी सिंह की शिकायत उस समय के राजनीतिक एजेंट कर्नल ईडन से की। कोठारी केसरी सिंह के साथ मेहता पन्नालाल एवं मेहता अजीत सिंह पर भी कड़ी निगरानी रखी गयी। मेहता मुरलीधर को भी सुरक्षा में जहाजपुर से उदयपुर लाकर बंदी बना लिया गया। जब देवली में राजनीतिक एजेंट को मेहता मुरलीधर के कारावास के बारे में ज्ञात हुआ तब उन्होंने राजनीतिक एजेंट कर्नल ईडन को उदयपुर पत्र लिखकर मेहता मुरलीधर के सुव्यवहार तथा जहाजपुर में उनकी कर्त्तव्य परायणता की तारीफ की और हिरासत में लेने पर आपत्ति जताई। फिर भी, मेहता ज़ालिम सिंह द्वारा हुई जमानत पर बरी होने से पहले चारों ने कोतवाली में पाँच दिन बिताये। जहाजपुर लौटकर मेहता मुरलीधर पुनः कार्यरत हुए।

5.9 रीजेंसी काउंसिल के सदस्यों द्वारा पद का दुरुपयोग – मेहता शेर सिंह शामिल

सन् 1861 में, महाराणा स्वरूप सिंह का देहांत हुआ। नए महाराणा शंभू सिंह (रा.1861-74) अपने राज्याभिषेक के समय चौदह वर्ष के अल्पवयस्क थे, इसलिये ब्रिटिश सरकार ने राजनीतिक एजेंट मेजर टेलर के मार्ग दर्शन में रीजेंसी काउंसिल (पंच सरदारी) नियुक्त करने का निर्णय लिया। राज प्रतिनिधि परिषद सदस्यों में बेदला के राव बख़्ता सिंह, देवगढ़ के रावत रणजीत सिंह, भिंडर के महाराज हमीर सिंह, भेंसरोडगढ़ के रावत अमर सिंह एवं गोगुंदा के राव लाल सिंह शामिल थे। पूर्व प्रधान मेहता शेर सिंह, प्रधान कोठारी केसरी सिंह एवं पुरोहित श्यामनाथ को परिषद में राज्य कार्यकारी अधिकारियों के रूप में नियुक्त किये गए।

रीजेंसी काउंसिल के सदस्यों एवं कार्यकारी अधिकारियों ने पद का दुरुपयोग करने में एवं राजस्व में गबन करने में कोई कसर नहीं छोड़ी। मेहता शेर सिंह ने अपने पद का दुरुपयोग कर

हाकिमी एवं चित्तौड़गढ़ की क़िलेदारी हासिल की। जब्त जागीर उन्होंने पुनः प्राप्त की। इसी तरह राज्य द्वारा अधिग्रहीत किए गए मेहता पन्नालाल परिवार से संबंधित बाड़ी (फार्म हाउस) के बदले स्वयं को चार बीघा जमीन का आवंटन कर लिया।

रीजेंसी काउंसिल के अन्य पाँचों सरदारों ने राज्य कल्याण को नज़र अंदाज़ करते हुए फ़ायदा उठाने की कोशिश की। प्रधान कोठारी केसरी सिंह ने इस अनाचार को रोकने का भरसक प्रयास किया लेकिन राजनैतिक एजेंट द्वारा सरदारों के हर प्रस्तावों पर सहमति के कारण उनके प्रयास विफल रहे। सैकड़ों न्यायिक मामले अनिर्णीत रहें। प्रशासन पूर्णतः अस्त-व्यस्त हो गया।

मेहता शेर सिंह के सबसे बड़े पुत्र मेहता सवाई सिंह (ज.1822-62) ने राजस्व से तीन लाख रुपये निकाले जो महाराणा स्वरूप सिंह द्वारा जुर्मने के तौर पर मेहता शेर सिंह से वसूले गए थे। जाँच पड़ताल के बाद ज्ञात हुआ कि जब मेहता शेर सिंह चित्तौड़गढ़ के हाकिम थे तब उन्होंने राजकोष / देवस्थान से डेढ़ लाख रुपये का गबन किया था। अपितु, वह पूरी रकम कभी चुका नहीं पाये। बकाया रकम वर्ष-दर-वर्ष आगे बढ़ती रही।

सन् 1976 में, राजस्थान सरकार ने अपने पत्र में लिखा,

"मुझे यह विदित करने का आदेश है कि माता कालकाजी कोष की ओर उदयपुर के संग्राम सिंह मेहता का देवस्थान विभाग में राज्यपाल की मंज़ूरी से जो रुपये 30,746.65 बकाया था उसे ख़ारिज किया जाता है। कथित रूप से कुछ अस्सी वर्षों पहले यह रकम मेहता संग्राम सिंह के पूर्वजों को दी गयी थी, जिसका विभाग के पास कर्ज़ प्रमाणित करने हेतु कोई सबूत नहीं है।" - सचिव, राज्यपाल

शेर सिंह के दत्तक पुत्र मेहता अजीत सिंह को अपूर्ण जांच कारण, रीजेंसी काउंसिल ने हिरासत में लिया। भारी सुरक्षा के तहत उदयपुर में रखने के आदेश दिए गए थे। लेकिन 26 जुलाई, 1863 को वे मेहता शेर सिंह के घर से फरार हो गए।

मेहता शेर सिंह को तुरंत ही प्रतिनिधिमंडल से हटा कर उदयपुर छोड़ने का आदेश दिया गया। कोठरिया ठिकाने के चौहान प्रमुख, राव जोधसिंह, जो विशेष रूप से विद्रोह के दौरान ब्रिटिश विरोधी लोगों को आश्रय देने के लिए जाने जाते थे, ने सलूम्बर रावत केसरी सिंह की हवेली में, मेहता शेर सिंह को आश्रय दिया। सन् 1869 में, उसी हवेली में मेहता शेर सिंह ने अपनी अंतिम साँस ली। उनका अंतिम संस्कार महा सतिया जी, आयड़ में मुत्सदियों के श्मशान स्थान पर पूर्ण राजकीय सम्मान के साथ हुआ।

5.10 मेहता अजीत सिंह का विवादग्रस्त जीवन एवं कार्यकाल

शेर सिंह के बड़े पुत्र मेहता सवाई सिंह (1815-62), अल्पायु में ही निम्बाहेड़ा के युद्ध में वीरगति को प्राप्त हुए। दूसरे और छोटे पुत्र जालिम सिंह को पहले से ही उनके चाचा मेहता उदयराम को गोद दे दिया गया था। इसलिये मेहता शेर सिंह ने मेहता अर्जुन सिंह के पुत्र, मेहता अजीत सिंह को अपने पुत्र स्वर्गीय मेहता सवाई सिंह के स्थान पर गोद लिया। चूंकि मेहता अजीत सिंह निःसंतान रहे, उन्होंने मेहता गिरधारी सिंह के पुत्र मेहता चतर सिंह को गोद लिया।

सन् 1857 में, मेहता अजीत सिंह को जहाजपुर ज़िले के हाकिम पद पर नियुक्त किया गया। महाराणा स्वरूप सिंह ने मेहता अजीत सिंह को सशस्त्र सैनिकों के साथ मीणा एवं ठग डाकुओं के विद्रोह को वश करने के लिए कोटा भेजा। उन्होंने बहुत सफलता से विद्रोह कुचला। वे गौरवपूर्ण गाथाओं के साथ लौटे।

सन् 1861 में, कुछ निजी स्वार्थ वाले प्रतिष्ठित लोगों ने प्रधान कोठारी केसरी सिंह के खिलाफ तत्कालीन राजनीतिक एजेंट कर्नल ईडन से शिकायत की। मेहता अजीत सिंह को पंच सरदारी (रीजेंसी कौंसिल) में केवल संयोजक के रूप में नियुक्त किया गया। लेकिन वहां उन्होंने कामकाज में हस्तक्षेप करना शुरु कर दिया। वे ही थे जिन्होंने कर्नल ईडन से, कोठारी केसरी सिंह द्वारा राज्य निधि में गबन की शिकायत की। तत्पश्चात्, मेहता अजीत सिंह ने पंच सरदारी में अपने पद का दुरुपयोग कर, प्रधान मेहता गोकलचंद के पुत्र, गोपाल सिंह को माण्डलगढ़ का हाकिम पद एवं क़िलेदारी दिलवाई। कोठारी केसरी सिंह को मेहता अजीत सिंह के साथ बंदी बना लिया गया। कस्टडी से रिहा होने पश्चात्, मेहता अजीत सिंह को दीवानी कार्यालय में रिपोर्ट करने का आदेश दिया गया, जहां मेहता पन्नालाल कार्यरत थे। चूंकि गबन के आरोप सिद्ध नहीं हो पाए फिर भी कोठारी केसरी सिंह को उदयपुर छोड़ने के आदेश दिये गए।

5.11 मेहता अजीत सिंह पर बर्बर अत्याचारों के लिये मुक़दमा

रीजेंसी कौंसिल (पंच सरदारी) को राजपूताना में एजेंट गवर्नर जनरल (एजीजी) से 20 जुलाई, 1863 को डिस्पैच (आदेश पत्र) मिला। इसमें बताया गया कि एक अधिकारी मेहता अजीत सिंह ने मेवाड़ के पुर जिले में लोगों पर बर्बर अत्याचार किया। मेहता अजीत सिंह ज़िले के हाकिम पद पर थे जहां उन्हें डाकुओं की डकैती एवं मुख्य मार्ग पर होने वाली लूट पर क़ाबू पाने का ज़िम्मा सौंपा गया। अजीत सिंह ने कुछ लोगों को बंदी बनाया जिन पर हत्या, डकैती, गौ-हत्या एवं मार काट के आरोप थे। उन्होंने आदेश दिया कि अपराधी गोमला नायक को हाथी के पाँव से बांधा जाये और पूरे गाँव के रास्तों पर घुमाया जाये। इसके पश्चात्, गोमला नायक का सिर ज़मीन से ऊपर रखकर बाकी शरीर ज़मीन में गाड़ा जाये। इस अवस्था में गोमला नायक दो दिनों तक

जीवित रहा। दूसरे अपराधी कृपा नायक के दाँत अजीत सिंह के आदेश पर निकलवा दिये गये। इन यातनाओं को चार दिन सहने के बाद वह भी चल बसा। राजनैतिक एजेंट ने फ़ौजदारी न्यायालय प्रमुख को पुर भेजकर मामले की छानबीन के आदेश दिए एवं मेहता अजीत सिंह को उदयपुर बुलवाया।

मेहता पन्नालाल अपनी स्वजीवनी में लिखते हैं,

"गवर्नर जनरल ने मेहता अजीत सिंह के प्रति न्याय के नाम पर किए अत्याचारों के प्रति अपनी नाराज़गी जतायी। मेहता अजीत सिंह की अधूरी जाँच पड़ताल के कारण उदयपुर में कड़ी सुरक्षा के तहत मेहता शेर सिंह के घर नज़रबंद रखा गया। लेकिन 26 जुलाई 1863 को, युवा महाराणा शंभु सिंह (रा.1861-74) एवं कुछ प्रियजनों की मिलीभगत से वे मेहता शेर सिंह के घर से भाग निकले। रीजेंसी कौंसिल से मेहता शेर सिंह को तुरंत बर्ख़ास्त कर, उदयपुर छोड़ने का आदेश दिया गया। सन् 1863 में, रीजेंसी कौंसिल (पंच सरदारी) के स्थान पर "अहल्या श्री दरबार राज्य मेवाड़" का गठन हुआ जिसमें प्रधान मेहता गोकलचंद एवं पंडित लक्ष्मण राव की सदस्यता के लिए नामांकन हुआ।"

मेहता पन्नालाल अपनी स्वजीवनी में आगे लिखते हैं,

"ब्रिटिश सरकार ने मेहता अजीत सिंह के भागने के बाद उन्हें गुनहगार घोषित कर, सभी मेवाड़ प्रमुखों एवम् पड़ोसी राज्यों को आदेश दिया कि वे अजीत सिंह को आश्रय नहीं दें। सन् 1865 तक, मेवाड़ के जंगलों में भटकने के बाद कोठारिया के चौहान प्रमुख, राव जोध सिंह ने उन्हें आश्रय दिया। अपराधियों को शरण देने का अधिकार, अब भी मेवाड़ में एक स्वीकृत व्यवस्था है।"

जब राजनीतिक एजेंट को पता चला कि मेहता अजीत सिंह, कोठारिया में निवास कर रहे हैं तो उन्होंने महाराणा शंभू सिंह को उन्हें पकड़वाने का आदेश दिया। महाराणा ने यह कह कर विरोध किया कि यह मामला उनके अवयस्क आयु में हुआ था। यह तर्क ब्रिटिश सरकार ने स्वीकार नहीं किया। आखिरकार 1 नवम्बर 1869 को, 6 वर्ष की अवज्ञा के बाद, मेहता अजीत सिंह ने उदयपुर के महाराणा के समक्ष आत्मसमर्पण किया। उन्हें खुली गौशाला में निगरानी के साथ रखा गया, जहां उनके स्नेही सम्बन्धी अक्सर खाना लेकर उनसे मिलने जाया करते थे।

मेहता पन्नालाल अपनी स्वजीवनी में लिखते हैं कि अजीत सिंह के आत्मसमर्पण की खबरें मिलने के बाद, गवर्नर जनरल ने ए.जी.जी. को पत्र लिखकर यह रिपोर्ट मांगी कि, क्या दरबार ने अजीत सिंह को आत्मसमर्पण करने और महाराणा को सूचित करने के लिए कोई प्रलोभन दिया था? उन आरोपियों को सुरक्षित रखने के लिए महाराणा को जिम्मेदार ठहराया जायेगा। 2

मई 1870 को, राजनीतिक एजेंट लेफ़्टिनेंट कर्नल जे पी निक्सन के न्यायालय में मेहता अजीत सिंह की सुनवाई हुई। मेहता अजीत सिंह ने अपनी सुनवाई के लिये राजनीतिक एजेंट के पद को चुनौती दी क्योंकि वह सन् 1818 के संधि-पत्र के विरोध में थीं जिसमें राज्य के सभी अंतर्गत कार्यों का एकाधिकार महाराणा के पास था। महाराणा ने अपनी ओर से राजनीतिक एजेंट की सुनवाई को स्पष्ट रूप से सहमति देते हुए इस मामले की ज़िम्मेदारी उठाने से मना किया।

मेहता पन्नालाल अपनी स्वजीवनी में लिखते हैं,

"हालांकि, लेफ़्टिनेंट कर्नल निक्सन ने अजीत सिंह को हत्या के आरोप में बरी किया क्योंकि उन्होंने गोमला की निर्मम हत्या रीजेंसी कौंसिल से प्रदत्त लिखित प्राधिकार के तहत की थी। फिर भी, कृपा नायक के साथ किए क्रूर व्यवहार के लिए उन्हें तीन साल कारावास की सज़ा सुनाई गयी। इस फ़ैसले से गवर्नर जनरल नाखुश थे।"

हालांकि, आगे की कार्यवाही शुरू की गयी और गवर्नर जनरल ने राजनैतिक एजेंट को आदेश दिया कि अजीत सिंह को उदयपुर में बंधक बना कर रखा जाये। साथ ही दरबार को विशेष हिदायत है कि दंड की ज़िम्मेदारी पूर्ण रूप से निभाये एवं आरोपी को फिर से भागने नहीं दे। अजीत सिंह को राज्य सेवा से बर्ख़ास्त एवं वंचित करने के आदेश भी गवर्नर जनरल ने जारी किये।

अजीत सिंह ने दिसम्बर 1871 में, तत्कालीन भारत सरकार एवं विदेश सचिवालय लंदन में याचिका दी, लेकिन उनके अनुरोध को अस्वीकार किया गया।

5.12 भील उपद्रव के दौरान मेहता रघुनाथ सिंह के अत्याचार

मेहता जीतमल के कोई पुत्र ना था। उन्होंने अपने भाई मेहता गोकलचंद के तीसरे पुत्र, मेहता रघुनाथ सिंह को गोद लिया। मेहता रघुनाथ सिंह बागोर, सायरा, राजनगर, खमनोर एवं हुर्डा के हाकिम पद पर सेवारत थे। मेवाड़ के पहाड़ी क्षेत्र (रेल मगरे ज़िला) में रहनेवाले भील लगातार राज्य प्रशासन के लिए क्लेश का कारण बने रहे। सन् 1868 में, मेवाड़ के कारवाड़ पाल ज़िले के भील कथित ग़ैर-कानूनी गतिविधियों में शामिल होकर राज्य शासन का विरोध कर रहे थे। मेवाड़ भील दल के अधीक्षक, मेजर मकेंझी ने महाराणा शंभु सिंह को लिखा,

"रेल मगरे ज़िले में प्रशासन सुस्त एवं प्रभावहीन है। राज्य अधिकारी मेहता रघुनाथ सिंह एवं मोती सिंह, वन वासियों के साथ क्रूर एवं अन्यायपूर्ण व्यवहार कर रहे है। अधिकारी बलपूर्वक लोगों पर भारी जुर्माना एवं दुगना लगान थोप रहे हैं।"

पश्चात्, मेहता रघुनाथ सिंह को महाराणा द्वारा चेतावनी दी गयी।

सन् 1888 के दौरान, जब मेहता रघुनाथ सिंह सायरा (शाहडा) के हाकिम पद पर थे तब राजनैतिक एजेंट लेफ़्टिनेंट कर्नल विंगेट, भूमि अभिलेख के दस्तावेज़ों की जाँच करने वहाँ गये क्योंकि कुछ अनियमितताओं की शिकायतें उनके पास दर्ज हुईं थीं। भूमि अभिलेख पूर्णतः अव्यवस्थित थे और मेहता रघुनाथ सिंह ने अपने हठी स्वभाव के चलते सहायता नहीं की। लेफ़्टिनेंट कर्नल विंगेट ने नाराज़ होकर महाराणा फतेह सिंह को सूचना दी, जिन्होंने विजय पोल (राज महल परिसर) में रघुनाथ सिंह को आठ माह कारावास में रखा।

मुरलीधर मेहता, कोटा में मेवाड़ के राजदूत (1851-60)

हाकिम रेल मगरा, जहाजपुर (1860-74, 1875-76)

अजीत सिंह मेहता, हाकिम जहाजपुर, निम्बाहेड़ा - अपराधी को बर्बर अत्याचारों से दण्डित किया

रेखा चित्र – अभिषेक पूरी (मुंबई)

सेना नायक लक्ष्मीलाल मेहता - बोइड़ा रावत, केसरी सिंह को कैद कर दरबार में पेश किया

रेखा चित्र – अभिषेक पूरी (मुंबई)

छाया चित्र सौजन्य MMCF - महाराणा फतेह सिंह के साथ प्रधान पन्नालाल मेहता और अन्य दरबारी (सन् 1884)

RAI MEHTA PANNALALJI, C.I.E., DEWAN OF OODEYPORE.

मुंशी पन्नालाल मेहता, मेवाड़ *(रा.1869-78)*

रेखा चित्र सौजन्य: जसवंत सिंह सिंघवी पुस्तकालय (उदयपुर)

अध्याय 6

19वीं शताब्दी

मुंशी राय पन्नालाल मेहता

मेवाड़ में महत्वपूर्ण प्रशासकीय सुधार

तीन से अधिक महाराणाओं की प्रधान के रूप में सेवा करने वाले राय पन्नालाल मेहता ने अपने तिहरे दायित्वों को भली भांति संभाला। महाराणाओं के प्रति निष्ठा, ब्रिटिश राजनीतिक विभाग के साथ समन्वय एवं प्रजा का हित, उनके हृदय के सबसे ज़्यादा निकट था। ऐसा करते समय उन्हें भाग्य का उलटफेर सहना पड़ा । मेवाड़ राज्य का हित एवं कल्याण, मुंशी मेहता पन्नालाल के लिए सर्वप्रथम था। उनकी बढ़ती लोकप्रियता के कारण, सरदारों एवं उमरावों में उनके प्रति ईर्ष्या बढ़ने लगी थी और उनके विरुद्ध षड्यंत्र रचे जाने लगे।

सन् 1869 मेवाड़ के प्रशासकीय इतिहास में राजनीतिक एजेंट लेफ़्टिनेंट कर्नल निक्सन और मुंशी मेहता पन्नालाल के मार्गदर्शन में महाराणा शंभू सिंह ने राज्य के प्रशासकीय बदलाव की रूपरेखा तैयार की। हालांकि मेहता गोकलचंद प्रधान पद पर आसीन थे, लेकिन प्रधान पद के अधिकार, महकमा खास के मुंशी, मेहता पन्नालाल को ही सौंपे। मुंशी मेहता पन्नालाल शासक एवं अन्य प्रशासनिक शाखाओं के बीच विशेष संपर्क सूत्र के रूप में कार्यरत रहे।

सन् 1869-78 का समय मेवाड़ में कई महत्वपूर्ण प्रशासकीय सुधार, मुंशी राय पन्नालाल मेहता के नेतृत्व एवं संचालन के दौरान आये। जैसे कि भूमि सुधार, राजस्व व्यवस्थापन, सती प्रथा कानून प्रवर्तन, नमक व्यापार संधि, कार्यकारी परिषद का पुनर्गठन, इत्यादि। महाराणा शंभू सिंह (1861-74) का शासन काल प्रशासकीय सुधारों के लिये जाना जाता है और इन सुधारों के पीछे मेवाड़ राज्य के मुंशी, दूरदर्शी मेहता पन्नालाल का बड़ा हाथ है।

6.1 दूरदर्शी मेहता पन्नालाल की मुंशी पद पर नियुक्ति और प्रशासकीय बदलाव

प्रख्यात इतिहासकार आर के गुप्ता अपनी किताब 'Studies in Indian History: Rajasthan Through the Ages', में लिखते हैं,

"23 दिसम्बर 1869 को, महाराणा शंभू सिंह (रा.1861-74) के वयस्क होने पर अपने पूर्ण अधिकारों के साथ, नयी कार्यकारी परिषद, 'महकमा खास' की स्थापना की घोषणा की एवं मेहता पन्नालाल (जन्म 1843-1919) को मुंशी पद पर नियुक्त किया गया। जुलाई 1870 में, कोठारी केसरी सिंह ने प्रधान पद से त्यागपत्र दे दिया, क्योंकि वे नयी न्यायिक प्रशासन बदलाव के विरोध में थे। प्रधान के पद की तुरंत पूर्ति नहीं की गयी, लेकिन प्रधान पद का कार्य, मेहता गोकलचंद को प्रशासन की देखभाल एवं लक्ष्मणराव को न्याय तंत्र के रूप में सौंपा गया।"

"गोकलचंद को फिर से प्रधान पद पर नियुक्त किया, लेकिन प्रधान पद के अधिकार महकमा खास के मुंशी, मेहता पन्नालाल को ही सौंपे। मुंशी, मेहता पन्नालाल शासक एवं अन्य प्रशासनिक शाखाओं के बीच विशेष संपर्क सूत्र के रूप में कार्यरत रहे।"

सन् 1871 में, दूरदर्शी मुंशी मेहता पन्नालाल के प्रयासों से महकमा खास का आठ विभागों में पुनर्गठन हुआ। मेहता ज़ालिम सिंह एवं उनके दत्तक पुत्र मेहता तखत सिंह को सैन्य, शस्त्रागार एवं क़िलेदारी का कार्यभार सौंपा गया। प्रजा की भावनाओं को ध्यान में रखते हुए मेहता गोकल चंद एवं लक्ष्मणराव को कोई भी मुख्य ज़िम्मेदारी नहीं सौंपी गयी। मुंशी मेहता पन्नालाल शासक एवं अन्य प्रशासनिक शाखाओं के बीच विशेष संपर्क सूत्र के रूप में कार्यरत रहे। आपराधिक गतिविधियाँ घटीं, राजस्व की वसूली में सुधार आया एवं भूमि अभिलेखों का बेहतर रूप से संधारण होने लगा।

मुंशी मेहता पन्नालाल की सलाह से महाराणा शंभू सिंह ने निर्णय लिया कि खालसा (राज्य भूमि) में भू-राजस्व (मालगुज़ारी) के नियमित भुगतान के लिए उचित कदम उठाये जायें। गाँवों में उपजाऊ क्षेत्र को नाप कर उस समय लोगों की उपयोगिता के अनुसार मिट्टी का वर्गीकरण किया गया। इस योजना का घोर विरोध किया गया और राज्य अधिकारियों एवं भूमि शोषण वर्ग द्वारा इसे विफल करने का हर प्रकार से प्रयास किया गया।

6.2 मुंशी पन्नालाल के राजनयिक और न्यायिक कौशल

सन् 1872 में, कुछ लोगों ने आरोप लगाया कि प्रधान मेहता गोकलचंद के पुत्र मेहता गोपाल सिंह के क़ब्ज़े में स्वर्गीय महाराणा स्वरूप सिंह के पासवान के खोये हुए गहने हैं। इस मामले

की छान-बीन हुई लेकिन मेहता गोपाल सिंह के पास कोई गहने नहीं मिले। लेकिन, संशय के आधार पर उन्हें बंदी बनाकर एक लाख रुपए का जुर्माना लगाया गया। प्रधान मेहता गोकलचंद को भी एक लाख रुपये का जुर्माना लगाया। चूंकि, वे दोनों रकम का भुगतान करने में असमर्थ थे, इसलिये मुंशी मेहता पन्नालाल ने सलाह दी कि दोनों ढाई से तीन हज़ार रुपए प्रति वर्ष कमाई वाले गाँव खालसा में दें।

मेहता पन्नालाल अपनी स्वजीवनी में लिखते हैं,

"कुम्भलगढ़ पगलिया-की-नाल (सादड़ी-घाणेराव की नाल के नाम से प्रसिद्ध मारवाड़ एवं मेवाड़ को जोड़ने वाला इकलौता घाटी का रास्ता) कुछ समय के लिए बंद था। सन् 1873 में, मेरे के प्रयासों से इस रास्ते को पुनः खोला गया। तुरंत ही मारवाड़ ने इस घाटी के पहाड़ों पर अपना दावा किया। क्योंकि, मैंने इस मामले में योग्य तर्क प्रस्तुत किये और आबू में ए.जी.जी. (AGG) ने मेवाड़ के पक्ष में निर्णय लिया। मारवाड़ के क्षेत्र में तलहटी पर सीमा रेखा के स्तम्भ स्थापित किए गए। इस कारण सीमावर्ती सायर ज़िले से बेहतर महसूल प्राप्ति हुई।"

सन् 1872 में बीकानेर के महाराजा सरदार सिंह का निधन बिना वारिस नियुक्त किए हो गया। इसलिए बीकानेर की गद्दी के मेवाड़ के महाराणा शंभू सिंह के मामा और बीकानेर के महाराज लाल सिंह के पुत्र, कुंवर डूंगर सिंह सहित कई दावेदार हो गए। मुंशी मेहता पन्नालाल ने, जिनके आबू में राजनीतिक एजेंटों और ए.जी.जी. से अच्छे संबंध थे, चतुराई से कुंवर डूंगर सिंह को बीकानेर की गद्दी पर आसीन करा दिया। महाराणा शंभू सिंह ने एक बार फिर मेहता पन्नालाल से प्रसन्न होकर, उन्हें तीन सौ रुपये कीमत का महंगा मोती का हार भेंट किया।

6.3 महाराणा शंभू सिंह ने 'लंगर' एवं 'तलवार बंधाई' का विशेषाधिकार प्रदान किया

सन् 1871 में, मुंशी मेहता पन्नालाल की सेवाओं से ख़ुश होकर महाराणा शंभू सिंह ने उनका वेतन बढ़ाकर दो हज़ार रुपए कर दिया। शंभू निवास के दक्षिण में नया महल लम्बे समय से निर्माणाधीन था। इस निर्माण कार्य को शीघ्रता से करवाने की ज़िम्मेदारी मुंशी मेहता पन्नालाल ने स्वयं पर ली। मेहता पन्नालाल की सेवाओं से ख़ुश होकर, महाराणा शंभू सिंह ने उद्घाटन के पश्चात् तुरंत ही उन्हें सोने का लंगर (पैरो में पहने जाने वाला गहना) उपहार स्वरूप दिया।

मेहता पन्नालाल ने महाराणा शंभू सिंह से कहा,

"यह आप की महानता है कि आपने मुझे पैरों में सोना पहनने का सौभाग्य बख्शा। मुझे अपने पिता के सामने यह सौभाग्य प्राप्त करते हुए लज्जा आती हैं जिनके पास यह विशेषाधिकार नहीं है।"

तत्पश्चात, महाराणा शंभू सिंह ने मेहता मुरलीधर को लंगर का विशेषाधिकार प्रदान किया जो उस समय जहाजपुर के हाकिम थे। मेहता पन्नालाल ने तुरंत ही सोने के तोड़े बनवाकर अपने पिता मेहता मुरलीधर को जहाजपुर भेजे।

महाराणा शंभू सिंह, मुंशी मेहता पन्नालाल से बेहद प्रसन्न थे। सन् 1873 में, उनके वेतन में बढ़ोतरी कर प्रतिवर्ष छः हज़ार रुपए निश्चित की गयी एवं राजोला गाँव, पंद्रह सौ रुपए आय के साथ उपहार स्वरूप प्रदान किया गया। साथ ही, व्यक्तिगत उपयोग के लिए उन्हें दो घोड़े मिले - मडचक एवं सोवनरूप प्रजाति के। साथ में 'तलवार बंधाई' के अवसर पर कई उपहार वस्तु दस्तूर के तौर पर प्रदान की गयीं जो केवल उमराव और प्रधानों को दी जाती थीं। तत्पश्चात, मेहता पन्नालाल गड्भोर में चारभुजा मंदिर दर्शन और आशीर्वाद हेतु गए एवं कुम्भलगढ़ के रास्ते उदयपुर लौटे।

6.3 मुंशी पन्नालाल मेहता के आलोचक सक्रिय हुए

मेवाड़ राज्य का हित एवं कल्याण, मुंशी मेहता पन्नालाल के लिए सर्वप्रथम था। उनकी बढ़ती लोकप्रियता के कारण, सरदारों एवं उमरावों में उनके प्रति ईर्ष्या बढ़ने लगी थी और उनके विरुद्ध षड्यंत्र रचे जाने लगे। सन् 1873 में, भूमि सुधार की विफलता और स्वीकार्यता न होने के कारण महकमा खास के मुंशी, मेहता पन्नालाल निराश थे। योजना विफल हो चुकी थी एवं आने वाले वर्ष में परियोजना ठुकरा भी दी गयी थी।

मेहता पन्नालाल अपनी स्वजीवनी में लिखते हैं,

"सन् 1873 में, यकृत (लीवर) विकार के कारण महाराणा बुरी तरह रोगग्रस्त हो चुके थे। महकमा खास के मुंशी के तौर पर मेरी जिम्मेदारियाँ बढ़ीं। अफ़वाहों एवं शत्रुओं के मुंह बंद कराने के प्रयास में, मैं राज्य हित में अनवरत काम करता रहा।"

वे आगे लिखते हैं,

"उस समय मेरे बालमित्र, पंडित अखेयनाथ ने मेरे जाली हस्ताक्षर कर पत्र में महाराणा शंभू सिंह की बीमारी के बारे में लिखा। यह पत्र महाराणा के ज़नाना एवं राजमाता (बहू जी बीक़ानेरी) तक भी पहुँचा। कुछ सलाहकारों द्वारा, महाराणा शंभू सिंह को लगातार विश्वास दिलाया जा रहा था कि कुछ उपद्रवी व्यक्ति जादू टोना एवं विष प्रयोग कर महाराणा के जीवन को हानि पहुँचना चाहते हैं। उनसे कई बार कहा गया कि उनके सम्बन्धी, उनके काका सोहन सिंह एवं सकत सिंह भी इस मामले में शामिल हैं। मुझ पर भी षड्यंत्रकारी होने का संशय था।"

9 सितम्बर 1874 को, महाराणा शंभू सिंह पर विष प्रयोग करने के संशय पर मेहता पन्नालाल को मुंशी पद से बर्ख़ास्त कर तुरंत ही बंदी बना लिया गया। उन्हें करण विलास महल में रखा गया। करण विलास महल को राजकीय रसोड़ा के नाम से भी जाना जाता था।

मेहता पन्नालाल के भाई मेहता तखत सिंह के घर एवं अन्य जगहों पर पहरेदार तैनात कर दिये गए। उनकी गिरफ़्तारी के कुछ दिनों पहले मेहता गोपाल सिंह (पुत्र, पूर्व प्रधान गोकल चंद) ने मेहता पन्नालाल को संदेश भेजा था कि उनकी गिरफ़्तारी हो सकती है और उन्हें तुरंत ही गुप्त रूप से पलायन कर लेना चाहिए। लेकिन मेहता पन्नालाल ने उत्तर दिया,

"आपकी सलाह के लिए मैं आभारी हूँ। लेकिन मैंने राज्य हित में हमेशा काम किया है और यह अपराध नहीं है। इसलिये मैं पलायन नहीं करूँगा।"

राजनीतिक एजेंट लेफ़्टिनेंट कर्नल राइट ने ऐ.जी.जी. (माउंट अबू) को यह साबित किया की पत्र नक़ली है। उनके आलोचकों ने उन पर भ्रष्टाचार के बेबुनियाद आरोप लगाने की कोशिश की है। लेकिन, मेहता पन्नालाल कारावास में ही रहे। राजनीतिक एजेंट लेफ़्टिनेंट कर्नल राइट ने महाराणा को सलाह दी कि खुली और उचित कार्यवाही के बिना मेहता पन्नालाल एवं अन्य लोगों को दंड ना दिया जाये। राजनीतिक एजेंट ने विशेषज्ञ डॉक्टर से महाराणा की पूर्ण जाँच करवाई और पाया कि उनके शरीर में कहीं भी विष के कोई अवशेष नहीं हैं। वे इस निष्कर्ष पर पहुँचे कि महाराणा के दोनों काका और उनके दलों की आपसी दुश्मनी के कारण भ्रम एवं उलझन की स्थिति बनी।

6.4 मेहता पन्नालाल पर जानलेवा हमला

सन् 1874 में, महाराणा शंभू सिंह को विष देने के संशय पर मेहता पन्नालाल को महकमा खास के मुंशी पद से बर्ख़ास्त कर बंदी बना लिया गया। तब मेहता पन्नालाल के पिता, मेहता मुरलीधर को भी जहाजपुर के हाकिम पद से बर्ख़ास्त किया गया। वे जहाजपुर से अपने दूसरे पुत्र, मेहता लक्ष्मीलाल के साथ उदयपुर लौटे।

7 अक्तूबर 1874 को, अपनी बीमारी से ना उबरने के कारण महाराणा शंभू सिंह ने अंतिम साँस ली। देहांत के समय उनकी आयु केवल सत्ताईस वर्ष थी। उनकी अंतिम यात्रा में जाने के लिये मेहता पन्नालाल ने विनती की। दो पहरेदारों के साथ उन्हें अनुमति दी गयी।

महासत्या जी (आयड़, उदयपुर में राजसी शमशान भूमि) में एक पेड़ के नीचे, रक्षकों की कड़ी निगरानी में वे विश्राम के लिए बैठे। माना जाता हैं कि राजसी ज़नाना के उकसाने के कारण उन पर तीन बार कुछ अज्ञात लोगों द्वारा तलवार से वार हुए। पगड़ी के कारण उनकी जान बाच

गयी। मेहता पन्नालाल को तुरंत डॉक्टर के निवास पर ले जाया गया और कुछ टाँको एवं मरहम-पट्टी के पश्चात् उन्हें, उनके निवास स्थान पर पहरेदारों की निगरानी में रखा गया।

सन् 1875 में, मेहता मुरलीधर पुनः जहाजपुर हाकिम और मेहता पन्नालाल पुनः मुंशी के रूप में नियुक्त किए गए। सन् 1875 में भारी वर्षा के कारण राज्य में फसल नष्ट हुई और राजस्व का नुक़सान हुआ। कच्ची तहसील की पुरानी योजना भूमि-कर के वसूली के लिए मुंशी मेहता पन्नालाल द्वारा पुनः लागू की गयी। कुछ हाकिमों को स्थानांतरित किया गया एवं कुछ नये हाकिम नियुक्त किए गए।

सन् 1876 में, मेहता मुरलीधर, गया एवं जगदीश की तीर्थ यात्रा पर निकल पड़े। दरबार ने मेहता लक्ष्मीलाल को जहाजपुर जिले के हाकिम पद पर नियुक्त किया। सन् 1887 (विक्रम संवत 1943, पोष विद 11) में मेहता मुरलीधर का देहांत नाथद्वारा में हुआ। उनके पुत्र प्रधान राय पन्नालाल मेहता ने, उनकी याद में नाथद्वारा के लाल बाग में छत्री का निर्माण करवाया।

6.5 मुंशी मेहता पन्नालाल के प्रति द्वेष की भावना में कवि श्यामल दास भी अग्रिम

दशरथ शर्मा, अपनी पुस्तक, 'Rajasthan Through Ages' में लिखते हैं,

"कवि श्यामल दास (वीरविनोद के लेखक) भी ईर्ष्या, द्वेष और बदले की भावना में पीछे नहीं रहे। ऐसा माना जाता है कि एक बार मेहता पन्नालाल की सलाह पर महाराणा शंभू सिंह अपनी यात्रा का व्यय नगर के धनाढ्य लोगों से लेने की योजना बना रहे थे। यह बात श्यामल दास को ठीक नहीं लगी, लेकिन महाराणा को सीधा कहने का उन्हें साहस नहीं था। पर उनके आलोचक मित्रों ने लिखित में उन्हें यह न करने की सलाह दी और लिखा कि इससे आपकी बदनामी होगी। तो श्यामल दास ने एक छोटे से काग़ज़ पर लिखा, 'यदि यात्रा करनी ही आवश्यक हो तो राजकोष के खर्चे से करिये'।"

दशरथ शर्मा, आगे लिखते हैं,

"यह पत्र उन्होंने 'अवतार चरित' नमक पुस्तक में रखा जिसे महाराणा रोज़ पढ़ते थे। पढ़ते समय किताब में पड़े इस पत्र को जब महाराणा ने पढ़ा तो बड़े प्रसन्न हो गए और श्यामलदास को इस नेक सलाह का धन्यवाद दिया। बाद में राणा ने निजी काग़ज़ों का बक्स श्यामल दास को सुपुर्द कर दिया। श्यामल दास धीरे-धीरे राणा के विश्वस्त बनते जा रहे थे, तभी भरपूर जवानी में राणा जी का स्वर्गवास वि.स. 1931 में हो गया। श्यामल दास इससे बड़े निराश हुए।"

6.6 सुरक्षा हेतु मेहता पन्नालाल का अजमेर पलायन

सन् 1874 में, जब बागोर वंश के महाराणा सज्जन सिंह (रा.1874-84) को अल्पायु में राजगद्दी पर बिठाया, तब राजनीतिक एजेंट की अध्यक्षता में रीजेंसी कौंसिल की स्थापना हुई। मुंशी मेहता पन्नालाल की गिरफ़्तारी के बाद महकमा खास का काम प्रधान मेहता गोकलचंद एवं साहिवाल अर्जुन सिंह को सौंपा गया।

सन् 1874 में, एक महीने के अंतराल के बाद मेहता मुरलीधर के जहाजपुर से लौटने पश्चात् मेहता पन्नालाल के निवास से पहरेदारों को हटा दिया गया। राजनीतिक एजेंट लेफ़्टिनेंट कर्नल राइट ने मेहता पन्नालाल को बुलवाया और कहा,

"भ्रष्टाचार के आरोप के अलावा आप पर लगाये गये सभी आरोपों को ख़ारिज किया जाता हैं।"

मेहता पन्नालाल ने उन पर लगे भ्रष्टाचार के आरोप का सख़्ती से खंडन किया। लेकिन एजेंट ने कहा कि चूंकि मेहता पन्नालाल के राज्य में कई विरोधी हैं, उन्हें कुछ समय के लिए मेवाड़ छोड़ देना चाहिये। मेहता पन्नालाल अजमेर के लिए रवाना हुए। सुरक्षा को ध्यान में रखते हुए लेफ़्टिनेंट कर्नल राइट ने मेहता पन्नालाल की सवारी के साथ आशिंद एवं शाहपुरा से पांच - पांच घुडसवार साथ कर दिए।

मेहता पन्नालाल अपनी स्वजीवनी में लिखते हैं,

"मेरी ग़ैर मौजूदगी में, बेदला के राव बख्ता सिंह ने भाई लक्ष्मीलाल की व्यक्तिगत रूप से देखभाल की और समय-समय पर सलाह मशवरा करते रहे। भाई लक्ष्मीलाल कौंसिल एवं अन्य सरदारों के समाचार एवं जानकारी मुझे अजमेर भेजते रहे। मैं, अजमेर के सेठ सुमेर मल, ऑनरेरी मजिस्ट्रेट का अतिथि था। चूकि पूरे दिन उनके पास करने के लिए कोई काम ना था, हुक्का पीना सीख गया। निजी उपयोग के लिए एक घोड़ा था एवं ज़रूरत अनुसार सेठ सुमेर मल मेरे लिए घोड़ा गाड़ी का प्रबंध करते थे।"

दशरथ शर्मा, अपनी पुस्तक - 'Rajasthan Through Ages' में लिखते हैं, चूकि मुंशी साहिवाल अर्जुन सिंह महकमा खास की नयी व्यवस्था एवं राजनीतिक एजेंट के साथ तालमेल बैठाने में असमर्थ थे, उन्होंने सन् 1875 में महकमा खास से इस्तीफ़ा दिया। साहिवाल के स्थान पर कोठारी छगनलाल, जो कोषाध्यक्ष थे, मुंशी बने लेकिन संतोषजनक कार्य ना कर पाए। सन् 1875 में ही, आठ महीनों पश्चात्, नए एजेंट कर्नल हरबर्ट ने मेहता पन्नालाल को पत्र में लिखा,

"मुझे सूचित करते हुए ख़ुशी हो रही है कि पूर्व राजनीतिक एजेंट ने आपके कार्य की प्रशंसा की है और आप उदयपुर लौटने के लिए स्वतंत्र हैं, क्योंकि आप पर अब कोई निषेध नहीं है। लेकिन आप को आगाह करना चाहता हूँ कि आपके विरोधी अब भी मौजूद हैं एवं आपसे प्रतिशोध लेने को आमादा हैं।"

विविध लोगों से सलाह लेकर एवं विचार-विमर्श कर मेहता पन्नालाल गडबोर और देलवाड़ा के रास्ते उदयपुर पहुँचे एवं स्वयं को महाराणा सज्जन सिंह के समक्ष प्रस्तुत किया। महाराणा ने आदेश दिया कि उन्हें महकमा खास का पद भार सम्भालने भेजा जाये एवं 8 सितम्बर 1875 को वे महकमा खास के मुंशी के रूप में पुनः कार्यरत हुए। हालाँकि, उन्हें प्रधानमंत्री का पद नहीं सौंपा गया लेकिन मौखिक रूप से एवम् पत्र-व्यवहार में उनका 'प्रधान' के तौर पर कहीं-कहीं उल्लेख किया गया है।

6.7 मेहता पन्नालाल द्वारा प्रशासनिक पुनर्गठन एवं वित्तीय सुधार – मेवाड़ का स्वर्णिम युग

महाराणा सज्जन सिंह (रा.1874-84) न केवल प्रशासकीय समस्याओं में उलझे थे बल्कि करीबी रिश्तेदारों एवं सज्जनों की अवज्ञा से भी परेशान थे। इसलिए प्रधान मेहता पन्नालाल ने, राज्य के कार्यों को सुचारू रूप से चलाने हेतु सभी पदाधिकारियों को एकजुट कर प्रशासन एवं वित्तीय सुधार की ओर ध्यान केंद्रित किया। मेहता पन्नालाल के योग्य मार्गदर्शन से महाराणा सज्जन सिंह, अपनी प्रजा, ठाकुरों एवं सरदारों का विश्वास पुनः जीत पाए। सभी प्रशासकीय सुधारों में सबसे महत्वपूर्ण सुधार था, भिन्न खर्चों एवं करों का वित्तीय आय-व्यय।

मेहता पन्नालाल ने जो कदम उठाये वे मेवाड़ को आधुनिकता की ओर ले गए। नई सड़कें बनवाई और पुरानी का विस्तार किया गया। उनके आदेश से पहाड़ों पर वनीकरण, पानी की पाइप लाइन की मरम्मत एवं नयी पाइप लाइन बिछायी गायीं। उन्होंने पुलिस दस्तों का आधुनिकीकरण एवं सेटलमेंट विभाग स्थापित कर कृषि एवं ग्रामीण सीमा का विवरण बनवाया। मेवाड़ की न्यायिक व्यवस्था में भी सुधार लाया गया। महाराणा सज्जन सिंह ने अतिरिक्त सिविल कोर्ट एवं क्रिमिनल कोर्ट का उद्घाटन किया जहां आधुनिक निर्णायक समिति की भाँति ही निर्णय लिये जाते थे। नए सरकारी विभागों के साथ ही महदराज सभा, अपील न्यायालय की स्थापना की गयी। उन्होंने प्रथम शैक्षणिक समिति की स्थापना की। प्रथम सरकारी मुद्रण भी स्थापित किया। मेवाड़ के इतिहास में इसे 'स्वर्णिम युग' के नाम से जाना जायेगा।

नवम्बर सन् 1875 में, प्रिन्स ऐल्बर्ट के भारत दौरे के उपलक्ष्य में महाराणा सज्जन सिंह बम्बई गए। महाराणा की उदयपुर से बम्बई की यात्रा के आयोजक, मेहता तखत सिंह, मेहता पन्नालाल के छोटे भाई से बेहद ख़ुश थे। तत्पश्चात्, उसी महीने में लाट साहब, वॉयसरॉय लॉर्ड नोर्थब्रुक के उदयपुर दौरे का भी सफल आयोजन मेहता पन्नालाल द्वारा किया गया। हालाँकि ज्वर से पीड़ित होने के कारण वे स्वयं वॉयसरॉय से भेंट के समय उपस्थित ना रह पाये। भेंट के पश्चात्, महाराणा सज्जन सिंह निजी तौर पर उनके स्वास्थ्य का हालचाल पूछने उनकी हवेली पर गये।

खेरवाड़ा से राजनीतिक एजेंट, मेजर सी जी गनिंग ने उदयपुर के प्रधानमंत्री, मेहता पन्नालाल को तारीख़ 14 जनवरी 1876 को पत्र लिखा,

"मेरे प्रिय महोदय, 8 तारीख़ के पत्र एवं शुभेच्छा के लिये मैं आभारी हूँ। मुझे खेद है कि आप अस्वस्थ हैं एवं विश्वास हैं कि आप शीघ्र ही स्वस्थ हो जाएंगे। वॉयसरॉय के उदयपुर दौरे के आयोजन के लिए आप प्रशंसा के पात्र हैं और मुझे ख़ुशी है कि लॉर्ड नोर्थब्रुक, मिस्टर लैल एवं कर्नल हर्बट ने उसे सराहा। बम्बई में कर्नल हर्बट की गैरहाजिरी में, मुझे दिए सहयोग के लिये भी मैं आप का आभारी हूँ। आशा हैं कि आप शीघ्र ही स्वस्थ महसूस करेंगे। आपकी कुशलता के लिये शुभेच्छा। विश्वास कीजिये।" - मेजर सी जी गनिंग

6.8 मेहता पन्नालाल को ब्रिटिश सरकार ने 'राय' और 'महामहिम' का ख़िताब प्रदान किया

ब्रिटिश सरकार ने 1 जनवरी 1877 को दिल्ली में राज दरबार का आयोजन किया जिसमें महारानी विक्टोरिया को 'केसरी हिंद' के ख़िताब से नवाजने की घोषणा की गयी। महाराणा सज्जन सिंह को ब्रिटिश गवर्नर जनरल, लॉर्ड लिट्टन से पत्र प्राप्त हुआ जिसमें उनसे राज दरबार में पधारने की विनती की गयी। महाराणा अपने परिजनों के साथ जिसमें बेदला के राव बख्ता सिंह और मेहता पन्नालाल भी शामिल थे, 18 दिसम्बर 1876 को दिल्ली पहुँचे। अपने नौ प्रमुख अधिकारियों के साथ महाराणा ने राज दरबार में आसन ग्रहण किया जबकि उनके आठ परिचारक पारम्परिक साज सज्जा के साथ उनके पीछे खड़े रहे।

Letter from Viceroy and GG of India

To,

Mehta Pannalal,

Junior Minister of Mewar State,

In recognition of your loyal conduct and services, I hereby confer upon you the title of Rai as personal distinction.

Sd – Lytton

Viceroy and GG of India

Delhi

1st January 1877

बेदला के राव बख्ता सिंह को 'राय बहादुर' की पदवी से नवाज़ा गया और मेहता पन्नालाल एवं कोठारी छगनलाल को 'राय' का ख़िताब प्रदान किया गया। मेवाड़ राज्य के प्रधानमंत्री के रूप में शिष्टाचार टाइटल 'महामहिम' केवल राय मेहता पन्नालाल को दिया गया।

महाराणा सज्जन सिंह की सलामी 19 तोपों से बढ़ा कर 21 तोपों की गयी। दरअसल मेवाड़, हैदराबाद, बड़ौदा एवं मैसूर को एक ही आधार पर उन्नीस तोपों की सलामी का सम्मान दिया गया था। हैदराबाद, बड़ौदा एवं मैसूर को बढ़ाकर इक्कीस तोपों की वंशवादी (डायनेस्टी) सलामी दी गयी, लेकिन दुर्भाग्य से मेवाड़ के लिए इसे व्यक्तिगत (पर्सनल) बना दिया गया।

सर सुखदेव, ठाकुर जसनगर ने 1935 में प्रकाशित महाराणा भोपाल सिंह, GCSI, के अधीन एक रिपोर्ट में कहा था, *"यह अफ़सोस की बात है और आश्चर्य भी है की उनके मेवाड़ मंत्री ने इस भेदभाव पर ध्यान नहीं दिया।"*

6.9 पराक्रमी मेहता लक्ष्मीलाल जहाजपुर के हाकिम एवं सेनानायक नियुक्त

सन् 1876 में जब मेहता मुरलीधर, गया एवं जगदीश तीर्थ यात्रा पर गए तब महाराणा सज्जन सिंह ने उनके पुत्र मेहता लक्ष्मीलाल को जहाजपुर ज़िले के हाकिम और जहाजपुर छावनी के कमांडिंग ऑफिसर पद पर नियुक्त किया। उस समय मालवा सीमा पर धाँगड़ जाति सक्रिय रूप से मासूम गाँव वालों को बार-बार लूटने एवं मारने में लगी थी।

मेहता पन्नालाल अपनी स्वजीवनी में लिखते हैं,

"मेहता लक्ष्मीलाल ने घमासान युद्ध कर मालवा सीमा के निकट धाँगड़ महुआ गाँव पर कब्ज़ा किया और तभी से वह गाँव खालसा (सरकारी ज़मीन) के अंतर्गत मेवाड़ में शामिल हुआ। उसी वर्ष मेहता लक्ष्मीलाल को मेहता फूलचंद ने गोद लिया जिनके कोई संतान ना थी।"

याद हो कि मेहता फूलचंद, जहाजपुर के पूर्व हाकिम मेहता मूलचंद के छोटे भाई थे जिन्होंने सन् 1857 में धन्गडों के विरुद्ध लड़ते हुए जीवन बलिदान दिया था। तत्पश्चात्, उनकी पत्नी सन् 1858 में जहाजपुर में सती हुई।

मेहता पन्नालाल अपनी स्वजीवनी में आगे लिखते हैं,

"सन् 1877 में, सेना का भी पुनर्गठन हुआ। सैन्य दल को न्याय एवं व्यवस्था दल से अलग किया गया। जहाजपुर के हाकिम, मेहता लक्ष्मीलाल के निर्देशों पर 100 घुड़सवारों का एक 'रिसाला' एवं 250 सैनिकों की पलटन का जहाजपुर में पुनर्गठन हुआ। सैनिकों की एक पलटन को चित्तौड़गढ़ क़िले पर भर्ती किया गया। सौ सैनिकों का एक दल माण्डलगढ़ क़िले पर भर्ती हुआ। सैन्य अधिकारी एवं प्रशिक्षक भी नियुक्त हुए। एक आयरिश व्यक्ति, मिस्टर लोनोरगन को मेवाड़ सैन्य दलों को प्रशिक्षित करने दरबार ने नियुक्त किया। मेहता लक्ष्मीलाल ने व्यक्तिगत तौर पर मीणों के एक दल को जहाजपुर से बुलवाकर उदयपुर में नियुक्त किया। सैनिक वर्दी, तम्बू एवं ज़रूरी सामग्री के साथ ही शस्त्रागार को भी जहाजपुर में आपात काल के लिए उपलब्ध कराया गया। उदयपुर में किशन पोल के बाहर सैनिक शिविर एवं परेड मैदान बनवाये।"

मेहता लक्ष्मीलाल से खुश होकर महाराणा सज्जन सिंह ने उनका वेतन साठ रुपये प्रति माह बढ़ाया। सैनिक वर्दी, लम्बे बूट, खड़ी लम्बी तलवार एवं मोतियों का हार उन्हें उपहार स्वरूप दिया गया। मेहता पन्नालाल को भी सैनिक वर्दी, स्वरूप शाही पगड़ी, पाजामा, अंगरखा, लम्बे बूट एवं लम्बी खड़ी तलवार प्रदान की गयी।

6.10 मुंशी राय मेहता पन्नालाल ने राज्य में प्रशासन का पुनर्गठन एवं नमक व्यापार समझौता

दिल्ली दरबार से लौटते ही महाराणा सज्जन सिंह राज्य प्रशासन में गहरी रुचि लेने लगे। 10 मार्च 1877 को, महाराणा ने 'इजलास खास' (प्रिवी कौंसिल) नाम से राज्य परिषद के नये संविधान की घोषणा की। मेहता राय पन्नालाल, जो अब तक महकमा खास के मुंशी की भूमिका निभा रहे थे, उन्हें 'इजलास खास' के मुंशी पद पर औपचारिक नियुक्ति दी गयी। राज्य परिषद के पुनर्गठन के पीछे उन्हीं की बुद्धि कार्यरत थी। मेहता तखत सिंह को हाकिम गिरवा का प्रभार सौंपा गया।

कुम्भलगढ़ ज़िला, मारवाड़ राज्य के गोडवाल सीमा से प्रायः मीणा डकैतों द्वारा से आतंकित हो रहा था। मेहता तखत सिंह को इस समस्या पर ध्यान देने तथा कड़ी सुरक्षा का भार सौंपा गया।

14 फ़रवरी, 1878 को जब महाराणा सज्जन सिंह राजनगर में डेरा डाले हुए थे, जहां वाईसराय परिषद के सदस्य मिस्टर ए. सी. ह्यूम एवं मेवाड़ के पॉलिटिकल एजेंट लेफ़्टिनेंट कर्नल इम्पी, नमक व्यापार समझौते पर बातचीत करने पहुँचे। महाराणा की ओर से राय मेहता पन्नालाल एवं कविराज श्यामल दास ने समझौते पर विचार विमर्श किया।

मेहता पन्नालाल अपनी स्वजीवनी में लिखते हैं,

"देश में नमक के काम पर रोक लगने का विपरीत प्रभाव मेवाड़ पर भी हुआ। मुख्य रूप से बंजारा जाति द्वारा किया जाने वाला नमक व्यापार ठप होने लगा। कारीगर बेरोज़गार हो गए, व्यापारियों ने अपना व्यापार खोया एवं कई स्थान पूरी तरह से वीरान हो गए। यह अशांति पूरे देश में फैलने लगी। नमक की बढ़ती क़ीमतों को देखते हुए महाराणा ने अपनी ओर से अन्य वस्तुओं पर लगने वाली चुंगी हटा दी। लेकिन, ज़िलों से नमक की महंगाई एवं अभाव को लेकर लगातार शिकायतें आती रहीं।"

जुलाई 1880 को, महाराणा सज्जन सिंह ने राय मेहता पन्नालाल को नमक व्यापार के विषय पर बारीकी से छानबीन करने हेतु ज़िलों में भेजा। एक महीने पश्चात् उन्होंने विवरण प्रस्तुत किया जिसमें नमक के उचित वितरण का सुझाव दिया। एक बार पुनः कवि श्यामलदास ने मेहता पन्नालाल के सुझाव को ख़ारिज करने का असफल प्रयास किया। लेकिन, मेहता पन्नालाल के दृढ़ निश्चय और महाराणा के सहयोग से मेवाड़ प्रशासन ने इस उद्देश्य तक पहुँचने हेतु सफल कार्यवाही की।

6.11 जहाजपुर में हाकिम एवं सेनानायक मेहता लक्ष्मीलाल द्वारा महाराणा सज्जन सिंह की अगवानी

मेहता पन्नालाल अपनी स्वजीवनी में लिखते हैं,

"सन् 1878 सर्दियों में महाराणा सज्जन सिंह (रा.1874-84) मेवाड़ के विभिन्न ज़िलों की यात्रा पर निकले। 18 से 24 दिसम्बर तक वे जहाजपुर में थे। इससे पहले, महाराणा अरि सिंह द्वितीय मेवाड़ के वह शासक थे जिन्होंने सन् 1765 में जहाजपुर की आख़िरी बार यात्रा की थी। हाकिम एवं सेना नायक, मेहता लक्ष्मीलाल ने इस राजसी भेंट का विस्तृत आयोजन किया। मुझे भी जहाजपुर में हाज़िर रहने के लिए कहा गया। राज्य सरकार के महल, घर, बाग़ीचे एवं रास्तों को अच्छी हालत में देख महाराणा ख़ुश हुए।"

मेहता पन्नालाल अपनी स्वजीवनी में आगे लिखते हैं,

"दरबार का आयोजन नौ चोकिया में किया गया। जिले के उमरावों एवं सरदारों को 'बैठक' (महाराणा की हाजिरी में बैठने का अधिकार) में स्थान दिया गया एवं वरिष्ठ अधिकारी उनके पीछे खड़े हुए। मैं, महाराणा के बायीं ओर बैठा, जहाजपुर सेनानायक एवं मेज़बान मेहता लक्ष्मीलाल महाराणा के ठीक पीछे अपनी पूरी सैनिक साज सज्जा के साथ खड़े थे। दरबार में प्रमुख ब्रिटिश अधिकारी, व्यापारी, पंडित, पंच एवं निम्न अधिकारी भी शामिल थे। नौ चोकिया मैदान पर सैनिकों ने अपने बैंड एवं शस्त्रागार के साथ परेड की और महाराणा ने कुर्सी पर बैठे हुए उनकी सलामी ली। तत्पश्चात्, महाराणा को नज़राना पेश किया गया।"

राय मेहता पन्नालाल की सलाह से महाराणा ने विनम्रता पूर्वक नज़राने के प्रति अस्वीकृति जतायी एवं वह रकम जहाजपुर के विकास के लिए दान दी। पंडितों ने संस्कृत श्लोक पढ़ कर महाराणा को आशीर्वाद दिया।

अगले दिन, महाराणा सज्जन सिंह, नौ चोकिया के पीछे वाले बगीचे के चबूतरे पर बैठ निकटवर्ती गाँवों की प्रजा से मिले। मेहता लक्ष्मीलाल के सभी आयोजनों से बेहद ख़ुश होकर महाराणा सज्जन सिंह ने उन्हें उपहार में मोतियों का हार, सिरपाव दिया एवं बैठक (महाराणा की हाजिरी में बैठना) का सम्मान प्रदान किया।

सन् 1622 में अजमेर के सूबेदार राजकुमार ख़ुर्रम (पश्चात् बादशाह शाहजहाँ) ने अपने पिता जहांगीर के ख़िलाफ़ विद्रोह कर दिया था। जहाजपुर में भूगोल के सेवानिवृत्त प्राध्यापक, दुर्गालाल पंचोली का कथन है,

"एक दंत कथा के अनुसार इस दौरान, राजकुमार ख़ुर्रम ने मेवाड़ के जहाजपुर में शरण ली और स्वयं एवं अपनी रानियों के लिए एक छोटा महल बनवाया जिसमें बगीचा भी था। जब उन्होंने उदयपुर जाते समय जहाजपुर छोड़ा तब दरबार कक्ष में अपने सिंहासन के स्थान पर गणेशजी की मूर्ति स्थापित की। यह महल नौ चोकिया के नाम से जाना जाने लगा एवं सैनिक छावनी, महकमा खास (कचहरी) और जहाजपुर हाकिम के निवास स्थान के उपयोग में लिया जाने लगा। वर्तमान में, इस महल में गणेश मंदिर एवं उच्च माध्यमिक पाठशाला स्थित है। तत्पश्चात्, महाराणा करण सिंह ने खुर्रम को पिछोला झील स्थित जग मंदिर में शरण दी।"

लक्ष्मीलाल मेहता, हाकिम और सेना नायक, जहाजपुर (रा.1876-88)

– चित्रकार पन्नालाल चतुर (उदयपुर / नाथद्वारा)

प्रधान राय पन्नालाल मेहता, सी.आई.इ. (रा.1878-94)

– चित्रकार राजा रवि वर्मा (1901), उदयपुर / तिरुवनंतपुरम

अध्याय 7

19वीं शताब्दी

प्रधान राय पन्नालाल मेहता

मेवाड़ इतिहास का स्वर्णिम काल

प्रधान मेहता पन्नालाल के असाधारण प्रयासों की दो अद्‌भुत मिसालें हैं: न्यायिक व्यवस्था को विशेषाधिकारों से अलग करना एवं प्रथम बार गजट (राज सूचना पत्र) को प्रकाशित करना। महाराणा के प्रमुख सलाहकार के रूप में उन्होंने यह सब अपने तिहरे दायित्वों - महाराणाओं से निष्ठा, ब्रिटिश राजकीय विभागों से समन्वय एवं राज्य की प्रजा का कल्याण जो उनके हृदय के निकट था, को चतुराई से निभाया। ऐसा करने में उन्हें अदालत की नाराज़गी, निर्वासन और भाग्य के उलटफेर को भुगतना पड़ा। यहां तक कि उनकी हत्या का प्रयास भी किया गया। इस प्रकार दूरदर्शी एवं दक्ष प्रशासक, प्रधान मेहता राय पन्नालाल ने अपनी सेवाओं से तीन महाराणाओं का विश्वास जीतने का भरपूर प्रयास किया।

लेकिन शुरुआत से ही महाराणा फतेह सिंह के सम्बंध मेहता राय पन्नालाल के साथ अच्छे नहीं थे और वे विशेष तौर पर प्रधान राय पन्नालाल मेहता के रौबीले रवैये को लेकर नाराज़ थे। सन् 1894 में गवर्नर जनरल के एजेंट की सलाह पर, प्रधान राय पन्नालाल मेहता लम्बे अवकाश पर गये एवं तीर्थ यात्रा के दौरान उन्होंने अपना त्याग-पत्र दे दिया।

7.1 राय पन्नालाल मेहता प्रधान के पद पर नियुक्त एवम् राज्य प्रशासन का दोबारा पुनर्गठन

सन् 1878 में, प्रधान मेहता गोकलचंद की मृत्यु के पश्चात्, राय मेहता पन्नालाल को औपचारिक रूप से प्रधान नियुक्त किया गया। वस्तुतः मेहता गोकलचंद के प्रधान होते हुए भी, मेहता पन्नालाल, महकमा खास के मुंशी के रूप में राज्य का कार्यभार सम्भाल रहे थे।

सन् 1880 में, महाराणा सज्जन सिंह (रा.1874-84) ने प्रधान राय पन्नालाल मेहता के सुझाव को स्वीकार किया जिसके अनुसार प्रशासन की कार्यवाही में सुधार एवं मेवाड़ सरकार की न्याय व्यवस्था को अन्य विशिष्ट सेवाओं से अलग करने के बारे में कहा गया था।

मेहता पन्नालाल अपनी स्वजीवनी में लिखते हैं,

"दरबार के अंतर्गत प्रशासन दो मुख्य विभागों में बाँटा गया – महदराज सभा और महकमा खास। महदराज सभा (अपील न्यायालय / मेवाड़ उच्च न्यायालय) को इजलास खास की जगह स्थापित किया गया, वह न्यायिक विभाग जो स्वयं महाराणा द्वारा कार्यरत था। जबकि, विशिष्ट विभाग, महकमा खास प्रधान के नेतृत्व रखा गया।"

राय मेहता पन्नालाल को महकमा खास के पहले प्रधान के रूप में नियुक्त किया गया।

महदराज सभा (मेवाड़ उच्च न्यायालय) परिषद के अठारह सदस्यों में मेहता राय पन्नालाल एवं उनके छोटे भाई मेहता तखत सिंह भी शामिल थे। महदराज सभा के अंतिम मुंशी (सचिव), भारत की स्वतंत्रता के पश्चात् तथा राजस्थान के पुनर्गठन के समय, पूर्व प्रधान मेहता शेर सिंह के प्रपौत्र, मेहता संग्राम सिंह थे।

7.2 मेहता तखत सिंह की हाकिम के रूप में सेवा और कविराज श्यामलदास की राजनीति

मेहता जालिम सिंह के दत्तक पुत्र और मेहता पन्नालाल के कनिष्ठ भ्राता, मेहता तखत सिंह (ज. 1855-1924) ने हाकिम के तौर पर गिरवा, कपासन, देवस्थान एवं महकमा खास के लिये काम किया। सन् 1881 तक, कुछ घटना संयोग से मेवाड़ के पहाड़ी क्षेत्र में स्थिति संकटमय हुई। दरबार के अंतर्गत पॉलिटिकल एजेंट की देखरेख में, भीलों में प्रचलित कुछ निर्मम सामाजिक प्रथाओं का निर्दयतापूर्वक दमन किया गया। इसके अलावा शराब उत्पादन पर रोक, नमक की महंगाई एवं जनगणना कार्य ने उनके बीच उपद्रव खड़ा कर दिया। 26 मार्च 1881 को, इस उथल-पुथल की ख़बर उदयपुर पहुँची।

अगले दिन, प्रधान पन्नालाल मेहता की योजना के अनुसार दो भारी बंदूकें, डेढ़ सौ घुड़सवार दल एवं पाँच सौ सैनिकों वाली टुकड़ी का दरबारी सैन्य दल उदयपुर से रास्ते खुलवाकर विद्रोही आदिवासियों को काबू में करने एवं शांत भीलों के साथ मुठभेड़ टालने का आदेश लेकर रवाना हुए। भेंसरोड़गढ़ के रावत प्रताप सिंह, शिवपुरा के महाराज राय सिंह और मौलवी अब्दुर रहमान को टुकड़ियों के साथ कोटड़ा की ओर भेजा गया जबकि मेहता तखत सिंह, कुराबड़ के रावत रतन सिंह एवं बठेड़ा के मदन सिंह ने केवड़ा घाटी की ओर कूच किया। लेकिन, कविराज श्यामलदास द्वारा चुपके से खेली गयी राजनीति के चलते दूसरे पक्ष को रिखबदेव से लौटने के लिये कहा गया। फलस्वरूप यह अभियान असफल रहा।

7.3 पुरस्कार समारोह के लिए चित्तौड़गढ़ में विशेष दरबार का आयोजन

मेहता पन्नालाल अपनी स्वजीवनी में लिखते हैं,

"सन् 1881 में, महाराणा सज्जन सिंह को GCSI (Knight – Grand Commander of the Order of the Star of India) का ख़िताब पुरस्कार स्वरूप मिला जिसके लिए गवर्नर जनरल जॉर्ज रोबिनसन्, दी मर्कुएस्स ऑफ़ रीपोन, चित्तौड़गढ़ आए। उनके सम्मान में विशेष पुरस्कार समारोह के लिए दरबार का आयोजन किया गया। एक समिति का गठन हुआ जिसमें राजनीतिक एजेंट विंगेट, इंजीनियर मरे एवं मेहता तखत सिंह शामिल थे। आयोजन का मुआयना करने महाराणा डेढ़ महीने पहले चित्तौड़गढ़ पहुँचे।"

प्रधान मेहता राय पन्नालाल भी डाक-घोड़े से एक दिन पहले चित्तौड़गढ़ पहुँचे। विशेष दरबार में, राय मेहता पन्नालाल एवं कविराज श्यामलदास को सज्जनों एवं सरदारों के पीछे बैठने के लिए कहा गया जबकि मेज़बान तखत सिंह, महाराणा एवं सज्जनों के पीछे खड़े रहे। ऐसा कहा जाता हैं कि आयोजन, मनोरंजन एवं आतिशबाजी दिल्ली दरबार की ही तरह बेहतरीन थी। मेहता तखत सिंह से बेहद ख़ुश होकर महाराणा ने उनका वेतन पचास रुपए से बढ़ाकर दो सौ रुपये कर दिया। जब भी मेहता पन्नालाल उदयपुर से बाहर जाते, महकमा खास का काम मेहता तखत सिंह सम्भाला करते थे।

7.4 मेहता लक्ष्मीलाल का बोइड़ा रावत केसरी सिंह को जीवित पकड़ना

बोइड़ा रावत उदोत सिंह के कोई संतान नहीं थीं, इसीलिए भिंडर महाराज के छोटे पुत्र रावत रतन सिंह को गोद लेने का सुझाव महाराणा सज्जन सिंह ने दिया। सन् 1884 में, जब जोधपुर के महाराजा जसवंत सिंह उदयपुर यात्रा पर थे, तब रावत उदोत सिंह ने सुझाव पर नाराजगी

जताई। उन्होंने अपने भतीजे, सकतपूरा के केसरी सिंह को गोद लिया। महाराणा सज्जन सिंह ने केसरी सिंह को बोइड़ा छोड़ उदयपुर आने का आदेश दिया। रावत केसरी सिंह ने आदेश मानने से मना किया और अवज्ञा जारी रखी।

मेहता पन्नालाल अपनी स्वजीवनी में लिखते हैं,

"19 मार्च 1884 को, महाराणा ने बोइड़ा की जागीर को जोड़ने के लिए सरकारी अधिकारी एवं दलों को भेजा। दलों में शंभू पलटन, सज्जन पलटन, पहली घुडसवार सेना एवं दो भारी बंद्रूकें (Gun Carriage) शामिल थीं, जिन्हें जहाजपुर छावनी के कमान अधिकारी, मेहता लक्ष्मीलाल एवं मिस्टर लोनोरगन (एक आयरिश व्यक्ति जिन्हें मेवाड़ सैन्य दल के प्रशिक्षण के लिए रखा गया) की संयुक्त कमान में रखा गया। चित्तौड़गढ़ एवं खेरवाड़ा ज़िले के सैन्य रसलदार गुलशेर खान भी आदेशानुसार उनके साथ शामिल हुए। 6 अप्रैल 1884 को, गाँव पर हमला हुआ जो केसरी सिंह के 400 सैनिकों द्वारा रोका गया। लेकिन, घुड़सवार सेना एवं बंदूक बारी के आगे केसरी सिंह की सेना ने घुटने टेक दिये। चार मृत एवं बारह घायल सैनिकों को पीछे छोड़ रावत केसरी सिंह भाग निकले। युद्ध में रसलदार गुलशेर खान वीरगति को प्राप्त हुए।"

"मेहता लक्ष्मीलाल के आदेशानुसार राज्य दलों ने केसरी सिंह एवं अन्य लोगों को, उनकी पत्नियों एवं बच्चों को बंदी बनाया। खुद लक्ष्मीलाल ने केसरी सिंह का पीछा किया और कड़े मुकाबले के पश्चात् बंदी बनाया। केसरी सिंह को बंदूक गाड़ी (Gun Carriage) से बांधा गया एवं अन्य लोगों के साथ 12 अप्रैल 1884 को उदयपुर लाया गया। बोइड़ा अभियान के व्यय को भरने हेतु बोइड़ा प्रांत के मंगलवाड गाँव को खालसा से जोड़ा गया। भिंडर परिवार के रावत रतन सिंह, बोइड़ा प्रांत के प्रमुख के रूप में स्थापित हुए।"

मेहता पन्नालाल अपनी स्वजीवनी में आगे लिखते हैं,

"मेहता लक्ष्मीलाल को उनके अदम्य साहस एवं वीरता पूर्वक रावत केसरी सिंह को जीवित पकड़ने के लिये महाराणा सज्जन सिंह द्वारा सम्मानित किया गया। सोने के मूठ वाली खड़ी तलवार उन्हें उपहार स्वरूप मिली, साथ ही सोने के लंगर एवं वेतन में साठ रुपये प्रति माह की बढ़ोतरी भी हुई। भिंडर के रावत रतन सिंह भी मेहता लक्ष्मीलाल की निष्ठा से ख़ुश हुए एवं उन्हें चित्तौड़गढ़ के पास का सेंती गाँव, चार सौ रुपए आय के साथ भेंट किया।"

7.5 महारानी विक्टोरिया के शासन काल की स्वर्ण-जयंती पर पुरस्कार एवं सम्मान

मेहता पन्नालाल अपनी स्वजीवनी में लिखते हैं,

"सन् 1884 में, महाराणा सज्जन सिंह, छब्बीस वर्ष की अल्पायु में ही बिना अपना उत्तराधिकारी छोड़े, अचानक चल बसे। लगातार राज सिंहासन पर अल्पायु वारिसों के कारण राज्य में आर्थिक एवं प्रशासनिक समस्याएँ बनी रहीं। अंग्रेजी राजनीतिक एजेंट की चाल से बचने एवं सुरक्षा हेतु, मैं तुरंत ही योग्य उत्तराधिकारी की खोज करने लगा। अगले ही दिन, करजाली ठिकाने के राजकुमार फतेह सिंह को वरिष्ठ प्रशासकों एवं प्रतिष्ठित व्यक्तियों की सम्मति से मेवाड़ राज्य के महाराणा के रूप में स्थापित किया गया।"

इस प्रकार दूरदर्शी एवं दक्ष प्रशासक, प्रधान मेहता राय पन्नालाल की सेवाएँ मेवाड़ के तीसरे महाराणा के अंतर्गत शुरू हुईं।

सन् 1887 में, महारानी विक्टोरिया के राज्य काल की स्वर्ण-जयंती का उत्सव पूरे ब्रिटिश राज में मनाया गया। इस उत्सव को मनाने हेतु महाराणा फतेह सिंह ने शंभू निवास महल में, 16 फरवरी 1887 को विशेष दरबार का आयोजन किया। इम्पीरियल फंड्स के लिये भेंट इकट्ठी हुई और शहर में रोशनी जगमगाने लगी। अंग्रेजी सिंहासन के प्रति महाराणा फतेह सिंह की निष्ठा की अभिव्यक्ति को ब्रिटिश सरकार ने स्वीकृति दी। दिसम्बर 1887 में, महाराणा फतेह सिंह को GCSI (Knight - Grand Commander of The Star of India) ख़िताब से सम्मानित किया गया और प्रधानमंत्री, मेहता राय पन्नालाल को CIE (Companion of the most Eminent order of the Indian Empire) पदवी से पुरस्कृत किया गया।

7.6 मेहता तखत सिंह द्वारा बागोर के सकत सिंह के 'नकली' पुत्र के मामले की छानबीन

मेहता पन्नालाल अपनी स्वजीवनी में लिखते हैं,

"जब महाराणा फतेह सिंह को महाराणा सज्जन सिंह का उत्तराधिकारी चुना गया तब राजसी महिलाओं ने फतेह सिंह के सामने शर्त रखी कि अगर कोई भी संतान पुत्र ना हुई तो बागोर के महाराज सकत सिंह के वंशज को मेवाड़ सिंहासन पर आसीन करने का अधिकार होगा। सन् 1887 में, महाराणा को जानकारी मिली कि सकत सिंह की दूसरी पत्नी गर्भवती हैं एवं उन्हें उदयपुर से बागोर ले जाया गया है। इस बात पर महाराणा को अविश्वास था। महाराणा ने सोचा कि सकत सिंह उत्तराधिकारी बनाने हेतु अपनी नकली संतान को आगे लाना चाह रहे हैं।"

महाराणा ने सच की छानबीन करने का निर्णय लिया। उन्होंने कर्नल माइल्स से विचार विमर्श किया और गिरवा के हाकिम मेहता तखत सिंह को ए.जी.जी. कर्नल वॉल्टर से बातचीत

करने आबू भेजा। मेहता तखत सिंह के अनुरोध पर महाराणा ने सकत सिंह की पत्नी की डॉक्टरी जाँच करवाने का निर्णय लिया जिसका यह तर्क देकर विरोध किया गया कि इस तरह की प्रक्रिया परिवार की प्रतिष्ठा के प्रतिकूल हैं। उनकी दलील को ख़ारिज कर मिसेस लोनोरगन जो एक प्रमाणित डॉक्टर थीं, ने घोषित किया कि सकत सिंह की पत्नी गर्भवती नहीं हैं।

डॉक्टरी जाँच के तीन हफ़्ते बाद सकत सिंह ने घोषित किया कि उनकी पत्नी ने पुत्र को जन्म दिया है। लेकिन, महाराणा फतेह सिंह एवं आवासी कर्नल माइल्स ने स्पष्ट रूप से निर्णय दिया कि सकत सिंह का पुत्र नकली है।

मेहता पन्नालाल अपनी स्वजीवनी में आगे लिखते हैं,

"बागोर के महाराज सकत सिंह का सन् 1889 में निधन हुआ। महाराणा फतेह सिंह ने रियासत को खालसा में जोड़ने का आदेश जारी किया, क्योंकि सकत सिंह का कोई उत्तराधिकारी नहीं था। सोहन सिंह, जिन्हें महाराणा सज्जन सिंह के समय उनके उद्दंड व्यवहार के लिये बागोर रियासत से बेदख़ल कर दिया गया था, ने ब्रिटिश सरकार से फतेह सिंह के आदेश का विरोध किया। सकत सिंह की माता एवं दो विधवाओं ने भी सोहन सिंह को समर्थन करते हुए अपनी याचिका भेजी।"

सोहन सिंह के दिए हुए दस्तावेज़ों की सच्चाई जानने के लिये दरबार ने एक समिति का गठन किया जिसमें छानबीन करने हेतु बेदला के राव तखत सिंह, ठाकुर मनोहर सिंह, प्रधान मेहता राय पन्नालाल, CIE एवं साहिवाल अर्जुन सिंह शामिल थे। छानबीन करने के पश्चात् समिति ने निर्णय लिया की दस्तावेज़ नक़ली थे।

7.7 प्रधान राय पन्नालाल मेहता द्वारा निर्मित उदयपुर घंटाघर साम्प्रदायिक एकता का प्रतीक

पर्युषण पर्व के दौरान सन् 1887 में, मलदासजी की गली से बकरे को बलि के लिए ले जाए जाने के कारण महाजनों एवं बोहरों में ईंट पत्थरों से लड़ाई हुई। चाकू-छुरी चले। कानों-कान खबर लगते ही प्रधान राय पन्नालाल मेहता ने सेना को जातीय दंगों पर रोक लगाने का आदेश दिया। दंगों को रोकने के लिये प्रधान द्वारा लिये गए तत्पर निर्णय की महाराणा एवं अंग्रेज अधिकारी ने भूरि-भूरि प्रशंसा की। ब्रिटिश अधिकारी ने पूछताछ कर दोनों समाज के लोगों पर पांच-पांच हज़ार रुपए जुर्माना लगाया। प्रधान राय पन्नालाल मेहता ने महाराणा फतेह सिंह (रा.1884-1930) से निवेदन किया,

"हुज़ूर, शहर में कोई घंटाघर नहीं है इसीलिए मैं यह प्रस्ताव रखता हूँ कि महाजनों एवं बोहरों की आपसी एकता का प्रतीक निमित्त शहर कोतवाली के सामने एक घंटाघर बनवा दिया जाये।"

जुर्माने के भुगतान की रकम को दरबार के राजकोष में जोड़ दिया गया। घंटाघर राय पन्नालाल मेहता की देख-रेख में बनवाया गया। शहर कोतवाली के समक्ष आज भी घंटाघर ऊँचे क़द के साथ खड़ा है।

7.8 मेहता पन्नालाल के आलोचकों ने जहाजपुर से मेहता लक्ष्मीलाल को हटाया

"नकली पुत्र" की घटना के पश्चात् मेहता राय पन्नालाल ने कई नए शत्रु बना लिए। प्रमुख आलोचक कविराज श्यामलदास ने ब्रजनाथ एवं कोठारी बलवंत सिंह के साथ मिलकर महाराणा फतेह सिंह को यह कहकर उकसाया कि मेहता पन्नालाल ने महाराज सकत सिंह की गुप्त रूप से मदद की। लेकिन, अदालत ने मेहता पन्नालाल को दोषमुक्त कर बरी किया। तत्पश्चात, इस तिकड़ी ने मामा अमन सिंह को, मेहता लक्ष्मीलाल के ख़िलाफ़ सेना का विश्वास जीतने जहाजपुर भेजा एवं दरबार में लगातार ग़लत शिकायतें दर्ज करनी शुरू कीं।

मेहता पन्नालाल अपनी स्वजीवनी में लिखते हैं,

"सन् 1888 में, मेरे भाई लक्ष्मीलाल के पुत्र जोध सिंह का विवाह हुआ। विवाह के पश्चात् ही महाराणा फतेह सिंह ने जहाजपुर यात्रा पर जाने का निर्णय लिया। महाराणा के आगमन हेतु मेहता लक्ष्मीलाल भी जहाजपुर गए। उदयपुर में मामा अमन सिंह के बहकावे में आकर एक सैन्य अधिकारी ने रेजिडेंट कर्नल माइल्स से कहा कि घर में आयोजित विवाह की आड़ में मेहता लक्ष्मीलाल ने जहाजपुर वासियों से पैसे वसूले हैं। अंग्रेज अधिकारी इस राजनीति से अनजान थे।"

महकमा खास ने कर्नल माइल्स को मामले की छानबीन करने जहाजपुर भेजा। कर्नल माइल्स को सैन्य अधिकारियों से तक़रीबन सत्तर लिखित शिकायतें मिलीं और उन्होंने जहाजपुर में 8-10 अधिकारी एवं मुनीमों को बंदी बनाया। उन्होंने हाकिम मेहता लक्ष्मीलाल से ना ही कोई पूछताछ की ना ही जवाब माँगा। उदयपुर लौटते समय उन्होंने विवरण महकमा खास को सौंपा। मेहता पन्नालाल को भी अपना विवरण देने के लिए कहा गया। अधिकारी एवं मुनीमों को बंदी बनाकर उदयपुर लाकर पूछताछ की गयी, लेकिन शिकायतों के ख़िलाफ़ कोई सबूत नहीं मिले।

आबू में उस समय के ए.जी.जी. कर्नल वाल्टर ने मेहता पन्नालाल से कहा,

"पूछताछ अच्छी थी लेकिन मुझे कोई भी सच नज़र नहीं आया। दरअसल, मेहता लक्ष्मीलाल की देख-रेख में जहाजपुर ज़िला और भी समृद्ध हुआ है। जहाजपुर की आमदनी सवा लाख रुपए से बढ़कर एक लाख पिचानवे हज़ार हो गयी है।"

मेहता पन्नालाल स्वजीवनी में लिखते हैं,

"ए.जी.जी. कर्नल वाल्टर ने खुलासा किया कि महाराणा फतेह सिंह, मेहता लक्ष्मीलाल को जहाजपुर के हाकिम पद से हटाने की ज़िद पर अड़े थे और उन्हें नहीं रोकने की सलाह दी।"

कर्नल वाल्टर आगे लिखते हैं,

"यह आपकी (मेहता पन्नालाल) गलती हैं कि किसी अल्पायु को मेवाड़ सिंहासन पर बैठाने की बजाय आपने महाराणा फतेह सिंह के राज्याभिषेक का समर्थन किया। अन्यथा हम दोनों मिलकर राज्य बेहतर ढंग से चला सकते थे।"

फलस्वरूप, प्रधान मेहता पन्नालाल ने उनके भाई मेहता लक्ष्मीलाल को जहाजपुर से हटा दिया। जगन्नाथ धिकड़िया को जहाजपुर हाकिम पद पर नियुक्त किया गया। मेहता लक्ष्मीलाल को महकमा ख़ास में प्रस्तुत किया और पांच सौ रुपये का जुर्माना लगाया।

7.9 मेहता पन्नालाल घोड़े से गिरे

सन् 1888 की गर्मी में, महाराणा फतेह सिंह (रा.1884-1930) अपने घोड़े पर अंग्रेज रेजिडेंट अधिकारी से मिलने निकले। प्रोटोकॉल के अनुसार, प्रधान मेहता पन्नालाल भी अपने घोड़े पर चढ़ महाराणा के आगे चलने लगे। महलों से वे सूरज पोल और आगे दिल्ली दरवाज़े की ओर चल पड़े।

एक ब्रिटिश व्यक्ति की बग्गी सामने से आ रही थी। महाराणा ने प्रधान से अंदर बैठे लोगों के बारे में जानकारी लेने के लिये कहा। जैसे ही मेहता पन्नालाल ने अपने घोड़े को बग्गी की ओर मोड़ा, घोड़ा बिदक कर गिर पड़ा। मेहता पन्नालाल भी गिरे और उनके पैर पर गहरी चोट आई। फिर भी वे घोड़े पर चढ़े और उनके निजी सहायक, लक्ष्मण सिंह चौहान उन्हें हवेली तक ले गए। उनके पैर की हड्डी घोड़े के पैरों से कुचल गयी थी।

मेहता पन्नालाल स्वजीवनी में लिखते हैं,

"उपचार तो शुरू हुआ लेकिन दर्द बढ़ता रहा। मुझे गतिहीन किया गया और यह उपचार छः महीनों तक चला। महकमाख़ास का काम भाई तखत सिंह जी देखने लगे। मैं डॉक्टर मलान, स्कॉटिश मिशन के माननीय डॉक्टर शेपर्ड एवं हकीम अकबर अली की आरोग्य निगरानी में

था। डॉक्टरों की फ़ीस एवं दवाई में पांच हज़ार रुपये खर्च हुए। श्रीजी हुज़ूर फतेह सिंह जी ने मेरे स्वास्थ्य लाभ की पूछताछ की। रेजिडेंट कर्नल पिकोक भी तीन बार मुझ से मिलने आये।"

7.10 ड्यूक ऑफ़ कनौट ने फतेह सागर झील एवं जनहित परियोजनाओं की नींव रखी

महाराणा फतेह सिंह के शासन काल में प्रधान मेहता राय पन्नालाल अपने पुत्र फतेहलाल के साथ कई ब्रिटिश उच्चाधिकारियों के उदयपुर भेंट के मेज़बान बने। विभिन्न जनहित परियोजनाओं को बढ़ावा देने में प्रधान की महत्वपूर्ण भूमिका का समर्थन, एवं भूरि-भूरि प्रशंसा ड्यूक ऑफ़ कनौट ने की, जैसे:

- सन् 1885 में, वॉयसरॉय लॉर्ड डफ़रिन ने न्यू वॉल्टर ज़नाना हॉस्पिटल (वर्तमान में मोती चोहट्टा का आयुर्वेदिक हॉस्पिटल) की नींव रखी।
- सन् 1889 में, राजकुमार ऐल्बर्ट विक्टर ने अपनी दादी एम्प्रेस विक्टोरिया के संगमरमर की मूर्ति का अनावरण गुलाब बाग़ में किया।
- सन् 1889 में, वॉयसरॉय लॉर्ड लेंसडोन ने पब्लिक लाइब्रेरी विक्टोरिया हॉल (वर्तमान में सरस्वती सार्वजनिक पुस्तकालय) का उद्‌घाटन गुलाब बाग़ में किया।
- सन् 1889 में, कनौट के ड्यूक एवं रानी ने कनौट बांध (वर्तमान, फतेह सागर झील की पाल) की नींव रखी। प्रधान मेहता राय पन्नालाल के प्रस्ताव पर 'देवाली का तालाब' के बांध (पाल) की ऊँचाई 20 फ़ीट से बढ़ा दी गयी। नींव का पत्थर कनौट के ड्यूक द्वारा रखा गया। बांध (पाल) का नामकरण 'कनौट बांध' हुआ एवं झील का नया नाम 'फतेह सागर झील' रखा गया।
- पिछोला और स्वरूप सागर को फतेह सागर से जोड़ने वाली नहर का सुझाव इंजीनियर थोमसन् ने दिया जो की पाल की ऊँचाई 20 फ़ीट बढ़ाने की वजह से सम्भव हो पाया। इसे प्रारंभ में थोमसन् कैनाल के नाम से जाना जाता था।

मेहता पन्नालाल स्वजीवनी में लिखते हैं,

"सन् 1889 में, कनौट के ड्यूक ने उदयपुर यात्रा की। प्रधान मेहता राय पन्नालाल के पुत्र मेहता फतेहलाल, अंग्रेज़ी भाषा के सुवक्ता होने के कारण प्रतिष्ठित एवं विशिष्ट अतिथियों की आवभगत हेतु प्रोटोकॉल अफ़सर के तौर पर नियुक्त किए गये। बेहतरीन आयोजनों के अंतर्गत 'गणगौर की सवारी' का भी आयोजन हुआ।"

7.11 मेवाड़ और मारवाड़ की सीमा को लेकर विवाद

कुम्भलगढ़ पगलिया की नाल (बड़ी सादड़ी-घाणेराव की नाल के नाम से भी प्रचलित) सीमा पर कुछ भूमि विवाद खड़ा हुआ। ए.जी.जी. कर्नल वॉल्टर ने सुझाव रखा कि दोनों पक्षों के वरिष्ठ अधिकारी बैठक में हिस्सा लें। जोधपुर से महाराजा जसवंत सिंह द्वितीय ने खुद आने का निर्णय लिया, लेकिन मेवाड़ से प्रधान मेहता राय पन्नालाल को देसूरी में बैठक के लिए जाने को कहा गया।

प्रधान मेहता राय पन्नालाल को पूर्ण औपचारिक टेंट और डेरा-लवाजमा, एक मादा हाथी, एवं सोने की छड़ी ले जाने वाले व्यक्ति आदि प्रदान किये गए। वह नाथद्वारा और गडबोर-चारभुजा होते हुए देसूरी पहुंचे। प्रधान मेहता राय पन्नालाल, महाराजा जसवंत सिंह के डेरे में गए जहाँ उन्हें डेरे के बाहर खुद महाराजा लेने आये।

मेहता पन्नालाल ने कहा,

"आप मारवाड़ के महाराज हैं और मैं, मेवाड़ राज्य का मात्र एक सेवक हूँ। मैं अपनी तुलना आप से नहीं कर सकता। कृपया कर आप ही समाधान निकालें।"

इस पर महाराजा जसवंत सिंह ने पूछा, *"आप क्या चाहते हैं?"*

मेहता पन्नालाल ने सुझाव दिया कि पगलिया की नाल मेवाड़ राज्य में रहनी चाहिये। अतः दोनों ने अपनी अपील ए.जी.जी. कर्नल वॉल्टर तक पहुँचायी जो वहाँ मौजूद थे। देसूरी एवं मेवाड़ से अपनी सहमति जताते हुए महाराजा ने कहा,

"मेवाड़ के पहाड़ों से मारवाड़ की ओर आने वाले पानी का हक़ ना छीना जाये।"

मेहता पन्नालाल को यह सुनकर आश्चर्य हुआ कि प्राकृतिक पानी का बहाव कोई कैसे रोक सकता है। इसलिये वे तुरंत ही सहमत हो गये। कर्नल वॉल्टर ने प्रधान को दुबारा सोचने के लिये कहा क्योंकि नदी या तालाब के पानी बहाव पर बांध बना कर मोड़ा जा सकता है। इसलिये यह निर्णय हुआ कि मेवाड़ अपनी तरफ़ बांध बांधने से पहले मारवाड़ से विचार विमर्श करेगा और यही नियम मारवाड़ पर भी लागू रहेगा। इस नियम पर सहमति जताकर दोनों पक्षों ने इस मामले को समाप्त किया।

महाराजा जसवंत सिंह के आग्रह के बाद भी अतिथि सत्कार का व्यय मेवाड़ ने उठाया। देसूरी प्रस्थान से पहले, मेहता पन्नालाल ने श्रीनाथजी के मंदिर में पांच सौ रुपये की बोलमा की अगर निर्णय मेवाड़ के हक़ में आता है। इसलिये वापसी में, सोने की नक़्क़ाशी वाली चाँदी की ढाल उन्होंने नाथद्वारा मंदिर में भेंट चढ़ायी।

प्रधान मेहता राय पन्नालाल के अटूट प्रयत्नों के कारण सन् 1889 में, मारवाड़-मेवाड़ रेलवे लाइन का भी काम पूरा हुआ।

7.12 मेहता राय पन्नालाल की बदनामी का षड्यंत्र रचा गया

सन् 1891 में, तीर्थ यात्रा से उदयपुर लौटते समय, एकलिंगजी के निकट चीरवा का घाटा पर, मेहता पन्नालाल को अपने भाई मेहता तखत सिंह से एक पत्र प्राप्त हुआ। उस पत्र में लिखा था कि देलवाड़ा राज्य की ओर से बैरिस्टर श्यामजी कृष्ण वर्मा (महदराज सभा के भी सदस्य) ने मेहता राय पन्नालाल एवं रेसीडेंट कार्यालय के मुख्य लिपिक के विरुद्ध याचिका दायर की है, कि उन्होंने पांच हज़ार रुपये की रिश्वत दी है। पंडित श्यामजी कृष्ण वर्मा ब्रिटिश विरोधी थे इसीलिए मेहता राय पन्नालाल को वे ब्रिटिश एजेंट समझ कर नापसंद करते थे।

अंग्रेज रेजिडेंट ने स्वयं छानबीन शुरू की। देलवाड़ा के बही-खाते जाँच पड़ताल हेतु प्रस्तुत किए गये और उसमें पाया गया कि मुख्य लिपिक ने मेहता फतेहलाल द्वारा रकम तांगे से पहुँचायी। तांगा सवार एवं मुख्य लिपिक से पूछताछ की गयी और पाया कि शिकायत झूठी थी। तत्पश्चात्, यह भी पाया गया कि सहीवाल बख्तावर सिंह इस पूरे मामले को उकसा रहे थे। इसलिए, सहीवाल की वकालत एवं 'राय' पदवी छीन ली गयी।

तत्पश्चात, शाहपुरा राजाधिराज की घटना हुई जिसमें देबारी के निकट उनका गाँव, उनसे दरबार में हाजिरी ना लगाने के कारण छीन लिया गया। नये अंग्रेज रेजिडेंट कर्नल वॉयली के महाराणा फतेह सिंह के साथ अच्छे संबंध स्थापित हुए। मामले का विवरण देवली में एजेंट लेफ़्टिनेंट कर्नल थॉर्ंटॉन को दिया गया। इस दौरान मेहता पन्नालाल को प्रधान के रूप में अलगाव और घुटन महसूस होने लगी थी।

प्रख्यात इतिहासकार बी. के. गुप्ता अपनी किताब, 'Studies In Indian History: Rajasthan Through The Ages" में लिखते हैं,

"अपने शासन काल के शुरुआती दिनों में महाराणा फतेह सिंह ने अंग्रेज रेजिडेंट के साथ अच्छे संबंधों को निभाया। लेकिन धीरे-धीरे ऐसी परिस्थितियां बनीं कि महाराणा की अंग्रेज रेजिडेंट और अन्य ब्रिटिश अधिकारियों के साथ अनबन होने लगी। अंग्रेज रेजिडेंट को सभी ब्रिटिश अधिकारियों एवं प्रधानमंत्री मेहता राय पन्नालाल, CIE, का पूर्ण समर्थन था।"

आगे बी. के. गुप्ता लिखते हैं,

"एक ब्रिटिश विरोधी दल बना जिसमें महाराज गज सिंह एवं कोठारी बलवंत सिंह, महाराणा फतेह सिंह के समर्थन में थे। मेहता राय पन्नालाल, CIE, महाराणा शंभू सिंह के समय से ही मंत्री रूप में कार्यरत थे। अपने सेवा काल में उन्होंने ब्रिटिश समर्थन का आनंद लिया। धीरे-धीरे राज्य में प्रधान पद के सामर्थ्य का उपभोग करते समय उन्हें 'ब्रिटिश एजेंट' के तौर पर देखा जाने लगा, जिनका विरोध करने की हिम्मत युवा महाराणा सज्जन सिंह भी नहीं कर पाये।"

शुरुआत से ही महाराणा फतेह सिंह के सम्बंध मेहता राय पन्नालाल के साथ अच्छे नहीं थे और वे विशेष तौर पर मेहता राय पन्नालाल के रोबीले रवैये को लेकर नाराज़ थे। प्रधानमंत्री पद के बारे में, ऐसा लगता हे कि पिछले इतिहास से सीखते हुए, महाराणा ने शुरू में ही एक निश्चित निष्कर्ष निकला। महाराणा ने अपने मन में मेहता राय पन्नालाल की सेवाओं को दूर करने और उनको प्रधान के पद से हटाने का फैसला लिया।

7.13 महाराणा फतेह सिंह का प्रधान राय पन्नालाल मेहता को पद से हटाने का फैसला

अगस्त 1894 में, ए.जी.जी. कर्नल ट्रेवर व्यक्तिगत तौर पर महाराणा फतेह सिंह से पुनः मेल मिलाप करने आबू से उदयपुर आये। नये रेजिडेंट अधिकारी कर्नल वयिल के महाराणा फतेह सिंह के साथ अच्छे संबंध थे। जब ए.जी.जी. कर्नल ट्रेवर महाराणा से मिले, तब महाराणा ने मेहता राय पन्नालाल को प्रधानमंत्री पद से बर्ख़ास्त करने की इच्छा जतायी। महाराणा ने कहा,

"मेरी राय में पन्नालाल एक कपटी है। वह मेरे विरुद्ध हर तरह का षड्यंत्र रच रहा है एवं भ्रष्टाचारी भी हैं। मैं पन्नालाल को पहले ही बर्ख़ास्त कर देता लेकिन ब्रिटिश सरकार की दखल के डर से नहीं कर पाया।"

प्रख्यात इतिहासकार बी. के. गुप्ता अपनी किताब, 'Studies In Indian History: Rajasthan Through The Ages" में लिखते हैं,

"कर्नल ट्रेवर को महाराणा के विचार पसंद नहीं आये। लेकिन उन्होंने महाराणा को, पन्नालाल को हटाने के फैसले पर अटल पाया। यह निर्णय लिया गया कि मेहता राय पन्नालाल को डेढ़ वर्ष के अवकाश के बाद पद त्यागना होगा। लेकिन, महाराणा के साथ हुई इस बैठक में कर्नल ट्रेवर ने एक शाही उद्देश्य भी हासिल किया। महाराणा द्वारा पन्नालाल की बर्ख़ास्तगी की माँग को स्वीकार करते हुए वे चित्तौड़ से उदयपुर तक, लम्बे समय से लंबित, रेल लाइन के निर्माण के लिए महाराणा को मनाने में सफल रहे।"

7.14 पन्नालाल के प्रधान पद से त्याग-पत्र पर प्रतिक्रियाएं

सन् 1894 में, गवर्नर जनरल के एजेंट (ए.जी.जी.) की सलाह पर वे लंबी छुट्टी पर गए और तीर्थ यात्रा के दौरान, मेहता पन्नालाल ने इस्तीफा दे दिया। उन्होंने अपने जीवन के बचे हुए साल मेवाड़ में प्रदेश के मामलों के करीबी पर्यवेक्षक के रूप में बिताए।

कर्नल जेम्स टॉड अपने संस्मरण 'Annals And Antiquities of Rajasthan' में लिखते हैं,

"मेहता शेर सिंह एक बहुत ही उच्च स्तर के प्रशासक थे। इनमें से अंतिम प्रधान थे मेहता राय पन्नालाल जिन्होंने लगातार तीन महाराणाओं, महाराणा शंभू सिंह से शुरू हो कर महाराणा फतेह सिंह तक के शासन काल में अहम पद संभाले।"

मेहता पन्नालाल के असाधारण प्रयासों की दो अद्‌भुत मिसालें हैं, न्यायिक व्यवस्था को विशेषाधिकारों से अलग करना एवं प्रथम बार गजट (राज सूचना पत्र) को प्रकाशित करना। महाराणा के प्रमुख सलाहकार के रूप में वे यह सब अपने तिहरे दायित्वों - महाराणाओं से निष्ठा, ब्रिटिश राजकीय विभागों से समन्वय एवं राज्य की जनता का कल्याण, जो उनके हृदय के निकट था, को चतुराई से निभाया। ऐसा करने में उन्हें अदालत की नाराजगी, निर्वासन और भाग्य का उलटफेर भी भुगतना पड़ा। यहां तक कि हत्या के प्रयास का सामना करना पड़ा, जो एक ज़नाना महल की साज़िश से प्रेरित था।

प्रख्यात इतिहासकार बी. के. गुप्ता अपनी किताब, 'Studies In Indian History: Rajasthan Through The Ages" में लिखते हैं,

"महाराणा को ब्रिटिश सरकार ने किसी और को लेकर प्रधानमंत्री पद पर नियुक्ति की सलाह दी जो उन्होंने नकार दी। महाराणा फतेह सिंह, सत्ता में अपनी शासन क्षमता को किसी तरह कम नहीं करना चाहते थे। पन्नालाल से छुटकारा पाने के बाद अपने तीस साल के शासन काल में उन्होंने किसी भी अधिकारी को प्रधानमंत्री पद पर नियुक्त नहीं किया।"

उस समय के एक ब्रिटिश रेजिडेंट अधिकारी कैप्टन पिटने ने ब्रिटिश पत्रिका में मेहता राय पन्नालाल के बारे में वर्णन किया है,

"मैं अपने जीवन में शाही व्यक्तियों और गणमान्य व्यक्तियों से मिला एवं निराश भी हुआ लेकिन एक व्यक्ति जिन्हें मैं कभी भूला नहीं पाऊँगा वे हैं मेवाड़ के भूतपूर्व प्रधानमंत्री राय पन्नालाल मेहता। जब मैंने उन्हें देखा था वे अपने श्वेत पहनावे में थे। राजपूती सीधी दाढ़ी में उनका चेहरा मुलायम झुर्रियों में पार्चमेंट जैसा प्रतीत होता था। जिस गौरव के साथ वे सोचते,

उनकी नज़र एवं काया, मानों धोखाधड़ी और चापलूसी को ललकार रही हो। जबकि वे मृदुभाषी थे, फिर भी उनकी शांत मौजूदगी में हर अक्षर साफ़ सुनाई पड़ता था। मैंने सोचा कि अगर पाँच सौ वर्षों के मेहता पीढ़ियों के पालन पोषण का यह परिणाम है तो इन गुणों को अपने वंश की ख़ुशहाली एवम् संरक्षण के लिये इनके बारे में लिखा जाना चाहिये।"

7.15 तीर्थ यात्रा पूर्ण कर मेहता राय पन्नालाल उदयपुर लौटे

सितंबर सन् 1894 में, गवर्नर जनरल के एजेंट (ए.जी.जी.) की सलाह पर वह लंबी छुट्टी पर चले गए। मार्च 1895 में तीर्थ यात्रा से लौटने पर, मेहता पन्नालाल ने महाराणा फतेह सिंह को यह कहते हुए पत्र लिखा कि क्योंकि उनको उदयपुर आने की अनुमति नहीं हैं, इसलिए उन्हें बद्रीनाथ की तीर्थयात्रा पर जाने की अनुमति दी जाये, जो उनके लिए शेष पवित्र स्थानों में से अंतिम है। श्रीजी ने उदयपुर लौटने का आदेश दिया। चित्तौड़गढ़ से मेहता पन्नालाल के लिये लवाजमे का प्रबंध किया गया। हाथियों के स्थान पर बग्गियों का उपयोग किया गया। उदयपुर आगमन पर, श्रीजी महाराणा फतेह सिंह ने मेहता पन्नालाल से विधिपूर्वक भेंट की। तत्पश्चात् वे रेजिडेंट अधिकारी कर्नल वाईल से मिले जिन्होंने दो सप्ताह बाद उन्हें अजमेर लौटने की सलाह दी। मेहता पन्नालाल ने रेजिडेंट अधिकारी को यह लिखित में देने के लिए कहा, लेकिन अधिकारी ने इनकार कर दिया। चूंकि श्रीजी ने भी मेहता पन्नालाल को अजमेर लौटने के लिये नहीं कहा, इसलिये वे उदयपुर में ही रहने लगे।

उस समय बैरिस्टर श्यामजी कृष्ण वर्मा, महाराणा के सलाहकार थे। वे मेहता पन्नालाल के बारे में महाराणा के कान भरते रहे, लेकिन महाराणा और रेजिडेंट अधिकारी ने उनकी बातों को अनसुना कर दिया। धीरे-धीरे बैरिस्टर श्यामजी कृष्ण वर्मा की हरकतें सामने आयीं और उन्हें मेवाड़ से निष्कासित कर दिया गया। तत्पश्चात, ब्रिटिश विरोधी गतिविधियों को जारी रखने हेतु वे लंदन में रहने लगे और सन् 1930 में जिनीवा में उनका देहांत हुआ। पंडित श्यामजी कृष्ण (1857-1930) एक भारतीय क्रांतिकारी, वकील एवं पत्रकार थे जिन्होंने लंदन में Indian Home Rule Society, India House एवम् The Indian Sociologist की स्थापना की।

मेहता राय पन्नालाल ने कर्नल वाईल का आभारी होते हुए कहा कि उन्होंने समय पर प्रधान के रूप में इस्तीफा देने की सलाह दी और छः महीने की छुट्टी का भुगतान करने की व्यवस्था की। हालांकि मेहता पन्नालाल को इस्तीफे की आधिकारिक स्वीकृति नहीं मिली लेकिन उन्हें आबू स्थित ए.जी.जी., जी. एच. ट्रेवर से प्रशंसा पत्र मिला।

Rai Pannalal Mehta, CIE, has been the chief official of the Udaipur Durbar for I believe about 25 years and has been highly praised for his abilities by successive residents. He now retires from office having been held in high estimation by the government and to the regret of many friends in Mewar.

My best wishes to him.

I trust he will find peace and repose after his long-distinguished career.

GH Trevor

Agent to the Governor General for Rajputana

Abu

18 March 1895

मेहता राय पन्नालाल का सन् 1919 में उदयपुर में देहांत हुआ। महासत्या जी में पूर्ण राजकीय सम्मान के साथ उनका अंतिम संस्कार हुआ। सन् 1920 में, उनके पुत्र मेहता फतेहलाल द्वारा उनकी स्मृति में छत्री बनवायी गयी। मेहता पन्नालाल (जन्म 1843-1919) ने अपने जीवन काल में सभी महत्वपूर्ण पत्र व्यवहार की डायरी बनायी थी। तत्पश्चात्, 60 के दशक में उनके प्रपौत्र मेहता गोकल लाल, (Retd IAS) ने सभी जानकारी संग्रहीत कर एक जीवनी प्रकाशित की: **'स्वजीवनी - राय पन्नालाल मेहता, CIE: मेवाड़ राज्य के अमात्य'**

Maharana Sajjan Singh visited Jahazpur in December, 1878.
Hakim & Military Commander Mehta Laxmilal made elaborate arrangements.
A Durbar was held at Nau-Chowkiya. The soldiers with band and armour were paraded, whilst nobles and sirdars of district were granted 'Baithak'.

विट्ठलदास मेहता, किलेदार मंडलगढ़ (रा.1878-1935)

फतेह लाल मेहता, सदस्य महदराज सभा (रा.1899-1946),
फोटो: MMCF, Udaipur

अध्याय 8

20-21वीं शताब्दी

मेवाड़ के दीक्षित बच्छावत मेहता परिवार

मेहता फतेहलाल एक निपुण राजनीतिज्ञ थे और उनकी सलाह का महाराणा फतेह सिंह सम्मान किया करते थे। साथ ही वे उच्च पदाधिकारियों के औपचारिकताओं का विशेष ध्यान रखते थे। मेहता फ़तेहलाल के पोते, मेहता कन्हैया लाल राजपूताना से प्रथम भारतीय लोकसेवा अधिकारी (ICS) थे जो कई देशों में राजदूत एवं उच्चायुक्त के तौर पर विशेष सम्मान से सेवारत रहे।

इस दौरान राज्य में महत्त्वपूर्ण प्रशासनिक बदलाव आये और बच्छावत मेह्ताओं की हाकिम पद पर नियुक्ति की गयी। स्वतंत्रता पश्चात् प्रदीप सिंह मेहता, बीसवीं एवं इक्कीसवीं सदी में बच्छावत मेहता वंश के दिग्गज हैं जिन्होंने ग़ैर सरकारी संगठनों में उत्कृष्ट कार्य किया है। राष्ट्रीय एवं अंतरराष्ट्रीय स्तर पर उन्हें काफी सम्मान प्राप्त हुआ हैं।

8.1 मेहता फतेहलाल की महदराज सभा के सदस्य पद पर नियुक्ति

मेहता राय पन्नालाल के पुत्र मेहता फतेहलाल (ज.1869-1959) की प्रारंभिक शिक्षा बनारस के पंडित जगन्नाथ झारखंडी की देखरेख में हुई। वे बहुत ही होनहार एवं बुद्धिमान विद्यार्थी थे। उच्च शिक्षा प्राप्त करने हेतु वे अजमेर गये। उस समय के सेटलमेंट अधिकारी, मिस्टर ए विंगेट, बारह वर्षीय मेहता फतेहलाल के कौशल को देख बहुत खुश हुए। तेरह वर्ष की आयु में, महाराणा सज्जन सिंह ने उन्हें पाँवों में सोने के कड़े पहनने का विशेषाधिकार प्रदान किया। उसी वर्ष, उदयपुर में, उन्होंने बुद्धि प्रकशिनि सभा (बुद्धिजीवी संस्था) की स्थापना की। दिसम्बर 1884, मात्र पंद्रह की उम्र में वे काशी नगर हिंदी प्रचारिणी सभा के अध्यक्ष बने।

हाकिम देवस्थान एवं माल विभाग पद पर मेहता फतेहलाल ने विशिष्टता के साथ सेवा प्रदान की। सन् 1899 में, वे मात्र 30 वर्ष की उम्र में महदराज सभा के सदस्य के रूप में नियुक्त हुए। बिजोलिया के राव किशन सिंह के साथ मेहता फतेहलाल के पगड़ी-बदल भाई के सम्बंध रहे।

महाराणा फतेह सिंह जब भी बाहर जाते मेहता फतेहलाल को अपने साथ ले जाते एवं उनकी सलाह लेते। सन् 1902 में वे मेहता फतेहलाल महाराणा के साथ मेयो कॉलेज कमेटी की बैठक में अजमेर गये। पश्चात, उन्हें जयपुर महाराजा के पास, पत्र के साथ महाराणा के विशेष दूत के रूप में भेजा गया। नाहर मगरे में, महाराणा के मुक़ाम के दौरान वे साथ रहे।

8.2 मेहता फतेहलाल द्वारा उदयपुर में राजा रवि वर्मा का संचालन

त्रवणकोर राजसी परिवार के क़रीबी एवं गुणी कलाकार राजा रवि वर्मा, महाराणा फतेह सिंह के निमंत्रण पर उनका चित्र बनाने हेतु शनिवार 6 अप्रैल 1901 को उदयपुर पहुँचे। वे अपनी आत्मकथा 'Raja Ravi Varma: Portrait of an Artist' में लिखते हैं,

"मेवाड़ रियासत के एक दीक्षित सज्जन, फतेहलाल मेहता से मिले, जिनके साथ हमने उनकी यात्रा के विषय पर एक लम्बा पत्राचार किया था। श्री फतेहलाल मेहता एक दिन पहले ही तीर्थ यात्रा से लौटे थे। वे उदयपुर के पूर्व दीवान राय पन्नालाल मेहता, CIE के पुत्र हैं। फतेहलाल मेहता एक सुसंस्कृत युवा एवं महाराणा श्री फतेह सिंह के खास मालूम पड़ते हैं।"

राजा रवि वर्मा आगे लिखते हैं,

"शुक्रवार, 17 मई 1901: *आज प्रातः फतेहलाल जी (अब एक मित्र भी) ने अपने सुंदर बग़ीचे में हमें (मेरे भाई एवं भतीजे के साथ) सांध्य भोज का निमंत्रण दिया। फतेहलाल जी, पिता (राय पन्नालाल) एवं दोनों काका (लक्ष्मीलाल एवं तखत सिंह) भी हाज़िर थे। संध्या 8:30 बजने तक दो मुस्लिम कलाकारों ने बहुत सुरीली गायकी से हमारा मनोरंजन किया। पूर्व महाराणा के शासन काल में, वे राज्य के सेवक थे और यहीं बस गये थे। वह संध्या अत्यंत सुखद थी। अधिकतर लोग यहाँ भांग या टोडी का नशा करते हैं। भांग को ठंडाई (कुछ गरम मसालों से बना मीठा ठंडा दूध) में मिलाकर गर्मियों में शीतल पेय के रूप में पिया जाता है। यही कारण हैं कि राजपूताना ने मंदबुद्धि जीवों को जन्म दिया है, वैसे योद्धा के रूप में वे सर्व श्रेष्ठ हैं।"*

"सोमवार 24 जून 1901: *संध्या समय: हम फतेहलाल जी के बग़ीचे में गये जहां हमारे मार्गदर्शन में एक स्थानीय फोटोग्राफर उनके पिता का चित्र खींच रहा था।"*

"मंगलवार 25 जून 1901: *आज संध्या के समय, हमारे मित्र के पिता, राय पन्नालाल मेहता, हमारे पास अपना चित्र बनवाने बैठे इसे हमने अपने घर पहुँचकर पूरा करने का निर्णय लिया, क्योंकि हमारे लौटने का समय निकट आ रहा था। उनके चेहरे के नाक-नक्श विशेष एवं रंग गोरा था। सज्जन एवं सम्मानित प्रतिष्ठा थी उनकी। तक़रीबन तीस वर्षों तक वे राज्य के दीवान रहे एवं अपने कार्यकाल में वे कई विकास एवं सुधारों के जनक बने। आज वर्षा ऋतु का आरम्भ मालूम पड़ता हैं।"*

8.3 मेहता फतेहलाल - समाजसेवी, शिक्षाविद एवं सलाहकार

मेहता पन्नालाल की स्वजीवनी में पृष्ठ v, पर गोकल लाल मेहता (पुस्तक परिचय में) लिखते हैं,

"मेहता फतेहलाल ने अपने मित्र एवम् मार्गदर्शक, भारतेंदु हरिशचंद्र के मार्गदर्शन में, उदयपुर के बोहरा बाज़ार में एक हिंदी माध्यम विद्यालय, हरीश चंद्र आर्य विद्यालय की शुरुआत की। यह स्वतंत्रता तक कई दशक सफलता से चलता रहा। श्री प्रताप सभा का गठन वर्ष 1916 में हुआ। मेहता फतेहलाल ने प्रताप सभा के पंजीकरण पश्चात् वर्ष 1941 में वित्तीय सहायता प्रदान की। प्रताप सभा ने मेवाड़ के इतिहास एवं महाराणा प्रताप के जीवन घटनाओं को लेकर अग्रणी कार्य किया।"

"उनके स्वर्गवास के पश्चात, हिंदी माध्यम विद्यालय प्रताप सभा को सौंपा गया। वे बनारस की नागरी प्रचारिणी सभा (हिंदी को बढ़ावा देने वाली ग़ैर सरकारी संस्था) से भी जुड़े रहे एवं मेवाड़ के कुछ राज्य और राजपूताना में हिंदी के प्रचार के लिये कार्यरत रहे यहां उर्दू एवं फ़ारसी

बड़े प्रमाण पर न्यायालय की भाषा के रूप में प्रचलित रहीं। सन् 1960 में मेहता फतेहलाल की स्मृति में उनके दोनों प्रपोत्रों, गोकुल लाल एवं कन्हैया लाल ने उदयपुर के जनरल अस्पताल में सम्पूर्ण आपरेशन थिएटर के लिए दान दिया। सन् 2009 के क़रीब, राज्य सरकार ने पुराने आपरेशन थिएटर को तुड़वा कर नया आधुनिक आपरेशन थिएटर बनवाया है।"

"मेहता फतेहलाल एवं उनके ज्येष्ठ पुत्र देवीलाल ने अपनी हवेली में एक अच्छी लाइब्रेरी और पेंटिंग्स का संग्रह बनवाकर प्रदर्शित किया। इस लाइब्रेरी को महाराणा की लाइब्रेरी के बाद श्रेष्ठ माना गया था। इसमें कई दुर्लभ किताबें एवं रियासतों के इतिहास और उद्गम हस्तलेख शामिल थे। राजपूताना के छात्रों एवं विद्वानों के लिए यह लाइब्रेरी विशेष रूप से उपलब्ध थी।"

स्वतंत्रता के पश्चात् गुलाब बाग़ स्थित लाइब्रेरी, सरस्वती भवन, राज्य वाचनालय को दान स्वरूप दे दी गयी। मेहता फतेहलाल ने दो किताबें लिखीं, हिंदी में 'सज्जन जीवन चरित्र' एवं दूसरी किताब का शीर्षक था, 'Handbook of Meywar and Guide to Its Principal Objects of Interest', जो सर्वप्रथम सन् 1888 में, Times of India Steam Press द्वारा प्रकाशित की गयी। यह कई बार पुनः प्रकाशित हुई एवं इस किताब का अंतिम संस्करण नेबु प्रेस द्वारा सन् 2002 में प्रकाशित हुआ।

अपनी डायरी में मेहता फतेहलाल लिखते हैं,

"जब महाराणा फतेह सिंह की आयु बढ़ने लगी तो उन्हें राज्य के प्रशासन पर ध्यान देने का समय कम मिलने लगा। परिणाम स्वरूप कई दस्तावेज़ इकट्ठे होने लगे एवं सरकार का काम ठप्प होने लगा। बीसवीं सदी के पहले दो दशकों में, शिकायत वायसरॉय लॉर्ड रीडिंग तक पहुँची जो महाराणा फतेह सिंह से सत्ता वापिस लेने की सोचने लगे। इस तरह की घटनाओं में रेजिडेंट अधिकारी ने बहुत महत्त्वपूर्ण भूमिका निभायी। महत्त्वपूर्ण दरबारियों में से कुछ महाराणा फतेह सिंह, तो कुछ उनके पुत्र महाराज कुमार भोपाल सिंह के समर्थन में विभाजित हुए।"

महदराज सभा के सदस्य मेहता फतेहलाल वर्तमान स्थिति के पक्ष में थे, जबकि उनके पुत्र मेहता देवीलाल बदलाव चाहते थे। इस कारण पिता पुत्र के बीच पहले से रहा तनाव और बढ़ गया। महाराणा की ओर से मेहता फतेहलाल ने मुंबई के एक जाने माने बैरिस्टर नवरोज़जी दुमासिया को ज्ञापन पत्र बनवाने हेतु बुलवाया। कुछ समय उन्होंने उदयपुर में बिताया और महाराणा के दरबार के काम से परिचित हुए। एक दिन उन्होंने मेहता फतेहलाल से पूछा,

"महाराणा अपने दरबारियों के साथ कुत्ते के समान व्यवहार क्यों करते हैं और बदले में दरबारी भी ऐसे व्यवहार को स्वीकार क्यों करते हैं?"

अपनी डायरी में मेहता फतेहलाल आगे लिखते हैं,

"महाराणा फतेह सिंह अपने व्यवहार से ज़िद्दी कहलाते हैं एवं मेवाड़ की सामाजिक अशांति से अनभिज्ञ हैं। 28 जुलाई 1921 को, उनके अधिकार कम कर उन्हें औपचारिक रूप से पद से हटाया गया। उन्हें सिंहासन का नाममात्र अधिकार रखने की अनुमति थी। लेकिन प्रभावी शासन का अधिकार उनके पुत्र एवं उत्तराधिकारी महाराज कुमार भोपाल सिंह को सौंपा गया जिन्होंने 24 मई 1930 को महाराणा फतेह सिंह के निधन पश्चात राजगद्दी संभाली।"

8.4 मेहता पन्नालाल एवं फतेहलाल - आगरा के विशेष अलंकरण दरबार में उपस्थित

10 जनवरी 1907 को, आगरा में कुछ पुरस्कार एवं उपाधियाँ, जैसे कि *KCIE, GCIE, CIE,* इत्यादि देने हेतु लॉर्ड मिन्टो द्वारा विशेष अलंकरण दरबार का आयोजन किया गया। काबुल के अमीर, समारोह के विशिष्ट अतिथि थे। पूर्व प्रधान मेहता राय पन्नालाल एवं उनके पुत्र फतेहलाल ने इस समारोह में अपने व्यक्तिगत रूप से विविध कार्यक्रमों में उपस्थित रहने के लिए टिकट ख़रीदे। बग़ीचे में आयोजित समारोह की पूर्व संध्या के मौक़े पर उन्हें लॉर्ड मिन्टो से मिलने एवं हाथ मिलाने का मौक़ा मिला। सन् 1905 में, लॉर्ड कर्ज़न के इस्तीफ़े के बाद भारत के वायसरॉय के तौर पर लॉर्ड मिन्टो की नियुक्ति हुई एवं सन् 1910 तक कार्यभार संभाला।

मेहता पन्नालाल एवं फतेहलाल ने जयपुर के महाराज (सवाई माधो सिंह द्वितीय), तेहरी महाराज (सर कीर्ति शाह बहादुर) एवं काशी महाराज (सर प्रभु नारायण सिंह) से आपसी रुचि की बातों पर भी विचार विमर्श किया। अपनी वापसी यात्रा पर मथुरा, गोकुल, गिरिराज, जयपुर, अजमेर, पुष्कर, देवली, राजोला, चित्तौड, चारभुजा एवं नाथद्वारा के पवित्र स्थलों पर दर्शन करते हुए उदयपुर लौटे।

8.5 उन्नीसवीं शताब्दी का अकाल एवं महामारी

मेहता पन्नालाल स्वजीवनी में लिखते हैं,

"सन् 1899 में एक भयंकर अकाल पड़ा, जिसमें लाखों लोगों की मौत हुई। तीस हज़ार रुपये से अधिक राहत पर खर्च किए गए। राज्य में नई झीलों का निर्माण किया गया। फिर भी राहत कार्य में कुप्रबंध की काफी शिकायतें थीं। अकाल में हजारों जानवरों की मौत हो गई और खेतों की जुताई के लिए बैलों का आयात करना पड़ा। चित्तौड़ से उदयपुर तक रेल

लाइन होने के कारण दूर दराज के क्षेत्रों से अनाज और चारा आसानी से लाया जा सका। प्रदेश में टाइफाइड व अन्य बीमारियां जोरों से फैल रही थी। मेहता फतेहलाल के छोटे बेटे मेहता उदयलाल भी छोटी चेचक (छोटी-माता) से पीड़ित हुए।"

बाद में सन् 1899 में मेहता फूलचंद और मेहता पन्नालाल की पत्नियों का एक के बाद एक निधन हो गया। टाइफाइड महामारी और अकाल के कारण, मृत्यु के बाद अंतिम संस्कार के सामूहिक भोजन पर पूर्ण प्रतिबंध था। इसलिए अलग-अलग तीर्थ स्थलों पर ग्यारह सौ ब्राह्मणों को भोजन कराया गया। उसी समय महाराणा सज्जन सिंह की दूसरी पत्नी (किशनगढ़ मजीसा) का भी निधन हो गया, लेकिन अंतिम संस्कार और समारोहों पर प्रतिबंध के कारण शोक काल को तोड़ने के लिए दरबार में कोई सरदार-उमराव नहीं आये। इस शोक को साहिवाल अर्जुन सिंह द्वारा आभूषण पहनने की रस्म से तोड़ा गया।

8.6 मेहता पन्नालाल एवं फ़तेहलाल - इलाहाबाद में संयुक्त प्रांत प्रदर्शनी में भाग लिया

दिसंबर 1910 में, मेहता पन्नालाल, मेहता फतेहलाल एवं उनके दोनों पुत्र देवीलाल एवं उदयलाल के साथ इलाहाबाद, संयुक्त प्रांत (United Provinces) प्रदर्शनी में भाग लेने गये। प्रतिदिन का टिकट आठ आना था। यह प्रदर्शनी एक मील (1.85 sq km) क्षेत्र में फैली हुई थी। हिंदुस्तान के सभी उत्पाद प्रदर्शित किए गये थे। विविध मशीनें, काँच बनाने की तकनीक, बिजली, नहरें, और साथ में हवाई जहाज़, कारें, इत्यादि भी प्रदर्शनी में रखीं गयी थीं।

देवीलाल एवं उदयलाल ने हवाई जहाज़ में गहरी रुचि दिखायी। सन् 1910 में, पटियाला के युवा महाराज भूपिंदर सिंह, पहले भारतीय ही नहीं बल्कि पहले एशियाई थे जिनके पास हवाई जहाज़ था। वायुयानों में गहरी रुचि होने के कारण महाराजा ने तीन हवाई जहाज़ ख़रीदे जिनमें Bleriot Monoplane भी था जो इलाहाबाद में संयुक्त प्रांत प्रदर्शनी में रखा गया था।

मनोरंजन एवं मुक्केबाजी के लिये अलग टिकट थे। उन्होंने 8-10 दिनों तक इस प्रदर्शनी को देखा और इलाहाबाद में तीन नदियों, गंगा, जमुना और सरस्वती (अदृश्य) के संगम, त्रिवेणी में स्नान करने का भी अवसर लिया।

8.7 राज्य में प्रशासनिक बदलाव - बच्छावत मेह्ताओं की हाकिम पद पर नियुक्ति

पूर्व सेना नायक एवम् जहाजपुर हाकिम, मेहता लक्ष्मीलाल के पुत्र, मेहता जोध सिंह (1866-1915) गणित एवं हिसाब-किताब में निपुण थे। उन्हें महाराणा फतेह सिंह द्वारा राजकोष पर

नियुक्त किया गया एवं बाद में, सन् 1901-06 के दौरान वे राशमी और कपासन के हाकिम पद पर कार्यरत रहे।

माण्डलगढ़ क़िलेदार मेहता स्वरूप सिंह (ज.1805*-1865) के पोते, मेहता माधो सिंह (ज.1855*) की आकस्मिक मृत्यु हो गयी। उनके वारिस के रूप में छोटे भाई मदन सिंह (ज.1880*) को माण्डलगढ़ क़िलेदार पद पर नियुक्त किया गया। बाद में मेहता मदन सिंह खमनोर, पुर एवं हरडा के हाकिम पद पर कार्यरत हुए। तत्पश्चात्, उन्हें महाराणा फतेह सिंह की पुत्री के साथ कोटा भेज दिया गया। पुत्री की मृत्यु पश्चात ही मदन सिंह माण्डलगढ़ लौटे। उनके पुत्र थे, मेहता छगन सिंह। उनके दो पुत्र हैं, मेहता श्याम सिंह एवं मेहता सगत सिंह।

मेहता पन्नालाल स्वजीवनी में लिखते हैं,

"मेहता चतर सिंह (1860-1935*) के बड़े पुत्र मेहता नवल सिंह (1883*-1946), हाकिम पद पर सेंती, कपासन एवं राशमी में कार्यरत रहे। पश्चात्, सन् 1908 से 1917 के बीच मेहता विट्ठल दास के पुत्र मेहता मनोहर सिंह, कुम्भलगढ़, सहाडा एवं राजनगर के हाकिम पद पर सेवारत रहे। अप्रैल 1909 में, महाराणा फतेह सिंह ने गोस्वामी कैलाश अनंत एवं मेहता तखत सिंह के साथ हरिद्वार तीर्थ यात्रा के लिये प्रस्थान किया।"*

8.8 बच्छावत मेहता परिवार की रोमांचक एवं ऐतिहासिक घटनाएँ

कर्नल जेम्स टॉड लिखित 'Annals and Antiquities of Rajasthan' के अनुसार,

"महकमाख़ास के सदस्य एवं मेहता पन्नालाल के भांजे, मेहता (कटारिया) भोपाल सिंह, अक्सर अपने मामाओं (पन्नालाल, लक्ष्मीलाल एवं तखत सिंह) के विरुद्ध किसी न किसी बात को लेकर तिकड़म करते थे। हालाँकि, दरबार में भोपाल सिंह के विरुद्ध शिकायतें भी दर्ज़ हुईं एवं महाराणा ने कुछ अवसरों पर उन्हें फटकार भी लगायी थी।"

मेहता पन्नालाल स्वजीवनी में लिखते हैं,

"सन् 1904 में, मेहता तखत सिंह मथुरा के रास्ते तीर्थ यात्रा पर जगन्नाथ पुरी गये। सन् 1905 में, मेहता तखत सिंह देवस्थान के हाकिम पद पर पुनः नियुक्त हुए। महाराणा फतेह सिंह, कोठारी बलवंत सिंह से नाराज़ थे, क्योंकि उन्होंने मेहता (कटारिया) भोपाल सिंह (मेहता तखत सिंह के भांजे) के साथ मिलकर कई कोशिशें की, लेकिन वे मेहता तखत सिंह को निकाल नहीं पाये। उसी वर्ष, कोठारी बलवंत सिंह एवं साहिवाल अर्जुन सिंह को महकमाख़ास से हटाकर मेहता (कटारिया) भोपाल सिंह को पुनः नियुक्त किया गया।"

"अपने अंतिम दिनों में मेहता (कटारिया) भोपाल सिंह बहुत बीमार रहे एवं सन् 1912 में चल बसे। लेकिन, धोवरा की रस्म (करीबी रिश्तेदार की मृत्यु की खबर मिलने के पश्चात शोक, शुद्धि एवं स्नान की रस्म) मेहता पन्नालाल की हवेली पर ही पूर्ण हुई।"

महकमाख़ास की कार्य विधि के विरुद्ध शिकायतें बढ़ने लगीं थी। आखिरकार सन् 1913 में, महाराणा फतेह सिंह द्वारा स्वर्गीय मेहता भोपाल सिंह के स्थान पर पंडित सुखदेव प्रसाद काक, CIE एवं मेहता भोपाल सिंह के पुत्र मेहता (कटारिया) जगन्नाथ सिंह को लाया गया।

मेहता संग्राम सिंह

मेहता पन्नालाल स्वजीवनी में लिखते हैं,

"मेहता चतर सिंह के छोटे पुत्र, मेहता संग्राम सिंह (1892-1968) की नियुक्ति महदराज सभा (मेवाड़ हाई कोर्ट) के सह सचिव पद पर हुई। तत्पश्चात्, स्वतंत्रता तक वे सचिव के पद पर कार्यरत रहे। भारत की आज़ादी के बाद राजपूताना के कुछ राज्य जैसे मेवाड़, मारवाड़, जयपुर, और बीकानेर संयुक्त राजस्थान बनाने में जुट गए। गवर्नर जनरल द्वारा मेवाड़ के महाराणा भोपाल सिंह को राजस्थान का प्रथम महाराज प्रमुख नियुक्त किया। महदराज सभा का पुनर्गठन राजस्थान उच्च न्यायालय के तौर पर हुआ। मेहता संग्राम सिंह की भी नियुक्ति उच्च न्यायालय के प्रथम रजिस्ट्रार के रूप में हुई।"

मेहता पृथ्वी सिंह

मेहता संग्राम सिंह के दो पुत्र थे - पृथ्वी सिंह एवं भुपेन्द्र सिंह। मेहता पृथ्वी सिंह (1923-2019) राज्य के स्थानीय प्रशासन विभाग में कार्यरत थे एवं नगर परिषद कमिश्नर के पद से सेवानिवृत्त हुए। वे अकादमिक रूप से प्रेरित व्यक्ति थे। उन्होंने सन् 1956 में आगरा विश्वविद्यालय से इतिहास में डॉक्टरेट (Doctorate in 'The Relations Between Mewar and Marathas During 1707-1818') प्राप्त की। मेहता पृथ्वी सिंह भीलवाड़ा नगर पालिका के प्रथम आयुक्त थे। स्थानीय प्रशासन विभाग में महत्त्वपूर्ण प्रशासकीय परिवर्तन लाने के लिए उन्हें राज्यपाल पुरस्कार से सम्मानित किया गया था।

8.9 मेहता फतेहलाल का परिवार

मेहता राय पन्नालाल के पुत्र, मेहता फतेहलाल (1869-1959) के दो पुत्र थे - देवीलाल एवं उदयलाल। सन् 1917 में, मेहता फतेहलाल के बड़े पुत्र, मेहता देवीलाल ने इलाहाबाद से BA, LLB की पढ़ाई की और उदयपुर वापसी के समय, महाराणा फतेह सिंह द्वारा उन्हें देवस्थान के

हाकिम पद पर नियुक्त किया गया। सन् 1927 में, 32 वर्ष की आयु में उनकी पत्नी चल बसी एवं सन् 1937 में मात्र 45 वर्ष की आयु में अपने दो पुत्र, कन्हैया लाल और गोकल लाल तथा दो पुत्रियों, मोहन कँवर और सर्जु कँवर को छोड़ वे भी चल बसे। मेहता उदयलाल को उनके छोटे दादा मेहता तखत सिंह ने गोद लिया।

मेहता उदयलाल

सन् 1916 में, मेहता उदयलाल (1895-1963) ने पहली आर्ट्स इंटेरमीजिएट परीक्षा (FA examination) उत्तीर्ण की एवं राशमी के हाकिम पद पर डेढ़ सौ रुपए प्रति माह वेतन पर नियुक्त हुए। महाराणा ने मेहता उदयलाल को 'घोड़ा बलना' का विशेषाधिकार प्रदान किया जिसके अनुसार घोड़े का चारा एवं सईस की सुविधा का व्यय राज्य सरकार द्वारा उठाया गया। पश्चात, सन् 1930-1935 तक, मेहता उदयलाल जहाजपुर के हाकिम पद पर सेवारत रहे। बच्छावत मेहता परिवार से जहाजपुर के वे अंतिम हाकिम रहे।

सन् 1961 में, इंगलैंड की महारानी एलिज़ाबेथ द्वितीय ने महाराणा भगवत सिंह के निमंत्रण पर उदयपुर भेंट स्वीकार की। शंभू निवास महल पर, मेहता उदयलाल भी उन उमरावों एवं सरदारों में से एक थे जिनसे महारानी का परिचय करवाया गया। स्वतंत्रता के पश्चात्, सन् 1963 में उनके स्वर्गवास तक वे उदयपुर में ओसवाल समाज के अध्यक्ष रहे।

मेहता कन्हैया लाल

अजमेर में स्नातक की डिग्री एवं उसके पश्चात लंदन स्कूल ऑफ इकोनॉमिक्स तथा लिंकन इन में जाने से पहले मेहता कन्हैया लाल की प्राथमिक शिक्षा, पारम्परिक पाठशाला तथा घर पर पढ़ाई हुई। सन् 1937 में वे सर्वप्रथम राजस्थानी थे जो ICS की प्रतियोगी परीक्षा में उत्तीर्ण हुए। ब्रिटिश सरकार के लिए वे अजमेर प्रेसीडेंसी, संयुक्त प्रांत, हिमाचल प्रदेश एवं NEFA (North East Frontier Agency) में सेवारत रहे। सन् 1963-74 तक वे विदेश मंत्रालय के तहत कई विदेशों में भारतीय राजदूत पद पर सेवारत रहे।

साठ के दशक में, मेहता कन्हैया लाल अफ़ग़ानिस्तान में भारतीय राजदूत के रूप में नियुक्त थे। सन् 1972 में, भारत-अफ़ग़ान मैत्री सम्बन्धों में असाधारण योगदान के लिए, अफगान सरकार ने उन्हें सर्वोच्च नागरिक पुरस्कार से सम्मानित किया। विवाह हेतु महिलाओं का चुनाव उन्होंने स्वयं किया, पहली पत्नी जर्मन क्रिश्चियन, गिज़ला थी जिनके निधन पश्चात, हैदराबाद की एक मुस्लिम महिला, सकीना से उन्होंने विवाह रचाया। कन्हैया लाल एक कुलीन सामंतवादी

परिवार में बड़े हुए जहाँ एक आधुनिक, बंधनमुक्त, समझदार एवं पुरोगामी नागरिक के रूप में परिवर्तित हुए।

8.10 मेहता नवल सिंह का परिवार

मेहता इंदर सिंह

मेहता नवल सिंह के ज्येष्ठ पुत्र इंदर सिंह का जन्म 1910 में उदयपुर में हुआ था। सन् 1935 में, इंदर सिंह (ज.1910-92), Bar-at- law की डिग्री लेने किंग्स कालेज लंदन गये। सन् 1936 में, अपनी न्यायिक उच्च शिक्षा पूरी कर जब वे भारत लौटे तब महाराणा भोपाल सिंह ने उन्हें निजी सहायक के रूप में काम करने का निमंत्रण दिया। महाराणा भोपाल सिंह के दत्तक पुत्र, महाराज कुमार भगवत सिंह का विवाह बीकानेर के महाराज करणी सिंह की बहन राजकुमारी सुशीला कुमारी के साथ 29 फरवरी 1940 को हुआ। महाराणा भोपाल सिंह के तत्कालीन निजी सहायक, मेहता इंदर सिंह को बीकानेर में महाराज कुमार भगवत सिंह के विवाह आयोजन एवं प्रोटोकॉल का काम सौंपा गया। विवाह सुव्यवस्थित एवं सुंदर तरीक़े से सम्पन्न हुआ। वह एक भव्य समारोह था जिसे आज भी विविध महाराजा एवं ब्रिटिश अधिकारी याद करते हैं।

स्वतंत्रता के पश्चात् उनका तबादला राजस्थान प्रशासनिक सेवाओं में हुआ जहां अपनी सेवानिवृत्ति से पहले वे विभिन्न पदों पर कार्यरत रहे, जैसे ज़िला न्यायाधीश (Magistrate), ज़िलाधिकारी (Collector), जनगणना प्रमुख (Census Commissioner), राजस्व अपील प्राधिकारी (Revenue Appellate Authority) इत्यादि। सन् 1961 में उन्हें जनगणना प्रमुख के तौर पर राष्ट्रपति स्वर्ण पदक एवं प्रशस्ति पत्र भी प्राप्त हुआ। उस समय एक वर्ष के लिए जनगणना विभाग से, मेवाड़ के ढाई हज़ार से भी अधिक शिक्षकों एवं बेरोज़गार स्नातक युवाओं को अस्थायी प्रशिक्षण एवं रोजगार मिला।

सन् 1949 में, जब मेहता इंदर सिंह उदयपुर में नगर न्यायाधीश पद पर थे तब हिंदू मुस्लिम दंगे हुए। नगर न्यायाधीश के द्वारा समय रहते हस्तक्षेप के कारण दोनों पक्ष बिना किसी आपदा के अनुशासित हो गये। घंटाघर पर उत्तेजित जनता पर क़ाबू पाते वक़्त एक गोली उनकी बायीं हथेली पर लगी। पश्चात, उदयपुर के लोगों द्वारा, समय पर हस्तक्षेप कर प्रभावी रूप से दंगों पर क़ाबू पाने के लिए उनका चौगान (मैदान) में सत्कार किया गया। सन् 1887 में, उसी जगह घंटाघर पर हुए साम्प्रदायिक दंगों को याद किया जा सकता है जहां मेहता इंदर सिंह के परदादा तत्कालीन प्रधान, राय मेहता पन्नालाल की सूझबूझ से स्थिति को संभाला गया था।

सन् 2011 में जगत (चील) मेहता, IFS (सेवानिवृत्त विदेश सचिव एवं मेहता (चील) डा. मोहन सिंह के पुत्र तथा मेहता तेज सिंह के भतीजे) कहते हैं,

"लन्दन में दादा भाई साहब इंदर सिंह जी मेरे स्थानीय अभिभावक थे। गर्मियों की छुट्टियों में, मैं उनके घर रस्टहॉल एवेन्यू, बेडफ़ोर्ड पार्क में साथ रहा। पिता नवल सिंह जी से उन्हें 17 पाउंड (तब 1 पाउंड = 13 रुपये) प्रति माह हाथ खर्ची मिलती थी।"

सन् 1936 में, 15 वर्ष की आयु के मेहता (चील) जगत सिंह, अपनी उच्च शिक्षा प्राप्त करने इंगलैंड गए थे। जगत मेहता आगे कहते हैं,

"मेरे जन्म के पश्चात ही मेरी माताजी चल बसीं। काकीसा सज्जन कुंवर (1885-1975), मेरे काका मेहता (चील) तेज सिंह की पत्नी एवं मेहता नवल सिंह की बहन ने मेरे पालन पोषण का ज़िम्मा उठाया।"

इस तरह सज्जन कुंवर (मेहता नवल सिंह की बहन), मेहता (चील) जगत सिंह की पालक माता बनीं। उनकी अपनी कोई संतान नहीं थीं।

मेहता इंदर सिंह की चार संतानें हुईं – मान सिंह (जन्म 1933 - बचपन में ही देहांत हो गया), भीम सिंह (ज.1936-1980), जीवन प्रभा (ज.1945-1999) एवं प्रताप सिंह (ज.1950)। जीवन प्रभा का विवाह अजीत सिंह (चील) मेहता, IAS से हुआ जो राजस्थान सरकार के गृह सचिव पद पर रहते हुए चल बसे।

कमांडर प्रताप सिंह मेहता

मेहता प्रताप सिंह (ज.1950) भारतीय नौसेना से जुड़े एवं सन् 1971 में, भारत पाक युद्ध में सक्रिय भूमिका निभायी। सन् 1980 में उन्हें भारतीय नौसेना पोत राजपूत के हेलिकॉप्टर फ्लाइट पर नियुक्त किया गया जो कि दक्षिण पूर्व एशिया का पहला मिसाइल विध्वंसक था। पश्चात, उन्होंने मिसाइल बोट डिविज़न (भारतीय नौसेना पोत प्रलय, प्रचंड, प्रबल, प्रताप) एवं पोर्ट ब्लेयर में नेवल एअर स्क्वाड्रन (INAS 318) की कमान संभाली। श्रीलंका में, LTTE की घुसपैठ रोकने के लिये जोखिम भरा फ्लाइट सर्वेलेन्स भी किया। अपने नौ सेना के कार्यकाल में दो बार चमत्कारी रूप से वे विमान दुर्घटना से बच गए। सन् 1994 में, उन्होंने कमांडर पद से अवधि-पूर्व सेवानिवृत्ति ली। मेहता प्रताप सिंह मुंबई में अपने परिवार के साथ रहते हैं।

मेहता नकुल

मेहता प्रताप सिंह के पुत्र, मेहता नकुल एक टेलीविज़न अभिनेता, समारोह प्रबंधक एवं बेहतरीन एंकर और स्वर कलाकार (वोइस आर्टिस्ट) हैं। एक लोकप्रिय चेहरा होने के साथ ही वे एक बेहतरीन अदाकार एवं अनोखे प्रस्तुतकर्ता हैं। भारतीय टेलीविज़न पर उन्हें कई राष्ट्रीय एवं अंतरराष्ट्रीय पुरस्कार मिले हैं।

मेहता प्रदीप सिंह

मेहता नवल सिंह के कनिष्ठ पुत्र, जय सिंह मेहता (1922-2011) पत्नी रूप कुमारी के साथ कोलकाता में बस गए। मेहता जय सिंह के तीन पुत्र हैं – कर्ण सिंह, प्रदीप सिंह एवम् दिलीप सिंह। मेहता प्रदीप सिंह (ज.1948), मेहता जय सिंह के दूसरे पुत्र एवं मेहता नवल सिंह के पोते हैं। वे जयपुर स्थित कंज्यूमर यूनिट एंड ट्रस्ट सोसायटी (कट्स इंटरनेशनल) के संस्थापक महासचिव हैं। यह संस्था भारत में एक अग्रणी आर्थिक नीति पर अनुसंधान, वकालत और नेटवर्किंग का गैर-सरकारी समूह है। CUTS 1983 में स्थापित किया गया था। अप्रैल, 2012 में, उन्हें व्यापार के भविष्य को परिभाषित करने के लिए डब्ल्यू.टी.ओ. के उच्चस्तरीय हित धारक पैनल में नामित किया गया था। 2002 से 2005 तक वे भारत के वाणिज्य और उद्योग मंत्री के मानक सलाहकार रहे हैं। सन् 2023 में वे महानिदेशक, वर्ल्ड ट्रेड आर्गेनाईजेशन (डब्ल्यू. टी.ओ), के तीसरी बार एन.जी.ओ. सलाहकार मनोनीत हुए हैं।

American Biographical Institute द्वारा 2012 में स्वर्ण पदक एवं 2008 में चौथे 'एम. आर. पाई' पुरस्कार के वे विजेता रहे। दोनों ही पुरस्कार उन्हें भारत में सामाजिक एवं ग्राहक सक्रियता तथा प्रगतिशील दुनिया के अग्रगामी प्रयासों के लिए मिले। एक उम्दा लेखक, प्रभावशाली वक्ता, सामाजिक वैज्ञानिक क्षेत्र में एक निपुण प्रशिक्षक एवं आयोजक मेहता प्रदीप सिंह को भारत के प्रमुख समाचार पत्र ने उन्हें पहले तीस मशहूर समीक्षकों में माना है। उन्हें तीन और सम्मान प्राप्त हुए: SKOCH चैलेंजर अवार्ड, 2022; सिंधिया स्कूल का माधव अवार्ड – Old Boy of Eminence, 2018 और Business World Social Impact Award, 2023. सभी पुरस्कार और सम्मान वैश्विक और स्थानीय स्तर पर प्रतिस्पर्धा नीति और उपभोक्ता संरक्षण को बढ़ावा देने के लिए हैं।

8.11 मेहता डूंगर सिंह का परिवार

मेहता मनोहर सिंह के एक पुत्र हैं मेहता डूंगर सिंह। वे मेवाड़ राज्य के मुंसिफ़ थे एवं स्वतंत्रता पश्चात 1947 में, राजस्थान प्रशासनिक सेवाओं में तबादला हुआ तथा राजस्थान सरकार के

रेवेन्यू बोर्ड पर रजिस्ट्रार के पद से सेवानिवृत्त हुए। मेहता डूंगर सिंह के तीन पुत्र एवं दो पुत्रियाँ हैं। प्रताप सिंह, भागवत सिंह, गोविंद सिंह तथा फतेह कंवर व हेम कुमारी।

लेफ़्टनंट कर्नल प्रताप सिंह मेहता

लेफ़्टनंट कर्नल मेहता प्रताप सिंह (ज.1928-2014), मेहता डूंगर सिंह एवं प्रताप कुँवर की पाँचों संतानों में सबसे बड़े थे। अपनी स्कूली पढ़ाई उन्होंने विद्या भवन, उदयपुर से पूरी की। इक्कीस वर्ष की उम्र में वे देहरादून स्थित इंडियन मिलिट्री एकेडमी के स्नातक एवं 25 वर्षों से भी अधिक समय के लिए भारतीय सेना में अपनी सेवा दी। सन् 1961 (भारत-चीन युद्ध), सन् 1965 (भारत-पाक युद्ध) तथा सन् 1971 (भारत-पाक युद्ध) में सक्रिय रहे। सन् 1961 में चीनी अतिक्रमण के वक़्त उनकी पोस्टिंग भारत-चीन सीमा NEFA (अरुणाचल प्रदेश) पर हुईं थी जहां वे गुमशुदा हो गए थे। इस कारण उनके परिवार जनों में चिंता फैल गई थी। चीनी छावनी से वे किसी तरह भाग पाए एवं लगातार ग्यारह दिनों तक भूखे प्यासे चलते रहने पर तवांग में सेना हेड क्वॉर्टर पहुँच पाए। शाकाहारी होने के कारण पानी एवं जंगली अदरक खा कर वे जीवित रहे। उस समय उनकी पत्नी सरोज, कोलकाता में अपनी तीसरी संतान को जन्म देने जा रहीं थीं। उन्हें यकीन नहीं था उनके पति जीवित घर लौटेंगे भी या नहीं। बच्चे के जन्म के पश्चात् ही खबर आई कि मेजर पी एस मेहता सुरक्षित अपनी छावनी पहुँच गए हैं।

8.12 मंडलगढ़ बच्छावत मेहता का परिवार

मेहता लक्ष्मण सिंह

मेहता अक्षय सिंह के दो पुत्र थे, मेहता लक्ष्मण सिंह एवं राम सिंह। राम सिंह को मेहता गोपाल सिंह के पुत्र मेहता विजय सिंह ने गोद लिया। लक्ष्मण सिंह का जन्म मंडलगढ़ (भीलवाडा जिला) में 1 दिसम्बर 1922 को तथा स्वर्गवास उदयपुर में सन् 2002 में हुआ। सन् 1941 में विजय नगर से हाई स्कूल परीक्षा पास करने के पश्चात् वे इलाहाबाद उच्च शिक्षा हेतु गए। सन् 1947 में एल.एल.बी. की डिग्री प्रथम श्रेणी में प्राप्त की। सन् 1948 से 57 तक उदयपुर में वकालत के साथ जोजवा-मंडलगढ़ के ग्रामीण क्षेत्र में यंत्रीकरण कृषि के नए परीक्षण किये, तथा कृषि उत्पादन वृद्धि में योगदान दिया।

स्वतंत्रता पश्चात्, दोनों ने राजस्थान प्रशासन के लोकल बॉडी एडमिनिस्ट्रेशन में काम किया। प्रशासनिक योग्यता के धनी मेहता लक्ष्मण सिंह ने सन् 1958 में भरतपुर म्युनिसिपल बोर्ड के एग्जीक्यूटिव ऑफिसर का पदभार संभाला, जिसके पश्चात् वे सन् 1977 तक राजस्थान

के विभिन्न नगर परिषद आयुक्त के पद पर आसीन रहे। अपने कार्यकाल में सभी नगर परिषदों की आर्थिक स्थिति सुधरने का तथा सभी वर्ग के लोगों को संतुष्ट करने का श्रेय उन्हें प्राप्त हुआ हैं। मेहता लक्ष्मण सिंह एक सफल लेखक रहे एवं अपने पूर्वजों के विषय में गहन शोध किया। उन्होंने हिंदी में किताब लिखी, "बच्छावत गोत्रीय मेहता वंश: उत्पत्ति, अतीत एवं वर्तमान'। मेहता लक्ष्मण सिंह नगर परिषद कमिश्नर के पद से सेवानिवृत्त हुए। उनका परिवार आज (सन् 2023) भी भूत महल, उदयपुर में निवास करते हैं।

फतेहलाल मेहता (1869-1959) और जोध सिंह मेहता (ज.1866-1916)

फोटो: 1875 – MMCF. Udaipur

जोध सिंह मेहता *(फोटो: 1885), ज.1866-1916*

Jodh Singh Mehta (1866-1916)

Naval Singh Mehta (1883-1946)

Sangram Singh Mehta (1892-1968)

Akshay Singh Mehta (1880-1948)

1961 Udaipur
Uday Lal Mehta, 65 yrs
During visit of Queen Eliabeth II

महता उदयलाल — उदयपुर. आयु ६५

महारानी ऐलीजाबेथ द्वितीय के उदयपुर आगमन पर

महा सुद १४ / २०१७ ता. ३०- १- १९६१

फूस राज बच्छावत (ज.1894-1994), बीकानेर / कोलकत्ता

अध्याय 9

20-21वीं शताब्दी

बीकानेर के दीक्षित बच्छावत परिवार

देश हो या परदेस, बच्छावत परिवार का जनहित कार्यों में महत्त्वपूर्ण सहयोग रहता आया है। पूर्व में बीकानेर के करम चंद बच्छावत और उसके बाद के वंशजों की अविस्मरणीय सामाजिक उन्नायन वृतियां, आज विशेष स्मृतियाँ बनी हुई हैं।

समय-समय पर रहन सहन की जैसे-जैसे सुविधाएँ उपलब्ध होती रहीं, बच्छावत गोत्र के परिवार विभिन्न स्थलों में स्थाई वास करने लगे। बच्छावत परिवार विभिन्न प्रान्तों में व्यापारिक वृत्तियों में संलग्न हैं। अपने-अपने स्वतंत्र मतानुसार भले ही बच्छावत विभिन्न संप्रदाय जैसे श्वेताम्बर – मंदिरमार्गी हो या तेरापंथी या स्थानकवासी एवं दिगम्बर हो, सभी पारिवारिकता को निभाने वाले सेवाभावी परिवार हैं।

बंगाल के सांस्कृतिक एवं बौद्धिक क्षितिज को अपनी बुद्धिमत्ता से आलोकित करने वाले बच्छावत परिवार में जस्टिस रणधीर सिंह बच्छावत अग्रणी थे। बीकानेर के फूसराज बच्छावत, कोलकत्ता प्रवासी, सामाजिक व शैक्षणिक कार्यकर्ता व् संस्थाओं में पदाधिकारी रहे हैं। बीसवीं एवं इक्कीसवीं सदी के कुनूर / फलोदी से बच्छावत वंश से महान दिग्गज, राय बहादुर बालचंद बच्छावत, कोलकाता (बीकानेर) से जस्टिस रणधीर सिंह बच्छावत, उनके छोटे भाई प्रोफेसर (डॉक्टर) बिमल बच्छावत एवं फूसराज बच्छावत, चाड़वास से सरपंच थानमल बच्छावत और रायपुर (चाड़वास) से छत्र सिंह बच्छावत हैं। इन्होंने न्याय तंत्र, विज्ञान, कला, साहित्य, ग़ैर सरकारी संगठन इत्यादि क्षेत्रों में उत्कृष्ट कार्य किया है। राष्ट्रीय एवं अंतरराष्ट्रीय स्तर पर उन्हें सम्मान प्राप्त हुआ है।

9.1 राय बहादुर बालचंद बच्छावत, फलोदी / कुनूर (नीलगिरी)

राजस्थान के फलोदी शहर (ज़िला जोधपुर) में जन्मे बालचंद बच्छावत (1908-2004) ने कक्षा 5 तक अपनी शिक्षा सेंट जोसफस बॉयज हाई स्कूल, कुनूर (नीलगिरी, तमिलनाडु) से पूरी की। अपने जीवन काल में राष्ट्र निर्माण के कार्य में सहयोग देते हुए वे कुनूर शहर में कई सामाजिक परिवर्तन लाए।

बालचंद बच्छावत ने स्वतंत्रता पूर्व ही सन् 1942 में, अपनी दूरदर्शिता से कुनूर में लड़कियों के लिए प्रथम हिंदी माध्यम विद्यालय - 'श्री शांति विजय गर्ल्स हाई स्कूल' का निर्माण किया। इस विद्यालय की नींव उन्होंने भारतीय संस्कृति एवं आधुनिक शिक्षा को ध्यान में रखते हुए रखी थी। आज इस विद्यालय में तक़रीबन 4000 लड़कियाँ पढ़ रहीं हैं। सन् 1943 से 1948 तक वे कुनूर में Rotary Club of Nilgiris के अध्यक्ष रहे। 1952 में वे 'Nilgiri Animal Welfare Society' के संस्थापक सदस्यों में से एक थे। कुनूर नगर पालिका के वे सदस्य थे। कुनूर रायफ़ल क्लब एवं भारत स्काउट्स गाइड के भी वे सदस्य रहे। धार्मिक कार्य में अपना सहयोग देते हुए वे सन् 1948 से 1988 तक जैन मूर्तिपूजक संघ, कुनूर के अध्यक्ष पद पर रहे।

उनके सराहनीय सामाजिक योगदान के लिए ब्रिटिश सरकार ने उन्हें 1 जनवरी 1946 को राय बहादुर की पदवी से सम्मानित किया। राय बहादुर की पदवी उन्हें वायसरॉय लॉर्ड वेवेल के हाथों मिली। बालचंद बच्छावत दूरदर्शी, समाजसेवी एवं स्त्री शिक्षा के प्रबल पक्षधर थे।

9.2 किरत चंद बच्छावत का परिवार, कोलकाता / बीकानेर

जस्टिस रणधीर सिंह बच्छावत

रणधीर सिंह बच्छावत (1907-86) उच्चकोटि के न्यायाधीशों में से एक थे। किरतचंद बच्छावत के वंशज, तक़रीबन 250 वर्ष पूर्व बीकानेर, राजस्थान से बंगाल में बसे। किरतचंद के पोते, रणधीर सिंह बच्छावत का जन्म सन् 1907 में हुआ एवं अपनी शिक्षा उन्होंने सेंट ज़ेवियर्स कालेज, कोलकाता से की। सन् 1927 में, कोलकाता यूनिवर्सिटी से उन्होंने स्नातक की पदवी प्राप्त की। वे एक बड़े मेधावी विद्यार्थी रहे थे। सन् 1931 में लंदन यूनिवर्सिटी से LLB की शिक्षा पूर्ण की। सर्वेश्वर पूर्ण चंद्र स्वर्ण पदक एवं उन्हें Inner Temple द्वारा बंकिम बिहारी सेन स्वर्ण पदक से सम्मानित किया गया। रणधीर सिंह प्रसन्न चंद के पुत्र हैं एवं उनके पाँच छोटे भाई हैं।

सन् 1931 में, रणधीर सिंह (ज.1907-86) वकील बने, तत्पश्चात् सन् 1950 में कोलकाता हाई कोर्ट के न्यायाधीश बने। उनकी विश्लेषण करने की ज्ञान-शक्ति, स्पष्टवादिता, गहरी

अनुभव क्षमता, बयानों की यथार्थता आदि विशिष्ट गुणों के कारण वकीलों एवं न्यायाधीशों का अच्छा सम्मान अर्जित किया। मध्यस्थता निर्णय (आर्बिट्रेशन) करने में वे बड़े ही हमदर्द एवं विनीत प्रकृति से रहते थे।

सन् 1964 में उन्होंने उच्चतम न्यायालय (Supreme Court) की ऊँचाई प्राप्त कर ली थी। यहाँ आने के कुछ ही समय में उनकी गहरी छाप स्थापित हुई एवं न्यायालय की 'बार' ने उन्हें श्रेष्ठ न्यायाधीश का सम्मान प्रदान किया। वे 1969 में उच्चतम न्यायालय से सेवानिवृत्त हुए। 1969 में, भारत सरकार ने उन्हें आंध्र प्रदेश, कर्नाटक एवं महाराष्ट्र के कृष्णा नदी के पानी के बँटवारे को लेकर प्रसिद्ध कृष्णा जल विवाद ट्रायब्यूनल (Krishna Water Dispute Tribunal - KWDT) का नेतृत्व जस्टिस आर एस बच्छावत को सौंपा। सन् 1979 में इसकी परिसमाप्ति के पश्चात वे कोलकाता वापिस लौटे एवं जीवन के शेष काल, सन् 1986 तक वहीं रहे।

प्रोफेसर (डॉक्टर) बिमल कुमार बच्छावत

जस्टिस रणधीर सिंह बच्छावत के छोटे भाई, बिमल कुमार बच्छावत ने अपनी MSc कोलकाता यूनिवर्सिटी से पूरी की एवं उसके बाद जादवपुर यूनिवर्सिटी, कोलकाता से जुड़े जहां पर Department of Food Technology में antibiotics पर काम किया। तत्पश्चात, 1949-57 तक उन्होंने अमेरिका में उच्च अध्ययन किया जिसमें पहले रिसर्च ट्रेनी के तौर पर Food And Drug Administration में काम किया और यूनिवर्सिटी ओफ़ इलिनोईस से PhD की डिग्री प्राप्त की। भारत लौटने के बाद बिमल कुमार को वेल्लोर क्रिशचन मेडिकल कालेज से निमंत्रण मिला। उसके के पश्चात वे कोलकाता में Indian Institute Of Chemical Biology (ICCB) के निर्देशक नियुक्त हुए। उसके बाद दिल्ली यूनिवर्सिटी में Department Of Biochemistry के प्रमुख रहे और सन् 1990 में सेवानिवृत्त होने से पहले वे Faculty Of Interdisciplinary and Applied Sciences के भी प्रमुख रहे।

कोलकाता ICCB के प्रमुख पद पर आने पश्चात यह संस्था Biological Sciences के मुख्य केंद्र के रूप में परिवर्तित हुई। Society of Biological Chemists के वे दो बार अध्यक्ष चुने गए। Indian Academy Of Sciences, बैंगलोर एवं National Academy Of Sciences, इलाहाबाद में भी वे कार्यरत रहे। प्रोफेसर बिमल बच्छावत को INSA के एस एस भटनागर स्वर्ण पदक (1962 एवं 1994), जे सी बोस पुरस्कार (1980), बी सी गुहा मेमोरियल लेक्चर अवार्ड (1984) एवं आर डी बिरला पुरस्कार (1986) से सम्मानित किया गया। भारत के राष्ट्रपति से उन्हें पद्म भूषण (1990) एवं उत्कृष्ट शिक्षक पुरस्कार (1993) भी प्राप्त हुआ।

प्रोफेसर (डॉक्टर) आनंद कुमार बच्छावत, मोहाली (चंडीगढ़)

आनंद कुमार बच्छावत (जन्म सन् 1958), प्रोफेसर बिमल कुमार बच्छावत के पुत्र हैं। एक भारतीय Biological Sciences, Genetics, Biochemist विज्ञान में प्रोफेसर और भारतीय विज्ञान शिक्षा और अनुसंधान संस्थान (Indian Institute of Science Education and Research), मोहाली में संकाय के डीन हैं। आनंद बच्छावत भारतीय प्रौद्योगिकी संस्थान (IIT) कानपुर के पूर्व छात्र हैं। उन्होंने बोस इंस्टीट्यूट, कलकत्ता विश्वविद्यालय से PhD की है।

उन्होंने सन् 1993 में हार्वर्ड मेडिकल स्कूल, बोस्टन, संयुक्त राज्य अमेरिका और कार्नेगी मेलॉन विश्वविद्यालय, पिट्सबर्ग, संयुक्त राज्य अमेरिका में पोस्ट-डॉक्टरेट अनुसंधान किया। भारत लौटने पर इंस्टीट्यूट ऑफ माइक्रोबियल टेक्नोलॉजी, चंडीगढ़ में कार्यरत रहे। 2010 में वह भारतीय विज्ञान शिक्षा और अनुसंधान संस्थान, मोहाली में चले गए। ग्लूटाथियोन (glutathione) और सल्फर (sulphur metabolism) में अपनी खोजों के लिए अंतरराष्ट्रीय स्तर पर मान्यता प्राप्त, आनंद बच्छावत सभी तीन प्रमुख भारतीय विज्ञान अकादमियों - भारतीय विज्ञान अकादमी, राष्ट्रीय विज्ञान अकादमी, भारतीय राष्ट्रीय विज्ञान अकादमी के निर्वाचित सदस्य हैं।

भारत सरकार के जैव प्रौद्योगिकी विभाग (Department of Biotechnology of the Government of India) ने उन्हें 2000 में जैव विज्ञान (Bioscience) में उनके योगदान के लिए सर्वोच्च भारतीय विज्ञान पुरस्कारों में से एक राष्ट्रीय जैव विज्ञान (National Bioscience Award) पुरस्कार से सम्मानित किया।

9.3 फूसराज बच्छावत का परिवार, कोलकाता / बीकानेर

फूसराज बच्छावत

फूसराज बच्छावत (ज.1894-1984) के नाम का स्मरण करते ही एक ऐसे सहज, निर्मल, निस्पृह एवं निष्कपट व्यक्ति का चित्र आँखों के सामने उभरने लगता हैं, जो अपने दोनों हाथों को नमस्कार की मुद्रा में जोड़ कर विद्यालय के मुख्य द्वार में प्रवेश कर रहा हैं। कर्मयोगी फूसराज बच्छावत इसी श्रेणी के पुरुष थे, जिन्होंने सन् 1928 में श्री श्वेताम्बर स्थानकवासी जैन सभा, कोलकाता, की स्थापना के जनक और सन् 1934 में श्री जैन विद्यालय की स्थापना की। सभा की स्वर्ण जयंती पर फूसराज का सभा भवन में अभिनंदन हुआ। इनको थैली भेंट की गई – इन्होंने अपनी तरफ से और धन राशि मिला कर लड़कियों व महिलाओं के लिए एक विकास फण्ड बनाया। सभा भवन में प्रति रविवार सिलाई, बुनाई, कढ़ाई, संगीत व धर्म की शिक्षा दी जाती है।

वे स्वतंत्रता पूर्व महात्मा गाँधी के खादी आन्दोलन में भाग लेने वाले कोलकाता के प्रथम कपड़ा व्यवसायी थे, जिन्होंने अलीगढ़ से हैंडलूम खादी लाकर कोलकाता में बेचना प्रारंभ किया। उनका सम्मान करते हुए कोलकाता निगम के महापौर ने सुकियस लेन का नाम बदल कर फूसराज बच्छावत पथ रखकर उनकी समाज सेवा को सम्मानित किया है।

कर्मयोगी फूसराज बच्छावत का जन्म बीकानेर में 16 जनवरी 1894 को हुआ। उनके चार पुत्र हुए - सूरजमल, सम्पतराज, हीरालाल और माणिक चंद। युवावस्था के समय बीकानेर में बच्छावत मोहल्ले में गौ वध के विरोध में उन्होंने अभूतपूर्व आन्दोलन किया। बीकानेर के महाराज गंगा सिंह के हस्तक्षेप से अपराधी द्वारा क्षमा मांगने पर आन्दोलन समाप्त किया गया। उनका स्वर्गवास 24 जुलाई 1984 को कोलकाता में हुआ। उनकी इच्छानुसार, मृत्यु पश्चात् नेत्र दान किया गया। उन दिनों जैन समाज के लिए यह उदाहरण था।

कोयल देवी बच्छावत

कोयल देवी फूसराज बच्छावत की धर्म पत्नी और महाराव शेर सिंह बैद की पुत्री थी। महाराज गंगा सिंह की मां, महारानी जी का कोयल बाईसा पर विशेष स्नेह था। वे उन्हें बेटी की तरह मान देती थीं। महारानी बराबर कोयल बाईसा को राज की बग्गी भेजकर मिलने बुलवाया करती थीं।

बीकानेर राज में राज परिवार के अलावा किसी को भी पांव में सोने का कड़ा पहनने की इजाजत नहीं। सिर्फ महाराव बैद के परिवार को इजाजत दी गई थी। और इसी नाते कोयल बाईसा पांव में सोने का कड़ा पहनती थी।

फूसराज के तृतीय पुत्र हीरालाल का विवाह ठाठ से हुआ। किसी ने टोंट कसा कि राज का दोहता है, राज से बंदोला आएगा। यह बात कोयल बाईसा को लग गई था। उस समय महाराज गंगा सिंह को पुत्र वियोग हुआ था और राज में शोक था। कोयल बाईसा महारानी मां-सा के पास गई और कहा कि आपके दोहते का विवाह हैं तो राज की तरफ से बंदोला आना चाहिए। महाराज गंगा सिंह ने कहा अभी शोक चल रहा है यह कैसे संभव होगा। पर महारानी मां-सा ने कहा आप निश्चित रहें राज से बंदोला जायेगा। हीरालाल के विवाह पर पूरे राज परंपरा अनुसार राज बैंड बाजे के साथ राज से बंदोला भिजवाया गया।

मानिक बच्छावत

हिंदी साहित्य के वे एक जाने माने कवि एवं एक उत्कृष्ट बुद्धिजीवी हैं। जिन्होंने अपना जीवन कला एवं संस्कृति को समर्पित किया है। फूसराज बच्छावत के पुत्र मानिक बच्छावत, बच्छावत फाउंडेशन, कोलकाता के सबसे बुजुर्ग ट्रस्टी हैं। आधुनिक कला में उन्हें गहरी रुचि हैं एवं सन् 1960 से चित्रकलाओं के वे निपुण संग्राहक हैं।

बच्छावत फाउंडेशन संस्था (कोलकाता), बुद्धिजीवियों को एक ऐसा मंच प्रदान करने के उद्देश्य से बनायी गयी है जहां कला एवं कलात्मक प्रतिभाओं को प्रेरणा मिले। बच्छावत फाउंडेशन, कोलकाता के उपनगर में बसा एक रम्य सांस्कृतिक केंद्र है जहां प्रतिभावान युवा कलाकारों के आधार हेतु कला प्रदर्शनी लगाते हैं। यह संस्था, समाज के सांस्कृतिक विकास के लिये सभी कला प्रेमी, आर्ट स्कूल, आर्ट गैलरी इत्यादि का प्रबंध करती है।

उनकी प्रकाशित कविता-साहित्यों में से कुछ हैं, नीम की छाँव, एक टुकड़ा आदमी, रेत की नदी, तुम आओ मेरी कविता में, इस शहर के लोग और पहचान। इनकी प्रसिद्ध साहित्यिक कृतियाँ हैं, जूलोसो का सहर, आदमी सवार एवं भारतीय नारियाँ। 1960 से 1970 तक मानिक बच्छावत ने प्रतिष्ठित प्रकाशनों के लिए कला समीक्षा भी की है। साहित्य के क्षेत्र में उनके योगदान के लिये सन् 2006 में, राष्ट्रपति ए पी जे अब्दुल कलाम के हाथों उन्हें सम्मानित किया गया। पटना स्थित हिंदी प्रकाशन से उन्हें "राष्ट्र कवि मैथिली शरण गुप्त पुरस्कार" (2010) एवं "नयी धारा रचना पुरस्कार" (2012) भी प्राप्त हुए। इस शहर के लोग तथा रेत की नदी कृतियों का राजस्थानी में अनुवाद भी हो चुका हे।

पन्ने कँवर बच्छावत

बीकानेर में जन्मीं एक प्रसिद्ध कलाकार, जो माणिक बच्छावत से विवाह पश्चात कोलकाता आ बसीं। पारम्परिक लोक कला के आधार पर उन्होंने अपने विचारों की लोक कलाओं द्वारा अभिव्यक्ति करते हुए स्वयं के काम की शुरुआत की। हरे, पीले, लाल, काले रंगों से खेलते हुए उनका व्यक्तिगत प्रस्तुतीकरण भारतीय पौराणिक चरित्र, देवता एवं मूर्तियों की चित्रकारी द्वारा व्यक्त हुआ। अपने काम में उन्होंने मुख्यतः ऑयल पेंट्स का प्रयोग किया। उनका काम भारत एवं विदेशों में विभिन्न आर्ट गैलरीज में प्रदर्शित हुआ।

बीकानेर में 21 अप्रैल 1942 में जन्मी पन्ने कँवर का बारह वर्ष की कच्ची उम्र में ही विवाह हो गया। प्रकृति और रंग उन्हें सर्वाधिक प्रिय रहे। विवाह के बाद लोक कला के प्रति उनकी रुचि बढ़ी। उनके चित्रों की पहली एकल प्रदर्शनी सन् 1984 में बीकानेर में हुई थी। पन्ने कँवर जितनी समर्थ कलाकार थीं, उतनी ही सफल गृहिणी भी। 9 दिसम्बर 2021 को कोलकाता में उनका स्वर्गवास हो गया।

अमिताभ बच्छावत

माणिक बच्छावत के बड़े पुत्र, अमिताभ बच्छावत की कला की दुनिया का सफ़र, साहित्य एवं कला के प्रतिष्ठित कलाकारों के साथ घर में ही शुरू हुआ। लेकिन उन्होंने अपना अलग रास्ता

बनाया। अमिताभ प्राकृतिक रूप से बुद्धिमान एवं सृजनशील हैं। इसलिये अपनी सृजन क्षमता को उन्होंने फर्नीचर द्वारा चिसेल आर्ट कोलकाता में नया आयाम दिया। शहर में वे अपनी तरह के अनूठे हैंड्मेड फर्नीचर डिज़ाइनर हैं। उनका डिज़ाइन किया फर्नीचर Harry Potter जैसी हॉलीवुड फ़िल्मों में लिया गया है।

विक्रम बच्छावत

माणिक बच्छावत के छोटे पुत्र, विक्रम बच्छावत ने कोलकाता में सन् 2005 में आकृति आर्ट गैलरी की स्थापना कर पूरे देश के प्रतिभावान युवाओं को बढ़ावा दिया है एवं आधुनिक भारतीय कला को नया आयाम दिया है। पिछले दशक से कोलकाता में, सामाजिक-राजनैतिक विधाओं पर कुछ अलग प्रदर्शित करने से लेकर नई पीढ़ी के नए कलाकारों को बढ़ावा देने के विचार के जनक विक्रम ही हैं। बंगाल कला क्षेत्र में विक्रम एक प्रमुख प्रभावी व्यक्ति ने इमामी चिसेल आर्ट के निर्माण में मुख्य भूमिका निभायी, जहां इमामी ग्रुप के साथ जुड़ कर चिसेल आर्ट ने कोलकाता की सबसे बड़ी गैलरी एवं नीलाम घर स्थापित किया।

सूरजमल बच्छावत, कोलकाता / बीकानेर

फूसराज बच्छावत के पुत्र सूरजमल बच्छावत का नाम याद करते ही, एक गौर वर्ण, मध्यम कद का भव्य चेहरा आँखों के सामने आ जाता है। सूरजमल, श्री श्वेताम्बर स्थानकवासी सभा के शैशव काल से ही सक्रिय कार्यकर्ता रहे हैं। छोटी सी उम्र में अपने पिता फूसराज बच्छावत के साथ सभा व विद्यालय के कार्य उनके निर्देशानुसार पूरा करते थे। वे सन् 1982 से 86 तक श्री जैन विद्यालय के अध्यक्ष थे। कालांतर में सूरजमल बच्छावत ने हावड़ा जैन विद्यालय की नींव डाली। 9 महीने के अल्प समय में ही विद्यालय भवन के दो तलों का निर्माण होकर विधिवत् उद्‌घाटन हो गया। अर्थ के अभाव में कोई छात्र शिक्षा से वंचित न रहे, यह उनका स्पष्ट अभिमत था।

हावड़ा (कोलकाता) में श्री जैन हॉस्पिटल एंड रिसर्च सेंटर का शुभारम्भ सूरजमल बच्छावत के कर-कमलों द्वारा हुआ। किसी की निंदा उनको बिलकुल पसंद नहीं थी। जो उपस्थित हो, उसके सामने ही उसके व्यवहार की समालोचना होनी चाहिए। सूरजमल बच्छावत उत्साही, सत्यनिष्ठ, व समर्पित कार्यकर्ता थे। इनके समग्र जीवन को देखने पर लगता है कि इनका जीवन समाज के लिए ही था।

हीरालाल बच्छावत, अगरतला / बीकानेर

फूसराज बच्छावत के पुत्र हीरालाल बच्छावत (ज.1927-2021) ने त्रिपुरा राज्य में निजी व्यवसाय में कार्यरत रहते हुए भी सन् 1960 में राज्य के प्रथम हिंदी विद्यालय के निर्माण, स्थापना, एवं

विकास में अदम्य उत्साह, निरंतर श्रम एवं अद्त कार्य कुशलता का परिचय दिया। हिंदी हायर सैकेन्ड्री स्कूल के संस्थापक का समाज में शिक्षा व हिंदी के प्रचार एवं प्रसार के लिए योगदान भुलाया नहीं जा सकता। हीरालाल का जन्म 15 जुलाई 1927 को बीकानेर में हुआ। उनका स्वर्गवास 25 अक्तूबर 2021 को अगरतला में हुआ।

9.4 थानमल बच्छावत, चाड़वास (जिला चूरू, राजस्थान)

थानमल बच्छावत (1937-85), सरपंच प्रतापमल बच्छावत के घर जन्मे। चारों भाइयों में वे सबसे छोटे थे। इतिहास के वे उत्साही वाचक थे एवं अपने गाँव चाड़वास, (ज़िला चुरू, राजस्थान) के सरपंच बनने के परिवार की परम्परा को उन्होंने क़ायम रखा। उनके नेतृत्व में गाँव में पक्की सड़क बनवायी गयी। सभी रास्तों पर बत्तियाँ लगवायी गायीं। 1973 वर्ष में राजस्थान के भयंकर अकाल के समय उन्होंने ज़िम्मा लिया कि गाँव का कोई भी व्यक्ति भूखा ना रहे। अपने व्यक्तिगत द्रव्य साधन से उन्होंने जनता को राशन की पूर्ति की। अकाल ख़त्म होने पर सभी क़र्ज़दारों को उन्होंने क़र्ज़े के दस्तावेज़ों को जलाकर क़र्ज मुक्त किया। सन् 1985 में अपनी 48 वर्ष की अल्पायु में उनका देहांत हुआ। चाड़वास बस स्टैंड पर फले-फूले वृक्ष उनकी स्मृतियों को आज भी ताजा रख रहे हैं।

9.5 चाड़वास के बच्छावत परिवार - धार्मिक और सांस्कृतिक गतिविधियाँ

चौथमल बच्छावत

एक सौ ग्यारह वर्ष पूर्व चौथमल बच्छावत (ज,1891-1958) द्वारा निर्मित हवेली में उसी वर्ष उनके प्रथम पुत्र पूनम चंद जी का जन्म हुआ था और उसके तीन वर्ष बाद तेरापंथ के अष्टम आचार्य पूज्य कालूगणी का 21 दिन का प्रवास हुआ था। इसी हवेली से उनके द्वितीय पुत्र सागर मल बच्छावत की धर्मपत्नी यानी संजय बच्छावत की दादी ने साधा लिया था। इसी हवेली के पूनम चंद की पुत्री सज्जन देवी की लड़की ने साध लिया था। इसी हवेली के चौथमल की पुत्री अनोपी देवी की लड़की वर्तमान में विदुषी साध्वी श्री विवेकश्री जी हैं।

पूनम चंद बच्छावत

पूनम चंद की धर्मपत्नी श्रीमती मोहिनी देवी ने इसी हवेली से 40 दिनों के संथारे के साथ वैकुंठ यात्रा की। पूनम चंद की पौत्र वधू यानी कनक कुमार की धर्मपत्नी मधुर बच्छावत जैन विद्या की 6 भाग तक की परीक्षा 90% से अधिक नंबरों से उत्तीर्ण होते हुए रायपुर ज्ञान शाला की प्रशिक्षिका,

वक्ता और साहित्य प्रेमी भी हैं। पूनम चंद के पुत्र स्वर्गीय भंवर लाल और उनकी धर्मपत्नी सोहनी देवी तेरापंथ धर्म संघ में श्रद्धालु और श्रद्धा की मूर्ति से अलंकृत हैं। अपने समय में पूनम चंद एकमात्र साहित्यकार हुए हैं जिन्होंने 6 पुस्तकों की रचनाएं की थी। भंवर लाल अच्छे वक्ता और संयोजक रहे हैं तथा ग्राम विकास की संस्थाओं में समयानुसार अपनी सेवाएं दी हैं।

सागर मल और माणक चंद बच्छावत

वर्तमान में सागरमल का पौत्र, विजय सिंह का पुत्र, संजय बच्छावत तेरापंथ धर्म संघ में, कर्मठ कार्यकर्ता के रूप में, अपनी सेवाएं दे रहा है। चौथमल के तृतीय पुत्र माणकचंद का पौत्र यानी संपतमल का पुत्र प्रकाश, आचार्य श्री और साधु-साध्वियों के रास्ते की सेवा देने में अपना श्रम लगाता रहा हैं। अपने दादा चौथमल की हवेली का, वर्तमान में उनके पौत्रों द्वारा रखरखाव और ठीक रखने में कोशिश करते रहे हैं।

छत्र सिंह बच्छावत

पूनमचंद बच्छावत के द्वितीय पुत्र छत्र सिंह, का जन्म सन् 1936 में हुआ। करीब तीस वर्षों तक चाय कंपनी में पदाधिकारी रहने के बाद, आज रायपुर निवासी हैं। साहित्यिक अभिरुचि उनकी पैत्रिक विरासत है। उन्होंने छत्तीसगढ़ प्रान्त की साहित्यिक व धार्मिक आयोजनों में भाग लेने की रुचि रखी है। उन्होंने 'बच्छावत वंश और चाड़वास बच्छावत परिवार' नामक स्मारिका की रचना, संपादन एवं प्रकाशन भी किया हैं। आज की नव पीढ़ी बहुओं के मध्य परम्परागत राजस्थानी गीत के सिखाने व गाने की कला में छत्र सिंह की धर्मपत्नी तुलसीदेवी का प्रमुख स्थान है।

चाड़वास में प्रेमराज बच्छावत का परिवार ही दुसारणे से प्रथम आया था। उसकी शाखाएं पूरे चाड़वास में फैली हुई हैं। सिर्फ हुकम चंद रतन लाल बच्छावत परिवार को छोड़कर पूरा चाड़वास बच्छावत परिवार केवल प्रेमराज परिवार का है। बड़ी प्रसन्नता की बात हैं कि पूरे चाड़वास बच्छावत परिवार में सबसे अधिक उम्र पुरुषों में स्वर्गीय सागरमल ने प्राप्त की थी। उनका जन्म 25 अक्तूबर 1918 को हुआ था और देहावसान 28 फरवरी 2005 को। इस तरह उन्होंने 86 वर्ष और लगभग 5 महीना की लंबी उम्र प्राप्त की थी। अभी तक चाड़वास बच्छावत परिवार में उनका ही कीर्तिमान था। अब लगता है कि उम्र के मामले में बच्छावत परिवार का सौभाग्य बढ़ रहा है। वर्तमान में छत्र सिंह (रायपुर) की उम्र 86 वर्ष से अधिक है। अतः चाड़वास बच्छावत परिवार का यह सदस्य अभी सबसे अधिक उम्र की गणना में है।

9.6 अन्य बच्छावत परिवार - शैक्षणिक, साहित्यिक एवं सामाजिक कार्यों में सहयोग

हुक्मीचंद बच्छावत मेहता, पाली / फलोदी

अमर चंद बच्छावत के पुत्र हुक्मीचंद बच्छावत मेहता का जन्म सन् 1955 में पाली, मारवाड़ (राजस्थान) में हुआ। अमर चंद, फलोदी से पाली, सिरेमल बच्छावत के यहाँ गोद आए। हुक्मीचंद ने हायर सैकेंडरी तक शिक्षा पाली में प्राप्त की। वे लायंस क्लब पाली मारवाड़ के संस्थापक अध्यक्ष एवं आई बैंक सोसायटी ऑफ राजस्थान, पाली चैप्टर के संस्थापक एवं अध्यक्ष हैं। समाज में देह दान एवं नेत्र दान के प्रचार एवं प्रसार के लिए इनका योगदान भुलाया नहीं जा सकता। नेत्र दान कोऑर्डिनेटर की हैसियत से उन्होंने पाली में अभी तक 500 से अधिक व्यक्तियों के नेत्र दान करवाए हैं। समाज सेवा का यह कार्य वे पिछले 32 वर्षों से कर रहे हैं। पाली और मारवाड़ वासियों को एक मंच पर लाकर आपस में भाईचारा बढ़ाना, जीव दया में पशु-पक्षी इत्यादि की सेवा करना इनके जीवन का मुख्य लक्ष्य है।

सुधीर कुमार बच्छावत, मुंबई / फलोदी

मुंबई से सुधीर कुमार बच्छावत जो मूलतः फलोदी राजस्थान से हैं। वे गोरेगांव चैप्टर के वर्ष 2019-20 के अध्यक्ष थे। उन्होंने अपनी अध्यक्षता में, कोरोना काल के समय जोगेश्वरी से भायंदर (मुंबई) तक 5,50,000 लोगों को दोनों समय का भोजन करवाने की व्यवस्था की। वे खरतरगछ जैन संघ गोरेगांव और श्री गोकुलधाम जैन संघ के वर्तमान में अध्यक्ष हैं।

प्रगति जितेंद्र बच्छावत, मुंबई

मुंबई से, हिंगोली महाराष्ट्र में जन्मी प्रगति जितेंद्र बच्छावत, सुधीर कुमार की पुत्र वधु हैं। भारतीय शास्त्रीय संगीत की गायिका और साथ में कवयित्री और लेखिका भी हैं। इन्होंने ESN publication के "7575 Poems in One Book" of "India Book of Records" में अपनी बीस कविताओं का योगदान दिया। ESN publication की "1111 Poems in One Book "for London Book of Records" में अपनी एक कविता का योगदान दिया। अभी अपनी कविताओं को ओपन माइक द्वारा मंच पर प्रस्तुत कर रही हैं। मेरी लिखित अंग्रेजी की पुस्तक Rajputana Chronicles – Guns and Glories के हिंदी अनुवाद में प्रगति की अहम भूमिका है।

धीरज मल बच्छावत, अहमदाबाद / सादड़ी

अहमदाबाद से, सादड़ी में जन्मे धीरज मल बच्छावत (ज.1897-69) का नाम आते ही एक प्रभावशाली व्यक्तित्व की छवि सामने आ जाती है। वे लेखक, गायक, वक्ता, कवि यानि सभी

कुछ थे। सरस्वती उनके कंठ में निवास करती थी। युवा अवस्था से ही गाँधी जी के स्वतंत्रता संग्राम के राष्ट्रीय आंदोलन से जुड़ गये। लेकिन सर्वदा पदों से दूर रह कर देश सेवा में लीन रहे। फूल चन्द बाफना उनके साथी और सलाहकार भी रहे है। सादड़ी में सार्वजनिक अस्पताल के निर्माण में उनका सहयोग महत्त्वपूर्ण था। धीरज मल बच्छावत के परिवार में उनके पुत्र विमल बच्छावत ने अहमदाबाद में साबुन उद्योग में अच्छी ख्याति प्राप्त की है।

अन्य दीक्षित बच्छावत, कोलकत्ता / बीकानेर

कोलकत्ता से चंचल मल बच्छावत, IAS, बंगाल काडर से अतिरिक्त मुख्य सचिव के पद से सेवानिवृत्त हैं। उन्होंने चार्टर्ड अकाउंटेंट, कंपनी सेक्रेटरी और MPhil (Economics) आदि की शिक्षा ग्रहण की हैं। उनका जन्म 7 जून 1958 को राजस्थान में हुआ तथा 1983 में IAS में नियुक्त हुए।

चाड़वास के हडमान मल, पुत्र अमीचंद कोलकत्ता स्थित मित्र परिषद के संस्थापकों में से थे और उस संस्था के सक्रिय कार्यकर्ता व पदाधिकारी थे।

चाड़वास के पारस मल बच्छावत कोलकत्ता की अनेक संस्थानों से जुड़े हुए हैं व सामाजिक कार्यकर्ता हैं।

बीकानेर के पूनम चंद जैन बच्छावत कोलकत्ता के सुप्रसिद्ध विशुद्ध नंद हॉस्पिटल के जाने माने कार्यकर्ता हैं। चूरू के झूमर मल बच्छावत जैन विश्व भारती लाडनू, मित्र परिषद कोलकत्ता, जीवन सेवा निधि, एवं बच्छावत चेरिटेबल ट्रस्ट के आप सक्रिय एवं सम्माननीय ट्रस्टी हैं। तेरापंथ भवन दक्षिण कोलकत्ता, जीवन ज्योति अस्पताल चूरू, ओसवाल श्री संघ पंचायत, जैन अस्पताल हावड़ा आदि संस्थाएं से सक्रिय रूप से जुड़े हुए हैं।

1. दिल्ली की प्रतिष्ठित साहित्यिक-सांस्कृतिक संस्था 'परंपरा' द्वारा 2004 का 'विशिष्ट कवि पुरस्कार', 2. केंद्रीय हिंदी संस्थान का गंगाशरण पुरस्कार (2006) राष्ट्रपति ए.पी.जे. अब्दुल कलाम द्वारा प्रदत्त, 3. राष्ट्रकवि मैथिलीशरण गुप्त, शिरोमणि पुरस्कार (2010), 4. नई धारा रचना पुरस्कार (2012)

पन्ने देवी, पत्नी मानिक बच्छावत - कलाकारा

सरपंच थानमल बच्छावत, चाडवास, साहित्यकार छात्र सिंह बच्छावत, चाडवास / रायपुर, चौथमल बच्छावत (ज.1888-1958), चाडवास (चूरू), समाज सेवक हुक्मीचंद बच्छावत मेहता (पाली)

Justice RS Bachhawat
Kolkatta

Rai Bahadur Balchandra Bachhawat
Coonoor (Nilgiri)

Dheeraj Mal Bachhawat
Sadri

Hira Lal Bachhawat
Agartala

SANAD

To

Sri Chandmull Balchand,
Banker and Planter, Coonoor,
The Nilgiris, Madras.

I hereby confer upon you the title of Rai Bahadur as a personal distinction.

Wavell F.M.
Viceroy of India.

New Delhi,
The 1st January 1946.

Rani Ratna Devi of Delwara

Rani Bahrang Devi of Delwara

राजपूताना क्रॉनिकल

पराक्रम और परम्परा

भाग 2 - परम्परा

शुभं वा यदिवा पम्पयोहि वक्मुदितपितम ।

सत्येन परिगृहणाती सवीरः पुरुषोत्ताम्ह ।।

जो व्यक्ति अपने मुख से प्रतिज्ञा के रूप में निकले हुए, सभी वचनों को अवश्य पालनीय समझ कर सत्य की रक्षा के उद्देश्य से उनका पालन करता है, वही वीर समस्त पुरुषों में श्रेष्ठ माना जाता है।

पश्य कर्म वशात्प्राप्तं भोज्यकालेऽपि भोजनम् ।

हस्तोद्यम विना वक्त्रं प्रविशेत न कथंचन ।।

भोजन थाली में परोस कर सामने रखा हो पर जब तक उसे उठा कर मुंह में नहीं डालोगे, वह अपने आप मुंह में तो चला नहीं जाएगा।

सभी तिथियां-वर्ष सामान्य युग (सी.ई./ए.डी. CE/AD) में हैं; स्टार (*) अनुमानित वर्ष को दर्शाता है। रा. - राज्य काल तथा ज. - जन्म-मृत्यु को दर्शाता है।

जय सिंह मेहता (ज.1922-2011) का विवाह रूप कुमारी ललवानी से सन् 1944
(उदयपुर / भोपाल)

अध्याय 10

जन्म एवं विवाह के रीति-रिवाज

मुख्य धारा के बच्छावत, क्षत्रिय वर्ण (योद्धा वर्ग) का प्रतिनिधित्व करते हैं, इसलिए मूल संरचना और उनकी जीवन शैली राजपूतों से प्रभावित होती है। इस प्रकार, बच्छावत उच्च और दो बार पैदा हुए अनुष्ठान रूप से सूर्यवंशी स्वच्छ जाति समूह से संबंधित है। इक्ष्वाकु वंश का सम्बन्ध सूर्यवंश से है, और कुरुवंश का सम्बन्ध चन्द्रवंश से हैं। दोनों दीक्षित क्षत्रिय कुल हैं। तुलनात्मक दृष्टि से सूर्यवंश श्रेष्ठ है क्योंकि इस कुल में मर्यादा पुरुषोत्तम राम का अवतरण हुआ है। इस जानकारी का आधार सामाजिक और परम्परागत ज्ञान है। इनमें से कुछ बातें अनुभूत हैं, कुछ बातें पूर्वजों से सुनी हैं और कुछ बातें समाज में प्रचलित हैं। हर विषय पर शोध नहीं हुए हैं और ना ही हो सकते हैं।

समय के साथ रीति-रिवाज बदल रहे हैं। या बोला जाए लोग सोशल मीडिया पर कैसे अपने छाया चित्र को साझा कर सिर्फ इसी सोच में लगे रहते हैं। लड़कियां अब बान (बान बैठना – विवाह कार्यक्रमों का प्रारंभ) से लेकर शादी तक अलग-अलग पोशाकों में दिखाई देती हैं, पूरे श्रृंगार के साथ । कभी-कभी यह पहचान करना मुश्किल हो जाता है की शादी किसकी है। जो सादगी और सहजता पहले दिखती थी मानो धूमिल होती जा रही है। लड़के भी नित नए परिधानों में दिखते है। उन्हें पहचाना ही मुश्किल हो जाता हैं कि शादी किसकी है।

10.1 जन्म समारोह

परंपरागत रूप से, बच्छावत परिवार के लिए बच्चे का जन्म बहुत महत्त्वपूर्ण आयोजन होता है। गर्भवती महिला की पहली संतान का प्रसव उसके पीहर (मां के घर) में होता था। एक बच्चे का जन्म दाई माँ (पारंपरिक नर्स) द्वारा घर पर और किसी भी स्त्री रोग विशेषज्ञ या प्रशिक्षित नर्स की उपस्थिति के बिना होता था। मसलन, बिचली हवेली (मेहता लक्ष्मीलाल हवेली) में जनाना की दूसरी मंजिल पर मेडी नामक कक्ष का इस्तेमाल परिवार के हर प्रसव के लिए किया जाता था। बच्चे के जन्म के बाद, पिता या एक करीबी रिश्तेदार पारिवारिक पंडित को बुलाता था। पंडित खगोलीय गणना करने के बाद जन्म-पत्री (कुंडली) तैयार करता था। इस प्रकार जन्म-पत्री में दिए गए सुझावों के आधार पर बच्चे का नामकरण किया जाता था।

संतान के जन्म से जुड़े दो प्रमुख समारोह हैं - गोद भराई (जन्म पूर्व) और सूर्य पूजन (जन्म के बाद)। गोद भराई गर्भवती महिला के ससुराल में की जाती है। जबकि सूर्य पूजन प्रसव के निवास पर किया जाता हैं, चाहे वह 'पीहर' हो या 'ससुराल'।

गर्भावस्था के सातवें महीने में गर्भवती महिला के ससुराल में गोद भराई (गोद भराई) समारोह का आयोजन किया जाता है। यह समारोह परिवार में शामिल होने वाले नए सदस्य की सुरक्षा और खुशी के लिए आयोजित किया जाता है। गर्भवती महिला के पिता का परिवार इस अवसर को मनाने के लिए कपड़े, मेवा, मिठाई आदि भेजता है।

मेहता पन्नालाल अपनी पुस्तक 'स्वजीवनी' में कहते हैं,

1887 में मेहता फतेहलाल की पत्नी के लिए आगरनी (गोद भराई) समारोह हुआ। महाराणा ने मेहता फतेहलाल को सफेद कपड़े की अंगरखी (पारंपरिक पोशाक) और महंगी वेशभूषा भेंट की। एक सामूहिक भोज भी रखा था। बाद में मेहता फतेहलाल को एक बेटे का आशीर्वाद मिला, लेकिन तीन महीने बाद उनकी मृत्यु हो गई।

1909 में मेहता देवीलाल की पत्नी के लिए 'आगरनी' (गोद भराई) समारोह आयोजित किया गया था। प्लेग के कारण, समारोह सांकेतिक भोजन तक ही सीमित थे। महाराणा फतेह सिंह ने मेहता देवीलाल के लिए अंगूरी रंग के साटन पर सोने-चांदी की कढ़ाई वाला अंगरखा और पायजामा भेंट किया।

कंचन कुमारी (मेहता भीम सिंह की पत्नी) कहती हैं,

एक बच्चे के जन्म के चालीस दिनों के बाद, प्रदूषित अवधि के अंत को समाप्त करने के लिए सूर्य पूजन समारोह आयोजित किया जाता है। यह विशुद्ध रूप से महिलाओं का समारोह है,

जहां पुरुषों को आमंत्रित नहीं किया जाता है। मां पीले रंग की पोशाक पहनती है, जिसे 'पीलिया' कहा जाता है। अन्य महिलाओं का पसंदीदा रंग लाल है। हवन (पवित्र अग्नि की पूजा) से पहले शिशु को चौक (आंगन) या घर के बाहर सूर्य के नीचे और पवित्र ग्रंथों और मंत्रों के जाप के बीच ले जाया जाता हैं। सूर्य देव की पूजा की जाती है और मां और शिशु की आरती के साथ समाप्त होता है। हवन पूरा होने पर पुजारियों को फल, अनाज, कपड़े और नकदी की दक्षिणा (उपहार) दी जाती है। मां अन्य बुजुर्ग महिला रिश्तेदारों के साथ-साथ पारिवारिक महिला सेवकों (दासियों) के पैर छूकर उनका आशीर्वाद लेने के लिए उठती है। इसे पगे-लगना कहते हैं।

भगवत कँवर (मेहता राम सिंह की पत्नी) कहती हैं,

महिला रिश्तेदार अपनी हवेली की स्थिति के अनुसार मां को बधाई देते हैं तथा पैसे या चांदी की भेंट करते हैं। पारिवारिक मुनीम नोट करता रहता हैं, जबकि एक वरिष्ठ दासी राशि बोलती है। सूर्य पूजन के बाद 'नाम-करण' संस्कार भी किया जाता हैं। पुजारी 'राशि' (राशि चिन्ह) के अनुसार नाम के पहले अक्षरों की घोषणा करता है और बड़ों द्वारा तय किया गया नाम, विशेष रूप से 'भुआ' (पिता की बहन) द्वारा शिशु के कानों में फुसफुसाया जाता है। आजकल, नवजात शिशु के माता-पिता खुद ही नाम तय करते हैं।

उर्मिला पारख (मेहता नवल सिंह की दोहिती) कहती हैं,

इस समारोह में पूरे समुदाय को भोजन खिलाया जाता है। उत्सव तीन दिनों तक चलता है, चाहे वह किसी भी शिशु लड़का या लड़की का हो। दोपहर में, ढोलन (ढोल के साथ महिला गायिका) को हवेली में माहौल बनाने के लिए आमंत्रित किया जाता है। इन महिलाओं के परिवारों ने उत्सव के अवसर पर गायन और नृत्य करते हुए कई पीढ़ियों तक हवेलियों की सेवा की थी। जब प्रदर्शन चल रहा हो तो कुलीन महिलाएं उठती हैं; ध्यान से ब्लाउज के अंदर से नोट (नकदी) निकाल कर, मां के सिर पर अपना हाथ घेर लेकर पैसे गायकों की गोद में फेंक देती हैं। इस प्रकार, यह माना जाता हैं कि दुष्ट आत्मा अपनी ईर्ष्या पूर्ण आँखें युवा नर्तक पर न डाले, इसलिए यह नयौछावर दी जाती हैं।

ज्येष्ठ पुत्र या पौत्र के जन्म पर महाराणा को व्यक्तिगत रूप से सूचित किया जाता था। महाराणा एक पगड़ी और कुछ पैसे नकद उपहार स्वरूप भेजते। कभी-कभी महाराणा खुद अपने दरबारियों के साथ हवेली में नवजात शिशु को आशीर्वाद देने जाते थे।

मेहता पृथ्वी सिंह (पुत्र मेहता संग्राम सिंह) कहते हैं,

बात सन् 1885* की है। मेहता (बच्छावत) चतर सिंह और मेहता (चील) जीवन सिंह बहुत अच्छे दोस्त थे। उनकी पत्नियां एक ही समय में गर्भवती थीं। उन्होंने अपने पैदा होने वाले बच्चों की

शादी करने का फैसला कर लिया था बशर्ते कि वे अलग-अलग लिंग के हों। मेहता चतर सिंह के यहाँ एक बालिका (सज्जन कुंवर) का जन्म हुआ और 2-3 महीने बाद मेहता (चील) जीवन सिंह के यहाँ एक बालक (तेज सिंह) का जन्म हुआ। बाद में सन् 1902* में सज्जन कुंवर और तेज सिंह की शादी पहले की गई प्रतिज्ञा के अनुसार हुई। गौर करने वाली बात यह हैं कि पत्नी सज्जन कुंवर अपने पति तेज सिंह से 2-3 महीने बड़ी थीं।

मेहता पन्नालाल अपनी स्वजीवनी में लिखते हैं,

सन् 1891 में मेहता फतेहलाल का दूसरा बेटा हुआ। डेढ़ महीने बाद उनका भी निधन हो गया। 1892 में मेहता फतेहलाल के तीसरे बेटे - देवीलाल का जन्म हुआ। पूरा परिवार दर्शन के लिए नाथद्वारा गया था।

सन् 1910 में मेहता देवीलाल की पहली बेटी मोहन कुंवर का जन्म जोधपुर में हुआ था। 13 मार्च, 1913 को, मेहता देवीलाल के यहाँ जोधपुर में पहले पुत्र, मेहता कन्हैया लाल, का जन्म हुआ। जब बच्चा कन्हैया लाल और उसकी मां जोधपुर से लौटे, तो बड़े समारोह आयोजित किए गए। मेहता पन्नालाल परदादा जो बन गए थे। पीलिया (पीली साड़ियां) साढ़े बारह समुदायों के बीच वितरित की गईं। अन्य उपहार निकट-प्रियजनों के बीच वितरित किए गए और मेहमानों को भांग-अमल (अफीम) परोसा गया।

10.2 विवाह समारोह

बच्छावत मेहता खानदान में विवाह महत्त्वपूर्ण संस्कार और एक आवश्यक सामाजिक-धार्मिक कर्तव्य है। विवाहित व्यक्ति का अविवाहित की तुलना में अधिक धार्मिक और सामाजिक स्थान होता है। अविवाहित व्यक्ति, अधूरा और अनुष्ठान रूप से अपवित्र माना जाता है। वह कई धार्मिक कर्तव्यों और संस्कारों में भाग लेने से वंचित होता है। महिलाओं के मामले में यही भेद विरोधाभास विवाहित महिलाओं और विधवा के बीच भी है। विवाहित महिलाओं को शुभ माना जाता हैं, जबकि विधवाओं को अशुभ माना जाता है।

मेहता भगवत सिंह कहते हैं,

मेहता परिवार '*अनाचार निषेध*' के नियम का कड़ाई से पालन करता हैं, जो माता-पिता और संतानों के बीच और तत्काल परिवार के सदस्यों के बीच वैवाहिक संघ को मना करता है। हर बच्छावत मेहता के लिए अपने गोत्र (कुल) के बाहर विवाह करना अनिवार्य है। वंश के सदस्यों को चार गोत्रों में विवाह करने से मना किया जाता है, मतलब माता के माता-पिता और पिता के भी माता-पिता। हालांकि, हाल के दिनों में स्वगोत्र विवाह के कुछ ऐसे उदाहरण भी सामने आए हैं।

सन् 1947 में आजादी के बाद मेहता गुलाब सिंह की पुत्री ने अपने मामा के बेटे से शादी कर ली थी। एक अन्य मामले में लेफ़्टिनेंट कर्नल मेहता प्रताप सिंह के पुत्र ने भी अपने मामा की बेटी से शादी की थी।

मेहता खानदान की शादियां धूमधाम और भव्यता के लिए जानी जाती हैं। शादी कई संस्कारों, अनुष्ठानों और समारोहों का अवसर है। विवाह-पूर्व के अनुष्ठान हैं: शगुन, तिलक, कांकर-डोरा (कलाई से बंधे लोहे के छल्ले) और गणपति स्थापना। विवाह के अनुष्ठान हैं: मंडप पूजन, कलश पूजन, गृह-शांति, कन्यादान, लज्जा-होम, सप्तपदी, सिंदूरदान और विदाई। विवाह के बाद की रस्में हैं: गृह-प्रवेश और मुंह-दिखाई।

कुल पुरोहित पंडित अम्बालाल दीक्षित (ज्योतिष एवम् विवाह विशेषज्ञ) उदयपुर कहते हैं,

अग्नि के सात फेरे लेकर और ध्रुव तारे को साक्षी मान कर दो तन, मन तथा आत्मा एक पवित्र बंधन में बंध जाते हैं। बच्छावत परिवार में पति और पत्नी के बीच शारीरिक सम्बंध से अधिक आत्मिक सम्बंध होता है और इस सम्बंध को अत्यंत पवित्र माना गया हैं। धर्म के अनुसार सात फेरों के बाद ही शादी की रस्म पूर्ण होती है। सात फेरों में दूल्हा व दुल्हन दोनों से सात वचन लिए जाते हैं। ये सात फेरे ही पति-पत्नी के रिश्ते को सात जन्मों तक बांधते हैं। हिंदू विवाह संस्कार के अंतर्गत वर-वधू अग्नि को साक्षी मानकर इसके चारों ओर घूमकर पति-पत्नी के रूप में एक साथ सुख से जीवन बिताने के लिए प्रण करते हैं। इसी प्रक्रिया में दोनों सात फेरे लेते हैं, जिसे सप्तपदी भी कहा जाता है। ये सातों फेरे या पद सात वचन के साथ लिए जाते हैं। हर फेरे का एक वचन होता है, जिससे पति-पत्नी जीवन भर साथ निभाने का वादा करते हैं। ये सात फेरे ही हिन्द विवाह की स्थिरता का मुख्य स्तंभ होते हैं।

उर्मिला परख (मेहता इन्दर सिंह की भांजी) कहती हैं,

शादी से पहले बड़ा समारोह पडला और मायरा होता है। पडला विवाह पूर्व समारोह है, जिसमें दूल्हे के भाई-बहन और करीबी रिश्तेदार भावी दुल्हन के घर जाते हैं, और उसके माता-पिता को शादी में भाग लेने के लिए फेरों का बेस, और अन्य उपहारों के साथ औपचारिक निमंत्रण देते हैं। मायरा भी एक विवाह पूर्व समारोह है जहां दुल्हन के ननिहाल (मातृ-पक्ष) के रिश्तेदार दुल्हन को उपहार आदि प्रस्तुत करते हैं। पुराने रीति रिवाजों के अनुसार फेरो के बेस में कोरी मलमल की सफ़ेद ओढ़नी, कांचली-कुर्ती और सादा हलके रंग में साटन का घाघरा होता हैं। ओढ़नी पर हल्दी से बार्डर और सातिये (स्वास्तिक) छपे होते हैं।

10.3 लुप्त होते हमारे रीति रिवाज

तृप्ति सिंह (राजपूताना रीति-रिवाज विशेषज्ञ) कहती हैं,

बात उन दिनों की हैं जब पीठी का बेस तैयार करने का मतलब समझा जाता था कि शादी एकदम नजदीक है। उस समय लड़कियां कुर्ती कांचली नहीं पहना करती थी, सिर्फ लम्बी कुर्ती (जंपर) और घाघरा पहना करती थी। पीला रंग का यह बेस जो चाहे कुछ दिनों, पांच-सात दिनों के लिए पहना जाता था। इसका मतलब जितने दिनों की बान बैठी है (विवाह उत्सव प्रारंभ की घोषणा) उतने दिन पहनना होता, जब तक पड़ले में फेरो की पोशाक ना आ जाए। बाद में यह बेस सहायकों को दे दिया जाता हैं। लड़के कुर्ता-चूड़ीदार पहनते थे। इसकी जगह अब अलग-अलग परिधानों ने ली है। इस पोशाक का अलग ही महत्व होता है। कौन बन्नी (भावी दुल्हन) है पहचानना आसान होता था। वहीं लड़के कुर्ता-चूड़ीदार पहनते थे जब तक बींद राजा ना बन जाए। हाथ में कटारी दी जाती थी जो उसके साथ हमेशा रहती थी, जब तक मोड नहीं बंधता।

पर समय के साथ रीति रिवाज बदल रहे हैं। या बोला जाए लोग सोशल मीडिया पर कैसे अपनी छाया चित्र को साझा करे सिर्फ इसी सोच में लगे रहते हैं। लड़कियां अब बान से लेकर शादी तक अलग-अलग पोशाकों में दिखाई देती हैं, पूरे श्रृंगार के साथ। कभी-कभी यह पहचान करना मुश्किल हो जाता है की शादी किसकी है। जो सादगी और सहजता पहले दिखती थी अब मानो धूमिल होती जा रही है। लड़के भी नित नए परिधानों में दिखते हैं। यह पहचानने में मुश्किल होती है कि शादी किसकी है।

पहले जहां फेरों के समय लड़की को सिर्फ चूड़ा और पोशाक पहनाया जाता था। वहां आड (गले में पहने जाने वाला आभूषण), बिछिया (पैर की अंगुलियों में पहने जाने वाला आभूषण) तीसरे फेरे में पहनाए जाते थे। कुछ लोगों को आश्चर्य होगा यह पढ़ कर कि ना तो कोई पार्लर वाले होते थे ना ही कोई मेकअप आर्टिस्ट। सिर्फ काजल और बिंदी। बालों में कंघी भी नहीं की जाती थी।

राती-जोगे का मतलब सब रिश्तेदारों के लिए मौज मस्ती का समय होता था। अब बैचलर पार्टी ने उसकी जगह ले ली है। आधुनिकता की चमक में एक अलग ही होड़ लगी है। समझ में तो आता है कि यह दिन सब के लिए बहुत महत्त्वपूर्ण है और सब इसको यादगार बनाना चाहते हैं। दुख इस बात का है कि बहुत कम लोगों को रीति रिवाज का ध्यान रहता है। बान से लेकर बिदाई तक, लड़का अपनी पत्नी को घर लेकर आए तब तक क्या रीति रिवाज हैं उनके पीछे क्या कहानी है बहुत कम बच्चे जानते होंगे। सात वचन भी शायद ही कुछ लोगों को याद होंगे। कहीं हमारे रीति-रिवाज लुप्त होते हुए नजर आ रहे हैं।

तृप्ति सिंह ने अपने विचार साझा किए, उस के लिए आभार।

10.4 बच्छावत मेहता परिवार में ऐतिहासिक विवाह

ऐतिहासिक विवाह के चंद प्रसंग - मेहता लखपत सिंह कहते हैं,

मेहता अगर चंद

मेहता अगरचंद का विवाह सन् 1753 में एक बहुत ही सादे समारोह में हुआ था। वे न तो उच्च समाज की लड़की से शादी करने में विश्वास रखते थे और न ही भव्य शादी करने में। उनके लिए पत्नी एक अच्छी गृहिणी के गुणों वाली होनी चाहिए। जो पारिवारिक मूल्यों के लिए सम्मान रखती हो। एक बार जब वे चित्तौड़गढ़ के पास सतखंडा नामक गांव से अपने घोड़े पर गुजर रहे थे, तो उन्होंने कुएं पर एक साधारण लड़की को पानी भरते हुए देखा। उन्होंने उसकी गतिविधियों और रवैये का अवलोकन किया और पाया कि वह वही है जिसे वे ढूंढ रहे हैं। आगे की जांच में पता चला कि लड़की एक साधारण परिवार के ओसवाल महाजन (व्यापारी) की बेटी थी। शुरुआत में, उसके पिता अपनी बेटी लक्ष्मी बाई की शादी राज्य प्रधान के उच्च परिवार में करने के अनिच्छुक थे, लेकिन बाद में अनुनय पर सहमत हो गए। लक्ष्मी बाई ने चार बेटों को जन्म दिया - देवी चंद (प्रधान मेवाड़ और किलेदार मांडलगढ़), सीताराम (किलेदार चित्तौड़गढ़), उदयराम और सदाराम।

मेहता देवीचंद

किलेदार मेहता अगर चंद के पुत्र मेहता देवी चंद का विवाह सन् 1783 में मांडलगढ में हुआ था। उस अवसर पर महाराणा भीम सिंह ने उपहार भेंट किए - एक पाग, सफेद बॉर्डर वाला एक दुपट्टा, मलमल का एक थान (कपड़े की एक गांठ), एक कर्ण पट्टी, पाजामे के लिए एक छींट (छपा हुआ कपड़ा) और सोने के गोटा का रोल।

मेहता पृथ्वी सिंह (पुत्र मेहता संग्राम सिंह) कहते हैं,

दरबार में वरिष्ठ पद पर आसीन किलेदार या बच्छावत मेहता के पुत्र का विवाह जब भी संपन्न होता था, महाराणा के लिए अपनी उपस्थिति के साथ इस अवसर की शोभा बढ़ाना अनिवार्य था। हाल के दिनों में, 1920-30 के दशक में, मेहता इंदर सिंह और मेरी शादियों में महाराणा भोपाल सिंह ने पधरावणी की थी; जबकि, जबकि 1960-70 के दशक में मेहता भूपेन्द्र सिंह, भीम सिंह और प्रताप सिंह (लेखक) की शादियों में महाराणा भागवत सिंह ने पधरावणी की।

ऐतिहासिक विवाह के चंद प्रसंग - मेहता पन्नालाल की स्वजीवनी से,

सन् 1874 में निर्वासन के दौरान मेहता पन्नालाल अजमेर में सेठ सुमेर मल के मेहमान थे। उन दिनों अपनी बहन पन्ना कंवर के बेटे मेहता (कटारिया) भोपाल सिंह का विवाह सेठ सुमेर मल की बेटी से हुआ था। बरात उदयपुर से गयी थी और मेहता पन्नालाल ने परंपरा अनुसार मायरा समारोह किया।

सन् 1901 में मेहता पन्नालाल, लक्ष्मीलाल और तखत सिंह की भाणजी (उनके बहन की बेटी) की शादी अजमेर के सेठ जवाहर मल के परिवार में हुई थी। इसलिए मायरा तीन भाइयों ने मिलकर किया।

मेहता फतेहलाल

सन् 1881 में मेहता राय पन्नालाल के पुत्र मेहता फतेहलाल का विवाह शाहपुरा के शाह गोवर्धन मल चोरड़िया की पुत्री से हुआ। महारानी के साथ महाराणा सज्जन सिंह उदयपुर में मेहता राय पन्नालाल के निवास पदरावणी के लिए गए। शादी के लिए सुरक्षा व्यवस्था, नौकर और रसद के लिए आठ हजार रुपये खर्च किए गए थे। नौकरानियों और नौकरों के लिए मिठाई के पैकेट पर तीन हजार रुपये खर्च किए गए। शादी का रिसेप्शन रखा गया था, जहां महाराणा ने दूल्हे मेहता फतेहलाल को 'सोने के लंगर' और सिरपाव उपहार में दिया। 'बंदोरी' (अच्छी तरह से तैयार दूल्हे के साथ जुलूस) शहर के महल से उदयपुर की सड़कों के मध्य से निकाला गया, जिसमें लोग नृत्य और आतिशबाजी का प्रदर्शन कर रहे थे।

बारात के लिए, महाराणा ने बहुत सारे विशेषाधिकार प्रदान किए – जहाजपुर से पाइप बैंड और नगाड़ों के साथ सैनिकों की एक कंपनी को बुलाया गया था। दूल्हे के लिए गहने और कांच का हावड़ा (हाथी सीट) के साथ एक हाथी, हाथी के सामने सोने के गदा वाला एक व्यक्ति, रथ (घोड़ा गाड़ी), सवारियों के साथ घोड़े, ऊंट आदि उदयपुर से गए। विविध खर्चो के लिए दो हजार रुपये भी दिए गए।

दूल्हे के पिता, प्रधान मेहता पन्नालाल राज्य की प्रतिबद्धता के कारण बारात में शामिल नहीं हो सके। दादा मेहता मुरलीधर भी गुजराती बुखार के कारण अस्वस्थ थे। जहाजपुर से दूल्हे के चाचा (काका) मेहता लक्ष्मीलाल सीधे शाहपुरा में शादी की पार्टी में शामिल हुए। कविराज श्यामल दास ने महाराणा सज्जन सिंह और पॉलिटिकल एजेंट से शादी के दौरान फिजूलखर्ची की शिकायत की। लेकिन मेहता पन्नालाल ने महाराणा के खर्च को सही ठहराया और मामले का निपटारा कर दिया गया।

उर्मिला परख (मेहता इन्दर सिंह की भांजी) कहती हैं,

शादी करने वाले लड़कों या लड़कियों को कई करीबी रिश्तेदारों द्वारा भोजन या नाश्ते (इस प्रथा को बंदोला कहा जाता हैं) के लिए आमंत्रित किया जाता था। होने वाला दूल्हा अचकन, चूड़ीदार पाजामा और पगड़ी पहनकर ऐसी दावतों में जाता था। होने वाली दुल्हन भव्य लहंगा, कांचली-कुर्ती, ओढ़नी और सोने के गहने पहनकर बन्दोले में जाती थी। उनके साथ छोटे भाई-बहन और करीबी रिश्तेदार, बैंड के साथ, घोड़ा-गाड़ी में बैठकर बंदोरी (जुलूस) में जाते थे।

मेहता तखत सिंह की पुत्री का विवाह

मार्च 1884 में, जबकि जोधपुर महाराजा जसवंत सिंह मेवाड़ के राजकीय अतिथि थे, महाराणा सज्जन सिंह के साथ उन्हें प्रधान मेहता राय पन्नालाल हवेली की में पधरावणी (उपहारों के साथ महाराणा द्वारा भौतिक उपस्थिति) करनी थी, क्योंकि उनके भाई मेहता तख्त सिंह के बेटी की शादी थी। लेकिन अचानक मेहता पन्नालाल की छोटी बहन चंदर कुंवर का निधन हो गया। महाराणा द्वारा पदरावणी का कार्यक्रम रद्द करना पड़ा। एक तरफ परिवार में शोक और दूसरी तरफ शादी के कारण मेहता तख्त सिंह बारह दिनों तक शोक सभाओं में शामिल नहीं हुए और उसके बाद विवाह समारोह फिर से शुरू हो गए। जोधपुर महाराजा की यात्रा के बाद किशनगढ़ महाराजा अप्रैल 1884 में उदयपुर आ रहे थे। शादी के दिन महाराणा सज्जन सिंह और महाराजा किशनगढ़ दोनों ने मेहता तख्त सिंह के आवास पर पधरावणी की और रात्रि भोज में शामिल हुए।

मेहता पन्नालाल अपनी स्वजीवनी में कहते हैं,

बारात पार्टी मुख्य रूप से पुरुष सदस्यों से बनी होती है, जैसे कि वंश के सदस्य, करीबी रिश्तेदार और दोस्त। महिलाओं को बारात के जुलूस का हिस्सा नहीं बनने दिया जाता था। परंपरागत रूप से बाराती - चूड़ीदार पाजामा, अचकन या शेरवानी या अंगरखी, तलवार या कटार के साथ कमर पर एक चौड़ी कमर-बंद के साथ शामिल होते थे। पुरुषों के आभूषणों में कुंडल (कान के छल्ले), अंगूठी, कंठला (हार) और पगड़ी शामिल थे। पगड़ी पर गहने थे – पछेवड़ी, चंद्रमा और इमली (कलंगी)। सोने के धागे में हाथ से तैयार की गयी जूती पहनी जाती थी।

मेहता जोध सिंह

सन् 1888 में मेहता लक्ष्मीलाल के पुत्र मेहता जोध सिंह का विवाह मेहता मुंहोत माधो सिंह (फौज बख्शी / दांता भरूँ की हवेली से) की पोती अनंत कंवर से हुआ था। पधरावणी (उपहारों के साथ महाराणा द्वारा भौतिक उपस्थिति) महाराणा फतेह सिंह द्वारा राजसी महिलाओं (जनाना)

के साथ मेहता पन्नालाल के निवास पर की गई थी। मेहता जोध सिंह को पैरों के लिए सोने की चूड़ियां (सोने के लंगर), दुपट्टे के साथ दो हजार रुपये और मेहता पन्नालाल को पगड़ी भेंट में दी। हालांकि मेहता लक्ष्मीलाल को मेहता फूल चंद ने गोद लिया था, लेकिन शादी का पूरा खर्च बड़े भाई मेहता पन्नालाल ने उठाया था। मेहता चतर सिंह की पत्नी अजायब कंवर का पीहर भी फौज बख्शी की हवेली में था। इसलिए अनंत कंवर और अजायब कंवर चचेरी बहनें थीं।

मेहता पन्नालाल अपनी स्वजीवनी में कहते हैं,

सन् 1889 की बात है, जब मेरी बहन स्वर्गीय चंदर कंवर के बेटे अभय मल की शादी अजमेर में हुई। मायरा समारोह के लिए पूरा परिवार नाथद्वारा होते हुए अजमेर चला गया। यात्रा के लिए महाराणा फतेह सिंह द्वारा सोने की गदा के साथ एक परिचारक प्रदान किया गया था। मायरा समारोह के बाद हमारा दल रतलाम, ओंकारनाथ, महाकाल, नीमच, छोटी सादड़ी, बड़ी सादड़ी, कानोड़ और भिंडर होते हुए, पूजा-अर्चना कर के, उदयपुर लौट आया। हम सब का प्रत्येक ठिकाने में अच्छी तरह से स्वागत किया गया। रतलाम में सेठ दीपचंद का आतिथ्य सत्कार और स्वागत उम्मीद से परे था। नीमच स्टेशन पर एक मादा हाथी, घुड़सवार गार्ड, शामियाना और कनात के साथ हमारी अगवानी की गई।

मेहता देवीलाल

मेहता देवीलाल का विवाह सन् 1908 में जोधपुर के राव बहादुरमल की पुत्री सरस कंवर से हुआ था। महाराणा फतेह सिंह ने एक बन्दोरी को मंजूरी दी थी, जो सिटी पैलेस से शुरू हुई थी (बन्दोरी - शादी की पूर्व संध्या पर दूल्हा या दुल्हन को रात में सजाए गए जुलूस में शहर के चारों ओर ले जाया जाता है)। श्रीजी द्वारा कीमती कटला, छः सौ रुपये, मिठाई, पगड़ी, जयपुर अंगोछा आदि प्रदान किए गए।

बारात जोधपुर गई, लेकिन 'बैठक-ब्याह' (शादी करने के लिए बारातियों को स्थानीय मानना – मेजबानी के लिए लड़की वालों को भुगतान करने की अनुमति नहीं देना) किया गया था। जोधपुर में बारात का स्वागत अच्छी तरह से हुआ और कुचामन हवेली में ठहराया। स्थानीय ओसवालों को भोजन और अन्य औपचारिकताओं के लिए इंतज़ाम किया गया था। बारात में छः सौ लोग, चित्तौड़ सेना के बीस सिपाही और जहाजपुर से पाइप बैंड थे। बारात दस दिनों तक जोधपुर में रही।

मेहता पन्नालाल ने भाई तख्त सिंह, पुत्र फतेहलाल, पौत्र देवीलाल और भतीजे चतर सिंह के साथ जोधपुर के महाराजा सरदार सिंह से भेंट की। नजर-नछरावल (शिष्टाचार और उपहारों का

आदान-प्रदान) किया गया। जोधपुर राज्य के सचिव महकमाख़ास, पंडित सुखदेव ने महाराजा सरदार सिंह से अनुरोध किया कि दूल्हे को तोरण के लिए हाथी पर चढ़ने की अनुमति दी जाए। लेकिन अनुरोध को अस्वीकार कर दिया गया, क्योंकि जोधपुर राज्य में यह एक प्रथा थी कि केवल शाही परिवार का दूल्हा ही ऐसा कर सकता हैं। इसलिए मेहता देवीलाल को घुड़सवारी से ही सब्र करना पड़ा।

मेहता उदयलाल

सन् 1910 की गर्मियों में, मेहता तख्त सिंह के बेटे मेहता उदयलाल का विवाह जोधपुर में मेहता किशन सिंह की बेटी जबर कंवर से हुआ था। बारात जोधपुर गई और अन्य सभी कार्य मेहता देवीलाल के जैसे किए गए। जोधपुर जाने से पहले उदयपुर सिटी पैलेस से बन्दोरी निकाली गई। जोधपुर में बारात का स्वागत अच्छी तरह से हुआ और कुचामन हवेली में ठहराया। मेहता किशन सिंह की ओर से सभी व्यवस्थाएं बेहतरीन थीं - चाय, सोडा-पानी, बर्फ, पूजा सामग्री, मेवा और रात में दूध अच्छी तरह से परोसा गया था। कुछ लोग मेवे के पैकेट भी साथ ले गए।

वर्षा-ऋतु प्रसंग वाले मंडप को अच्छी तरह से सजाया गया था। बारात आगमन के दिन भारत के सम्राट एडवर्ड सप्तम का लंदन में निधन हो गया। बारह दिन का राजकीय शोक मनाया जा रहा था। हालांकि, कुचामन हवेली में संगीत, नृत्य, ढोल, मनोरंजन इत्यादि के लिए अनुमति दी गई। बारात के दौरान पायदान लड़कियों (नॉच-गर्ल्स) द्वारा नृत्य और प्रदर्शन की अनुमति नहीं थी। जोधपुर राज्य ने भी शादी के लिए पूरा सामान दिया। मेहता पन्नालाल ने शहर के ओसवाल स्कूल के लिए पांच सौ रुपये दान किए। एक दिन सभी स्थानीय रिश्तेदारों और परिचितों को मेहता पन्नालाल ने भोजन के लिए आमंत्रित किया।

मेहता संग्राम सिंह और मोहन कँवर

सन् 1913 में मेहता संग्राम सिंह की शादी हुई। बन्दोले की मेजबानी मेहता पन्नालाल ने की।

उसी वर्ष मेहता देवीलाल की बेटी और मेहता पन्नालाल की पोती मोहन कुंवर की सगाई मेहता (कटारिया) भगवत सिंह, पोते मेहता भोपाल सिंह से हुई थी। मेहता भागवत सिंह सन् 1951 में आजादी के बाद आई.ए.एस. में शामिल हुए और 1965 में राजस्थान सरकार के मुख्य सचिव बने।

उर्मिला पारख (मेहता इन्दर सिंह की भांजी) कहती हैं,

शादी के मौके पर ज्यादातर महिलाएं सुनहरी जर्दोसी (गोल्डन ब्रोकेड) के साथ लाल या चमकीली ओढ़नी / साड़ी, लहंगा, कांचली-कुर्ती पहनती थीं। वे बोर (माथे का टीका), सोने की

चेन, कंठला (हार), कुंडल (कर्ण-फूल), अंगूठी, नथ, बाजू-बंध (आर्म बैंड), कमरबंध, कड़ा / गोखरू (चूड़ियां) और पैर में - पाज़ेब और बिछिया (पैर के अंगुली की अंगूठी) जैसे बहुत सारे आभूषण पहनती थी।

मेहता इन्दर सिंह

मेहता नवल सिंह के बड़े बेटे मेहता इंदर सिंह को कभी-कभी मिरगी का दौरा आता था। परिजनों को सही उपचार नहीं मिल सका। लेकिन, एक फकीर ने भविष्यवाणी की, "इंदर सिंह ठीक हो सकता है अगर उसके पिता अपनी बहू के लिए भीख मांगें"। सन् 1930 में, मेहता नवल सिंह और उनका दल मेवाड़ - मारवाड़ रेलवे (उसी वर्ष सन् 1930 में स्थापित) द्वारा मारवाड़ के पवित्र स्थानों की तीर्थयात्रा से लौट रहे थे। मारवाड़ जंक्शन रेलवे स्टेशन पर, जब दल ट्रेन बदलने की प्रतीक्षा कर रहा था, प्लेटफार्म के दूसरी तरफ संघियों (जैन तीर्थ यात्री) का एक समूह था। मेहता नवल सिंह ने संघियों के बीच एक युवा, सुंदर और आकर्षक लड़की को देखा। उन्होंने संवाद के लिए लड़की के पिता को आमंत्रित करने के लिए एक संदेशवाहक भेजा। जसवंत राज संघवी नामक सज्जन, जो सोजत के एक छोटे साहूकार थे, पहुंचे और मेहता नवल सिंह को अपना सम्मान और श्रद्धा व्यक्त की। चंद औपचारिक वार्तालाप पश्चात्, मेहता नवल सिंह ने अपने बेटे इंदर सिंह के लिए उनकी बेटी को शादी में देने की भीख मांगी। जसवंत राज संघवी, कन्या के पिता, बहुत प्रसन्न हुए और उन्होंने प्रस्ताव स्वीकार कर लिया। विवाह सन् 1931* में संपन्न हुआ। विवाह पश्चात् उनकी बेटी कमला का नाम भीकम कुंवर रखा गया, क्योंकि उन्होंने दुल्हन के लिए भीख मांगी थी। तत्पश्चात्, मेहता इंदर सिंह के स्वास्थ्य में सुधार भी हुआ।

मेहता कन्हैया लाल

मेहता देवीलाल के बेटे कन्हैया लाल भारतीय सिविल सेवा (आई.सी.एस.) में शामिल हो गए। उन्होंने बनारस में पोस्टिंग के दौरान, सन् 1937 में, एक जर्मन ईसाई महिला सुश्री गिसेला से शादी करने का फैसला किया। उनके दादा मेहता फतेहलाल और अन्य रिश्तेदार शादी के इस प्रस्ताव से नाखुश थे। इसलिए उन्होंने शादी का बहिष्कार करने का फैसला किया। हालांकि, उनके छोटे भाई मेहता गोकल लाल और मेहता (चील) डॉ मोहन सिंह बनारस में उनकी शादी में शामिल हुए। मेहता (चील) डॉ मोहन सिंह ने कन्यादान किया। यह मेहता परिवार के इतिहास में किसी गैर-हिंदू से पहली शादी थी। मेहता कन्हैया लाल और उनकी जर्मन पत्नी गिसेला को दो बेटे अशोक और दलीप हुए। गिसेला की मृत्यु के बाद, कन्हैया लाल ने हैदराबाद के एक कुलीन परिवार की मुस्लिम महिला सकीना से दूसरी शादी कर ली।

मेहता जय सिंह

मेहता जय सिंह की शादी 25 नवम्बर 1944 में हुई थी। भावी दुल्हन को एक प्रमुख समाचार पत्र के वैवाहिक कॉलम के विज्ञापन में पाया गया था, जो उन दिनों का एक दुर्लभ अवसर था। फिर मेहता नवल सिंह ने पत्राचार प्रारंभ किया।

भोपाल में, सरदार मल ललवानी की पत्नी और भावी दुल्हन की बहिन मोहना कुमारी याद करती हैं, *"विज्ञापन देने के पश्चात् एवं पत्राचार के बाद, हम दोनों उदयपुर के पास, रिखबदेव की तीर्थयात्रा पर गए थे"। उदयपुर में धनरूप मल और रतन कुमारी बापना (मेहता नवल सिंह की पुत्री रूप कुमारी बापना के जेठ) के साथ रहने के दौरान उन्होंने इस अवसर का लाभ उठाते हुए संभावित दूल्हे जय सिंह के पिता नवल सिंह मेहता से मुलाकात की। रतन कुमारी कहती हैं, "नवल सिंह जी ने अपनी हवेली में स्वागत और भोजन की बहुत शानदार व्यवस्था की। उनके साथ शाही मेहमानों की तरह व्यवहार किया गया। भोजन चांदी के बर्तन में परोसा गया। इसमें दस से अधिक प्रकार की मिठाइयाँ थीं।"*

रतन कुमारी कहती हैं, *"अगले महीने नवल सिंह मेहता ने अपने छोटे बेटे जय सिंह को रूपजी दादा, हवेली के भरोसेमंद और देखभाल करने वाले व्यक्ति, के साथ भावी दुल्हन कुमारी रूपा को देखने के लिए भोपाल भेजा। सरदार मल ललवानी और उनकी पत्नी मोहना कुमारी के परिवार ने उनका अच्छी तरह से स्वागत किया। इसके तुरंत बाद सगाई की रस्म संपन्न हो गई।"*

रतन कुमारी यह भी कहती हैं, *"पारंपरिक वेशभूषा, आभूषण, सूखे मेवे और विदेशी मिठाइयों से युक्त दस्तूर का आदान-प्रदान किया गया। परिवार के महत्त्वपूर्ण सदस्यों को उनके संबंधित परिवारों द्वारा दस्तूर ले जाने के लिए उदयपुर और भोपाल में नियुक्त किया गया था। परंपराओं के अनुसार, दूल्हा और दुल्हन के माता-पिता 'दस्तूर' समारोह में शामिल नहीं हुए। शादी की तारीखें साल के उत्तरार्ध के लिए तय की गई थीं।"*

जय सिंह की बड़ी बहन, इंद्र कंवर की बेटी उर्मिला कुमारी पारख याद करती हैं, *"नाना साहब (नवल सिंह मेहता) ने हमको सफेद पाजामे के साथ जर्दोसी (सोने के धागे) काम का एक मखमल का कोट दिया था साथ में जर्दोसी की ठेठ भोपाली गोल मखमल की टोपी दी थी। विशेष रूप से परिवार के युवा लड़कों और लड़कियों के लिए भोपाल से मंगवाई थी, जो बारात के साथ भोपाल गए थे।"*

मेहता नवल सिंह का निधन 17 मई 1944 को उनके बेटे जय सिंह की शादी से पहले हुआ। लेकिन, विवाह का कार्यक्रम अपरिवर्तित रहा क्योंकि यह त्रासदी के कुछ महीनों के बाद था। बारात ट्रेन से भोपाल गई और बड़ी धूमधाम से स्वागत हुआ। चूंकि सरदार मल ललवानी के

पिता भोपाल के नवाब साहब के कोषाध्यक्ष थे, इसलिए शाही परिवार द्वारा शादी के लिए सभी विशेषाधिकार और रसद सहायता उदारतापूर्वक प्रदान की गई।

यह गठबंधन जोड़ने में महत्त्वपूर्ण भूमिका निभाने वाली, दुल्हन की बहन मोहना कुमारी याद करती हैं, *"भोपाल में शादी का सबसे भव्य कार्यक्रम था, जिसमें शाही बैंड, हाथियों और घोड़ों को पूरे आभूषणों से सजाया गया था। बारात के आगे मशाल वाहक चल रहे थे और पायदान लड़कियों ने नृत्य किया"*।

नवल सिंह मेहता के दोहिते और सावंतमल-रूपकुमारी बापना के बेटे हरनाथ सिंह बापना गर्व के साथ कहते हैं, *"मैं छोटे मामा साहब (दूल्हे जय सिंह) के साथ हाथी पर बैठा था।"*

10.5 बहु-विवाह की परंपरा

मेहता लखपत सिंह, मंडलगढ़ कहते हैं,

अतीत में बच्छावत मेह्ताओं में बहु-विवाह भी एक आम प्रथा थी। यह अभिजात्य वर्ग की निशानी थी। बेटे की इच्छा भी बहु-विवाह का एक कारण था। हालांकि, दूसरी, तीसरी पत्नी आदि की स्थिति पहली पत्नी से अधिक नहीं थी। पहली पत्नी के बेटे को उत्तराधिकार के लिए माना जाता था और पटवी के नाम से जाना जाता था। पत्नियों की महत्वकांक्षा कभी-कभी सौतेले बेटों और उनके अधिकारों की समस्याओं का कारण बनती हैं, विशेष रूप से पटवी का अधिकार। कुछ मामलों में पटवी का अधिकार दूसरी पत्नी के बेटे को दिया गया।

राजा सागर देवड़ा चौहान

सन् 1250 ई के आसपास सम्राट पृथ्वीराज चौहान के देवड़ा गोत्र के वंशज तथा बच्छावत वंश के अग्रगामी, राजा सागर, देलवाड़ा राज्य के (जिसे पहले देवकुल पाटन नगरी के नाम से जाना जाता था) बहुत बहादुर शासक थे। उनके आठ रानियां थीं, उनमें से पटरानी (सबसे बड़ी) मानवती थी।

मेहता करम चंद बच्छावत

दीवान संग्राम सिंह के पुत्र करम चंद बच्छावत को राव कल्याणमल और राजा राय सिंह के समय बीकानेर का दीवान (1571-92) नियुक्त किया गया था। करम चंद की तीन पत्नियां थीं – अजया देवी, जीवा देवी और कपूर देवी। वे बीकानेर में बहुत लोकप्रिय थे और सम्राट अकबर के साथ उनके बहुत अच्छे संबंध थे।

मेहता देवी चंद और गोकल चंद

मेहता देवी चंद (ज.1754-1827) और उनके बेटे प्रधान मेहता गोकल चंद (ज.1810-78) की दो पत्नियां थीं। सन् 1883 में मेहता गोकल चंद की दूसरी पत्नी के पुत्र मेहता विट्ठल दास को मांडलगढ का किलेदार बनने का अधिकार दिया गया।

मेहता लखपत सिंह, मंडलगढ़ कहते हैं,

विधवा विवाह को भी मेहता परिवार में प्रतिबंधित कर दिया गया था। विधवाएं केवल ग्रे या काला रंग पहन सकती थीं, जबकि अन्य जातियों में विधवाएं सफेद रंग पहनती हैं। उन्हें चूड़ियां पहनने या माथे पर टीका लगाने की अनुमति नहीं थी। विधवा के लिए खुशी व्यक्त करना या हंसना उचित नहीं समझा जाता था। उन्हें साधारण बर्तनों में मिठाई रहित सादा भोजन करना आवश्यक था।

10.6 पासवान की परंपरा

मेहता लखपत सिंह, मंडलगढ़ कहते हैं,

सेक्स एक गंदा शब्द था और यौन आवेग को शारीरिक और आध्यात्मिक पतन माना जाता था। फिर भी उन लोगों के लिए मौन प्रशंसा थी जो पासवान रखते थे और अन्यथा अवैध सेक्स में लगे हुए थे। बच्छावत मेहता भी अपने निजी जीवन में बहुत रंगीन मिजाज़ के रहे थे। ऐसे कई उदाहरण हैं, जहां इन रईसों ने खुले लिव-इन-रिलेशनशिप बनाए हैं। पासवान के परिवार को छुटभैया कहा जाता था। उन्हें एक अलग घर और रखरखाव के लिए मासिक पारिश्रमिक दिया गया था।

मांडलगढ तलहटी में जलेश्वर तालाब के तट पर छुटभैया के परिवारों का अंतिम संस्कार करने की अनुमति नहीं थी। यह केवल बच्छावत मेहता के लिए था। एक बार ऐसा हुआ कि मेहता विट्ठलदास, किलेदार (सन् 1890*), छुटभैया के एक रोगग्रस्त सदस्य के लिए जलेश्वर तालाब की छतरियों में अंतिम संस्कार की योजना बना रहे थे। यह जानकारी मेवाड़ के तत्कालीन प्रधान मेहता राय पन्नालाल को प्राप्त हुई। उन्होंने तुरंत मांडलगढ़ को कड़ा संदेश भेजा, *"पन्नालाल अभी भी जीवित है और यह दाह संस्कार नहीं हो सकता है।"*

मेहता विट्ठलदास

प्रसिद्ध लिव-इन-रिलेशनशिप कहानी मेहता गोकल चंद की दूसरी पत्नी के बेटे, किलेदार मेहता विट्ठलदास (1852-1922) की है। यद्यपि उनकी मौजूदा शादी से तीन बेटे थे, लेकिन मांडलगढ

किले में एक बेहद खूबसूरत हरिजन लड़की के साथ उनका विवाहेतर संबंध था। ऐसा कहा जाता है कि वह चमकती कोमल त्वचा के साथ बहुत गोरी थी और जब वह पानी पीती थी तो पानी को गले से नीचे जाते हुए देखा जा सकता था। कहा जाता है कि मेहता विट्ठलदास ने हरिजन लड़की से मिलने और प्रेम करने के लिए अपनी हवेली से बगल के बगीचे में एक गुप्त मार्ग भी बनाया था।

मेहता अक्षय सिंह और हुकम सिंह

मेहता विट्ठलदास के सबसे बड़े बेटे मेहता अक्षय सिंह (1880-1947) ने मांडलगढ के पास के एक गांव में एक खेतिहर मज़दूर, गरीब मीणा की दो खूबसूरत बेटियों – राधाबाई और कस्तूरीबाई को खरीदा। वे शुरू में डावरी (दासी) के रूप में कार्यरत थीं और बाद में पासवान बन गईं। सागर (किले में पानी की झील) के तट पर 'रसिया-की-मेड़ी' (प्रेमी की बगीची) में राधाबाई और कस्तूरीबाई के साथ लिव-इन-रिलेशनशिप और प्रेम की कहानियां आज भी जिंदा हैं।

मेहता विट्ठलदास के पोते और मेहता दौलत सिंह के तीसरे बेटे मेहता हुकम सिंह का मांडलगढ किले में फूली जीजी (डावरी - नौकरानी) की बहू (रामचंद्र जोशी की पत्नी) के साथ लिव-इन-रिलेशनशिप था।

मेहता ईश्वर सिंह

मेहता किशन सिंह के चार बेटों में सबसे बड़े मेहता ईश्वर सिंह की दो पत्नियां थीं, लेकिन बेटा एक भी नहीं था। इसलिए वे किले में एक कामदार (मुंशी) की अविवाहित बेटी के साथ लिव-इन-रिलेशनशिप में रहने लगे। बाद में उन्हें पासवान से एक बेटा हुआ।

मेहता लक्ष्मीलाल

मेहता चरण दास कहते हैं,

मेहता फूल चंद के दत्तक पुत्र मेहता लक्ष्मीलाल सन् 1905 में काशी तीर्थयात्रा पर गए। वहां उन्होंने एक सुंदर और गोरी नेपाली कन्या – गोपीबाई को गंगा नदी के घाटों पर स्नान करते हुए देखा। उसके माता-पिता को अच्छी-खासी रकम देकर गोपीबाई को उदयपुर ले आया गया।*

गोपीबाई को मालदास स्ट्रीट पर एक अलग छोटी हवेली दी गयी थी। सन् 1906* में, गोपीबाई ने एक बहुत ही सुंदर लड़के को जन्म दिया, जिसका नाम चरण दास रखा गया। मेहता लक्ष्मीलाल का भी 1906* में निधन हो गया और चरण दास की परवरिश उनके विद्वान पुत्र मेहता जोध सिंह के हाथों में छोड़ दी।

मेहता चरण दास को उनकी योग्यता के अनुसार तकनीकी शिक्षा दी गई थी और वे मेवाड़ राज्य के पहले मैकेनिकल डिप्लोमा धारकों में से एक थे। बाद में वे मेवाड़ रेलवे में शामिल हो गए और उदयपुर में रेलवे प्रशिक्षण संस्थान में प्रशिक्षक बन गए। सात संतानें छोड़ कर सन् 1970 में उनका देहांत हो गया। मेहता चरण दास बहुत योग्य और समझदार व्यक्ति थे। मेरे पिता मेहता इन्दर सिंह ने उन्हें काका का दर्जा दिया और समय-समय पर आर्थिक सहायता भी करते थे।

कन्हैया लाल (ज.1914-92), गोकल लाल (ज.1917-91) और मोहन कंवर

– पुत्र / पुत्री देवीलाल और सरस कंवर

कन्हैया लाल मेहता का विवाह, जर्मन महिला गिसेला के साथ बनारस (1938) में हुआ
कन्यादान - डा. मोहन सिन्हा (चील) मेहता ने किया

लक्ष्मण सिंह मेहता (ज.1922-2002) विवाह दीप कंवर से सन् 1922 में हुआ

नकुल मेहता (ज.1983) का विवाह जानकी पारख से सन् 2012 में हुआ

Sati Mata Chatri - Jahazpur (Mewar)

जहाजपुर हाकिम (1857) मूल चंद मेहता ने युद्ध में वीरगति प्राप्त की।

उनकी पत्नी देव कंवर जहाजपुर में सती (सन् 1858) हुई।

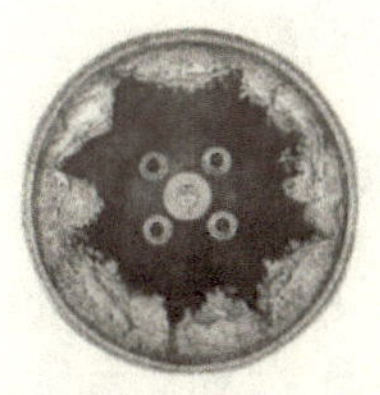

अध्याय 11

मृत्यु एवं सती संस्कार और स्मारक

ऐतिहासिक शहर उदयपुर के बाहर आयड़ (आहड़) गाँव का छत्री (सेनोटाफ) परिसर औपचारिक वास्तुकला का एक अनूठा उदाहरण हैं। यह छत्री परिसर आमतौर पर 'महासत्याजी' के नाम से जाना जाता हैं। इसका निर्माण मेवाड़ राजवंश के शाही संरक्षण में किया गया था। आज परिसर में सौ से अधिक छत्रियां हैं। सबसे प्रमुख, एक भाग में महाराणाओं की छत्रियां हैं जिनका यहां अंतिम संस्कार किया गया था। दूसरे भाग में महाजनों (मुस्सदियों) और बच्छावत मेहताओं की छत्रियां हैं, जो मेवाड़ के प्रधान थे या दरबार में उच्च पद पर रहे थे।

बच्छावत मेहता खानदान में जब किसी कि मृत्यु निकट होती थी, तब एक पंडित को बुलाया जाता था। गोबर के साथ लेपित स्थान पर मरने वाले आदमी को घास के बिस्तर पर लिटा दिया जाता था। मृत होने पर, शरीर को स्नान कराया जाता था और नए सूती कपड़ों का उपयोग किया जाता था। यह प्रथा आज भी प्रचलित है।

दाह संस्कार के बाद सभी करीबी रिश्तेदारों को तेरह दिनों तक मृतक की हवेली में खाना खिलाया जाता है। दुःख में आतिथ्य उचित होना चाहिए, ऐसा मानना है। राजस्थान में मृतकों के घर खाना खाने का रिवाज आज भी है। लोगों से उम्मीद की जाती है कि वे बिना किसी खुशी और आवाज के दबे स्वर में बोलें।

11.1 मृत्यु संस्कार एवम् समारोह

मेहता लखपत सिंह, मंडलगढ़ कहते हैं,

बच्छावत मेहता खानदान में, किसी कि मृत्यु के समय एक पंडित को बुलाया जाता है। गोबर के साथ लेपित स्थान पर मरने वाले आदमी को घास के बिस्तर पर लिटा दिया जाता है। मृत होने पर, शरीर को स्नान कराया जाता है और नए सूती कपड़ों का उपयोग किया जाता है। तुलसी की एक टहनी, सोने का एक टुकड़ा, एक मोती, गंगा-माटी (गंगा की मिट्टी से बना एक लड्) और गंगाजल की कुछ बूंदें उसके मुंह में रखी जाती है। प्रत्येक कान और आंखों में एक मोती भी रखा जाता है। इस प्रथा का उद्देश्य यमराज (मृत्यु के देवता) के दूतों को सभी अनुष्ठान पूरे होने तक नियंत्रण में रखना माना जाता है।

मेहता पृथ्वी सिंह, भीलवाडा कहते हैं,

इसके बाद एक गाय को मृत व्यक्ति की तरफ लाया जाता है और मृत व्यक्ति के हाथ से उसकी पूंछ पकड़वाते हैं। यह मानना है कि पवित्र जानवर की सहायता से उसे वैतरणी (परलोक की नदी) में सुरक्षित रूप से ले जाया जाएगा। फिर गाय पंडित को उपहार में दी जाती है। पंडित मंत्रों और पवित्र ग्रंथों का जाप करता है। मरने वाले व्यक्ति को विष्णु के नामों में से एक को दोहराने के लिए कहता है, जैसे कि राम, नारायण या हरि। यह माना जाता है कि, ऐसा करने से मोक्ष का आश्वासन प्राप्त है। रिश्तेदार और शुभचिंतक पुष्पांजलि और शाल रखकर श्रद्धांजलि अर्पित करते हैं। अर्थी (बांस का बिस्तर) के चारों ओर परिक्रमा लगते हैं।

11.2 क्रिया-कर्म-कांड (अंतिम संस्कार)

मंडलगढ़ मेहता परिवार में मृत्यु के अन्य पहलू निम्न हैं,

मृत्यु के बाद, शरीर को उचित स्नान दिया जाता है और एक सफेद कपड़े से ढक दिया जाता है, उसे एक अर्थी (बांस का बिस्तर) पर रखा जाता है। फिर उसे श्मशान भूमि पर ले जाया जाता है जो आमतौर पर नदी, धारा, झील या बावड़ी के तट पर होती है। मांडलगढ में, बच्छावत मेहता परिवार का श्मशान घाट तलहटी में जलेश्वर तालाब के तट पर आरक्षित हैं, जहां कई मेहता परिवारों की छतरियों (स्मारक) का निर्माण किया गया था।

जैसे ही अर्थी हवेली में पुरुषों के चौक (रावले) से निकलती है, शोक करने वाले मंत्र जाप करते हैं, 'राम नाम सत्य है, सत्य बोले गत्य है' (भगवान सत्य हैं; सत्य मोक्ष प्रदान करेगा)। लोग गली / सड़क के दोनों ओर खड़े होकर अर्थी पर फूल फेंकते हैं। परिवार के कामदार, अर्थी के

सामने चांदी के छोटे सिक्के बिखेरते हैं, जिन्हें सफाई कर्मचारी, नाई, भिखारी और उनके बच्चे उठा ले जाते हैं।

अंतिम संस्कार महा-ब्राह्मणों (उच्च जाति के पुजारी) द्वारा किया जाता है, जिन्हें विशेष रूप से अंतिम संस्कारों के कार्य सौंपें गए हैं। रास्ते में, अंतिम संस्कार जुलूस में शोकाकुल लोग विभिन्न पवित्र छंदों का जाप करते हैं।

श्मशान घाट पहुंचने पर पुष्पांजलि अर्पित की जाती है। इसके बाद, पार्थिव शरीर को अर्थी से उतारा जाता है और उत्तर दिशा में सिर के साथ चिता पर रखा जाता है। यदि उपलब्ध हो तो शरीर को गंगा की पवित्र मिट्टी के साथ लेपा जाता है। अंतिम संस्कार की चिता लकड़ी, तुलसी की लकड़ी और चंदन के लट्ठों से बनी होती है। शरीर के चारों ओर पांच पिंड (आटे के गोले) रखे जाते हैं। शुद्ध घी शरीर पर लगाया जाता है और जलने में आसानी के लिए लकड़ी पर भी डाला जाता है।

पुजारी ऋग्वेद के मन्त्रों का पाठ करते हुए, मृतक के सबसे बड़े बेटे को चिता जलाने का आदेश देते हैं। जब लाश आधी जल जाती है, तो सबसे बड़ा बेटा उसी लकड़ी की छड़ी से कपाल क्रिया (खोपड़ी को तोड़ना) करता है। इससे मान्यता है कि आत्मा शरीर से मुक्त होती है। दाह संस्कार खत्म होते ही सभी मृतक का नाम बुदबुदाते हुए, आसपास की धारा या झील में स्नान कर के खुद को शुद्ध कर लेते हैं।

11.3 शोक और श्राद्ध

दाह संस्कार के बाद सभी करीबी रिश्तेदारों को तेरह दिनों तक मृतक की हवेली में खाना खिलाया जाता है। दुःख में, आतिथ्य उचित होना चाहिए। मृतकों के घर खाना खाने का रिवाज है। लोगों से उम्मीद की जाती है कि वे बिना किसी खुशी और आवाज के दबे स्वर में बोलें।

शोक की अवधि बारह या तेरह दिनों की होती है। इसके दौरान परिवार के पुरुष सदस्य दारीखाना (पुरुष कक्ष) में बैठते हैं जहाँ रिश्तेदार और मित्र अपनी सहानुभूति प्रकट करने आते हैं। जबकि महिलाएं आमतौर पर जनाना (महिलाओं का आंगन) में बैठती हैं। हवेली के दोनों हिस्से अलग-अलग मौत का शोक मनाते हैं।

हवेली के दरीखाने में कोई विलाप नहीं होता है। आगंतुक चुपचाप आते हैं और दरीखाने में बैठ जाते हैं। फर्श को ढंकने के लिए दरी (पतली कालीन) पर एक सफेद चादर बिछाई जाती है। परिवार के कर्मचारियों में से एक सदस्य उन आगंतुकों का स्वागत करने के लिए प्रवेश द्वार पर रहता है जो अपनी सहानुभूति व्यक्त करने के लिए आते हैं। आगंतुक का जो भी स्थान हो,

परिवार के सदस्य मेहमान के स्वागत करने और विदाई देने के लिए उठते हैं। कभी-कभी एक शब्द भी नहीं कहा जाता - मेहमान का आना ही साझे दुःख की भावना मानी जाती है।

ज़नाना (महिलाओं का आंगन) कभी शांत नहीं होता है। रोती-बिलखती महिलाएं सूर्यास्त तक आती-जाती रहती हैं। हर बार जब नई महिला मेहमान आती हैं तो रोना जोर से बढ़ जाता है। हालांकि, सूर्यास्त के बाद विशाल हवेली पर सन्नाटा फैल जाता है।

दाह संस्कार के तीसरे दिन, अस्थियों (हड्डियों और राख) को एक कलश में एकत्र किया जाता है। इन अवशेषों के साथ कलश श्मशान घाट पर छोड़ दिया जाता है, इसे एक अनुकूल अवसर पर गंगा या किसी अन्य पवित्र नदी में विसर्जित किया जाता है। अस्थि-कलश को घर पर लाना अशुभ माना जाता है।

पवित्र शास्त्र, '*गरुड़ पुराण*' का पाठ पंडितों द्वारा तीसरे दिन से बारहवें दिन तक, प्रतिदिन किया जाता हैं।

तीसरे दिन उठावना (प्रार्थना सभा) का आयोजन किया जाता है। प्रार्थना सभा में परिवार के सदस्यों के अलावा अन्य मित्र और परिचित संवेदना व्यक्त करने आते हैं। पहले के दिनों में पुरुषों और महिलाओं के लिए अलग-अलग प्रार्थना सभाएं हुआ करती थीं। हालांकि, आज प्रार्थना सभाएं आम हैं। लेकिन अवधि का समय तय किया जाता है और इस अवधि के अंत में परिवार के सदस्य अन्य लोगों के साथ निकटतम मंदिर में जाते हैं। दिवंगत आत्मा की मुक्ति के लिए दर्शन और प्रार्थना के बाद, सभी मेहमान अपने घरों पे चले जाते हैं। केवल परिवार के सदस्य ही अपने निवास पर लौटते हैं।

धोवरा समारोह उठावना के बाद एक शुभ दिन पर आयोजित किया जाता है, लेकिन तेरहवें दिन श्राद्ध समारोह से पहले। धोवरा एक महिला समारोह है और निकटवर्ती रिश्तेदार की मृत्यु, स्नान, शुद्धिकरण और शोक सभा के पश्चात् का कार्यक्रम है। इस समारोह में, शोक संतप्त परिवार की सभी करीबी बहुओं के पीहर (पैतृक घर) से एक नई साड़ी प्राप्त की जाती है। नए कपड़े पहने जाते हैं। सभी महिलाएं दर्शन के लिए मंदिर जाती हैं। मेहमान और परिवार के सदस्य अपने-अपने घरों में लौट जाते हैं। जंवाई (दामाद/बहनोई) और भानेज (भतीजा/बहन का बेटा) की मृत्यु के मामले में धोवरा समारोह बेटियों के पीहर में भी रखा जाता है।

मृत्यु के तेरहवें दिन श्राद्ध संस्कार शुरू हो जाते हैं। ये पैतृक आत्माओं के लिए श्रद्धा पूर्वक प्रसाद हैं। इस अवसर पर रिश्तेदारों, मित्रों और विषम संख्या में ब्राह्मणों को खाना खिलाना चाहिए। श्राद्ध अनुष्ठान भी एक वर्ष तक हर महीने और बाद में प्रति वर्ष मृत्यु की वर्षगांठ पर

दोहराया जाता है। श्राद्ध के महीने के दौरान – अश्विन माह (अगस्त-सितंबर) में मृत्यु की उसी विक्रम संवत की तिथि पर।

मृतक के परिवार में या मृत्यु के छमाही (छह महीने) संस्कार बाद तक कोई विवाह नहीं हो सकता है। छमाही संस्कार आमतौर पर दाह संस्कार के लगभग तीन महीने बाद भी मनाया जाता सकता है, ताकि पूरी अवधि के लिए शादी में देरी के कारण होने वाली असुविधा से बचा जा सके।

पहली पुण्यतिथि पर, ब्राह्मणों और करीबी रिश्तेदारों को भोजन के लिए निमंत्रण दिया जाता है। शोकाकुल परिवार के वरिष्ठ सदस्य द्वारा एक नर बछड़े को अपने दिवंगत रिश्तेदार की आत्मा को अर्पित किया जाता है। ऐसा मानते हैं कि, वह जानवर को शुभकामनाएं देता है और बछड़े पर त्रिशूल की छाप अंकित की जाती है। बछड़े को ब्राह्मणी बैल (सांड) के रूप में स्वतंत्र किया जाता है।

11.4 बच्छावत मेहता परिवार के खास अंतिम संस्कार

मेहता गोकल चंद

सन् 1878 में मेहता गोकुल चंद, मेवाड़ के प्रधान और मांडलगढ के किलेदार का उदयपुर में निधन हो गया था। ओसवाल के सभी 52 गांवों को बावनी (मृत्यु पर रात्रि-भोज समारोह) के लिए आमंत्रित किया गया था।

मेहता मुरलीधर

मेहता मुरलीधर का निधन सन् 1887 (वि.स. 1943, पोष माह 11) में हुआ, अगले ही दिन उन के बेटे मेहता राय पन्नालाल को सम्मान (सी.आई.ई.) की खबर मिलने के बाद। सभी समारोह (कर्म-कांड) पारिवारिक परंपरा के अनुसार किए गए थे, जिसमें 'बावनी' और सभी रईसों और रिश्तेदारों के लिए भोजन शामिल था। श्रीजी महाराणा फतेह सिंह ने पाग बंधाई के दौरान दो हजार रुपये नकद और सिरपाव भेंट किए और रंग बंधाई समारोह के एक महीने बाद अमर शाही दुपट्टा भी भेंट किया। सन् 1889 में, मेहता मुरलीधर की स्मृति में राजनगर सफेद संगमरमर के साथ छत्री (स्मारक) का निर्माण नाथद्वारा के लाल बाग में उनके बेटे मेहता पन्नालाल द्वारा किया गया था। इसका शुभारंभ धार्मिक ग्रंथों और शांति पाठ-पूजा के साथ किया गया। इस समारोह को डोर फेरो के नाम से जाना जाता है। वैदिक मंत्रों के साथ छत्री के चारों ओर एक कच्चा धागा बुना जाता है।

सन् 1891 में, मेहता पन्नालाल ने अपने पिता मेहता मुरलीधर के श्राद्ध करने के लिए तीर्थयात्रा पर जाने के लिए दो महीने की छुट्टी ली। उन्होंने महकमा खास का प्रभार अपने भाई मेहता तख्त सिंह को सौंप दिया। मेहता पन्नालाल के साथ उनकी पत्नी, उनका बेटा मेहता फतेहलाल और उनकी पत्नी भी थी। उन्होंने उदयपुर लौटने से पहले मथुरा, प्रयाग और काशी का दौरा किया। मथुरा में सेठजी ने ब्रज (मथुरा) से भरतपुर स्टेशन तक बग्गी से यात्रा करने के लिए दल के लिए व्यापक व्यवस्था की। काशी में उनकी मुलाकात राजा शिव प्रसाद सिंह से हुई और प्रमुख पंडितों के साथ बैठक का आयोजन किया गया। मेहता पन्नालाल हमेशा की तरह इन पवित्र मंदिरों में दर्शन और पूजा के बाद चारभुजा (गढ़भोर) और नाथद्वारा होते हुए उदयपुर लौट आए।

मेहता लक्ष्मीलाल

सन् 1906 में, (वि.स. 1963, भादव माह 3) मेहता लक्ष्मीलाल का निधन हो गया। सन् 1899 के महा अकाल के बाद से मेवाड़ में अंतिम संस्कार समारोह और मृतक भोज पर प्रतिबंध लगा दिया गया था, इसलिए दान में चार सौ रुपये दिए गए। हालांकि हो-हल्ला मचने की वजह से भोज पर खर्च को लेकर नियमों में थोड़ी ढील दी गई। तदनुसार, मेहता लक्ष्मीलाल के निधन के तेरहवें दिन छह सदस्यों के सामूहिक भोजन करने की योजना बनाई गई थी। मेहता लक्ष्मीलाल के भतीजे मेहता (कटारिया) भोपाल सिंह ने, जो महकमा खास में अधिकारी थे, इसका विरोध किया क्योंकि वह मृत्यु के बाद के संस्कार (कर्यावर) के खिलाफ थे। इसलिए मेहता पन्नालाल ने महाराणा फतेह सिंह की अनुमति ली और समुदाय के छह सदस्यों को खाना खिलाने का रास्ता अपनाया।

कर्नल टॉड के अनुसार मेहता पन्नालाल, लक्ष्मीलाल और तख्त सिंह का भाणजा - बहन का बेटा, मेहता (कटारिया) भोपाल सिंह हमेशा किसी न किसी रूप में पैंतरेबाज़ी करने की कोशिश करता रहता था। इसलिए उनके खिलाफ हमेशा शिकायतें आती रहती थी। अंतिम दिनों में मेहता (कटारिया) भोपाल सिंह गंभीर रूप से बीमार पड़ गए और सन् 1912 में उनका निधन हो गया। लेकिन मेहता पन्नालाल के आवास पर धोवरा (महिला समारोह जिसमें निकटवर्ती रिश्तेदार की मृत्यु उपरांत स्नान, शुद्धिकरण और शोक सभा की खबर मिलने पर गतिविधियां) का कार्यक्रम किया गया।

मेहता लक्ष्मीलाल की पत्नी

सन् 1912 में मेहता जोध सिंह परिवार के साथ जगन्नाथ पुरी की तीर्थयात्रा पर गए। मेहता लक्ष्मीलाल की पत्नी और मेहता जोध सिंह की मां कोवल कँवर का निधन हो गया। अंतिम

संस्कार और क्रियाकर्म पुरी में ही हुआ। तीर्थयात्रा से लौटने के बाद चैरिटी के लिए दो सौ रुपये का दान दिया गया।

मेहता फतेहलाल की पत्नी

सन् 1912 में मेहता फतेहलाल की पत्नी का देहांत हो गया। परिवार की परंपरा के अनुसार अंतिम संस्कार और भोजन किया गया। विधवाओं के लिए एक ट्रस्ट बनाया गया था, जहां मेहता फतेहलाल ने एक हजार रुपये का दान दिया। नजदीक के रिश्तेदारों ने जोर देकर कहा कि मेहता फतेहलाल को दोबारा शादी करनी चाहिए लेकिन उन्होंने ऐसा करने से इनकार कर दिया।

सन् 1913 में मेहता तख्त सिंह व्रज और मथुरा की तीर्थयात्रा पर गए। बहनोई सेठ जवाहर मल का अजमेर में निधन हो गया। मेहता पन्नालाल की हवेली में धोवरा समारोह का आयोजन किया गया।

मेहता नवल सिंह

मेहता नवल सिंह का निधन 17 मई 1944 को उनके बेटे जय सिंह की शादी से पहले हुआ था। वह अपने भतीजे पृथ्वी सिंह (अपने छोटे भाई मेहता संग्राम सिंह के बेटे) और रूपजी दादा (निजी सहायक) के साथ बिचली हवेली के दरीखाने की छत पर टहल रहे थे। तभी उन्हें अचानक दिल का दौरा पड़ा।

मेहता पृथ्वी सिंह स्पष्ट रूप से याद करते हैं,

"काका साहब अचानक बेहोश हो गए और सांस लेने के लिए हांफ रहे थे। हंगामा हुआ और हवेली में मौजूद भाई जय सिंह जी को अस्पताल से डॉक्टर को बुलाने के लिए भेजा गया, जबकि मैंने और रूपजी दादा ने तलवा और हथेलियों की मालिश करके काका साहिब को होश में लाने की कोशिश की, लेकिन असफल रहे। दादा भाईसा इंदर सिंह जी उदयपुर से बाहर थे। मृत्यु की छमाही तीन महीने बाद हुई, जिस से भाई जय सिंह जी के विवाह में बाधा नहीं पड़ी।"

11.5 पाग-बंधाई (पगड़ी बांधने का समारोह)

गृह-शुद्धि हवन (अग्नि के सामने मंत्रों की प्रार्थना और पाठ) के तेरहवें दिन, परिवार के सबसे बड़े बेटे को एक समारोह में पगड़ी पहनाई जाती है। मंत्रोच्चार के बीच पुजारी द्वारा गुलाबी रंग की पगड़ी (पाग) बांधी जाती है। रिश्तेदार और शुभचिंतक नए उत्तराधिकारी को उपहार के रूप

में नकद या पाग देते हैं। यदि दादा जीवित हैं और पिता की मृत्यु हो जाती है, तो पोते के लिए पाग-बंधाई समारोह नहीं होगा।

11.6 बच्चे की मौत

मेहता पन्नालाल अपनी स्वजीवनी में लिखते हैं,

"यदि किसी बच्चे की मृत्यु, मुंडन (झडुला) संस्कार से पहले या उसके पांच साल की उम्र से पहले हो जाती है, तो शव को जलाने के बजाय दफनाया जाता है। इसी तरह, यदि मृतक बच्चा एक महीने से कम उम्र का है, तो शरीर को जन्म स्थान के पास आंगन में दफनाया जाता है। सन् 1911 में मेहता देवीलाल की दूसरी बेटी का जन्म हुआ और 1912 में उनका निधन हो गया। हवेली के आंगन में उसका अंतिम संस्कार किया गया।"

11.7 शवयात्रा में फूल, सिक्के और मखाने क्यों फेंके जाते हैं?

मृत्यु निश्चित है, यह शाश्वत सत्य है। मृत्यु को न तो बदला जा सकता है, और न ही टाला जा सकता है। जब किसी अपने ही की मृत्यु होती है और उस गंभीर माहौल में कई ऐसी चीजें होती हैं, जिनके बारे में कम ही लोगों को पता होता है। शायद ये बातें आपको भी नहीं पता होंगी, कि जब शवयात्रा निकाली जाती है तो उस पर फूल, मखाने और सिक्के क्यों फेंके जाते हैं। आपने भी देखा होगा कि राह चलता कोई मनुष्य अगर शवयात्रा देख ले तो वह उसे प्रणाम करता है। कई लोग सिक्के भी फेंकते हैं। तो आइए जानते हैं इसका कारण क्या है।

हिंदू धर्म एक ऐसा प्राचीन धर्म हैं, जिसके कई सिद्धांतों को कहीं न कहीं वैज्ञानिक रूप से भी साबित किया जा चुका है। इसलिए आप कह सकते हैं कि इस धर्म में कही गई और लोगों द्वारा अपनाई जाने वाली हर मान्यता के पीछे एक अलग अर्थ होता है। अक्सर ऐसा देखने को मिलता है कि जो लोग इन बातों का अर्थ नहीं जानते वह इस पर प्रश्न उठाने लगते हैं लेकिन ऐसा नहीं है कि प्रश्न उठाना गलत हैं। अपितु ये आवश्यक हैं कि अगर आपको जानकारी न हो, तो पहले प्रश्न का उत्तर ढूंढें और फिर सही और गलत की पहचान करें। जब शवयात्रा में शव पर सिक्के फेंके जाते हैं तो कई लोग इसे पैसों की बरबादी बताने लगते हैं। ये बातें इसलिए भी जरूरी हैं क्योंकि मृत्यु के बाद आपके साथ न तो आपका ज्ञान जाता है और न ही आपका धन। अगर आपके पास कुछ होता है, तो वह है आपके कर्मों का फल। मतलब इस धरती पर आपने जो भी अच्छे या बुरे कर्म किए उसी के हिसाब से आपको स्वर्ग या नरक की प्राप्ति होगी, ये तो आप जानते ही होंगे।

शवयात्रा पर फूल फेंकने का क्या मतलब?

जब भी किसी व्यक्ति की मृत्यु होती है तो आपने देखा होगा कि सम्मान पूर्वक सभी लोग उस मृत व्यक्ति के पैर छूते हैं। पैर छूकर सम्मान व्यक्त करते हैं और फूल-माला भी चढ़ाते हैं। अक्सर उसी व्यक्ति की फोटो पर माला चढ़ाई जाती है कि मृत्यु के बाद व्यक्ति की आत्मा उस परमात्मा में विलीन हो जाती है जिसने हमें और आपको जन्म दिया है। अब जब शवयात्रा निकलती हैं तो फूल फेंक कर श्रद्धांजलि अर्पित की जाती है जिसका सीधा मतलब सम्मान व्यक्त करने से है।

मखाने फेंकने का क्या मतलब?

हालांकि मखाने का सम्मान से दूर-दूर तक कोई नाता नहीं हैं, लेकिन मरा हुआ व्यक्ति भी आपको कुछ सीख देकर जाए इसलिए ऐसा किया जाता है। आपने सुना होगा की जब रावण को भगवान राम ने मार गिराया तो उन्होंने लक्ष्मण को रावण के पास भेजा और कहा कि जाओ रावण ज्ञानी व्यक्ति है उससे कुछ शिक्षा ले लो। तब रावण ने लक्ष्मण को शिक्षा दी थी जिस अहंकार के कारण रावण मारा गया उसी अहंकार को खत्म करने के लिए मखाने फेंके जाते हैं। जिस तरह से मखाना बाहर से फूला हुआ होता हैं और दबाव डालने पर सिकुड़ जाता है, ठीक उसी तरह व्यक्ति जब जिंदा होता हैं तो उसमें घमंड होता है। लेकिन मरने के बाद वह एक शव बन जाता है। इससे ये बताने की कोशिश की जाती है, कि जीवन में कभी घमंड न करें।

सिक्के फेंकने का क्या मतलब?

अभी के जमाने के हिसाब से बात करे तो हर कोई पैसे के पीछे भाग रहा है। जो जितना कमा रहा है, उसे उतना ही और कमाने की लालसा है। ऐसा लगता हैं कि मानो धन दौलत से किसी की संतुष्टि होने वाली ही नहीं और आज तक जितने भी राजा महाराजा या धनी व्यक्ति हुए हैं कोई भी इससे संतुष्ट नहीं रहा। ऐसे में आम इंसान रोज की तरह किसी भी तरह जी रहा है। वह भला कैसे संतुष्ट हो सकता है। इसलिए सिक्का फेंककर ये बताने की कोशिश की जाती है। जो इंसान जिंदगी भर उसके पीछे भागता रहा है वह मरने के बाद अपने आसपास सैकड़ों सिक्के होते हुए भी उसे उठा नहीं सकता। जब तक शरीर में प्राण हैं तभी तक आप कुछ भी कर सकते हैं। इसलिए धर्म शास्त्रों में ये सीख दी गई है कि व्यक्ति को जीवन में पैसे के पीछे भागने की बजाए अच्छे कर्म करने चाहिए।

11.8 बच्छावत सती माता की छत्रियां

जहाजपुर में बच्छावत मेहता परिवार के सती माता की छत्री

सती प्रथा बच्छावत मेह्ताओं में भी प्रचलित थी। मेहता पृथ्वीराज / हंसराज की तीसरी पीढ़ी में मेहता मोतीराम के पुत्र और मेहता लक्ष्मीलाल के चाचा मेहता मूल चंद (ज.1808*-1857) ने

1838 से 1857 तक हकीम जहाजपुर के रूप में कार्य किया। उस समय घान्गाड़ (मालवा सीमा पर) के ठाकुरों से युद्ध में सन् 1857 (वि.स. 1914, ज्येष्ठा) में वीर गति प्राप्त हो गई।

जहाजपुर में परिवार के कुल पुरोहित (पुजारी) बालू लाल पत्रिया कहते हैं,

"सती होने के बाद, महिला को देवी के रूप में सम्मानित किया गया और इस प्रक्रिया से स्वर्ग में प्रवेश किया। इसका अर्थ मोक्ष को प्राप्त करना और पुनर्जन्म के चक्र से मुक्ति। ऐसा माना जाता है कि वे किसी के शरीर में तेज धड़कन पैदा करने के लिए बड़ी मात्रा में कपूर निगलते हैं जो अग्निपरीक्षा का सामना करने की हिम्मत प्रदान करता है। जैसे ही अंतिम संस्कार की चिता तैयार की जाती है, पास में खड़ी महिलाओं का घबराना और जोर से रोना प्रारंभ होता हैं। लेकिन चिता के पास रखे बड़े-बड़े ढोल की थाप से रोना डूब जाता है।"

मेहता मूलचंद की पत्नी - देव कंवर अगले वर्ष सन् 1858 (वि.स. 1915 सावन) को जहाजपुर में सती हुई। आत्म दाह से पहले, सती होने वाली महिला ने घोषणा की, "मेरे वंशज हरे रंग के कांच की चूड़ियां नहीं पहनेंगे"।

सती माता की छत्री (स्मारक मंदिर) जहाजपुर में 'बारा-देवरा' (12 मंदिर परिसर) में स्थित है और कुल पुरोहित (पुजारी) स्वर्गीय बालू लाल पत्रिया के परिवार द्वारा नियमित पूजा की जाती है। मेहता मूल चंद के छोटे भाई, मेहता फूल चंद ने पूजा के लिए सती माता की स्वर्ण मूर्ति बनवाई थी। सभी शुभ अवसरों पर, जैसे विवाह, जन्म, होली-दिवाली, श्राद्ध आदि, पर मेहता लक्ष्मीलाल (मेहता फूल चंद के दत्तक पुत्र) के वंशजों के द्वारा पूजा की जाती है। सर्व प्रथम सती माता की पूजा की जाती है और फिर प्रासंगिक देवी-देवताओं की पूजा की जाती हैं। सती माता की यह मूर्ति पीढ़ी-दर-पीढ़ी सबसे बड़े पुत्र को दी जाती रही है। वर्तमान संरक्षक मेहता महिम सिंह हैं।

परिवार के अन्य सदस्य भी सोने की मूर्ति के स्थान पर प्रतीकात्मक रूप से सुपारी रखकर सती माता की पूजा करते हैं। बाकी की प्रक्रिया समान है। परिवार के सदस्य कभी-कभी जहाजपुर में सती माता की छत्री पर पूजा करने और परिवार के देवता के दर्शन करने के लिए जाते हैं। वर्तमान में सती माता न केवल मेहता लक्ष्मीलाल के वंशजों द्वारा बल्कि भीलवाड़ा और उसके आसपास के अन्य परिवारों द्वारा भी पूजनीय है। इन दिनों पूजा स्वर्गीय पुजारी कालू लाल पत्रिया के पोते और पेशे से एक स्कूल शिक्षक राजकुमार पत्रिया के मार्गदर्शन और सहायता से की जाती है। मेरा अनुभव,

"एक घटना ऐसी भी थी जब मेरे पिता मेहता इंदर सिंह ने सन् 1976 में अपनी उदयपुर हवेली में धन तेरस, दिवाली पूजा के दौरान सती माता की पूजा की भूल से अनदेखी की थी। पूजा

के बाद जब हम दरीखाने लौटे तो दरवाजे का ताला नहीं खुला। ताला-चाबी वही थे। मैंने खुद जंक-बक्स से कई अन्य चाबियों द्वारा कोशिश की लेकिन कोई फायदा नहीं हुआ। अचानक, हमारी पारिवारिक सहायक गोपीबाई ने मेरे पिता से पूछा, "कुंवर सा, क्या आपने आज सती माता की पूजा की"? मेरे पिता को एहसास हुआ कि ऐसा नहीं किया गया था। इसलिए वे लक्ष्मी जी के पूजन कक्ष में वापस गए और लक्ष्मी पूजन की पूरी प्रक्रिया दोहराई गई, जिसकी शुरुआत सती माता की पूजा से हुई। उसके बाद हम दरीखाने लौट आए। इस बार बिना किसी अड़चन के ताला खुल गया। क्या यह एक संयोग था या एक प्रकार का चमत्कार भी था? इस घटना ने सती माता की पूजा को सर्व प्रथम करने में हमारे विश्वास को मजबूत किया।"

रानी गाँव में बच्छावत परिवार की सती माता छत्री

सन् 1802 (विक्रम संवत् 1859, वैशाख सुदी 5 गुरुवार) को विजय नामक आदि योग में, संघपति जग्गाजी (जगत चंद, जन्म सन् 1745*) के पुत्र मोती चंद (जन्म सन् 1780*) का विवाह पश्चात् अकस्मात मृत्यु होने पर शीलवती पुत्र-वधु रम्भादेवी (रूपवती) सती हुई। वैशाख सुदी पंचमी, धर्म नगरी रानी गांव में बच्छावत परिवार का सती माता दिवस है।

11.9 उदयपुर महासत्या जी परिसर में बच्छावत मेहता परिवार की छत्रियां

आयड़ (आहर) का महासत्या जी का छत्री (स्मारक / सेनोटाफ) परिसर ऐतिहासिक शहर उदयपुर के बाहर औपचारिक वास्तुकला का एक अनूठा उदाहरण है। छत्री परिसर 3.2 हेक्टेयर के क्षेत्र को कवर करने वाले अन्य मध्यकालीन राजपूत छत्री परिसरों के बीच सबसे बड़े परिसरों में से एक है। यह छत्री परिसर आमतौर पर 'महासत्या जी' के नाम से जाना जाता है। इसका निर्माण मेवाड़ राजवंश के शाही संरक्षण में किया गया था। यह परिसर सूरज पोल से लगभग पांच किलोमीटर की दूरी पर उदयपुर के पूर्वी हिस्से में आयड़ नदी के पास स्थित है। परिसर के उत्तर पूर्व की ओर दो पुरातात्विक टीले हैं जो लगभग 2000 ईसा पूर्व (चाल्कोलिथिक काल) की बस्ती के अवशेष हैं। इसे 'तम्बावती नगरी' के नाम से जाना जाता था और प्राचीन आयड़ सभ्यता का हिस्सा था। परिसर के पश्चिम में आयड़ की वर्तमान बस्ती हैं जिसके भीतर 10वीं शताब्दी के तीन जैन मंदिर और एक विष्णु मंदिर स्थित है। ये मंदिर 'अगतपुर' बस्ती के अवशेष हैं, जो 8वीं से 12वीं शताब्दी के दौरान मेवाड़ की प्रथम राजधानी थी।

आज परिसर में सौ से अधिक छत्रियां है। इनमें सबसे प्रमुख महाराणाओं की इक्कीस छत्रियां हैं जिनका यहां अंतिम संस्कार किया गया था। ऐसी कई छत्रियां हैं जो महाजनों (मुत्सदियों) की हैं, जो मेवाड़ के प्रधान थे या दरबार में उच्च पद पर थे। जो बात इस परिसर को और अधिक

अद्वितीय बनाती हैं, वह हैं पवित्र गंगोद भव कुंड के साथ इसका पवित्र संबंध, जिसे लोकप्रिय रूप से गंगू कुंड कहा जाता है। छत्रियों के साथ, मंदिरों का एक समूह है, जिनमें से सबसे प्रमुख 10वीं शताब्दी का शिव-पार्वती का मंदिर है जो गुर्जर प्रतिहार शैली में बनाया गया है।

मेहता शेर सिंह की छत्री

मेहता शेर सिंह की छत्री का निर्माण तत्कालीन प्रधान मेहता पन्नालाल ने सन् 1875 में करवाया था। महासत्या जी उदयपुर में आठ स्तंभों वली छत्री पर कोई शिलालेख नहीं मिला। इस तरह से लिखा जा सकता हैं: (जी 71)

श्री एकलिंगजी ॥ श्री रामजी ॥

महाराणा भीम सिंह ने वि.स. 1884 (सन् 1827) में पूर्व प्रधान मेहता अगर चंद के तीसरे पुत्र मेहता सीताराम के पुत्र मेहता शेर सिंह (जन्म 1788-1869) को मेवाड़ का प्रधान नियुक्त किया। मेहता शेर सिंह एक चतुर राजनेता थे और ईमानदारी के लिए जाने जाते थे। मेहता शेर सिंह वि.स. 1930 (सन् 1856) तक प्रधान के रूप में बने रहे, जब उनके छोटे चचेरे भाई मेहता गोकुल चंद को उनके स्थान पर नामांकित किया गया। प्रधान मेहता जी शेर सिंह जी के छोटे कुंवर जालिम सिंह जी मेहता उदयराम के गोद गए। इस छत्री की प्रतिष्ठा प्रधान मेहता पन्नालाल ने वि.स. 1932 (सन् 1875) में करवायी।

मेहता जालिम सिंह की छत्री

मेहता जालिम सिंह की छत्री का निर्माण उनके पुत्र मेहता तख्त सिंह ने 1898 में करवाया था। मेहता जालिम सिंह की महासत्या जी में आठ स्तंभों वाली छत्री पर काले पत्थर पर शिलालेख हैं: (जी 24)

श्री एकलिंगजी ॥ श्री रामजी ॥

बीकानेर के प्रसिद्ध मुख्य मंत्री मेहता जी करम चन्दजी के वंश में मेहता जी अगर जी ने राज्य मेवाड़ की स्वामी भक्ति के साथ बहुत सेवा की, जिससे प्रसिद्धि को प्राप्त हो प्रधान के पद पर पहुंचे। इनके द्वितीय पुत्र उदयराम जी (प्रधान देवी चंद जी के छोटे भाई) हुए, जिनके प्रधान मेहता जी शेर सिंह जी के छोटे कुंवर जालिम सिंह जी गोद आये।

मेहता जी जालिम सिंह जी का जन्म वि.स. 1874 (सन् 1817) कार्तिक सुद 4 को हुआ और स्वर्गवास वि.स. 1933 (सन् 1876) आसोज (आश्विन) विद 9 को हुआ। जिनकी यादगार में यह छत्री बनी है। इनकी धर्मपत्नी का स्वर्गवास वि.स. 1948 (सन् 1891) आषाढ़ विद 10 को हुआ। जिनकी छत्री, इस छत्री के डावी ओर बनी है।

मेहता जी जालिम सिंह जी ने मेहता जी मुरलीधर जी के तृतीय पुत्र तखत सिंह जी (मुख्य मंत्री मेहता जी राय पन्नालाल जी, सी.आई.ई. के छोटे भाई) को गोद लिए। इन छतरियों की प्रतिष्ठा मेहता जी तखत सिंह जी ने की। मेहता जी साहब तखत सिंह जी का जन्म आसोज सुद 2 वि.स. 1912 (सन् 1855) में हुआ।

इन दोनों की यादगार में श्री गोवर्धन में श्री मानसी गंगा के तट पर श्री महाप्रभुजी वल्लभाचार्य जी की बैठक का जीर्णोद्धार हुआ। जिसमें करीब 5000/- रुपये व्यय हुए और जिसका वास्तु वि.स. 1982 (सन् 1925) का सावन सुद 2 को उनके दत्तक पुत्र उदयलाल जी ने (जो मेहता जी साहब पन्नालाल जी के पौत्र व मेहता जी साहब फतेहलाल जी के पुत्र हैं) किया। वि.स. 1991 (सन् 1934) चैत्र कृष्ण 1 गुरे यह छत्री वि.स. 1952 (सन् 1898) में बनी, प्रतिष्ठा कार्तिक विद 10 को हुई।

मेहता जालिम सिंह के पत्नी की छत्री

मेहता जालिम सिंह की पत्नी की छत्री महासत्या जी में चार स्तंभों वाली है जिसका निर्माण मेहता तखत सिंह ने सन् 1898 में करवाया था। (जी 28)

मेहता राय पन्नालाल की छत्री

प्रधान मेहता राय पन्नालाल का सन् 1919 में निधन उदयपुर में हो गया और महासत्या जी में पूरे राजकीय सम्मान के साथ उनका अंतिम संस्कार किया गया। मेहता पन्नालाल की स्मृति में छत्री का निर्माण उनके बेटे मेहता फतेहलाल ने सन् 1920 में करवाया था। महासत्या जी उदयपुर में चार स्तंभों वली छत्री पर कोई शिलालेख नहीं मिला। इस तरह से लिखा जा सकता है: (जी 20)

श्री एकलिंगजी ॥ श्री रामजी ॥

प्रधान मेहता जी साहब पन्नालाल जी का जन्म सन् 1843 (वि.स. 1900) में हुआ और 21 अप्रैल 1919 (वि.स. 1975, वैशाख विद 6) को उदयपुर में निधन हुआ। बच्छावत मेहता के परिवार से राज्य के पांचवे प्रधान थे। प्रधान मेहता जी साहब राय पन्नालाल जी, सी.आई.ई., मेहता जी मुरलीधर जी के बड़े बेटे और हाकिम और कमांडिंग ऑफिसर मेहता जी लक्ष्मीलाल जी और प्रशासक मेहता जी तखत सिंह जी के बड़े भाई थे। उन्होंने महाराणा स्वरूप सिंह जी से शुरू होकर महाराणा फतेह सिंह जी के साथ समाप्त होने वाले लगातार चार महाराणाओं के शासन काल में इस उच्च स्थान को धारण किया था।

मेहता जी साहब पन्नालाल जी को 1877 ई. में ब्रिटिश सरकार द्वारा "राय" की उपाधि से सम्मानित किया गया था। "महामहिम" का शिष्टाचार शीर्षक उदयपुर राज्य के प्रधान मंत्री के

रूप में केवल राय पन्नालाल मेहता को दिया गया था। सन् 1887 में महारानी विक्टोरिया की रजत जयंती समारोह के बाद महाराणा फतेह सिंह जी और मेहता जी साहब राय पन्नालाल जी को पुरस्कार और सम्मान प्रदान किए गए।

मेहता जी साहब पन्नालाल जी का विवाह वि.स. 1914 (सन् 1857) में कोठारी छगनलाल की पुत्री से 14 वर्ष की आयु में हुआ था। सन् 1919 में उनका निधन उदयपुर में हो गया और महासत्या जी में पूरे राजकीय सम्मान के साथ उनका अंतिम संस्कार किया गया। इस छत्री की प्रतिष्ठा वि.स. 1977 (सन् 1920) में उनके बेटे मेहता जी फतेहलाल जी ने करवाई।

मेहता लक्ष्मीलाल की छत्री

मेहता पन्नालाल की पुस्तक '*स्वजीवनी*' (आत्मकथा) के अनुसार, मेहता लक्ष्मीलाल की छत्री की प्रतिष्ठा मेहता जोध सिंह ने सन् 1910 में करवाई। महासत्या जी उदयपुर में चार स्तंभों वली छत्री पर कोई शिलालेख नहीं मिला। इस तरह से लिखा जा सकता हैं: (जी 19)

श्री एकलिंगजी ॥ श्री रामजी ॥

मेहता जी लक्ष्मीलाल जी का जन्म वि.स. 1903 (1846) में हुआ और उनकी मृत्यु वि.स. 1963, भादव, 3 (सन् 1906) को उदयपुर में हुई थी। वह वि.स. 1933 (सन् 1876) से वि.स. 1945 (सन् 1888) तक हाकिम और कमांडिंग ऑफिसर जहाजपुर सेना के थे। महाराणा सज्जन सिंह द्वारा बोइड़ा के विद्रोही रावत केसरी सिंह को गिरफ्तार करने के लिए दिखाई गई अनुकरणीय बहादुरी और वीरता के लिए उन्हें सम्मानित किया गया।

मेहता जी फूल चंद जी के दत्तक पुत्र मेहता जी लक्ष्मीलाल जी, मेहता जी मुरलीधर जी के पुत्र थे। वह प्रधान मेहता जी साहब राय पन्नालाल जी के छोटे भाई और मेहता जी तखत सिंह जी के बड़े भाई थे। उनका एक बेटा मेहता जोध सिंह है, जो राज्य कोषागार सम्हालता है। मेहता जी साहब पन्नालाल जी ने दान में 400 रुपये दिए क्योंकि वि.स. 1956 (सन् 1899) के महान अकाल के बाद मेवाड़ में अंतिम संस्कार समारोह और मृतक भोज पर प्रतिबंध लगा दिया गया था। छत्री की प्रतिष्ठा मेहता जी साहब जोध सिंह जी द्वारा वि.स. 1967 (1910 ईस्वी) में करवाई।

मेहता तख्त सिंह की छत्री

मेहता पन्नालाल की पुस्तक '*स्वजीवनी*' (आत्मकथा) के अनुसार, मेहता तख्त सिंह की छत्री का निर्माण मेहता उदयलाल, मेहता तखत सिंह के दत्तक पुत्र ने सन् 1935 में करवाया। महासत्या जी उदयपुर में आठ स्तंभों वली छत्री पर कोई शिलालेख नहीं मिला। इस तरह से लिखा जा सकता है: (जी 22)

श्री एकलिंगजी ॥ श्री रामजी ॥

मेहता जी तखत सिंह जी का जन्म आसोज सूद 2, वि.स. 1912 (सन् 1855) को हुआ और उनकी मृत्यु ज्येष्ठ विद 15 अमावस्या, वि.स. 1981 (सन् 1924) को हुई। मेहता जी जालिम सिंह जी ने मेहता जी मुरलीधर जी के तीसरे बेटे और प्रधान मेहता जी साहब राय पन्नालाल जी के छोटे भाई मेहता जी तखत सिंह जी को गोद लिया। इस छत्री की प्रतिष्ठा वि.स. 1982 (सन् 1925) को उनके दत्तक पुत्र उदयलाल जी ने, जो मेहता जी साहब पन्नालाल जी के पौत्र व मेहता जी साहब फतेहलाल जी के पुत्र हैं, ने करवाई।

10.10 नाथद्वारा में मेहता मुरलीधर की छत्री

मेहता मुरलीधर का नाथद्वारा में निधन वि.स. 1944 (सन् 1887) पौष विद 11 को हो गया था। सन् 1889 में, मेहता मुरलीधर की याद में राजनगर सफेद संगमरमर की छत्री लाल बाग, नाथद्वारा में उनके बेटे प्रधान मेहता राय पन्नालाल द्वारा बनवायी गयी। इसका शुभारंभ धार्मिक ग्रंथों और शांति पाठ-पूजा के साथ किया गया। इस समारोह को 'डोरो फेरना' के नाम से जाना जाता हैं। वैदिक मंत्रों के साथ छत्री के चारों ओर एक कच्चा धागा बुना जाता है।

मेहता पन्नालाल की पुस्तक '*स्वजीवनी*' (आत्मकथा) के अनुसार, मेहता मुरलीधर का निधन सन् 1887 में उनके पुत्र पन्नालाल जी को, वाईसरॉय द्वारा सम्मान दिए जाने की खबर मिलने के अगले ही दिन हो गया था। सभी कर्म-कांड पारिवारिक परंपरा के अनुसार किए गए, जिसमें 'बावनी' (52 गांवों के लिए भोजन) और सभी रईसों और रिश्तेदारों के लिए भोजन शामिल था। श्रीजी महाराणा फतेह सिंह ने 'पाग बंधाई' के दौरान दो हजार रुपये नकद और 'सिरपाव' भेंट किए और 'रंग बंधाई' समारोह के एक महीने बाद अमर शाही दुपट्टा भी भेंट किया। लाल बाग, नाथद्वारा बीच में स्थित उनकी छत्री पर कोई शिलालेख नहीं मिला। इस तरह से लिखा जा सकता हैं:

श्री एकलिंगजी ॥ श्री रामजी ॥

मेहता जी मुरलीधर जी, पुत्र मेहता जी प्रताप सिंह जी, का जन्म वि.स. 1877 (सन् 1820) में हुआ और निधन वि.स. 1944 (सन् 1887) पौष विद 11 को नाथद्वारा में हुआ। उनके तीन पुत्र थे, सबसे बड़े, प्रधान मेहता जी साहब राय पन्नालाल जी, फिर मेहता जी लक्ष्मीलाल जी और मेहता जी तखत सिंह जी। सन् 1889 में, मेहता जी मुरलीधर की याद में यह छत्री उनके पुत्र प्रधान मेहता जी साहब राय पन्नालाल जी द्वारा बनायी गयी। इसकी प्रतिष्ठा धार्मिक ग्रंथों और शांति पाठ-पूजा के 'डोरो फेरना' प्रथा के साथ किया गया।

सभी कर्म-कांड पारिवारिक परंपरा के अनुसार किए गए, जिसमें 'बावनी' का भोजन शामिल था। श्रीजी महाराणा फतेह सिंह ने 'पाग बंधाई' के दौरान दो हजार रुपये नकद और 'सिरपाव' भेंट किए और 'रंग बंधाई' समारोह के एक महीने बाद अमर शाही दुपट्टा भी भेंट किया।

11.11 मांडलगढ और चित्तौड़गढ़ में बच्छावत मेह्ताओं की छत्रियां

मांडलगढ में, बच्छावत मेहता का श्मशान स्थान आरक्षित है जो तलहटी में जलेश्वर तालाब के तट पर है। यहाँ कई छत्रियां आज भी मौजूद हैं।

मेहता अगरचंद की छत्री

प्रधान अगरचंद ने महाराणा अरी सिंह द्वितीय, हमीर सिंह द्वितीय और भीम सिंह के साथ विभिन्न आक्रमणों में भाग लिया। मेहता अगरचंद सन् 1768-69 तथा 1796-99 में प्रधान के पद पर आसीन थे। वे सन् 1765 से 1799 तक मंडलगढ़ के किलेदार तथा महाराणा के सलाहकार के रूप में कार्यरत भी रहे। मेहता अगरचंद की मृत्यु मांडलगढ किले में 31 दिसंबर, सन् 1799 (वि.स. 1856, पौष शुक्ल 5) को, जहाजपुर में एक युद्ध के दौरान घायल होने के बाद हुई थी। मांडलगढ़ में जलेश्वर तालाब के तट पर मेहता अगर चंद की छत्री बनाई गई। अगरचंद का पिंड समारोह महाराणा भीम सिंह ने स्वयं मंडलगढ़ जाकर किया। मंडलगढ़ ज़िले में जलाशय के निकट गाँव का नाम अगरपुरा उनकी स्मृति में रखा गया। इस छत्री की प्रतिष्ठा उनके पुत्र मेहता देवी चंद ने करवाई। इस आठ स्तंभों वली छत्री पर कोई शिलालेख नहीं मिला।

अन्य किलेदार और बच्छावत मेहता की छत्री

मेहता जुगल किशोर, मेहता स्वरूप चंद, तथा अन्य बच्छावत मेह्ताओं की छत्रियां जलेश्वर तालाब के तट पर आज भी मौजूद हैं। 1878 में मेहता गोकुल चंद, मेवाड़ के प्रधान और मांडलगढ के किलेदार का उदयपुर में निधन हो गया। मांडलगढ़ में जलेश्वर तालाब के तट पर मेहता गोकल चंद की छत्री नहीं बनाई गई।

चित्तौड़गढ़ में मेहता सीताराम की छत्री

चित्तौड़गढ़ के किलेदार मेहता सीताराम की छत्री महाराणा भीम सिंह की छत्री के पास, छत्री स्थल पर, गौमुख के सामने किले पर स्थित है। इस छत्री की प्रतिष्ठा उनके पुत्र मेहता शेर सिंह ने करवाई। इस चार स्तंभों वली छत्री पर कोई शिलालेख नहीं मिला। इस तरह से लिखा जा सकता हैं:

श्री एकलिंगजी ॥ श्री रामजी ॥

चित्तौड़गढ़ के किलेदार मेहता जी सीताराम जी, पुत्र प्रधान मेहता जी साहब अगर चंद जी, का जन्म वि.स. 1907 (सन् 1765) को हुआ और उनकी मृत्यु वि.स. 1981 (सन् 1850) को हुई। इस छत्री की प्रतिष्ठा वि.स. 1982 (सन् 1851) को उनके पुत्र प्रधान मेहता जी साहब शेर सिंह जी ने करवाई।

छत्री - प्रधान अगर चंद मेहता (ज.1735-99) – जलेश्वर, मंडलगढ़

छत्री - प्रधान शेर सिंह मेहता (ज.1788-1869) - महासत्या, आयड, (G-71) उदयपुर

छत्री - मुरलीधर मेहता (ज.1820*-87) – लाल बाग, नाथद्वारा

छत्री - सीताराम मेहता, (ज.1765-1850), किलेदार चित्तौड़गढ़ – गौ मुख, चित्तौड़गढ़

छत्री - प्रधान राय पन्नालाल मेहता (ज.1843-1919) – महासत्या, आयड, (G-20) उदयपुर

सती माता छत्री, रानीगांव - संघपति जग्गाजी के पुत्र मोती चंद (ज.1780-1802) का विवाह पश्चात् अकस्मात मृत्यु होने पर पुत्र-वधु रम्भादेवी (रूपवती) सती हुई।*

बिचली हवेली (परिवर्धन), बापना की सेहरी, मोती चोहट्टा, उदयपुर का निर्माण

सेना नायक लक्ष्मी लाल मेहता ने 1897 में करवाया (चित्र: सन् 2022)

अध्याय 12

शहर और हवेलियों की संरचना

बच्छावत मेहता की हवेलियों का भी खासा महत्त्व है। इस महत्वपूर्ण आवास की विशेषताएं इसके मालिक की सामाजिक स्थिति के अनुसार तय की गई थीं - जैसे उमराव, राजकुमार, दीवान, ठाकुर, सेनापति, पुरोहित और सेठजी आदि, जिन्हें 'महाराणाओं' द्वारा विशेष दर्जा दिया गया था। बच्छावत मेहता के निवास आम तौर पर हवेली के नाम से जाने जाते थे, जो किले के उच्चतम बिंदु पर या शहर के ख़ास इलाकों में थे। जैसे पटवी (परिवार का वरिष्ठ सदस्य) की हवेली रावला के नाम से जानी जाती थी।

बच्छावत मेहता की हवेलियों, नोहरे के साथ नौकरों, जानवरों और वाहनों के लिए खुली जगह और आवास के साथ, महल की एक लघु प्रतिकृति थी। ये हवेलियाँ वास्तुशिल्प कृति तो थीं ही, आनंदमय निवास स्थान भी थीं।

12.1 उदयपुर शहर की संरचना

उदयपुर सात विशाल द्वारों - हाथी पोल, दिल्ली दरवाजा, सूरज पोल, किशन पोल, चांद पोल, उदिया पोल और ब्रह्म पोल, के साथ एक परकोटे (किले की तरह दीवार) से घिरा हुआ था। महाराणा के शासन काल में पांच द्वार रात दस बजे बंद कर दीये जाते थे। अन्य दो द्वारों (हाथी पोल और सूरज पोल) को आधी रात तक खुला रखा जाता था। जासूसों और आक्रमणकारियों की सेनाओं के प्रवेश को रोकने के लिए ये उपाय आवश्यक थे। द्वारों पर लोहे के छोटे भाले लगे हुए थे, जिसका का मतलब हाथियों को द्वार तोड़ने से रोकना था। यह प्रथा भारत की स्वतंत्रता तक जारी रही। शहर में केवल दो मुख्य सड़कें थीं। एक हाथी पोल से घंटाघर की ओर जाता हैं, जिसे मोती चौहट्टा कहा जाता है। दूसरा सूरज पोल से घंटा घर तक जाता है, जिसे बड़ा बाजार कहा जाता है। इसके बाद संयुक्त सड़क जगदीश मंदिर, पिछोला झील और सिटी पैलेस की ओर जाती है। शहर की दीवार के बाहर बहुत कम लोग रहते थे। अमीरों की हवेलियां, गरीबों के छोटे आवास, कई मंदिर और उनके ऊपर विशाल महल, परकोटे वाले शहर का हिस्सा है। बीसवीं शताब्दी के 20 के दशक में उदयपुर के महल और कुछ हवेलियों तक बिजली पहुंची थी। धीरे-धीरे बढ़ती आबादी के कारण रास्ता बनाने के लिए परकोटे को ध्वस्त कर दिया गया। कुछ पोलें अभी भी विरासत संरचना के रूप में ऊँची खड़ी है।

12.2 मुस्सदियों की हवेलियां की संरचना

हवेलियों के महत्व को अच्छी तरह से समझा जा सकता है। यह महत्त्वपूर्ण आवास प्रकार था जिसकी आवश्यक विशेषताएं मालिक की सामाजिक स्थिति द्वारा तय की जाती थी - जैसे उमराव, राजकुमार, दीवान, ठाकुर, सेनापति, पुरोहित और सेठजी आदि जिन्हें 'महाराणाओं' द्वारा विशेष दर्जा दिया गया था। बच्छावत मेहता के आवास, आम तौर पर हवेली के नाम से जाने जाते थे, जो किले के उच्चतम बिंदु पर या शहर के ख़ास इलाकों में थी। जैसे पटवी (परिवार का वरिष्ठ सदस्य) की हवेली रावला के नाम से जानी जाती थी।

हवेली के प्रवेश द्वार को बंदनवारों, मांडणों, पगलिया और देवी-देवता के दीवार चित्रों के साथ सुशोभित किया गया था। आंगन का खुला स्थान और प्रवेश द्वार हमेशा उनकी गुणवत्ता में महत्त्वपूर्ण रहा है। झरोखों (गोखडों) और खिड़कियों (बारियों) पर शानदार नक्काशी से सजाया जाता था। हवेली की सुरक्षा को ध्यान में रखते हुए उसका निर्माण किया जाता था, जैसे मोटी किले जैसी दीवार, प्रभावशाली प्रवेश द्वार, आंगन, कमरे और अस्तबल (घुड़साल और हाथी-थान) के लिए अंदर की जगह। खिड़कियां इतनी ऊंची थीं कि बाहरी व्यक्ति उनके माध्यम से

अन्दर नहीं देख सकता था। लेकिन, बाहर से दिखे बिना, अन्दर से बाहर झांकने के लिए छोटे-छोटे छेद होते थे।

12.3 हवेली में कमरों की व्यवस्था

हवेली का मुख्य कक्ष जहां पुरुष मेहमान या आगंतुक आते हैं और आराम भी करते हैं, को दरीखाने के रूप में जाना जाता है। हवेली के महिला खंड को जनाना के नाम से जाना जाता है। जिस कक्ष में परिवार की महिलाओं को मेहमान मिलें और आराम भी मिले, उसे चौपाड़ के नाम से जाना जाता था। मेडी आजकल की तथाकथित बेड-रूम-सुइट जैसी होती थी। मेडी का इस्तेमाल परिवार की गर्भवती महिला के लिए लेबर रूम के रूप में भी किया जाता था। इन कमरों को मुगल शैली में डिजाइन किया गया था और इसमें खूबसूरती से चित्रित और नक्काशीदार दीवारें, अलमारी, आले और खिड़कियां थीं। खिड़कियों में बड़े झरोखे (गोखड़े) होते थे। कमरों के अंदर दीपक के रूप में उपयोग के लिए सुंदर झूमर और रंगीन हांडी होती थी। हर कमरे में छत से लटकी हुई, हाथ से बना पंखा था, जो कमरे के बाहर एक रस्सी से बंधा हुआ रहता था, जहां एक सहायक लगातार खींचने और छोड़ने के लिए बैठा रहता था। बरामदे को तिबारी के नाम से जाना जाता था।

स्नान कक्षों को गुसलखाना और शौचालय को तारछ के नाम से जाना जाता था। बैठक और शयन कक्ष से दूर शौचालय और स्नानघर होने की प्रथा थी। पुराने दिनों तारछ में आधुनिक कमोड की जगह उकडू (स्काट) बैठक के लिए दोनों तरफ पगलिया बने होते थे। मलमूत्र को नीचे रखी एक टोकरी में इकट्ठा किया जाता था और अगले दिन सफाई कर्मी द्वारा इसे हटा दिया जाता था। हालांकि, मूत्रालयों के लिए एक छोटी सी जगह, विशेष रूप से महिलाओं के लिए मेडी (बेड रूम) या इसकी तिबारी (वरांडा) में रखी जाती थी।

रसोई को रसोड़ा कहा जाता था। रसोई के बगल में खान-पान की रसद का कक्ष होता था, जिसे कोठार के नाम से जाना जाता था। अनाज, मसाले, घी, गुड़ और चीनी के साल भर का सामान संग्रहित किया जाता था। इसके अलावा पीने के पानी की जगह को परिंडा, जहां पीने के पानी को मिट्टी और तांबे के घड़े या बर्तन में रखा जाता था। लकड़ी को रखने के लिए एक छोटा चौक या कक्ष था, क्योंकि यह खाना पकाने के लिए ईंधन का मुख्य स्रोत थी। पानी हमेशा दुर्लभ था और संयम से उपयोग किया जाता था। जली हुई लकड़ी की सूखी राख से बर्तनों को सूखा ही साफ करके कपड़े से पोंछा जाता था। हवेली की निचली मंजिलों या पीछे सेवादारों और दावड़ीयाँ (घरेलू सहायकों) के लिए कमरे भी उपलब्ध कराए गए थे।

हर हवेली में पूजा के लिए भी एक जगह होती थी जिसे ठाकुर जी का मंदिर के नाम से जाना जाता हैं। बच्छावत मेहता वैष्णव धर्म का पालन करते हैं और भगवान कृष्ण को ठाकुर जी के नाम से पुकारते हैं। ज़नाने के प्रवेश द्वार पर आज भी तुलसी-स्थान हैं जिसमें पवित्र तुलसी का पौधा लगाया जाता है। प्रवेश द्वार पर अगर सूर्य की रोशनी नहीं होती तो तुलसी के गमले को ऊंची मंजिल पर रखा जाता था। महिलाओं से अपेक्षा की जाती थी कि वे सुबह स्नान के बाद प्रार्थना करें और तुलसी के पौधे और सूर्य को जल चढ़ाएं।

अन्य महत्त्वपूर्ण कमरे थे - प्रवेश द्वार पर नौबतखाना (नगाड़े और ढोल का कक्ष), तोषाखाना (खजाना), तहखाना, असलखाना (हथियारों का भंडार), आदि। सेवादारों के निवास स्थान आमतौर पर हवेली के बाहर होते थे, जिन्हें नोहरा (आउट हाउस) कहा जाता था। यहीं पर रथ, पालकी, घोड़े, हाथी या मवेशी रखे जाते थे। वे यहीं खाते-पीते और सोते थे।

हवेलियों की दीवार को सजाने वाले भित्ति चित्र 18वीं और 19वीं शताब्दी की छवियां हैं जो हमें एक दृष्टि देती हैं कि उन दिनों जीवन कैसा होता था। उनके रीति-रिवाज, संस्कृति और जीवन जीने का तौर तरीके कैसे थे। पारंपरिक युद्ध के दृश्य और पौराणिक देवता जैसे राम, उनकी पत्नी सीता, हनुमान, गणेश, लक्ष्मी, इंद्र बारिश के देवता, लगभग हर हवेली में जगह पाते थे। चित्रकार लोगों को चितरा मिस्त्री भी कहा जाता था, क्योंकि वे भवन निर्माण के साथ-साथ रंगों में चित्र भी बनाते थे। उदयपुर में बच्छावत मेहताओं की हवेलियों और उनका उल्लेख आगे किया गया है।

12.4 बड़ी हवेली - मेहता शेर सिंह हवेली

ऐसा माना जाता हैं कि मालदास स्ट्रीट पर स्थित बड़ी हवेली का निर्माण मेहता शेर सिंह ने सन् 1845 और 1855 के बीच करवाया था। तब वे मेवाड़ राज्य के प्रधान थे। मालदास स्ट्रीट और मोती चौहट्टा से संपर्क करने वाली उत्तरी छोर हवेली और बाग को शायद मेहता शेर सिंह द्वारा बनाया और रखा गया था। मालदास स्ट्रीट और बापना स्ट्रीट के सामने वाली, दक्षिणी छोर की हवेली शायद बाद में बनाई गई थी और मेहता अजीत सिंह के लिए रखी गई थी।

बड़ी हवेली (उत्तरी और पश्चिमी छोर) – संग्राम सिंह और उदय लाल

यह दरीखाना, जनाना, चोपाड़, मेड़ी, कोठार और सेवादारों और डावरियों के लिए कमरों का एक विशाल परिसर है। घुड़साल (घोड़े का अस्तबल) और घोड़ा-गाड़ी हवेली के पश्चिमी तरफ मोती चौहट्टा की ओर था। मुख्य प्रवेश द्वार के सामने हवेली के बाहर हाथी-थान (हाथी का अस्तबल) था, जहां दो हाथियों को रखा जा सकता था।

ऐसा माना जाता है कि मेहता शेर सिंह ने हवेली का पश्चिमी हिस्सा (मोती चौहट्टा की ओर) अपने बेटे मेहता जालिम सिंह को दे दिया था। आखिरी रहने वाले मेहता जालिम सिंह के दत्तक पौत्र उदयलाल थे, जिनके कोई बेटा नहीं था। अंत में मेहता उदयलाल की मृत्यु के बाद हवेली में उनका हिस्सा बेच दिया गया और आज इसे पूरी तरह से आधुनिक समय के निर्माण द्वारा बदल दिया गया है।

मालदास स्ट्रीट के सामने बाग सहित हवेली का उत्तर-पूर्वी हिस्सा मेहता शेर सिंह के पौत्र मेहता चतर सिंह को दिया गया। हवेली के उत्तरी छोर पर एक विशाल बाग था। उदयपुर के प्रसिद्ध इस बाग में विभिन्न प्रकार के फलों के पेड़, जैसे अंजीर, अनार, अमरूद और अंगूर लगाए गए थे। फूलों के पौधे थे, जैसे गुलाब, गेंदा, चमेली और मोगरा। बगीचे का उपयोग परिवार में शादी के रिसेप्शन और रात्रि भोज (भात) आयोजित करने के लिए किया जाता था। इसे महाराणा द्वारा पधरावणी (रिसेप्शन) के लिए स्थान के रूप में भी इस्तेमाल किया जाता था, जब भी वह जन्म और विवाह जैसे अवसरों पर परिवार का दौरा करते थे।

तीस और पचास के दशक में, मेहता इंदर सिंह और पृथ्वी सिंह की शादियों में क्रमशः महाराणा भोपाल सिंह ने बाग में पधरावणी की। मेहता भीम सिंह (मेहता इंदर सिंह के बेटे) और मेहता भुपेन्द्र सिंह (मेहता संग्राम सिंह के बेटे) की शादी के रिसेप्शन और सामुदायिक रात्रि भोज का रिसेप्शन साठ के दशक में आयोजित किया गया, जहाँ महाराणा भगवत सिंह ने इस बाग में पधरावणी (नव विवाहितों के लिए आशीर्वाद और उपहार समारोह) की। समारोह के दौरान यहाँ आखिरी बार नृत्य की प्रस्तुति थी। यहाँ दो हजार से अधिक मेहमानों को एक साथ भोजन परोसा (खिलाया) गया था।

चतरशाली, मेहता चतर सिंह का अध्ययन कक्ष, दरीखाने के ऊपर, सुन्दर भित्ति चित्र, यूरोपीय कला शैली में, दीवार पर अंकित हैं। मेहता संग्राम सिंह और उनके दो बेटे - पृथ्वी सिंह और भूपेन्द्र सिंह बड़ी हवेली के अंतिम निवासी थे। यहां तक कि बाग के साथ इस हवेली को भी बाद में बेच दिया गया था और आज इसे पूरी तरह से आधुनिक आवश्यकता अनुसार पुनः निर्माण द्वारा बदल दिया गया हैं। इसका मूल नक्शा और ऊंचाई बदल गई है।

बड़ी हवेली (दक्षिणी छोर) – गोकल चंद

ऐसा माना जाता है कि बड़ी हवेली का दक्षिणी छोर, मेहता शेर सिंह द्वारा बाद में बनाया गया था। उन्होंने इसे अपने दत्तक पुत्र अजीत सिंह को दिया। मेहता पन्नालाल अपनी पुस्तक 'स्व-जीवनी' में लिखते हैं, *"सन् 1870 के दौरान, जब अजीत सिंह हिरासत में थे और उनकी*

अन्य संपत्ति को जब्त किया जा रहा था, हवेली के इस हिस्से पर भूत महल में रहने वाले काका और प्रधान, मेहता गोकल चंद ने कब्ज़ा कर लिया था।"

गोकल चंद ने यह हवेली अपने बेटों - मेहता गिरधारी सिंह और रघुनाथ सिंह को दे दी। बाद में मेहता गोकल चंद के अन्य पुत्र - गोपाल दास और विट्ठलदास मांडलगढ किले में रहते थे और जमना दास उदयपुर के भूत महल में रहते थे। हवेली के अपने हिस्से क्रमशः मेहता हजारी मल और जीतमल को दे दिये गए।

यह हवेली मालदास स्ट्रीट और बापना स्ट्रीट, दोनों के नुक्कड़ पर स्थित है। बड़ी हवेली के दक्षिणी छोर वाले खंड में सुंदर गोखड़े और बड़ी संख्या में कमरे थे, जैसे कि दरीखाना, चोपाड़, मेडी और कोठार। इस हवेली के अंतिम निवासी मेहता रणजीत सिंह और गुलाब सिंह थे। सन् 2011 में इस हवेली को बेच दिया गया था, सिवाय रणजीत सिंह के बेटे मेहता दलपत सिंह के एक छोटे से हिस्से को छोड़कर। अब इसमें बहुत सारे नवीनीकरण किए गए हैं, इस प्रकार मूल नक्शा और ऊंचाई को भी बदल दिया गया है। हालांकि, कई मूल गोखड़ों को वर्तमान मालिकों द्वारा बनाए भी रखा है।

12.5 पल्ली हवेली - मेहता राय पन्नालाल हवेली

मेहता पन्नालाल अपनी पुस्तक 'स्वजीवनी' में लिखते हैं,

"बोर्दियों की सेहरी पर हमारी हवेली मूल रूप से पिता मेहता मुरलीधर द्वारा बनाई गई थी। हवेली पूरी तरह से दो अलग-अलग हिस्सों में थी; एक सार्वजनिक गली, ज़नाना हवेली और दरीखाने की हवेली के मध्य से गुजरती थी। मूल ज़नाना हवेली में कई कमरे, आंगन और छतें थीं, जो विभिन्न मंजिलों तक जाती थीं। कुल छह कमरे, मामूली पत्थर की संरचना से जोड़े गए थे। ज़नाना भाग से जुड़ी एक गौशाला थी जिसमें ग्वालों के लिए कक्ष और जागीर गांवों के आगंतुकों के लिए अतिथि कक्ष भी था।"

लगभग दो सौ गज की दूरी पर और मुख्य सड़क मोती चौहट्टा पर, नोहरा था, जिसमें 6 से 8 घोड़ों के लिए अस्तबल थे। परिवहन के विभिन्न साधनों को संयोजित करने के लिए बग्गी खाने में बैलों की जोड़ी द्वारा खींचा जाने वाला रथ, पालकी (महिलाओं के लिए चार पुरुषों द्वारा ले जाने वाली बंद डोली), तांगा (एक घोड़े द्वारा खींची गई गाड़ी) और घोड़ों की जोड़ी द्वारा खींची जाने वाली बग्गी थी। बग्गी आमतौर पर परिवार के मुखिया के लिए आरक्षित थी और यह परिवार की महिलाओं के लिए प्रत्येक तरफ बंद खिड़की के साथ एक छोटे रेलवे वैगन की तरह थी। सईस के लिए भी कक्ष थे – सईस के पिता और दादा ने पहले इसी क्षमता में हवेली के पूर्वजों की सेवा

की थी। ऊपरी मंजिल हवेली के बाहरी मेहमानों के लिए आरक्षित थी। वे आमतौर पर अजमेर या जोधपुर से शादियों में शामिल होने या शोक संवेदना व्यक्त करने के लिए आते थे।

आजादी से पहले हवेली में पाइप के जल से आपूर्ति नहीं होती थी। भोई (जल वाहक) पिछोला तालाब या पास की एक बावड़ी (कुआं) से पानी लाते थे। भोई चमड़े की मश्क में पिछोला से तथा भोइण (महिला भोइ) पीतल के घड़ों में पानी लाती थी। आमतौर पर दो या तीन घड़े होते थे, जिन्हें वे अपने सिर पर ले जाती थी, एक के ऊपर एक। पानी को हवेली में विभिन्न स्थानों पर, पीतल या तांबे के बर्तनों में संग्रहीत किया गया जाता था, हालांकि मिट्टी के घड़ों का उपयोग पीने या खाना पकाने के लिए किया जाता था।

मेहता पन्नालाल अपनी पुस्तक 'स्वजीवनी' में लिखते हैं,

"सन् 1870 में, जब मेहता अजीत सिंह हिरासत में थे और मोती चोहट्टा स्थित गोशाला में रह रहे थे, मैंने उनसे अनुरोध किया, कि मेरे नोहरे के सामने आपका नोहरा है, जो टूटी-फूटी हालत में है, चूँकि उसे कोई सम्हाल नहीं सकता, इसे मुझको आप दे दें। मेहता अजीत सिंह ने मेरे नाम नोहरा देने की एक टीप (पत्र) लिख दी। मैंने काम शुरू किया। नीवें खुदी, दीवारें ऊँची आयी, उन्होंने अचानक आदमी को भेज कर काम रोक दिया। दीवानी अदालत में दावा कर काम रुकवा दिया।"

"श्री हुजूर में अर्ज करवाया – मेरे बैठने का मकान नहीं है और इस घर पर अजीत सिंह का कुछ हक़ नहीं है। शेर सिंह जी के यहाँ गोद जाने पर, जागीर का गाँव था वह भी जब्त हो गया। रहवास (रहने का स्थान - दक्षिण छोर बड़ी हवेली) की जगह पर गोकल चंद जी ने कब्ज़ा कर लिया। हक़ हैं तो गोकल चंद जी का। लेकिन इस घर (नोहरे) को कोई नहीं सम्हालता हैं। उन्होंने भी कोई मरम्मत वगैरह नहीं कराई। श्रीजी हुजूर ने खावंदी (मौखिक) फ़रमाय, इस घर को मुझे बगसने (देने) का परवाना (लिखित) कर बख्शा। इस घर से मिला हुआ मेरा नोहरा (बाहरी घर) था उसको मिला कर बाहर का मकान बनवाया गया।"

"शीतला सप्तमी पर श्रीजी हुजूर का खास काम करने वालों के यहाँ पधारने का दस्तूर है। मैंने अर्ज कराया कि हुजूर के विराजने लायक कोई मकान नहीं हैं। अब बनवाना शुरू किया है, लेकिन रुपयों से तंग हूँ। खावंदी फ़रमाय 20 हजार रुपया बख्शा।"

"सन् 1873 (वि.स. 1930) में, मेहता पन्नालाल की हवेली में दरीखाने का निर्माण पूरा हुआ। यह परंपरा हैं कि महाराणा शीतला सप्तमी पर रईसों की ऐसी नई निर्माण हवेलियों का दौरा करते हैं। हवेली मोती चौहट्टा से जुड़ी बोर्दिया की सहरी में स्थित है। वि.स. 1930 (सन् 1873)

के साल, शीतला सप्तमी पर श्रीजी हुज़ूर महाराणा शम्भु सिंह जी हवेली पर रौनक अफ़रोज़ (उपस्थित) हुए।"

सन् 1881 में मेहता फतेहलाल का विवाह हुआ और महारानी के साथ महाराणा सज्जन सिंह उदयपुर में मेहता राय पन्नालाल के निवास पधरावणी के लिए गए। मेहता फतेहलाल की शादी के बाद ऐसा लगा कि आवास तंग हो रहा है; इसलिए महाराणा सज्जन सिंह के सुझाव पर, मेहता पन्नालाल ने हवेली में थोड़ा परिवर्धन और नवीनीकरण किया।

हवेली के मंदिर को खूबसूरती से हस्त चित्रित किया गया है - छत पर बादल, वर्षा, इन्द्रधनुष और पक्षी उड़ते हुए दर्शाये गए हैं। एक अन्य छत पर स्वर्ण रंग में कमल के फूल, पत्ते और सूर्य हैं। दीवार के चित्र आज भी (सन् 2022 में) बरकरार है। प्रथम मंजिल पर मुख्य बैठक (दरीखाना) है, जिसके आंगन में आज भी छोटे-छोटे बहुत सारे पीतल के फव्वारे लगे हुए हैं। तहखाने में पानी का टैंक था और ग्राउंड फ्लोर (भूतल) पर हैण्ड पम्प लगे हुए थे, जिसे पुरुष सहायक चलाते थे। बचपन में यह सब कुछ मैंने देखा है। सन् 1920 में मेहता राय पन्नालाल की मृत्यु के बाद उनके पुत्र मेहता फतेहलाल द्वारा पुस्तकालय कक्ष को इस हवेली में जोड़ा गया था। पचास के दशक में पुस्तकों और पांडुलिपियों के विशाल संग्रह को उदयपुर के गुलाब बाग स्थित मुख्य राजकीय पुस्तकालय सरस्वती भवन को भेंट कर दिया गया था।

मेहता फतेहलाल की मृत्यु (सन् 1959) के बाद, हवेली सन् 1960-61 में बेच दी गई थी, क्योंकि उनके दोनों पोते मेहता कन्हैया लाल (आई.सी.एस) और गोकल लाल (आई.ए.एस) उदयपुर के बाहर रहते थे। मुख्य हवेली – दरीखाना (पुरुष खंड) अभी भी (सन् 2022 में) कुछ पुराने चित्रों और फर्नीचर, जहां-तहां की स्थिति में बरकरार हैं। हालांकि, ज़नाना भाग, जो गली की सड़क के पार था, विभिन्न पक्षों द्वारा खरीदा गया और बहुत सारे परिवर्तन किए गए हैं।

हवेली से कुछ ही गज की दूरी पर बोर्दिया स्ट्रीट में मेहता राय पन्नालाल द्वारा बनवाया गया राधा-कृष्ण मंदिर भी था। आज यह निष्क्रिय और बंद हैं क्योंकि पड़ोसियों और पुजारी द्वारा संपत्ति का अतिक्रमण किया गया है।

12.6 बिचली हवेली - मेहता लक्ष्मीलाल हवेली

सन् 1897 में, मेहता लक्ष्मीलाल ने मेहता पन्नालाल की हवेली के नोहरे में रहते हुए अपनी हवेली का निर्माण शुरू किया। बाद में इसे बिचली हवेली के नाम से जानते हैं और यह बच्छावत मेहता के अभिजात्य वर्ग का प्रमाण है। हवेली, नोहरे के साथ नौकरों, जानवरों और वाहनों के लिए खुली जगह और आवास के साथ महल की एक लघु प्रतिकृति थी। यह हवेली एक वास्तुशिल्प

कृति और एक आनंदमय निवास स्थान है। बिचली हवेली मोती चौहट्टा से जुड़ी बापनों की सेहरी (बापना स्ट्रीट) में स्थित है। बिचली हवेली के ज़नाने और बड़ी चांदनी से पल्ली हवेली का दरीखाना वाला खंड साफ़ दिखता है।

समरूपता - आंगन से देखने पर विभिन्न कमरे और उनके दरवाजे सही समरूपता में दिखाई देते हैं। सभी दरवाजों में नक्काशीदार पत्थर के फ्रेम और सजावटी सागवान लकड़ी के दरवाजे हैं। लकड़ी को संरक्षण के लिए नियमित रूप से तेल लगाया जाता था। इसमें दो आंगन हैं, बाहरी आंगन, भीतरी से बड़ा है। हवेली को एक सकड़ी गली (सर्विस लेन) द्वारा पडौस के घरों से अलग किया गया है, जो हवेली की ही जमीन का हिस्सा है। आज पड़ोसियों ने इन सकड़ी गलियों पर अतिक्रमण कर लिया है।

बाहरी आंगन - यह पुरुषों के उपयोग के लिए है। ऊपरी मंजिल और छत पर पहुँचने के लिए सीढ़ियां (नाल) बनी हुई हैं। मुख्य प्रवेश द्वार के अन्दर, दोनों तरफ दो फीट ऊँची खुली बैठक (चबूतरा) है। चबूतरे के नीचे तहखाने के कमरे हैं जो इसके द्विपक्षीय समरूपता के दोनों सिरों पर घिरे हुए हैं। बाहरी आंगन के अनुभाग में तीन मंजिलें शामिल हैं। बाहरी आंगन के पश्चिम में एकल सीढ़ी दूसरी मंजिल तक जारी रहती है, जहां यह पहली मंजिल की छत पर भी खुलती है।

भीतरी आंगन - यह छोटा और अंतरंग स्थान है। इसका उपयोग महिलाओं द्वारा परिवार की दैनिक गतिविधियों के लिए किया जाता है। यह अधिक रोशनीदार और अलंकृत हैं। किनारों पर छोटे कमरों के साथ घिरा हुआ है जो रसोई, भण्डार आदि के लिए स्थान प्रदान करता है। भीतरी आंगन के अनुभाग में तीन मंजिलें शामिल हैं। कमरे रोशनीदार हैं और खिड़की सामान्य सिल स्तर के बजाय शीर्ष पर खुलती है। इस प्रकार हवा और प्रकाश कमरे में आते हैं। भीतरी आंगन में प्रवेश का एक दरवाजा है जो आंगन में प्रवेश करने वाले दो दरवाजों के साथ खुलता है। अन्य तीन तरफ बरामदे (तिबारी), उसके बाद चार छोटे कमरे और एक केंद्रीय बड़ा कमरा (चौपाड़) है। इनके दोनों तरफ पहली मंजिल तक जाने वाली सीढ़ियां हैं।

पहली मंजिल - बाहरी पहली मंजिल में बाहरी आंगन से हवेली के सामने के हिस्से में दरीखाना (पुरुष बैठक) तक एक सीढ़ी है, जिसमें एक बड़ा गोखडा (झरोखा) तथा किनारों पर एक-एक कमरे हैं। महिला और पुरुष खंड के बीच एक तरफ दो शौचालय (तारछ), भूतल पर शौचालयों के ऊपर हैं। भीतरी पहली मंजिल में भूतल के समान 4 कमरे (प्रत्येक तरफ) हैं, जिसमें एक चौपाड़ (सेंट्रल हॉल) हैं। इस मंजिल पर आंगनों के बीच का कमरा अलंकरण के साथ एक विस्तृत कमरा है, दोनों आंगनों में देखने के लिए झरोखा है। यह कभी 'ठाकुर जी का मंदिर' था और इसे 'सुंदर विलास' के रूप में जाना जाता था

दूसरी मंजिल - बाहरी आंगन सीढ़ी पहली मंजिल की छत की ओर जाती है। इसके सिरों पर दो कमरे हैं जो पुस्तकालय और अतिथि कक्ष के रूप में उपयोग किए जाते थे। सुंदर विलास के दोनों ओर भीतरी आंगन में सीढ़ियों की एक जोड़ी, दूसरी मंजिल की छत तक जाती है। पीछे कमरे, छत और बरामदे हैं। महल (सेंट्रल हॉल) महत्त्वपूर्ण है, अच्छी तरह से बनाए रखा गया हैं, इसमें बहुत सारी कलाकृतियां, पेंटिंग्स, मेहराब और अलमारी पर चित्रकला है। उनमें प्रसाधन कक्ष (ड्रेसिंग रूम) और भण्डार हैं जो खुले हैं। इस प्रकार हॉल को बड़ा बनाया जाता है। इसमें स्नान के लिए एक छोटा सा कोना भी है। यह मुख्य शयन कक्ष है। महल के बाहर दोनों किनारों पर एक छोटे आंगन और गोखड़े के साथ दो अलग-अलग मेडियां (बेड रूम सुइट) हैं। इनको एक दरवाजे के साथ दस फीट ऊंची दीवार से अलग किया गया हैं। उन्हें अन्य सदस्यों के शयन कक्षों के रूप में इस्तेमाल किया गया था।

मेडी या प्रसव कक्ष - पश्चिमी छोर पर मेडी का उपयोग अक्सर गर्भवती महिलाओं के लिए प्रसव कक्ष के तौर पर किया जाता था।

मेहता नवल सिंह की पत्नी रतन कुंवर ने मेडी में निम्न सदस्यों को जन्म दिया:

- इन्दर कुंवर (1917 – 2005)
- रूप कुमारी (1919 – 1992)
- गोविन्द सिंह (1920) – चेचक के कारण 1924* निधन हो गया
- जय सिंह (1921 – 2011)
- बड़े पुत्र इन्दर सिंह का जन्म (1910 - 1992) बड़ी हवेली में हुआ

मेहता नवल सिंह के पुत्र मेहता इंदर सिंह की पत्नी भीकम कुंवर ने मेडी में निम्न सदस्यों को जन्म दिया:

- मान सिंह (1934) - चेचक के कारण 1939* निधन हो गया
- भीम सिंह (1936) - 1983 में निधन
- जीवन प्रभा (1945) - 1999 में निधन
- प्रताप सिंह (1950)

मेहता नवल सिंह की पुत्री इंदर कुंवर (कृष्णा कुमारी) ने मेडी में निम्न सदस्यों को जन्म दिया:

- उर्मिला पारख (1933)

- विमला (1935) - 2001 में निधन
- सज्जन सिंह (1940*) - लिवर सेलेरोसिस के कारण 1945* निधन हो गया

मेहता नवल सिंह की पुत्री रूप कुमारी ने मेडी में निम्न सदस्यों को जन्म दिया:

- हरनाथ सिंह (1939) – 2017 में निधन
- प्रमिला (1943) - 2005 में निधन
- सुमन (1946)

आंगन - भीतरी आंगन के चारों ओर *तिबारी* (बरामदे) में काले पत्थर में बने खम्भे हैं। चौक के आंगन और भूतल के बरामदे में स्थानीय पत्थर है। कमरों में विशिष्ट चूने का आंगन हैं जो कमरों को ठंडा रखता है, लेकिन अब यह क्षतिग्रस्त हो गया है।

दीवार प्लास्टर - भले ही उदयपुर में निर्माण कार्य में पत्थर का उपयोग किया जाता था, हवेली के रहने वाले कक्षों की भीतरी दीवारों को एक बहुत ही चिकनी प्लास्टर कोटिंग के साथ कवर किया गया था जो संगमरमर जैसा दिखता था। इस तकनीक को घुटाई, आराइश या सैंडला के नाम से जाना जाता है। इस चूने के प्लास्टर को तैयार करने की प्रक्रिया विस्तृत और खास है। अत्यधिक कुशल कारीगर पूरे दिन मेहनत से काम करने के बाद केवल नौ वर्ग फुट घुटाई (आराइश) का काम पूरा कर पाते हैं।

भित्ति चित्र - हवेली के अग्रभाग और भीतरी भाग पर कई भित्ति चित्र अंकित हैं, जिनमें से अधिकांश चूने की पुताई की परतों के कारण बहुत छिपी स्थिति में हैं। फ्रेस्को पेंटिंग्स, गोंद के साथ मिश्रित, विभिन्न पत्थरों के पाउडर का उपयोग करके की जाती है। मिश्रण में विभिन्न पेड़ों और विशिष्ट पत्तियों के रस और अर्क का उपयोग किया जाता है। रंग को फिर ताजा घुटाई (आराइश) काम पर चित्रित किया जाता है। दीवार और खंभों के सभी संरचनात्मक तत्वों को वर्षों तक सफेद चूने से पोता गया है, जिसके कारण पारंपरिक फ्रेस्को कार्य अब दिखाई नहीं दे रहे हैं।

नोहरा - बिचली हवेली के दो नोहरे (बाहर के घर) थे। एक हवेली से सटा हुआ, बापना स्ट्रीट पर पूर्वी तरफ और दूसरा मोती चोहट्टा की मुख्य सड़क पर था। हवेली से सटे एक नोहरे का उपयोग मुख्य रूप से कर्मचारियों और नौकरों द्वारा किया जाता था। जबकि आयुर्वेदिक अस्पताल के सामने मोती चौहट्टा पर घोड़ों, गाड़ियों और अन्य कर्मचारियों के लिए निवास के रूप में इस्तेमाल किया जाता था। आजादी के समय (1947-49) जब घोड़ों और बग्गी (घोड़े से

चलने वाली गाड़ी) का उपयोग मुख्य था, परिवार की पहली कार - मॉरिस माइनर आयी थी। रूपलाल साल्वी और उनके बेटे फतेहलाल साल्वी, रसाला के भरोसेमंद प्रमुख थे और घोड़ा गाड़ी के चालक भी थे। रूपलाल साल्वी, रूप जी दादा के नाम से पुकारे जाते थे। बाद में मॉरिस माइनर आयी तो फतेहलाल ने गाड़ी चलाना सीखा और ड्राइवर भी बन गए। फतेहलाल का निधन सन् 2012 में हुआ। मोती चौहट्टा के नोहरे को साठ के दशक में और हवेली से सटे नोहरे को सत्तर के दशक में बेच दिया गया।

चूंकि हवेली का स्वामित्व मूल मालिकों के हाथों में रहा था, इसलिए इसके उपयोग के नियत समय में बहुत कम परिवर्तन और परिवर्धन हुए हैं। यही कारण हैं कि किसी को अभी भी पारंपरिक कार्यात्मक उपयोग के स्थान मिलेंगे - जैसे कि छोटे कमरे, तहखाने, कमरे में और सीढ़ियों के नीचे छोटे भंडार। आधुनिक समय की आवश्यकताओं को पूरा करने के लिए कुछ बारियों (खिड़कियों) और गोखडा (बालकनियों) को संशोधित किया गया है। तारछ (शौचालय) को भी कमोड की पश्चिमी प्रणाली में संशोधित किया गया है। आजकल (सन् 2022) हवेली में मेहता महिम सिंह और उनकी आर्किटेक्ट पुत्री मालविका के मार्ग दर्शन में परिवर्धन और नवीनीकरण करवा रहे हैं।

12.7 भूत महल - मेहता अगरचंद की हवेली

मांडलगढ परिवारों का निवास स्थान, भूत महल उदयपुर में घंटाघर और हाथी पोल के बीच एक छोटी टेकरी पर ऊंचा स्थान है। भूत महल की उत्पत्ति के रहस्य के संबंध में दन्त कथा हैं। मेहता राम सिंह और उनकी पत्नी भगवत कुंवर ने मई 2004 में लेखक को एक वीडियो साक्षात्कार में भूत महल के बारे में निम्नलिखित बताया।

भगवत कंवर कहती हैं,

"मध्यकाल के दौरान तंत्र-मंत्र की प्रथा काफी प्रचलित थी। सटीक अवधि अज्ञात होने के कारण, हालांकि, 18-19वीं शताब्दी के दौरान धरियावाद के एक रावत थे, जिन्हें मेवाड़ के महाराणा ने अवज्ञा के लिए सजा के रूप में हर हफ्ते हाजिरी देने का आदेश दिया था। चूंकि उदयपुर में उनका निवास नहीं था, इसलिए उनका पूरा सप्ताह धरियावाद के जंगलों, पहाड़ों और अज्ञात सड़कों के माध्यम से ऊपर और नीचे यात्रा करने में व्यतीत होता था। रास्ते में आने वाला भूत अक्सर उसे परेशान करता था। एक दिन रात को जंगल से गुजरते समय उसकी मुलाकात भूत से हुई जो उसे परेशान करने की कोशिश कर रहा था।"

ऐसा कहा जाता है कि यदि कोई भूत की शिखा (चोटी) को पकड़ने का साहस कर सकता है, तो भूत आपकी इच्छाओं को पूरा करने के लिए अपने शिकार को आत्मसमर्पण कर देता हैं और उसके लिए काम करने की कसम खाता है।

मेहता राम सिंह कहते हैं,

"रावत साहब लंबे संघर्ष के बाद भूत की शिखा को पकड़ने में कामयाब रहे। भूत ने आत्मसमर्पण कर दिया और उनसे पूछा कि मैं आपके लिए क्या कर सकता हूं? फिर रावत साहब ने भूत से पूछा कि आप कौन हैं? तो भूत ने जवाब दिया, 'खेत सिंह'। इस पर रावत साहब ने आदेश दिया कि मुझे उदयपुर में एक विशाल महल प्रदान करें, जो राजा को शर्मिंदा करे... ।"

मेहता राम सिंह आगे कहते हैं,

"उस समय खेत सिंह द्वारा वर्तमान घंटाघर और हाथी पोल (मालदास स्ट्रीट और बड़ी बोरवाड़ी) के बीच छोटी टेकरी पर रातों-रात एक विशाल नौ मंजिला महल खड़ा किया। चूंकि यह हवेली महाराणा और कँवरपदा महलों से ऊंचाई में सबसे ऊंची थी और इसकी उत्पत्ति अज्ञात थी, इसलिए इसे 'भूत महल' के रूप में जाना जाता है। इसके बाद, धरियावाद के रावत को दरबार में व्यक्तिगत उपस्थिति से छूट दी गई थी। एक दिन महारानी साहिबा ने अपने महल से शहर में इस नई संरचना को देखा और असहज महसूस किया क्योंकि इस महल ने उनके महलों की शोभा घटा दी थी। फिर क्या था? महाराणा ने तुरंत ऊपरी चार मंजिलों को गिराने का आदेश दिया। भूत महल में खेत सिंह की आत्मा का वास जारी रहा। बाद में, चूंकि प्रधान मेहता अगर चंद (1768-69 एवम् 1796-99) का उदयपुर में उचित निवास नहीं था, इसलिए भूत महल उन्हें महाराणा अरी सिंह द्वितीय द्वारा प्रदान दे दिया गया।"

खेत सिंह गायब हो गया - भगवत कंवर कहती हैं,

"खेत सिंह, गांव धरियावाद के स्वामी के पश्चात् प्रधान अगरचंद की सेवा करते रहे। उन्हें तांत्रिक शक्तियों के लिए जाना जाता था। एक बार हमेशा की तरह मेहता अगरचंद अपने सहायक खेत सिंह के साथ घोड़े पर सवार होकर उदयपुर के दरबार में शामिल होने गए। महाराणा अरी सिंह द्वितीय ने देखा कि प्रधान के घोड़े ने हरे रंग की लीद (गोबर) का उत्सर्जन किया, जबकि अन्य घोड़ों की लीद भूरी थी। तो महाराणा ने प्रधान से पूछा कि ऐसा क्यों हैं। मेहता अगरचंद ने रहस्य खोल कर बताया कि उनके सहायक खेत सिंह दिल्ली से एक विशेष घास का बीज (रजका) लाए थे, जिसने हरी लीद का उत्पादन किया। रहस्य खुलते ही खेत सिंह,

जो वहां खड़ा था, रहस्यमय तरीके से गायब हो गया और उसे फिर कभी व्यक्तिगत रूप से नहीं देखा गया।"

तत्पश्चात यह हरी घास मेवाड़ में रजके के नाम से प्रसिद्ध हुई।

भूत महल की निर्माण शैली - मेहता राम सिंह कहते हैं,

"आज हवेली की मुख्य संरचना में पांच मंजिलें हैं - तीन जमीन के ऊपर और दो नीचे। प्रत्येक कमरे की छत एक गुंबद या मिश्र के पिरामिड के रूप में हैं। गुंबद और ऊपरी मंजिल के बीच एक शून्य स्थान है। इस जगह का उपयोग खजाने को छिपाने के लिए किया गया था और ऊपर वाली मंजिल से गुप्त प्रवेश मार्ग था। हवेली की दीवारें 6 से 10 फीट मोटाई की हैं, जो हवेली निर्माण के लिए बहुत असामान्य है।"

तहखाने - भगवत कंवर कहती हैं,

"मुख्य कक्ष से तहखाने में जाने के लिए कालीन के नीचे एक गुप्त द्वार हैं। तहखाने की दूसरी मंजिल पर पानी की टंकी तथा पहली मंजिल पर तोषाखाना (खज़ाना) और असलखाना (हथियारों का भंडार) हैं। तहखाने में एक सदी से अधिक समय से किसी भी व्यक्ति द्वारा प्रवेश नहीं किया गया है। कहा जाता है कि यह स्थान चमगादड़ों और संभवतः सांपों से भी भरा हुआ है।"

रेन वाटर हार्वेस्टिंग सिस्टम - मेहता राम सिंह आगे कहते हैं,

"उपरी छत से तहखाने की पानी की टंकी तक मिट्टी और चूने के पाइप हैं, जो हवेली की मोटी दीवारों से गुजरते हैं। शायद दो सौ साल पहले भी बारिश के पानी के संरक्षण की आवश्यकता के बारे में जागरूकता थी। आज, हम इसे वर्षा जल संचयन कहते हैं।"

बगीचा - मेहता राम सिंह आगे कहते हैं,

"हवेली के पीछे एक बगीचा भी था, जो ऊपरी तहखाने के आंगन के अनुरूप है। ऐसा कहा जाता है कि इसमें कई फलों के पेड़ थे, जैसे अंजीर, अनार, अंगूर और अमरूद। सर्दियों में गेंदे के फूल खिलते थे। आज यहाँ दुकानें हैं और चारों ओर कचरा गिराया जाता है।"

खेता जी बावजी - भागवत कंवर कहती हैं,

"आज भी खेत सिंह समय-समय पर हवेली में अलग-अलग लोगों को दिखाई देते रहे। इसलिए मेहता अगर चंद ने खेत सिंह की पूजा-अर्चना के लिए भूत महल की सबसे ऊँची छत पर एक छोटा देवरा (मंदिर) स्थापित किया - जो खेता जी बावजी के नाम से जाना जाता है।

इसलिए, बच्छावत मेहता परिवार के सदस्य खेता जी बावजी के दर्शन हेतु शुभ अवसर जैसे कि विवाह और जन्म पर, पूजा करने और नारियल चढ़ाने के लिए जाते हैं। कहा जाता है कि प्रसाद के रूप में चढ़ाया जाने वाला नारियल भूत महल में रहने वाले मेहता परिवार से लिया जाना चाहिए। एक किस्सा है कि जब मेहता नवल सिंह की पुत्री रूप कुमारी का विवाह हुआ (सन् 1938), तो वह अपनी माताश्री रतन कंवर के साथ खेता जी बावजी की पूजा करने आई और खेता जी बावजी को भेंट के स्वरूप साथ में नारियल लेकर आईं। एक के बाद एक 100 तक नारियल चढ़ाए गए, क्योंकि हर एक नारियल अंदर से ख़राब निकला। तभी भूत महल में रहने वाले मेहता अक्षय सिंह की पत्नी ने अपने भण्डार से नारियल चढ़वाया जो अंदर से अच्छा निकला।"*

न केवल भूत महल की उत्पत्ति बल्कि भूत महल का अस्तित्व भी बहुत रहस्यमय है।

भूत महल के निवासी - उन्नीसवीं शताब्दी के मध्य में, जब मेहता गोकलचंद प्रधान बने, तो वह भूत महल में रहते थे। जब मेहता अजीत सिंह हिरासत में थे और उन्होंने 19वीं शताब्दी के सत्तर के दशक की शुरुआत में अपनी संपत्ति का अधिकार खो दिया तब मेहता गोकल चंद ने उनकी हवेली पर कब्जा कर लिया, जिसे बड़ी हवेली (दक्षिणी छोर) कहा जाता है। उन्होंने वह हवेली अपने बेटों - मेहता गिरधारी सिंह और रघुनाथ सिंह को दे दी, जिन्हें गोद दिया गया था। दूसरी पत्नी से उनका बेटा मेहता विट्ठलदास मांडलगढ़ में रहता था, जबकि उनके बच्चों, मेहता अक्षय सिंह और मनोहर सिंह को भूत महल के कुछ हिस्से दिए गए थे। दूसरी पत्नी से एक अन्य पुत्र मेहता जमना दास को भी भूत महल का कुछ हिस्सा रहने के लिए दिया गया था। मेहता गिरधारी सिंह के पोते मेहता जीवन सिंह को भी रहने के लिए कुछ हिस्सा मिला। भूत महल के अंतिम निवासी मेहता लक्ष्मण सिंह (पुत्र मेहता अक्षय सिंह), और राम सिंह (दत्तक पुत्र मेहता गोपाल सिंह) हैं, जिनके परिवार और वंशज आज भी यहां रहते हैं। मेहता डूंगर सिंह (पुत्र मनोहर सिंह) और सरदार सिंह (पुत्र जमना दास) का हिस्सा उनकी मृत्यु के बाद बेच दिया गया।

12.8 खेत सिंह पर अन्य जानकारी

वर्तमान में मेवाड़ के इतिहासकार, लेखक तथा हमारे जानकार प्रिय श्रीकृष्ण जी जुगनू ने मुझे ई-मेल लिखी (सन् 2018),

"आदरणीय प्रताप सिंह जी मेहता साहब, मुझे याद आया कि रजका की खेती का विवरण बाठरड़ा गांव के साथ जुड़ा हुआ है। अस्सी के दशक में जब मैंने वहां की यात्रा की थी तो राजमहलों से जुड़े श्री रघुनाथ जी कांठा ने मुझे वहां मौजूद रजका का खेत (आज भी यही नाम है उस गांव का, मूलतः वह हवाला कहा जाता है) दिखाया था और एक रोचक आख्यान सुनाया

था कि बाठरड़ा के एक राव साहब को खेत्या प्रेत सिद्ध था। वह रजका का बीज लेकर आया था। बाठरड़ा के राव के घोड़े उसी रजका को खाकर मस्त हो गए थे किंतु खेत्या ने उनसे कहा था कि वे यह बात किसी को बताएंगे नहीं, अन्यथा उनका वह गुप्त सेवक चला जाएगा। उदयपुर में गणगौर की एक सवारी में उनके घोड़ों ने हरी लीद की तो बात महाराणा जगत सिंह (द्वितीय) तक पहुंची। महाराणा ने वजह जाननी चाही। रावजी टाल गए मगर कब तक टालते, एक दिन उन्होंने खेत्या वाली बात कह दी तो उनके पास का वह प्रभाव जाता रहा...। संयोग से मैंने यह आख्यान लिखकर धर्मयुग को भेजा। धर्मयुग का उन दिनों अद्‌त आख्यान अंक निकलता था और बड़ा चर्चित था। मेरा वह लेख यशस्वी संपादक धर्मवीर भारती ने स्वीकृत किया किंतु बाद में धर्मयुग का स्वरूप बदल गया। नए संपादक श्री गणेश मंत्री ने वह लेख इसी टिप्पणी के साथ मुझे लौटा दिया। बैठे बिठाए मैंने वह लेख सत्य कथा (इलाहाबाद) को भेजा। सत्य कथा ने कवर स्टोरी के रूप में वह लेख छापा: एक प्रेत का सफरनामा। उसमें यह पूरा आख्यान छपा है। एक और संयोग रहा, उन्हीं दिनों भूत महल पर एक लेख मेरे विद्वान गुरु श्री महेंद्र जी भानावत ने धर्मयुग में लिखा था: भूत द्वारा उड़ाकर लाया गया महल। उसमें भी यह जिक्र था। खेत सिंह, खेत्या भूत था या अन्य कोई, मालूम नहीं। मगर, बाठरड़ा और आकोला में खेत्या के किस्से मशहूर हैं। सत्य तो राम जाने मगर अब लगता है कि मक्का की तरह ही रजका की खेती मेवाड़ में बहुत बाद में हुई और गोपनीय रखी गई। मक्का तो 1734 ई. में पहली बार उगाई गई। वैसे ही रजका भी कुछ बाद में उगाया गया। घोड़ों के लिए वह बड़ा कारगर रहा। अन्यथा उससे पहले चना ही चबाया जाता था। गीतों में आज भी गाया जाता है: "घोड़ी चाबे चणा री दाल।"

12.9 बच्छावतों का निवास - चाड़वास (चूरू जिला, राजस्थान)

चाड़वास में चौथमल बच्छावत की हवेली की पोल यानी मुख्य द्वार में प्रवेश करते हुए सीढीयों को पार करके दरवाजे से होते हुए जब बड़े चौक में प्रवेश करते हैं, तो देखते हैं कि चारों कोनों में चार कमरे हैं। सामने दो बड़े कमरे हैं जिनमें एक को रंग रंगीला कमरा कहा जाता है यानी दादासा चौथमल जी बच्छावत का वह कमरा है, जो आज भी वैसा ही है। दूसरा बड़ा कमरा मां वाला कमरा कहा जाता है जहां हमारी माताश्री मोहिनी देवी रहती थी। उसी कमरे में उन्होंने 40 दिन के संथारे के बाद वैकुंठ यात्रा की थी।

चौक के दाहिने हिस्से में परिंडा यानी पानी रखने का स्थान, फिर रसोई के बाहर लोहे की खूंटी जिससे बिलोना किया जाता था। फिर नीचे नोहरे में जाने के लिए दरवाजा। उसके पास स्नानघर, शौच और फिर मां का कमरा। बाईं तरफ एक कमरा रसोई तथा चौक का बड़ा नाला।

दोनों ओर छत पर जाने के लिए सीढ़ियां हैं। ऊपर छत पर चारों कोनों में कमरे हैं वहां भी पानी की टंकी स्नानघर आदि हैं।

हवेली के दाहिने तरफ नीचे नोहरा है जहां एक समय पशुधन रहा करते थे। वर्तमान में वह खाली जगह है। साथ में पानी का कुआं हैं जिससे पानी की पूर्ति होती है। हवेली में जब प्रवेश करते हैं पाते हैं कि ऊपर सीढ़ियों के दोनों तरफ रहने के ठांव बनाए हुए हैं। बाईं तरफ वर्तमान में बहुत सुंदर आधुनिक फ्लैट बनाए हुए हैं। चौथमल जी के तीनों पुत्रों के परिवारों के लिए अपनी-अपनी जगह पर अपनी-अपनी सुविधानुसार जगह पर ठांव बनाए गए हैं।

वर्तमान में हवेली के नीचे दाहिनी तरफ हवेली का अधीक्षक (देख-भाल करने वाला) रहता हैं। बाईं तरफ शौचालय तथा दाहिने तरफ स्नानघर हैं। हवेली के नीचे दोनों तरफ चार-चार बड़े कमरे हैं, भण्डार कक्ष हैं। दाहिनी तरफ गली में बड़ी ऊंची लंबी चौकी हैं जो पूरे मकान को कवर करती है। इस हवेली में विक्रम संवत 1971 (सन् 1914) में तेरापंथ के अष्टमाचार्य कालू गणी तथा साध्वी प्रमुखा झमकूँ जी एक समय कुछ दिन बिराजी थी।

यह जानकारी चौथमल बच्छावत के पौत्र छत्रसिंह बच्छावत, निवासी रायपुर (चाड़वास) ने दी है।

भीकम कंवर, पत्नी इन्दर सिंह मेहता, ने यह लहंगा-ओढ़नी सन् 1936 में बसंत पंचमी के लिए बनवाये

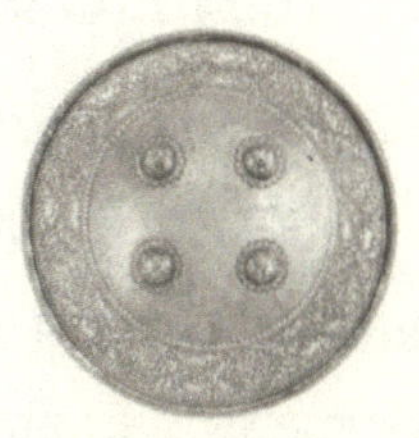

अध्याय 13

जीवन शैली

मुख्य धारा के बच्छावत, क्षत्रिय वर्ण (योद्धा वर्ग) का प्रतिनिधित्व करते हैं, इसलिए मूल संरचना और उनकी जीवन शैली राजपूतों से प्रभावित होती है। इस प्रकार, बच्छावत उच्च और दो बार पैदा हुए अनुष्ठान रूप से सूर्यवंशी स्वच्छ जाति समूह से संबंधित हैं।

संयुक्त परिवार बच्छावतों का पारंपरिक रूप था, जिसमें एक साथ, एक ही घर में कई पीढ़ियों के लोग रहते हैं। जिनकी रसोई, पूजा पाठ एवं संपत्ति सामूहिक होती हैं, उसे ही संयुक्त परिवार कहते हैं। प्रत्येक वंश की पारंपरिक और सांस्कृतिक प्रथा के रखरखाव के लिए अभिवादन के तरीके, संबोधन के रूप, शिष्टाचार और पोशाक महत्त्वपूर्ण हैं। बच्छावतों की हवेली में पुरुष स्वामी थे और उनकी थोड़ी सी भी इच्छा एक आदेश थी। महिलाओं को उनकी छाया में रखा गया और वे सावधानीपूर्वक देखभाल के निर्देशों का पालन किया करती थीं।

लेकिन आज सांस्कृतिक परिवेश और पुराने रीति-रिवाज नाटकीय रूप से बदल गए हैं। संबोधन के रूप बदल गए हैं, पहनावा और स्नेह के प्रदर्शन की भावना बदल गई है। वैश्वीकरण से पिछली शताब्दी के उत्तरार्ध्द के दौरान इस वंश के लोगों ने अपने जीवन के अधिकांश पहलुओं में पश्चिमी संस्कृति को अपनाया हैं।

13.1 बच्छावतों का सामाजिक-सांस्कृतिक जीवन

मुख्य धरा के बच्छावत, क्षत्रिय वर्ण (योद्धा वर्ग) का प्रतिनिधित्व करते हैं, इसलिए मूल संरचना और उनकी जीवन शैली राजपूतों से प्रभावित होती है। इस प्रकार, बच्छावत उच्च और दो बार पैदा हुए अनुष्ठान रूप से सूर्यवंशी स्वच्छ जाति समूह से संबंधित है। इक्ष्वाकु वंश का सम्बन्ध सूर्यवंश से है, और कुरुवंश का सम्बन्ध चन्द्रवंश से है। दोनों दीक्षित क्षत्रिय कुल है। तुलनात्मक दृष्टि से सूर्यवंश श्रेष्ठ है क्योंकि इस कुल में मर्यादा पुरुषोत्तम राम का अवतरण हुआ है। इस जानकारी का आधार सामाजिक और परम्परागत ज्ञान है। इनमें से कुछ बातें अनुभूत हैं, कुछ बातें पूर्वजों से सुनी हैं और कुछ बातें समाज में प्रचलित हैं। हर विषय पर शोध नहीं हुए हैं और ना ही हो सकते हैं।

अपनी-अपनी वंशावली का लेखा जोखा बनाये रखने की परम्परा भारत में रही है। इस परम्परा की पुष्टि एक छोटे से समुदाय, जिसको चारण-भाट कहा जाता था, से की जा सकती हैं। आज सूर्यवंशियों की सैकड़ों शाखाएं हो गयी हैं। प्रसिद्ध सूर्यवंशी परिवारों में सम्राट पृथ्वीराज चौहान, महाराणा प्रताप, छत्रपति शिवाजी महाराज, गुरु गोविन्द सिंह जी बताए जाते हैं। पौराणिक वंशावली में सूर्यवंश के प्रथम राजा मनु थे, जिनके पुत्र इक्ष्वाकु थे। चन्द्रवंश, राजा पुरु से आरंभ बताया जाता हैं जो प्रसिद्ध यति के पुत्र थे। पुरु वंश में कुरु भी हुए थे। महाभारत काल में चन्द्रवंश चरम पर था। पुराणों में चंद्रवंशियों के कई वंशों की वंशावली है, जिनमें यदुवंश भी है। भगवन कृष्ण भी यदुवंश से थे।

वर्तमान में ओसवाल समुदाय की बच्छावत गोत्र से संबंधित समुदाय मूल रूप से जैन धर्म में श्वेतांबर शाखा के खरतरगच्छ साधुओं में विश्वास करते हैं। वे विभिन्न जैन सम्प्रदाय, जैसे तेरापंथी, मंदिरमार्गी और स्थानकवासी में भी विश्वास रखते हैं। लेकिन पीढ़ियों से महाराणाओं की सेवा में होने के कारण, बच्छावत मेहता वैष्णव संप्रदाय और श्रीनाथजी उनके इष्टदेव (कुल देवता) बन गए हैं।

समय-समय पर रहन सहन की जैसे-जैसे सुविधाएँ उपलब्ध होती रहीं, बच्छावत गोत्र के परिवार विभिन्न स्थलों में स्थाई वास करने लगे। बच्छावत परिवार विभिन्न प्रान्तों में व्यापारिक वृत्तियों में संलग्न हैं। अपने-अपने स्वतंत्र मतानुसार भले ही बच्छावत विभिन्न संप्रदाय जैसे श्वेताम्बर – मंदिरमार्गी हों या तेरापंथी या स्थानकवासी एवं दिगम्बर हों, लेकिन पारिवारिकता को निभाने वाले सेवाभावी परिवार हैं।

अभिवादन के तरीके, संबोधन के रूप, शिष्टाचार और पोशाक, बच्छावतों के बीच पारंपरिक सांस्कृतिक मान्यता के रखरखाव के लिए महत्त्वपूर्ण था। बच्छावत घरों में, रसोई एक पवित्र स्थान होता है और भोजन परमात्मा का एक प्रसाद माना जाता है।

13.2 पितृ वंशीय परिवार

परिवार वह संस्था है जो पारंपरिक सांस्कृतिक प्रथा के रखरखाव और जातीय पहचान के निर्वाह में बच्छावत मेहताओं के बीच बहुत महत्त्व रखती है। संयुक्त परिवार बच्छावतों का पारंपरिक रूप था, जिसमें वे एक ही घर में रहते थे, एक ही रसोई में पका हुआ भोजन खाते थे, सामूहिक संपत्ति का आनंद लेते थे और सामूहिक रूप से परिवार के इष्टदेव की पूजा करते थे। परिवार के सबसे वरिष्ठ पुरुष सदस्य पारम्परिक अधिकार और नियंत्रण का आनंद लेते थे। उन्हें बासाब, बाबासा, दादासा या दाता के नाम से संबोधित किया जाता था। बिना किसी आपत्ति के उनके फैसलों का सम्मान किया जाता था।

बच्छावत मेहता की हवेली में पुरुष स्वामी थे और उनकी थोड़ी सी भी इच्छा एक आदेश थी। महिलाओं को उनकी छाया में रखा जाता था और वे सावधानीपूर्वक देखभाल के निर्देशों का पालन किया करती थीं। फिर भी सास एक ऐसी ताकत थी जिसे नजरंदाज नहीं किया जा सकता था। सास, परिवार की वरिष्ठ महिला होती थी, जो विशाल हवेली का सुप्रबंध तथा नौकरों का सदुपयोग करना जानती थीं। पुरुष घरेलू चिंता से मुक्त रहते थे।

बच्छावत मेहता परिवार पितृसत्तात्मक (patriarchal) प्रकृति का है। पत्नी अपने पति के साथ रहती है और मेहता उपनाम का उपयोग करती है। एक बेटी अपनी शादी के बाद अपने पिता के परिवार का सदस्य नहीं रह जाती है। बच्छावत मेहता के बीच मध्य नाम सिंह राजपूतों की तरह इस्तेमाल किया जाता है। हालांकि, लाल, चंद, कुमार और दास को अतीत और वर्तमान में मध्य नाम के रूप में इस्तेमाल किया गया है। दादा को बासाब, बाबासा या दाता और दादी को भाभासा भी कहा जाता है। परिवार के मुखिया – पिता और बड़े बेटे को कँवर सा तथा माता और बड़ी बहू को कंवरानी सा के रूप में संबोधित किया जाता है। उनके बच्चों द्वारा काकासा और भाभी के रूप में संबोधित किया जाता है। पुत्र को भंवर और पौत्र को तंवर, बहुओं को बींदणी जी, बेटियों और बड़ी बहनों को बाईसा और उनके पति को जमाईसा या बहनोईसा के रूप में संबोधित किया जाता है। बड़े भाई को दादा भाईसा और उनकी पत्नी को भोजाईसा के

नाम से जाना जाता है। पति के छोटे भाइयों को लालजीसा के रूप में संबोधित किया जाता है, जबकि बड़े भाइयों को जेठजीसा के रूप में जाना जाता है।

माँ को आमतौर पर विशेष सम्मान दिया जाता है जबकि पिता को अनुशासन वादी माना जाता है। पिता से यह अपेक्षा नहीं की जाती है कि वह परिवार के बड़ों के सामने बच्चों के प्रति खुलकर प्यार और स्नेह का प्रदर्शन करे। दादा, दादी और अन्य बुजुर्ग तथा युवा परिवार के बच्चों की देखभाल करते हैं। मेहता परिवार की महिलाओं में बेटियों को छोड़कर बहुएं पर्दा य घूंघट में रहीं। लेकिन आज संस्कृति और पुराने रीति-रिवाज नाटकीय रूप से बदल गए हैं। संबोधन के रूप बदल गए हैं, पहनावा और स्नेह के प्रदर्शन की भावना बदल गई है। वैश्वीकरण से पिछली शताब्दी के उत्तरार्ध्द के दौरान इस वंश के लोगों ने अपने जीवन के अधिकांश पहलुओं में पश्चिमी संस्कृति को अपनाया है।

13.3 झोल्या मैल्या (दत्तक ग्रहण)

उत्तराधिकार और उत्तराधिकारी के उद्देश्य से वंश की निरंतरता बनाए रखने के लिए 'झोल्या मैल्या' - गोद लेने की परम्परा बच्छावत मेह्ताओं के बीच प्रचलित थी। यह प्रजनन करने के लिए एक जोड़े की असमर्थता के लिए मुआवजे का एक वैध स्रोत था। ऐसे समय में जब युद्ध काफी बार होता था और युद्ध के मैदान में मृत्यु आम थी, पुरुष उत्तराधिकारी के लिए ऐसी परम्परा को अच्छी तरह से समझा जाता था। वंशावली वृक्ष को देखकर यह देखा जाता है कि वंश के कई सदस्यों को गोद लेने के लिए दिया गया था और गोद भी लिया गया था। यह भी ध्यान रखना दिलचस्प है कि पचास से अधिक पीढ़ियों में, बच्छावत वंश के बाहर से एक भी सदस्य को नहीं अपनाया गया। यह वंश की शुद्धता और विशिष्टता को बनाए रखने का एक तरीका था।

मेहता शेर सिंह के बड़े बेटे मेहता सवाई सिंह को सन् 1862 के आसपास, निम्बाहेडा के एक युद्ध में वीरगति प्राप्त हुई। दूसरे बेटे जालिम सिंह को पहले ही चाचा मेहता उदयराम को गोद लेने के लिए दे दिया गया था। इसलिए मेहता शेर सिंह ने अपने बेटे स्वर्गीय मेहता सवाई सिंह के लिए मेहता अर्जुन सिंह (मेहता त्रिलोक चंद के पोते) के बेटे अजीत सिंह को गोद लिया। चूंकि मेहता अजीत सिंह को कोई पुत्र नहीं था, इसलिए उन्होंने मेहता गिरधारी सिंह के बेटे मेहता चतर सिंह को गोद ले लिया।

जुलाई सन् 1870 में, मेहता पन्नालाल के सबसे छोटे भाई मेहता तख्त सिंह (जन्म 1855-1924) को मेहता जालिम सिंह को गोद दे दिया गया, जिन्हें कोई पुरुष संतान नहीं थी। सन्

1911 में, चूंकि मेहता तख्त सिंह के कोई पुत्र नहीं था, मेहता चतर सिंह चाहते थे कि उनके पोते मेहता इंदर सिंह को गोद लिया जाए। हालांकि, मेहता तख्त सिंह ने अपने भाई मेहता पन्नालाल के छोटे पोते मेहता उदयलाल को गोद लिया, जिसे महाराणा फतेह सिंह ने मंजूरी दे दी। यहां तक कि मेहता तखत सिंह द्वारा अपनाए गए मेहता उदयलाल (1895-1963) के भी कोई पुरुष संतान नहीं थी। उनकी दो बेटियां थीं- गोवर्धन कंवर और गिरिराज कंवर। मेहता (कटारिया) जीवन सिंह से शादी करने वाले गोवर्धन कंवर और कोठारी दुलेह सिंह से शादी करने वाली गिरिराज कंवर के पास भी कोई पुरुष संतान नहीं थी। चार पीढ़ियों तक इस परिवार में कोई पुरुष संतान नहीं थी। एक समय मेहता उदयलाल ने सन् 1963 में अपनी मृत्यु से पहले मेहता संग्राम सिंह को उनके छोटे बेटे मेहता भूपेन्द्र सिंह को गोद लेने का प्रस्ताव दिया था। मेहता उदयलाल के वंश में पुरुष संतान के न होने की प्रवृत्ति को अच्छी तरह से जानते हुए, मेहता संग्राम सिंह ने विनम्रता पूर्वक प्रस्ताव को अस्वीकार कर दिया।

मेहता जोध सिंह और उनकी पत्नी अनंत कुंवर की इच्छा के अनुसार, किसी ऐसे व्यक्ति को गोद लेने का प्रस्ताव रखा गया था जो कमा रहा हो। इसलिए सन् 1914 में मेहता पन्नालाल ने मेहता चतर सिंह के बड़े बेटे मेहता नवल सिंह को महाराणा फतेह सिंह की मंजूरी के लिए सिफारिश की।

मेहता पन्नालाल अपनी पुस्तक 'स्व-जीवनी' (आत्मकथा) में याद करते हैं –

"इस बीच मांडलगढ के मेहता विट्ठलदास ने अपने बेटों और पोतों के साथ महाराणा के सामने नजराना प्रस्तुत किया और प्रस्ताव दिया कि उनके बेटे मेहता मनोहर सिंह को स्वर्गीय मेहता जोध सिंह के लिए गोद लेने पर विचार किया जाए। मुझे महाराणा को यह उचित ठहराना पड़ा कि चूंकि उनके परिवार से तखत सिंह को मेहता जालिम सिंह ने गोद लिया था और बाद में उदयलाल को तखत सिंह ने गोद ले लिया था। इसलिए यह सही है कि नवल सिंह बदले में गोद लेकर अपने परिवार के पास आएं। तीन महीने तक विचार-विमर्श के बाद, महाराणा फतेह सिंह ने मेहता नवल सिंह को मेहता जोध सिंह को गोद लेने की मंजूरी दे दी।"

13.4 शिष्टाचार और संस्कृति

बच्छावत मेह्ताओं के बीच जीवन शैली और संस्कृति मुख्य रूप से राजपूत राजाओं और रईसों से प्रभावित थी। यह उन्हें अन्य जैन-ओसवाल परिवारों से अलग करता है। इस गोत्र की महिलाएं

भी पर्दे में रहीं। बुजुर्गों द्वारा हवेली में उन्हें पहला सबक मिला, "बींदणी जी (बहु) अपना सिर ढककर रखें, अपने बड़ों के साथ कभी बहस न करें, अपनी सासू-मां का सम्मान करें, बहुत ज्यादा बात न करें।" महिलाएं ज़नाना में रहें और उन्हें दरीखाना (पुरुषों की बैठक) में अनुमति नहीं दी गई थी, सिवाय इसके कि जब उन्हें पारंपरिक रूप से ले जाया गया हो।

सरदार (बुजुर्ग पुरुष) जब चाहें ज़नाना आ सकते थे। खासकर जब किसी पारिवारिक मामले पर महिलाओं से परामर्श करना पड़ता था। लेकिन दिन में ऐसा करना गरिमापूर्ण नहीं माना जाता था। हवेली में हर किसी की तरह एक औपचारिकता थी जिसे पुरुष हमेशा बनाए रखते थे। हालांकि पुरुष आमतौर पर दरीखाना में अपने ऑफिस के काम में व्यस्त रहते थे, लेकिन वे भोजन के समय ही भीतरी आंगन में आ जाते थे। हालांकि, पुरुष बाहर रहे, फिर भी हवेली में हर जगह उनकी उपस्थिति महसूस की जाती थी। उनसे सलाह-मशविरा किए बिना कुछ भी नहीं किया जाता था।

बच्छावत मेहता वंश के अधिकांश पुरुष अपने काल के महाराणाओं की सेवा कर रहे थे या उनकी जागीर का काम देख रहे थे। प्रशासन, राजस्व या अन्य आर्थिक गतिविधियों का संचालन, खेती, व्यक्तिगत, सामाजिक, सांस्कृतिक और राजनीतिक मुद्दों को हल करना, बाहरी आक्रमण या भीतरी विद्रोह से राज्य की सुरक्षा का ख्याल रखना, मुख्य उत्तरदायित्व थे। परंपरागत रूप से पुरुष राज्य के रक्षक थे, जो युद्ध में भी जाते और राज्य के लिए निर्णय लेते थे। महिलाएं मुख्य रूप से समाजीकरण की प्रतिरूप थीं और उन्हें नई पीढ़ियों के प्रजनन के कर्तव्य सौंपे गए थे। महिलाओं को पुरुषों के बराबर का दर्जा नहीं था। यहां तक कि एक साथ चलते समय भी महिलाएं हमेशा पुरुषों का अनुसरण करती थीं।

बातचीत के दौरान शिष्टाचार और संबंधित व्यवहार के निर्धारित नियम थे। जब कोई बड़ा बात करता तो युवा व्यक्ति बड़ो हुकम (जी हाँ) के साथ जवाब देता था। परिवार सदस्य अपने बड़ों से मिलते हुए मुजरा हुकम कहते हुए हाथ जोड़कर झुकते थे। मुजरा हुकम इन दिनों भी अभिवादन का सामान्य और स्वीकृत रूप है। पधारो (कृपया आओ या जाओ), विराजो (कृपया बैठो), अरोगो (कृपया भोजन जीमो), परोसो (कृपया भोजन देवे), आदि भी बच्छावत मेहता के शिष्टाचार में कुछ सामान्य शब्द है। इस गोत्र की स्त्रियां एक-दूसरे का अभिवादन पगे-लागू (मैं आपके पैर छूती हूं) से करती है। छोटी औरत बुजुर्ग महिला के पैरों को छूने, पकड़ने और धीरे-धीरे मालिश करने के लिए झुक जाती है। बुजुर्ग महिला दूसरी महिला को यह कहकर आशीर्वाद देती है, अखंड सौभाग्यवती रहो (यदि विवाहित हो) या खुश रहो (अन्य)।

बाहर जाते समय परिवार की महिलाओं को चार-पांच डावरियों (नौकरानी) द्वारा ठीक से ले जाया जाता था। वे दो साड़ियां/ओढ़नी पहनी थीं, अंदर वाली भारी काम की होती थीं। बाहर निकलने से पहले, चांदनी, महिला के सिर पर कपड़े का एक चौकोर टुकड़ा, जिसके प्रत्येक कोने को डावरी द्वारा पकड़ा जाता था। गंतव्य तक पहुंचने के बाद, बाहरी ओढ़नी को उतार दिया जाता था। आमतौर पर दहेज के साथ डावरी, महिला के पैतृक घर (पीहर) से आती हैं। वे जीवन भर अपनी मालकिन के साथ रहती थीं।

13.5 पोशाक और आभूषण

बच्छावत मेहता परिवार के पुरुष सदस्यों को आमतौर पर अच्छे परिधान पहनने में रुचि थी। औपचारिक पोशाक में पुरुष चूड़ीदार के ऊपर अचकन (घुटने की लंबाई तक का कोट) और पगड़ी के साथ बहार जाते थे। साथ में कमरबंद (कमर के चारों ओर एक चौड़े कपड़े की बेल्ट) जहां तलवार या खंजर बांधा जाता था। इस वंश के अधिकांश पुरुष सुंदर, कुलीन चेहरा और बड़ी-बड़ी आंखों वाले होते थे। साइड-लॉक, दाढ़ी और मूंछें हमेशा उस अवधि के महाराणाओं के साथ मेल खाती थीं। घर पर वे धोती या पाजामा के साथ अंगरखा (एक प्रकार का शर्ट) पहनते थे। हिन्दओं का अंगरखा हिन्दओं दाईं खुलने वाला होता था, जबकि मुसलमानों का बाईं ओर। अर्ध-यूरोपीय आकार के कोट पहनने की प्रवृत्ति भी बढ़ रही थी। पुराने दिनों में भगवा रंग के वस्त्र पहनना संकेत देता था कि पहनने वाला युद्ध में जाने का इरादा रखता है।

महिलाएं ज्यादातर लाल या चमकीली ओढ़नी, लहंगा, कांचली-कुर्ती (चोली-ब्लाउज) के साथ सुनहरे ब्रोकेड और बहुत सारे आभूषण पहनती थीं। बोर (सिर को टीका), सोने का हार या आड़ (गले में), कर्ण-फूल (कान के छल्ले), नथनी (नाक की पिन), बाजूबंद (बांह का बेल्ट), कमरबंद, अंगूठी, चूड़ियां, पैंजनी या पायल (टखने की बेल्ट) और बिछुआ (पैर के अंगुली की अंगूठी) महिलाओं द्वारा पहने जाने वाले न्यूनतम आभूषण थे। शुभ अवसरों और कार्यों पर भारी और जटिल रूप से डिजाइन किए गए आभूषणों का उपयोग किया जाता था।

बादशाह अकबर ने बच्छावत मेहता महिलाओं को पैरों में सोना पहनने की अनुमति दी थी। यह विशेष सम्मान बीकानेर के दीवान मेहता करम चंद द्वारा प्रदान की गई सेवाओं की मान्यता और प्रशंसा में दिया गया। सामान्य प्रथा शरीर के ऊपरी हिस्से में सोना और नाभि के नीचे चांदी पहनने की रही है।

1871 में *मेहता पन्नालाल* की सेवाओं से प्रसन्न होकर महाराणा शंभू सिंह ने उन्हें सुनहरा 'लंगर' (पुरुषों के पैरों में पहनने के लिए सोने का आभूषण) उपहार में दिया। मेहता पन्नालाल ने श्रीजी से *कहा,*

"यह आपकी महानता है कि मुझे पैरों में सोना पहनने का सौभाग्य मिला है। मैं महामहिम का शुक्रगुजार हूं। लेकिन मुझे अपने पिता के सामने इस विशेषाधिकार का उपयोग करने में थोड़ी शर्मिंदगी महसूस होती है, जिनके पास यह विशेषाधिकार नहीं है।"

जिस पर श्रीजी ने मेहता मुरलीधर को लंगर का यह विशेषाधिकार देने का विशेष आदेश जारी किया, जो उस समय जहाजपुर में हाकिम थे। मेहता पन्नालाल ने तुरंत लंगर की एक जोड़ी बनवाई और अपने पिता मेहता मुरलीधर के लिए जहाजपुर भेजी।

13.6 बच्छावत महिलाओं के वीरता एवं बलिदान की अमर कथा - बीकानेर में जल जौहर

मंत्री करमचंद बच्छावत (पृष्ठ 74) में भंवरलाल नाहटा और जैन शास्त्र, 'करमचंद वंशावली प्रबंध', में जयसोम उपाध्याय लिखते हैं,

"जहांगीर को भारत के बादशाह के तौर पर राज्याभिषेक समारोह में बीकानेर के राजा राय सिंह दिल्ली गये। वे अस्वस्थ पूर्व दीवान करमचंद से भी मिलने गए एवं उन का स्वास्थ्य लाभ पूछकर अतीत के लिए क्षमा मांगी। अकबर के निधन पर अपनी सहानुभूति जतायी और सिसकियाँ भरकर रोए।"

राजा राय सिंह के प्रस्थान के बाद करमचंद ने अपने दोनों पुत्र, भाग चंद और लक्ष्मी चंद से राजा राय सिंह की प्रशंसा तो की लेकिन अपने पुत्रों को राजा राय सिंह से सावधान रहने के लिए कहा। उन्हें समझाया कि यह मगरमच्छ के आँसू हैं, प्रेम और स्नेह के नहीं। दीवान करमचंद ने कहा,

"राजा राय सिंह ख़ुश हैं कि मैं जल्द ही गुज़र जाऊँगा और उन्हें पछतावा भी हो रहा है कि वे अपने भूतकाल का प्रतिशोध मुझसे नहीं ले पाये। मेरे प्यारे बच्चों, बीकानेर लौटने की भूल मत करना।"

बादशाह अकबर के निधन पश्चात, सन् 1605 और 1607 के बीच दीवान करमचंद का भी स्वर्गवास हो गया।

करमचंद के दोनों पुत्रों को अपने पिता की सलाह का स्मरण न रहा और वे नेक नीयत से बीकानेर की ओर चल पड़े। आदर सहित वे दीवान / मंत्री पद पर नियुक्त किए गये। राजा सुर सिंह ने कुछ महीनों तक दोनों भाइयों के प्रति उदारता दिखायी। उन्होंने बच्छावत हवेली में भेंट का निमंत्रण भी स्वीकार किया, जहां दोनों बच्छावत भाइयों ने एक लाख से भी ज़्यादा रुपये खर्च कर, राजा के सत्कार हेतु मंच बनवाया। तत्पश्चात, बच्छावत बीकानेर में पुनः स्थापित हुए।

एक सुबह विश्वासघात से उनकी हवेलियों को बीकानेर के चार हजार शाही सैनिकों ने घेर लिया और उन्हें जल्द ही एहसास हुआ कि उनका विनाश अब निकट है। बच्छावत एक बनिया जाति होने के बावजूद, उनकी जाति के सभी सदस्यों ने राजपूताना साहस दिखाया एवं कठिन मृत्यु का संकल्प लिया। रात्रि को भागचंद विश्राम कर रहे थे एवं लक्ष्मीचंद अपने पुत्र मनोहर दास के साथ दरबार में थे। लक्ष्मीचंद की पत्नी ने गर्व एवं क्रोध में ऐलान किया,

"राजकीय सेना हमारी हवेली को घेर चुकी है। अगर आप की अनुमति हो तो मैं पुरुष का वेश धारण कर उन्हें अपनी शक्ति का परिचय देती हूँ।"

इसकी अनुमति ना देते हुए, भागचंद ने बेशकीमती जवाहरात को नष्ट किया और हाथ में तलवार लिए सूर सिंह के सैनिकों पर हमला बोला। साहसी बच्छावतों ने अपने पांच सौ कुशल सैनिकों के साथ युद्ध किया। लेकिन बच्छावतों का सेना दल शक्तिशाली राजकीय सेना के सामने टिक न पाया।

करमचंद, लक्ष्मीचंद, मनोहर दास की पत्नियाँ एवं बच्छावतों की अन्य स्त्रियों ने कुएँ में कूदकर जल जौहर करते हुए अपने प्राण त्यागे। यह बच्छावत महिलाओं के अदम्य साहस का सर्वोच्च उदाहरण हे। वहीं पुरुष वर्ग, राजकीय सेना से लड़ते हुए वीरगति को प्राप्त हुए। लक्ष्मीचंद एवं मनोहर दास की दरबार में ही हत्या कर दी गयी।

हालांकि, राजा सुर सिंह बच्छावतों को पूरी तरह से समाप्त करने में सफल नहीं हुए, क्योंकि एक गर्भवती महिला, मेवाड़ीजी, भाग चंद की पत्नी जिगिशा बाई को तत्कालीन नियमों के अनुसार खुद को बलिदान करने की अनुमति नहीं थी। वह, एक विश्वसनीय नौकर रघुनाथ की सहायता से करणी माता मंदिर चली गई। परंपरा के अनुसार गर्भवती महिला को उदयपुर में अपने पिता के घर लौटने के लिए सुरक्षित मार्ग प्रदान किया गया था। जिगिशा बाई महाराणा प्रताप के समय मेवाड़ राज्य के तत्कालीन प्रधान प्रसिद्ध भामाशाह की पुत्री थीं।

13.7 बच्छावत महिलाओं द्वारा संथारा

चाड़वास बच्छावत परिवार में प्रथम संथारा – चांद कँवर

बच्छावत बिरधी चंद की धर्मपत्नी चांद कँवर त्याग, तपस्या आदि में अनुपम थी। उस समय की नारी जाति की लज्जा एक उच्च आदर्शमय संस्कृति थी। ऐसी उच्च भावना घराने का सुघड़ नारीत्व दर्शाती थी। बच्छावतों की चौकी पर अपने परिवार के यदि बड़े बुजुर्ग दिख जाते तो अपनी जूती-चप्पल उतारकर उस वक्त तक हाथ में लिए चलती जब तक वे ओझल न हो जायें। चांद कँवर और उनके साथ चलने वाली बहुएं इस तरह के तत्कालीन आदर्श स्थापित करने वाली नारियां थीं। यद्यपि आचार्य तुलसी ने नयी मोड़ में इन सब रूढ़ियों पर विराम लगा दिया था। नारी जाति में रोने धोने, पति मरणोपरांत काले कपड़े पहनना, दो हाथ लम्बे घूँघट निकालने की रूढ़िवादी परम्पराओं को परिवर्तन करने में नयी दिशाएं थी, परन्तु चांद कँवर के ज़माने की जो परम्परा थी, उससे यह तथ्य अवश्य झलकता है कि नारीत्व में कितनी हया, लज्जा व शर्म थी।

चांद कँवर ने 76 वर्ष की उम्र में वि.स. 2022 (सन् 1965) में संथारा लिया। महिला बुद्धि विकास मंडल की संस्थापिका सूवटी बाई जब पानी देने शाम को 5 बजे उनके पास गयी तो चाँद कँवर ने कहा, "मैंने तीन दिन पहले पौष विद 12 को स्वयं ही संथारा पचख लिया है।" इन विशेष क्षणों को देखने ढाले आदि सुनाने का सौभाग्य छत्र सिंह बच्छावत को प्राप्त हुआ था।

चाड़वास बच्छावत परिवार में दूसरा संथारा – मोहिनी देवी

सौभाग्यवती श्राविका मोहिनी देवी का जन्म वि.स. 1971 (सन् 1914) में अपने ननिहाल में बैद चिमनी राम के घर पर हुआ था। ग्यारह वर्ष की उम्र में चौथमल बच्छावत के पुत्र पूनम चंद के साथ विवाह हुआ। विवाह कार्य जल्दी संपन्न होने के कारण घर पर ही पढ़ाई लिखाई का अभ्यास करना पड़ा। हिंदी और संस्कृत का अभ्यास उत्तम था। वे भक्तामर स्त्रोत शुद्ध उच्चारण से पढ़तीं। वे अपनी दस वर्ष की उम्र में परम गुरुदेव कालूगणी द्वारा गुरुधाराणा ली, तब से दर्शन, सेवा, सामायिक का अभ्यास समयानुसार चालू रखा। वि.स. 2015 (सन् 1958) में गुरुदेव आचार्य तुलसी के सम्मुख चाड़वास उपासना केंद्र की परिषद में अपने पति संग कड़ी होकर शीलव्रत अंगीकार किया।

गृहस्थ धर्म का पालन करती हुई, आत्मा शुद्धि की ओर अग्रसर होती हुई, मोहिनी देवी ने अपने पति की उपस्थिति में 4 अगस्त 1975 को संलेषना संथारा पचखा, और 24 दिन संलेषना, 15 दिन तिविहार तथा 1 दिन चौविहार संपन्न करती हुई समाधि करण को प्राप्त किया। मोहनी

देवी कहा करती थी कि धर्म की जड़ त्याग है। त्याग से कर्म रुकते हैं और तप के द्वारा वे क्षय होते हैं। साम्य योगी जीवन का परिचायक बन गई थीं। तीस वर्ष पहले वाली पेट की बीमारी जब अचानक जलोदरी के रूप में प्रकट हुई तब भी उन्होंने समता रखी।

उपरोक्त चाड़वास सम्बंधित लेखन सामग्री भेजने के लिए माननीय छत्र सिंह बच्छावत का आभार।

Anant Kanwar

Ratan Kanwar

Krishna Kumari

Roop Kumari

बहु - अनंत कंवर (जोध सिंह मेहता), रतन कंवर (नवल सिंह मेहता)

पुत्री – कृष्णा कुमारी (सवाई सिंह मेहता), रूप कुमारी (धनरूप मल बापना)

श्री नमिनाथ जैन मंदिर, बीकानेर - निर्माण कर्ता: दीवान करम सिंह बच्छावत (रा.1505-26)

निर्माण: प्रारंभ सन् 1499; संपूर्ण सन् 1513 (मंदिर पर अंकित निर्माण वर्ष सही नहीं है)

अध्याय 14

धर्म और तीर्थयात्रा

मध्यकाल के दौरान बच्छावत जैन धर्म के उद्धारकर्ता थे। वे अक्सर गुजरात में गिरनार और पालीताना (शत्रुंजय तीर्थ) की तीर्थयात्रा पर जाते थे। राजस्थान में जैन तीर्थों के अन्य स्थान सिरोही, मेड़ता, अजमेर, रणकपुर आदि हैं। मेवाड़ के बच्छावत मेहता नियमित रूप से वैष्णव स्थलों की तीर्थयात्रा पर जाते थे। बच्छावत मेहता अपने जीवन काल के दौरान चार धाम की यात्रा करना अत्यधिक पवित्र मानते थे।

पवित्र स्थानों की तीर्थयात्राएं दुनिया के व्यावहारिक रूप से हर धर्म की परम्परा का हिस्सा हैं। यात्रा की कठिनाइयां, शरीर को अनुशासित करना और साथी तीर्थ यात्रियों की संगति धार्मिक विश्वास को मजबूत करती हैं। तीर्थयात्रा नैतिक या आध्यात्मिक महत्व की यात्रा या खोज हैं। आमतौर पर, यह किसी व्यक्ति की मान्यताओं और विश्वास के महत्त्व के एक मंदिर या अन्य स्थान की यात्रा होती है। पहले के समय में यात्रा की कठिनाई, तपस्या, शिक्षण, धीरज और शरीर के नियंत्रण का एक रूप था।

जयसोम उपाध्याय विरचित 'मंत्री करमचन्द्र वंशावली प्रबंध', मंत्रिश्वर करम चंद एवं बच्छावत परिवार का इतिहास समाज की अमिट धरोहर है, एवम् आने वाली पीढ़ियों के लिए अजस्र प्रेरणा का स्रोत है। वर्तमान में बच्छावत वंशी मूल रूप से जैन धर्म में श्वेतांबर शाखा के खतरगच्छ साधुओं में विश्वास करते हैं और ओसवाल समुदाय के बच्छावत गोत्र से संबंधित हैं। लेकिन पीढ़ियों से महाराणाओं की सेवा में होने के कारण, मेवाड़ के बच्छावत मेहता वैष्णव संप्रदाय और श्रीनाथजी उनके इष्टदेव (कुल देवता) बन गए हैं। इसलिए यहाँ दोनों वैष्णव और जैन संप्रदाय की तरह तीर्थ, त्यौहार और उपवास किए जाते हैं।

14.1 मध्यकाल में बच्छावत जैन धर्म के उद्धारकर्त्ता

बच्छावत वंश बीकानेर के ओसवालों में धार्मिक कार्यों में प्रारंभ से ही सबसे आगे था। इनके कार्यों का उल्लेख 'मंत्री करमचंद वंशावली प्रबंध' के अनुसार संक्षिप्त विवरण आगे लिखा है। जयसोम उपाध्याय विरचित 'मंत्री करमचन्द्र वंशावली प्रबंध' (करमचन्द वंशोह-कीर्तनकम काव्यम) की रचना लाहौर में सन् 1593 (वि.स. 1650) में सम्पूर्ण हुई। जयसोम क्षेमशाखा के श्री प्रमोद माणिक्य गणी के शिष्य थे। ग्रन्थ देव भाषा संस्कृत में रचित है। जयसोम के शिष्य गुणविनय वाचक ने सन् 1598 (वि.स. 1655) में 'मंत्री करमचन्द्र वंशावली प्रबंध (चौपाई) की विस्तृत टीका लिखी। उक्त टीका के रचनोपरांत गुणविनय वाचक ने साधारण श्रावकों के पठनार्थ सरल मरू गुर्जर भाषा में रचना की। यह ग्रन्थ मुनि जिन विजय के प्रयत्नों से प्रथम बार भारतीय विद्या भवन (मुंबई) द्वारा सन् 1980 (वि.स. 2037) में 'सिंघी जैन ग्रंथमाला' के अंतर्गत प्रकाशित हुआ। मंत्रिश्वर करम चंद एवं बच्छावत परिवार का इतिहास समाज की अमिट धरोहर है, एवम् आने वाली पीढ़ियों के लिए अजस्र प्रेरणा का स्त्रोत है।

बीकानेर राज्य के संस्थापक राव बीका जी के साथ तत्कालीन जोधपुर के दीवान बच्छराज (वत्सराज) आए थे। उन्होंने देरावर में सपरिवार कुशलसुरी जी के स्तूप की यात्रा की। योगा के पुत्र पंचानन आदि की ओर से करमचंद वंशावली प्रबंध के निर्माण तक चौबीसटाजी (चिंतामणि) मंदिर के ऊपर ध्वजारोहण हुआ करता था। दीवान वर सिंह ने दुष्काल के समय दीन अनाथों के लिए दानशाला खोली। दीवान संग्राम सिंह ने वाचकों को अन्न, वस्त्र, स्वर्ण इत्यादि देकर कीर्ति प्राप्त की। हाजी खां और हसनकुली खां से संधि कर अपने राज्यों के जैन मंदिर व साधु-साध्वियों के साथ जनसाधारण की रक्षा की। उनके पुत्र रत्न करमचन्द अपने वंश में मुकुट मणि हुए। इन्होंने शत्रुंजय, आबू, गिरनार आदि तीर्थों की सपरिवार यात्रा की।

बीकानेर के संस्थापक दीवान बच्छराज बहुत दयालु और धार्मिक प्रकृति के व्यक्ति थे। वे अपने परिवार के साथ पालीताना (शत्रुंजय तीर्थ), गिरनार और अबू के अन्य जैन धार्मिक केंद्रों की तीर्थयात्रा पर गए। बच्छावत धार्मिक और धर्मार्थ गतिविधियों में भी सबसे आगे थे - 'पट्टाभिषेक' समारोहों का आयोजन करके जैन गुरुओं का सम्मान करना, तीर्थ यात्रियों के लिए नए पूजा-उपासना केंद्रों और विश्राम गृहों का निर्माण करना, शिक्षण केंद्रों की स्थापना करके कला और शिल्प को प्रोत्साहित करना आदि।

सन् 1573 में दीवान करम चंद के सहयोग और मदद से राव राय सिंह ने अपने राज्य का विस्तार किया और बीकानेर राज्य के लिए बहुत समृद्धि आई। राव राय सिंह का राज्य बलूचियों की सेनाओं को हराकर सिंध (सिंधु देश) में हड़प्पा तक बढ़ गया। जैन परंपराओं के अनुसार

दीवान करम चंद ने राव राय सिंह की मदद से सतलज और रावी नदियों में मछली पकड़ने की गतिविधियों को पर्युषण के समय रोकने के आदेश जारी करवाए थे। उन्होंने रेगिस्तान क्षेत्र में पेड़ों की कटाई बंद करवाई। युद्ध के पकड़े गए बलूची कैदियों को ठीक से कपड़े पहनाए गए, भोजन खिलाया गया और अपने घरों को लौटा दिया गया। दीवान करम चंद के कहने पर बीकानेर के वीर शासक राव राय सिंह को सम्राट अकबर ने राजा की उपाधि प्रदान की थी।

बच्छावत करम चंद की तीन पत्नियां थीं - अजायब देवी, जीवा देवी और कपूर देवी (अजायबदे, जीवादे और कपूर्दे)। वे अपने परिवार के साथ अक्सर जैन तीर्थ स्थलों – शत्रुंजय, गिरनार, आबू आदि की यात्रा करते थे और दान में बहुत सारी भिक्षा देते थे। वह जिनचंद्र सूरी के कुशल शिष्य थे। अकबर अपने शासन काल के शुरुआती सालों में धार्मिक कट्टरता के प्रतिरूप साबित हुए। अकबर के कहने पर ही सिरोही के जैन मंदिरों को ध्वस्त किया गया था। दीवान करम चंद और जैन अनुयायियों, ने धैर्यपूर्वक मुगलों की क्रूरता को सहन किया। अंततः अकबर को अपनी नीति बदलने पर बाध्य होना पड़ा। आबू मंदिरों की रक्षा करम चंद ने की थी। सन् 1576 में सुल्तान तुरसाम खान द्वारा सिरोही के मंदिरों से लूटी गई दुर्लभ 1050 जैन मूर्तियों को करमचंद के कहने पर लौटा दिया गया था। यह सब अकबर से करम चंद के अच्छे संबंधों के कारण संभव हो सका। राजा राय सिंह ने पर्युषण / चातुर्मास महीनों के दौरान पशुओं की हत्या पर प्रतिबंध लगाने के आदेश पारित किए।

सन् 1586 में, दीवान करम चंद ने सुना कि द्वारका के मंदिरों को नवरंग खान द्वारा नष्ट किया जा रहा है। सौराष्ट्र क्षेत्र में जैन मंदिरों के विनाश के भय से, उन्होंने तुरंत जैन मंदिरों की सुरक्षा के लिए अकबर से गुहार लगाई। बादशाह अकबर ने तुरंत गुजरात के आजम खां को सौराष्ट्र के शत्रुंजय (पालीताना) और अन्य जैन मंदिरों को उनकी सुरक्षा के लिए दीवान करम चंद के नियंत्रण में रखने का आदेश जारी किया। बाद में, करम चंद ने अपनी मां की याद में शत्रुंजय और मेड़ता शहर (ननिहाल) में एक जैन मंदिर का निर्माण कराया।

14.2 आचार्य जिनचंद्र सूरी को बादशाह अकबर ने लाहौर दरबार में आमंत्रित किया

प्राकृत भारती अकादमी जयपुर के भंवरलाल नाहटा ने अपनी पुस्तक 'मंत्री कर्म चंद बच्छावत' में लिखा हैं कि बादशाह अकबर ने करम चंद को अपने गुरु महाराज को जल्द से जल्द आमंत्रित करने का आदेश दिया गया था। दीवान करम चंद ने आचार्य जिनचंद्र सूरी के लिए एक संदेश के साथ गुजरात के शत्रुंजय (पालीताना) में अपने दो सक्षम सहायकों को भेजा। बादशाह अकबर का संदेश मिलने पर वे आचार्य लाहौर की यात्रा पर निकल पड़े। वह अहमदाबाद और

सिरोही होते हुए जालोर पहुंचे। आचार्य की यात्रा में कठिनाई को भांपते हुए अकबर ने चातुर्मास के जैन धार्मिक अनुष्ठानों को पूर्ण करने के बाद ही उन्हें लाहौर पहुंचने का संदेश भेजा। जालोर में मानसून अनुष्ठान पूरा करने के बाद आचार्य पाली, मेड़ता और नागौर होते हुए बीकानेर पहुंचे। बीकानेर से वह राजलदेसर और मालसर होते हुए रिनी के लिए रवाना हुए। रिनी में मंत्री ठाकुर सिंह के पुत्र राज सिंह ने उनका स्वागत और मेजबानी की। मंत्री वीरदास की सुरक्षा में सिरसा होते हुए आचार्य लाहौर के लिए रवाना हुए। आचार्य ईद के दिन 31 शिष्यों के साथ 14 फरवरी, सन् 1592 को लाहौर पहुंचे।

महल के गवाक्ष में बैठे बादशाह, आचार्य जिनचंद्र सूरी की अगवानी करने के लिए नीचे आए और अभिवादन का आदान-प्रदान करने के बाद उन्होंने कहा -

"मैंने आपको धार्मिक बैठकों में अपने विचारों से लाभ उठाने के लिए गुजरात से यहां आने के लिए कहा है। मैं अहिंसा में दृढ़ता से विश्वास करता हूं, इसलिए आपको हर दिन कम से कम एक बार दर्शन देने के लिए मेरे दरबार का दौरा करना चाहिए जिससे मेरे बच्चों के बीच आध्यात्मिक जागृति हो।"

बादशाह का संरक्षण प्राप्त करने के बाद, आचार्य जल्द ही लोकप्रिय हो गए और लाहौर में सभी लोगों का आदर और स्नेह प्राप्त किया। उन्होंने अगले चातुर्मास, एक साल तक लाहौर में प्रवास किया।

बादशाह अकबर आचार्य के शैक्षिक गुणों और चरित्र से बहुत प्रभावित थे। उन्होंने अपने दरबारों में धर्म और दर्शन पर कई बहसें और चर्चाएं कीं। जैनियों के साथ बहस करते हुए, अकबर ईश्वर और सृष्टि पर उनके नास्तिक विचारों पर संदेह करता रहा। फिर भी वह अहिंसा और शाकाहार के दर्शन से आश्वस्त हो गया और सभी प्रकार के मांस खाने की निंदा की। दीवान करम चंद के कहने पर, बादशाह ने कई शाही आदेश भी जारी किए जो जैन हितों के अनुकूल थे, जैसे कि पशु वध और मछली पकड़ने पर प्रतिबंध लगाना। जैन लेखकों ने मुगल दरबार में अपने अनुभव के बारे में संस्कृत ग्रंथों में भी लिखा जो मुगल इतिहासकारों के लिए अभी भी काफी हद तक अज्ञात हैं।

अनंतनाग में विजय के बाद अकबर का पूरा दल करम चंद के साथ लाहौर लौट आया और आचार्य जिनचंद्र सूरी, पंडित जयसोम, वाचक गुणविजय आदि का आशीर्वाद लिया। बादशाह अकबर, अहिंसा की जैन परंपरा के अनुसार कश्मीर के ठंडे पहाड़ी क्षेत्र में नंगे पैर चलने के लिए मान सिंह, वाचक महिम राज से बहुत प्रभावित थे। इस प्रकार जैन दर्शन में बादशाह का विश्वास और अधिक तीव्र हो गया। उन्होंने आचार्य जिनचंद्र सूरी को युग प्रधान की उपाधि से

सम्मानित किया। इस अवसर पर दीवान करम चंद ने आचार्य के सम्मान में भव्य जैन धार्मिक उत्सव का आयोजन किया। उन्होंने दान में सवा करोड़ रुपये से अधिक की राशि प्रदान की।

14.3 बीकानेर में बच्छावतों द्वारा निर्मित ऐतिहासिक जैन मंदिर और संस्थान

सन् 2013 में श्री अभय जैन ग्रंथालय, बीकानेर द्वारा प्रकाशित 'बीकानेर जैन लेख संग्रह' के पृष्ठ 77–84 के अनुसार, मध्यकाल के दौरान बच्छावत जैन धर्म के मुख्य उद्धारकर्ता थे। दीवान बच्छराज के वंशजों द्वारा बीकानेर में बनाए गए कुछ मंदिर और संस्थान आज भी दर्शनीय हैं।

मंत्री वर सिंह ने चम्पापुर (गुजरात में चाम्पनेर – वड़ोदरा के पास) में मदफ्फर साही को छः माह तक अपनी सेवा से प्रभावित करके शत्रुंजय आदि तीर्थ यात्रा का फरमान प्राप्त किया। इस नगर को जैन धर्म ग्रन्थों में तीर्थ स्थल माना गया है। जैन ग्रन्थ 'तीर्थ माला चैत्यवंदन' में चाम्पनेर का नामोल्लेख है।

बच्छावत श्रावकों ने तीर्थों पर भी बहुत से मंदिर बनवाये थे। दीवान संग्राम सिंह ने श्री शत्रुंजय महा तीर्थ पर मंदिर बनवाया, इसका उल्लेख करमचन्द वंशावली के 251वें श्लोक में है। इसी प्रकार दीवान करमचन्द द्वारा शत्रुंजय और मथुरा में जीर्णोद्धार करवाने का श्लोक 313 में और 317 में शत्रुंजय और गिरनार पर नए मंदिर बनवाने के लिए द्रव्य भेजने का उल्लेख है। फलौदी में श्री जिनदत्त सूरी जी और श्री जिन कुशल सूरी जी के स्तूप बनवाने का उल्लेख 327वें श्लोक में आता है। दीवान करमचन्द ने दादा साहब के चरण एवम् स्तूप मंदिर कई स्थानों में बनवाये थे जिनमें सांगानेर, तोसाम, राणीसर, फलौदी और पाटण में स्थापित करने का उल्लेख पाया जाता है।

बड़ा उपाश्रय

ऐतिहासिक रूप से, रांगड़ी-के-चौक में बड़ा उपाश्रय (उपासरा) है, जो भारत में जैनियों के खरतरगच्छ संप्रदाय के भट्टारक (वरिष्ठ निवासी) की सबसे बड़ी सीट है। बीकानेर की स्थापना के बाद से, जैन धर्म का प्रचार करने के लिए जैन संतों और पवित्र पुरुषों (जति और मुनि) का निरंतर प्रवाह रहा है। इसलिए उनके ठहरने के लिए उचित विश्राम गृह और प्रवचनों के लिए हॉल की आवश्यकता थी। सन् 1549 में आचार्य कनक तिलक और आचार्य भावार्थ जैसे आसन्न जैन मुनियों और सन् 1556 में बीकानेर के लोगों के लाभ के लिए दीवान संग्राम सिंह द्वारा खरतरगच्छ संप्रदाय के जिनचंद्र सूरी जी को विशेष रूप से आमंत्रित किया गया था। क्योंकि तब तक इन पवित्र पुरुषों को पुराने 'उपासरा' में रखा जाता था, इसलिए दीवान संग्राम सिंह ने बड़े

प्रतिष्ठान के लिए रांगड़ी-के-चौक में अपने अस्तबल दान कर दिए। 'मंत्री करमचन्द्र वंशावली प्रबंध' के अनुसार, संग्राम सिंह की मां के पुण्यार्थ पौशधशाला (बड़ा उपाश्रय) निर्माण करवाई। माता की पुण्यवृद्धि के लिए चौबीस बार बीकानेर नगर में चांदी रुपये की प्रभावना की। बड़ा उपासरा (उपाश्रय) से सटे एक और उपासरा विशेष रूप से महिला जैन संतों (साध्वियों) के लिए बनाया गया था। विश्राम गृहों के रूप में उपयोग किए जाने के अलावा, उन्हें ध्यान और उपदेश केंद्रों के रूप में भी प्रयोग किया गया था। विशेष रूप से चातुर्मास के दौरान ये उपासरा भरा होता था, क्योंकि जैन मुनि इन महीनों के दौरान यात्रा नहीं करते हैं और बाहर का भोजन भी नहीं खाते हैं। इस उपासरे के वरिष्ठ निवासी को 'भट्टारक' के नाम से जाना जाता है।

चिंतामणि मंदिर

यह मंदिर शहर के बीचों-बीच जोशीवाड़ा, सुनारों के मोहल्ला में स्थित है। मंदिर का निर्माण राव बीका के समय 1489 और 1504 के बीच किया गया था। चिंतामणि एक विशेषण है जिसका उपयोग मंदिर के मुख्य देवता पार्श्वनाथ भगवान का वर्णन करने के लिए किया जाता हैं। नर सिंह (दीवान वर सिंह के छोटे भाई) के पुत्र पंचानन आदि की ओर से करमचन्द वंशावली प्रबंध के लेखन तक चिंतामणि (चौबीसटाजी) मंदिर के ऊपर ध्वजारोहण हुआ करता था।

लाहौर के शासक और बादशाह बाबर के भाई कामरान के आक्रमण के दौरान मंदिर की मुख्य प्रतिमा, 'चतुर्विंष्टि' (24 मूर्तियों का एक रूप) बुरी तरह क्षतिग्रस्त हो गई थी। मंदिर की पत्थर-पट्टिका में उल्लेख किया गया है कि जीर्णोद्धार का काम मंत्री बच्छराज के वंशज, दीवान वर सिंह और दीवान नगराज द्वारा किया गया था।

भंवरलाल नाहटा, अपनी पुस्तक, 'मंत्री करमचंद बच्छावत' में लिखते हैं,

"इस मंदिर में दो तहखाने हैं। उनमें से एक में सिरोही मंदिरों की 1050 धातु (पीतल और सोने) की मूर्तियां संग्रहीत हैं। 1576 में, तुरसाम खान ने सिरोही के जैन मंदिरों पर छापा मारा और 1050 धातु (पीतल और सोने) की मूर्तियों को लूट लिया और फतेहपुर सीकरी में सम्राट अकबर के पास जमा किया। इसका उद्देश्य मूर्तियों को पिघलाकर सोना निकालना था लेकिन अकबर ने अनुमति देने से इनकार कर दिया और उन्हें सुरक्षित रखने का आदेश दिया। दीवान करम चंद के कहने पर ही राजा राय सिंह बादशाह के पास पहुंचे और 1582 में मूर्तियों को सम्मानपूर्वक लौटाया गया। मूर्तियां बीकानेर पहुंचीं तो दीवान करम चंद ने जैन संघ के साथ मिलकर इन प्रतिमाओं के स्वागत के लिए भव्य समारोह का आयोजन किया और उन्हें चिंतामणि मंदिर के तहखाने में स्थापित किया।"

निर्मल धारीवाल, चिंतामणि मंदिर के ट्रस्टी का कहना है,

"समय-समय पर विशेष अवसरों पर तहखाने को खोला जाता हैं और जैन परंपराओं के अनुसार मूर्तियों की पूजा की जाती हैं। ऐसा आखिरी मौका साल 2017 में आया था, जब मणिसागर सूरी जी महाराज बीकानेर पहुंचे थे। इतनी दिव्य प्रतिमाओं के लिए नियमित पूजा की सुविधा उपलब्ध न होने के कारण उन्हें आज भी तहखाने में रखा जाता है।"

नमिनाथ मंदिर

यह मंदिर भाण्डासर मंदिर के पीछे लक्ष्मीनाथ पार्क में स्थित है। इस मंदिर का निर्माण दीवान करम सिंह बच्छावत ने 1513 में करवाया था। कलात्मक मूर्तिकला के साथ इस विशाल मंदिर में एक बहुत ही रहस्यमय, प्रभावशाली और शक्तिशाली (चमत्कारी) 'भोमिया-की-देवली है, जिसे उनके पुत्र और दीवान वर सिंह बच्छावत ने बनवाया था।

भंवरलाल नाहटा, अपनी पुस्तक, 'मंत्री करम चंद बच्छावत' में लिखते हैं,

"जैन दर्शन में गृहस्थ के लिए जिनालय निर्माण से बढ़ कर दूसरा धर्म नहीं है। गुरु महाराज के आशीर्वाद से करम सिंह बच्छावत ने नमिनाथ स्वामी (21वें तीर्थंकर) का जिनालय निर्माण कराया। प्रतिष्ठौत्सव में बहुत राज्यों से आये हुए स्वधर्मी बंधुओं को भोजनवस्त्रादि से वात्सल्य किया। नमिनाथ जिनालय का निर्माण सन् 1499 (वि.स.1556) में प्रारंभ कर, सन् 1513 (वि.स.1570) में सम्पूर्ण हुआ। श्री शांति सागर सूरी जी से सुरिमंत्र दिलाकर श्री जिनहंस सूरी जी को आचार्य पद पर दीक्षित किया। यह पदोत्सव भी सन् 1499 में हुआ। प्रतिष्ठा, पदोत्सव और संघ यात्रा में लाख-लाख का द्रव्य खर्च कर शोभा प्राप्त की।"

उपरोक्त और निम्न तथ्य जयसोम पाठक कृत 'करमचंद वंशावली प्रबंध' ग्रन्थ सन् 1593 (वि.स.1650), के श्लोक 161 से 189 में भी लिखा है,

"यह ग्रन्थ जयसोम द्वारा बादशाह अकबर के लाहौर दरबार में विजयादशमी को लिखा गया तथा इसकी संस्कृत टीका उनके शिष्य श्री गुणविजय द्वारा सन् 1598 (वि.स.1655) में लिखी गयी।"

दीवान करम सिंह की प्रशंसनीय सेवा को ध्यान में रखते हुए उन्हें एवं उनके परिवार को एक गाँव जागीर में दिया गया, जिसका नाम करमीसर रखा। यह गाँव बीकानेर से बारह किलोमीटर दक्षिण पश्चिम तथा बच्छासर से 9 किलोमीटर की दूरी पर स्थित है।

दीवान बच्छराज के निधन पर, सन् 1504 में, राव नरसिंह (नारो) ने बच्छराज के बड़े बेटे करम सिंह को दीवान (रा.1505-26) नियुक्त किया। अपने पिता की तरह करम सिंह भी एक

सक्षम प्रशासक, रणनीतिज्ञ और वीर योद्धा थे। दीवान करम सिंह धार्मिक और सरल प्रवृत्ति के पुरुष भी थे।

राजपूत रेजिमेंट का इतिहास, 1947-70, Living Up to Heritage: Part 2, लेखक ले. कर्नल मुस्थाद अहमद; अध्याय 'बीकानेर सार्दुल इन्फेंट्री का इतिहास', में लिखा है,

"सन् 1513 में नागौर के मोहम्मद खान ने बीकानेर पर आक्रमण किया। लेकिन दीवान करम सिंह के नेतृत्व में राव लूणकरण की सेना ने उसे पीछे धकेल दिया। राव लूणकरण ने दीवान करम सिंह की सलाह पर डीडवाना पर कब्जा कर लिया। बाद में सन् 1526 में राव लूणकरण ने अपने बेटों और दीवान करम सिंह के साथ पानीपत के पास, नारनौल में बाबर के सैनिकों के खिलाफ आक्रमण किया। भयंकर लड़ाई में राव लूणकरण, उनके बेटे और दीवान करम सिंह को वीरगति प्राप्त हुई। उसी वर्ष बाबर ने पानीपत के प्रथम युद्ध में इब्राहिम लोदी को हराया और मुग़ल साम्राज्य की स्थापना की।"

भंवरलाल नाहटा, अपनी पुस्तक, 'मंत्री करमचंद बच्छावत' में आगे लिखते हैं,

"दीवान करम सिंह, जिनेश्वर भगवान की पूजा कर, नवकार मंत्र स्मरण पूर्वक सागारी अनशन लेकर रणभूमि में उतर पड़ा और वह स्वामी भक्त वीरगति को प्राप्त हुआ। स्वयं राव लूणकरण भी अपनी राज्य मुद्रा जैत सिंह को सौंपकर अस्त हो गए।"

भोमिया करम सिंह बच्छावत की देवली - दीवान करम सिंह (रा.1505-26) एक जुझारू योद्धा की तरह लड़े। उनका यह स्थान, जो नमिनाथ मंदिर में हैं, 'भोमिया की देवली' के नाम से प्रसिद्ध है। बीकानेर के ही, नदीम अहमद नदीम, शिक्षक एवं साहित्यकार, का कहना है,

"दीवान करम सिंह, एक जुझारू योद्धा थे, जो अपने सिर के धड़ से अलग होने के बाद भी लड़ते रहे। इसलिए उन्हें 'भोमिया' की पदवी प्रदान की गयी एवं उनके द्वारा निर्मित नमिनाथ जिनालय में शिला प्रतिमा स्थापित कर सम्मानित किया गया।"

बच्छासर गाँव के सरपंच मोहन राम प्रजापति का कहना है,

"भोमियों की देवली को दिव्य, प्रभावशाली एवं चमत्कारी देवता माना जाता हैं। यहाँ की प्रथा के अनुसार स्त्री कभी भी चढ़ावा नहीं चढ़ाती हैं। स्त्री और पुरुष को अपना सिर ढक कर ही पूजा-अर्चना करनी होती है।"

बीकानेर के मंदिरों का विनाश - राव लूणकरण के उत्तराधिकारी राव जैत सिंह (रा.1526-42) ने करम सिंह के छोटे भाई वर सिंह को दीवान (15026-35) बनाया, जो धर्मिष्ठ, निपुण,

और वीझादेवी के पति थे। राव जैत सिंह ने बीकानेर दुर्ग की चाबियाँ जिस दीवान वर सिंह को सौंपी, वह देश का रक्षक था।

राजपूत रेजिमेंट का इतिहास, 1947-70, Living Up to Heritage: Part 2, लेखक ले. कर्नल मुस्थाद अहमद; अध्याय 'बीकानेर सार्दुल इन्फेंट्री का इतिहास', में लिखा है,

"सन् 1534 में, बाबर के छोटे बेटे कामरान मिर्ज़ा ने बीकानेर पर कब्ज़ा किया। दीवान वर सिंह की सूझबूझ, सही सलाह तथा रणनीति द्वारा राव जैत सिंह ने रातों-रात बीकानेर पर पुनः कब्ज़ा कर लिया। लेकिन इस चौबीस घंटे के दौरान कामरान और उसके सैनिकों ने बीकानेर में मंदिरों का अथाह विनाश किया।"

उपरोक्त तथ्य 'बीकानेर लेख संग्रह', जिसकी प्रस्तावना डॉ. वासुदेव शरण अग्रवाल, संपादन अगरचंद नाहटा और भंवरलाल नाहटा (2013), प्रकाशक अभय जैन ग्रंथालय, बीकानेर और सन्दर्भ: राय बहादुर गौरीशंकर ओझा (1939) का लिखित, 'बीकानेर राज्य का इतिहास' (प्रकाशक एवं मुद्रक वैदिक यन्त्रालय, अजमेर) में भी मिलते हैं। वर्तमान में नमिनाथ जिनालय का प्रबंध लीलम सिपानी (बीकानेर के उद्योगपति) द्वारा संचालित ट्रस्ट कर रहा है।

क्या उस मंदिर विनाश में दीवान करम सिंह द्वारा निर्मित नमिनाथ जिनालय भी था? क्या उसका जीर्णोद्धार उनके प्रपौत्र दीवान नगराज ने सन् 1536 में करवाया? हो सकता है, इसलिए मंदिर के द्वार पर स्थापना वर्ष सन् 1536 (वि.स.1593) अंकित हे।

वासुपूज्य मंदिर - यह मंदिर बागड़ी का मोहल्ला में चिंतामणि मंदिर के पास स्थित हैं। ऐसा कहा जाता है कि मंदिर में वर्तमान देरासर (जैन संतों के लिए विश्राम गृह) मूल रूप से बच्छावतों की हवेलियों में से एक था। इस मंदिर में दीवान करम चंद द्वारा सन् 1582 में बरामद 1050 मूर्तियों में से एक वासुपूज्य जी की प्रतिमा स्थापित की गई थी।

दादा जिनकुशलसूरी की दादाबाड़ी - नाल

बीकानेर के दीवान वर सिंह श्री देवराजवर (देराउर – वर्तमान पाकिस्तान में) जाने के लिए उत्सुक थे, जहां दादा जिन कुशल सूरी ने अंतिम सांस ली थी, लेकिन भिन्न-भिन्न बाधाओं ने उन्हें वहां पहुंचने से रोक दिया। एक बार दीवान वर सिंह, देराउर तीर्थ की यात्रा करने की सतत अभिलाषा होने पर भी उस सिन्धु देश के सुल्तान के विरोध के कारण उक्त यात्रा करने में असमर्थ हुए। उनकी गुरुदेव में अगाध आस्था थी और एक दिन बीकानेर से आठ मील दूर सारंगडाला (नाल) में दादा गुरु ने उन्हें दर्शन दिए। वर सिंह की यात्रा के मनोरथ को सम्पूर्ण

एवं सफल बना दिया था। तभी से आजतक इस भूमि पर वह स्थान भक्तजनों की अभिलषित मनोकामनाओं को पूर्ण करता है। (करमचन्द वंशावली श्लोक 193-194)

दीवान वर सिंह दादा गुरु के दर्शन करके बहुत प्रसन्न हुए, और उन्होंने वहां एक मंदिर बनवाया। आज भी उस स्थान पर चमत्कारी शक्तियां हैं और कई भक्तों ने वहां गुरुदेव के दर्शन किए हैं, खासकर सोमवार और पूनम के दिन।

देराउर पाकिस्तान, जैसलमेर सीमा से मात्र 60 किलोमीटर दूर, जिन कुशल सूरी जी का समाधि स्थल प्राचीन श्मशान भूमि के निकट है। उसी जगह की मिट्टी लाकर जयपुर के निकट मालपुरा में भव्य तीर्थ का निर्माण हो चुका है। आज भी चमत्कारिक दादा जिन कुशल सूरी जी के समाधि स्थल पर स्थानीय कुछ हिंदू परिवार दीपक जलाकर श्रद्धा भक्ति प्रकट करते हैं। विक्रम संवत 1389 फाल्गुन कृष्णा अमावस्या को जिन कुशल सूरी जी अपने नश्वर शरीर को त्याग कर पाकिस्तान स्थित देराउर में स्वर्ग सिधार गए।

स्रोत - http://dadaguru.in/about/jin-kushal-suri/ and शोधकर्ता (फेसबुक)- महेंद्र कुमार कोचर, कटंगी, बालाघाट, मध्य प्रदेश।

14.4 चाड़वास में श्री जैन श्वेतांबर तेरापंथी महासभा की इकाई

चाड़वास शहर, बीकानेर के समीप, चूरू जिले में है, जहाँ पूर्व में बच्छावत परिवार यहाँ व्यापार और खेती के लिए बस गए थे। हम सिर्फ वर्तमान को ही जानते हैं, अतीत को जाने बिना वर्तमान को ठीक से नहीं जाना जा सकता। जिस दिन से श्री जैन श्वेतांबर तेरापंथी महासभा कोलकाता की स्थापना हुई उस वक्त से ही चाड़वास का नाम इतिहास में अंकित है। यह हमारे पूर्व बच्छावत सेवार्थियों की सेवाओं की देन हैं जिस से आज हमें गौरव महसूस हो रहा है।

महासभा की स्थापना का बीज सन् 1913 में ही स्थापित हो गया था। उन दिनों आचार्य श्री कालूगणी लाडनू में बिराज रहे थे। वहां मुंबई से सुश्रावक मगन भाई नवीन भाई वकीलवाला का पत्र आया जिसमें लिखा था कि यूनाइटेड प्रोविंस यानी वर्तमान यूपी की लेजिसलेटिव काउंसिल में एक बिल पास हुआ है जिसमें प्रस्ताव है कि नाबालिग साधुओं को कोर्ट में रजिस्ट्रेशन कराना होगा। उसके बाद अनेक श्रावकों ने विचार-विमर्श किया। अंततः अपनी संस्था की जरूरत समझते हुए केशरी चंद कोठारी चूरू, कलकत्ता के सद्प्रयासों से जैन श्वेतांबर तेरापंथी सभा कोलकाता का गठन हुआ। स्थापना दिन कार्तिक कृष्णा चौदस विक्रम संवत 1976 तदनुसार 28 अक्तूबर 1913 मंगलवार।

इसके बाद 24 मई 1914 को कोलकाता में तेरापंथी सभा का पहला वार्षिक अधिवेशन हुआ। अधिक से अधिक गांव के लोगों का प्रतिनिधित्व हो, ऐसा निर्णय लिया गया। पूरे भारत में 30 क्षेत्रों से कार्यकारिणी के 77 सदस्य चुने गए। चाड़वास के लिए यह बहुत ही गर्व की बात थी कि उन 30 क्षेत्रों में से एक चाड़वास भी क्षेत्र था।

एक छोटे से गांव का प्रतिनिधित्व, कितने गर्व की बात है। यह जानकारी चौथमल बच्छावत के पौत्र छत्रसिंह बच्छावत (चाड़वास / रायपुर) ने प्रदान की है।

14.5 मेवाड़ के बच्छावत मेहता की वैष्णव संप्रदाय में आस्था

पीढ़ियों से महाराणाओं की सेवा में होने के कारण, मेवाड़ के बच्छावत मेहता वैष्णव संप्रदाय और श्रीनाथजी उनके इष्टदेव (कुल देवता) बन गए हैं। इसलिए यहाँ दोनों वैष्णव और जैन संप्रदाय की तरह तीर्थ, त्यौहार और उपवास किए जाते हैं।

सन् 1873 में महाराणा शंभू सिंह मुंशी मेहता पन्नालाल से बेहद प्रसन्न हुए। उनके वेतन में वृद्धि हुई और यह 6000 रुपये प्रति वर्ष तय किया गया और 1500 रुपये की आय वाले गांव राजोला को उपहार में दिया गया। इसके बाद आभार प्रकट करने के लिए मेहता पन्नालाल गढ़भोर (चारभुजा मंदिर) दर्शन के लिए गए और कुम्भलगढ़ होते हुए उदयपुर लौट आए।

चारभुजा राजस्थान राज्य के राजसमंद जिले के गढ़भोर गाँव में भगवान विष्णु का एक प्रसिद्ध मंदिर है। यह गांव अरावली पर्वतमाला में स्थित है। चारभुजा अपने चार हाथों के कारण भगवान विष्णु का दूसरा नाम है। मूर्ति की चारों भुजाओं में शंख, चक्र, गदा और कमल के फूल हैं। चक्र और गदा गतिशील शक्ति, ऊर्जा और कौशल का प्रतीक है। भीतरी मंदिर के दरवाजे सोने के बने हैं जबकि बाहरी द्वार चांदी के बने हैं। बाहर के आंगन में गरुड़ स्थापित है। पत्थर के हाथियों को प्रवेश द्वार के दोनों किनारों पर रखा गया है। वैष्णव परंपराओं का पालन करते हुए, यहाँ साल भर विभिन्न त्योहार आयोजित किए जाते हैं।

सन् 1876 में मेहता मुरलीधर गया और जगदीश की तीर्थयात्रा पर गए। उनके पुत्र मेहता लक्ष्मीलाल को पिता के स्थान पर जहाजपुर जिले का हाकिम नियुक्त किया गया था।

सन् 1889 में, कुम्भलगढ़ पगलिया-की-नाल (घाटी) (जिसे बड़ी सादड़ी घाणेराव की नाल के नाम से भी जाना जाता है) में सीमा पर कुछ भूमि विवाद पैदा हुआ। कर्नल वाल्टर, ए.जी. जी. ने प्रस्ताव दिया कि बैठक के लिए दोनों पक्षों का प्रतिनिधित्व उच्चस्तरीय अधिकारियों द्वारा

किया जाना चाहिए। हालांकि, जोधपुर के महाराजा जसवंत सिंह द्वितीय ने खुद आने का फैसला किया और मेवाड़ से प्रधान मेहता राय पन्नालाल को देसूरी में बैठक के लिए जाने के लिए कहा गया। मेहता पन्नालाल ने समझौता अनुकूल होने पर श्रीनाथजी के मंदिर में पांच सौ रुपये का बोलमा किया था। वापसी में उन्होंने चांदी पर सोने के काम वाली ढाल को मंदिर में भेंट किया।

सन् 1897 में, मेहता देवीलाल (ज,1892-1937), मेहता फतेहलाल के बेटे को पोलियो रोग पर काबू पाने के लिए के लिए मान्यता अनुसार चारभुजा मंदिर में जड़ूलिया (सिर के संपूर्ण बाल कटवाना) और फिर भिंडर के पास आवरी माता मंदिर ले जाया गया था। लगभग उसी समय महाराज कुमार भोपाल सिंह (1884-1955) को भी लकवा मार गया और वह एक पैर पर कमर से नीचे स्थिर हो गए।

मेहता डूंगर सिंह के पुत्र मेहता भागवत सिंह याद करते हैं -

" सन् 1952 में, जब मैं सिर्फ सोलह साल का था, मैंने अपने दादा और पिता के साथ बद्रीनाथ, केदारनाथ, हरिद्वार, द्वारका, जगदीश पुरी, गुरुवायुर, मीनाक्षी (मदुरै), रामेश्वरम्, मथुरा, पशुपति नाथ (काठमांडू) और भारत के कई अन्य हिंदू मंदिरों जैसे अधिकांश स्थानों पर तीर्थ यात्रा पूरी की थी। मेवाड़ में बच्छावत मेहता पुष्टिमार्गी वैष्णव हैं और बाल गोपाल के रूप में भगवान कृष्ण के भक्त हैं। परिवार के कुछ पुरुष और महिलाएं श्रीनाथजी मंदिर में दर्शन के बिना निवाला नहीं खाते हैं।"

14.6 मेहता राय पन्नालाल द्वारा तीन धाम यात्रा का ज्वलंत विवरण

चार धाम भारत में चार तीर्थ स्थलों के नाम हैं जो हिन्दओं द्वारा व्यापक रूप से पूजनीय हैं। इसमें बद्रीनाथ, द्वारका , पुरी और रामेश्वरम् शामिल हैं। एक छोटा चार धाम, बद्रीनाथ, केदारनाथ, गंगोत्री और यमुनोत्री का भी होता है। सितंबर 1894 में प्रधान मेहता राय पन्नालाल लंबी छुट्टी पर चले गए। उनकी तीन धाम यात्रा का ज्वलंत विवरण नीचे संलग्न है।

उदयपुर से पोरबन्दर - सितंबर 1894 में प्रधान मेहता राय पन्नालाल अपनी पत्नी, पच्चीस पुरुषों और महिलाओं तथा चार नौकरों के साथ तीर्थयात्रा के लिए रवाना हुए। उन्होंने कैलाशपुरी (एकलिंगजी), नाथद्वारा और गढ़भोर (चारभुजा) से अपनी यात्रा शुरू की। मेवाड़-मारवाड़ की सीमा देसूरी तक हाथी और गार्ड के साथ उनके दल को पूरा लवाजमा प्रदान किया गया था। इसके बाद दल पाटन के लिए फालना स्टेशन से ट्रेन में सवार हुआ, जहां मेहता पन्नालाल ने 'मातृ-श्राद्ध' (अपनी मां की याद में पूजा) की और फिर अहमदाबाद गए। वहां वे सेठ मगन भाई के अतिथि थे। फिर वे राजकोट चले गए, जहां वे महाराजा ठाकुर साहिब लाखाजीराज तृतीय

के राज्य अतिथि थे। 'पान-सुपारी' की परम्परा ज़नाना महल से पारस्परिक रही थी। राजकोट से मेहता राय पन्नालाल का दल ट्रेन से पोरबन्दर के लिए रवाना हुआ।

पोरबन्दर से द्वारका और वापस – पोरबन्दर (सुदामापुरी) से नाव की सवारी कर बेट द्वारका मंदिर में दर्शन के लिए पहुंचा। द्वारका से लगभग 30 किलोमीटर दूर ओखा के निकट स्थित है बेट द्वारका। यहाँ भगवान कृष्ण निवास करते थे और उनका दरबार द्वारका में लगता था। बेट द्वारका तीन तरफ से समुद्र से घिरा हुआ है। द्वारकाधीश मंदिर भगवान कृष्ण को समर्पित एक हिंदू मंदिर है। वर्तमान मंदिर 16 वीं शताब्दी में बनाया गया था, जबकि मूल मंदिर को कृष्ण के प्रपौत्र, वज्रनाभ द्वारा बनाया गया माना जाता है। प्राचीन शहर आठ बार उग्र समुद्र के पानी से डूब गया था और पुरातत्वविदों द्वारा पानी के नीचे की खुदाई में अवशेष पाए गए हैं। 72 स्तंभों पर खड़ा, 5 मंजिला मुख्य मंदिर, जगत मंदिर के रूप में जानते हैं और माना जाता है कि यह 2,500 साल पुराना है। द्वारकाधीश मंदिर एक पुष्टिमार्गी मंदिर हैं; इसलिए यह श्री वल्लभ आचार्य और श्री विथलेशनाथ जी के दिशानिर्देशों और अनुष्ठानों का पालन करता है। मंदिर चार धाम यात्रा का हिस्सा हैं और हिन्दओं द्वारा पवित्र तीर्थ माना जाता हैं। द्वारका से मेहता राय पन्नालाल का दल नौका द्वारा पोरबन्दर के लिए रवाना हुआ।

पोरबन्दर से जूनागढ़ - गिरनार दत्तात्रेय के दर्शन के लिए ट्रेन से जूनागढ़ के लिए रवाना हुए। गिरनार सौराष्ट्र में पर्वतों का एक संग्रह है, जो अहमदाबाद से 327 किमी की दूरी पर जूनागढ़ के पास स्थित है। यहाँ पहुँचने के लिए लगभग दस हज़ार सीढ़ियाँ चढ़नी पढ़ती हैं। यह एक पवित्र स्थान है जो हिन्दओं और जैनियों, दोनों के लिए एक महत्त्वपूर्ण तीर्थ स्थल भी है। गिरनार में पांच प्रमुख चोटियां हैं। इन पांच चोटियों में से, गोरखनाथ समुद्र तल से 3666 फीट ऊपर, गुजरात की सबसे ऊंची चोटी है। दत्तात्रेय शिखर के ऊपर गुरु दत्तात्रेय की पादुकाओं पर एक छोटा सा मंदिर है। दत्तात्रेय या दत्त एक हिंदू देवता हैं, जिसमें ब्रह्मा, विष्णु और शिव की मूर्ति शामिल हैं, इन्हें सामूहिक रूप से त्रिमूर्ति के रूप में जाना जाता है।

जूनागढ़ से बम्बई - ट्रेन से बंबई जाने के रास्ते में, दल बड़ौदा में रुका, जहां वे राज्य अतिथि थे। चूंकि महाराजा उपस्थित नहीं थे, इसलिए उनका स्वागत महाराज कुमार द्वारा किया गया था। रात्रि भोज और नृत्य की मेजबानी दीवान मणि भाई ने अपने आवास पर की थी। मेहता पन्नालाल टिप्पणी करते हैं कि उन्होंने इस तरह का कामुक सुंदर नृत्य पहले कभी नहीं देखा था। बम्बई में हरकृष्ण दास, मंजी, वसन जी और गोवर्धन दास के मेहमान के रूप में एक महीने तक रहे। मेहता पन्नालाल बीमार पड़ गए और दवा के साथ उन्हें दूध लेने के लिए मजबूर किया गया, जो उन्हें नापसंद था।

बम्बई से कलकत्ता - मेहता फतेहलाल, रेजिडेंट लेफ़्टिनेंट कर्नल वॉयली का पत्र लेकर बम्बई आए थे, जिसमें सुझाव दिया गया था कि मेहता पन्नालाल को अब प्रधान के पद से इस्तीफा दे देना चाहिए। मेहता फतेहलाल अपने पिता के साथ ट्रेन से नागपुर और रायपुर होते हुए कलकत्ता के लिए रवाना हुए। नागपुर में रहते हुए उन्होंने ताजा संतरे का आनंद लिया। वे कलकत्ता में लगभग दस दिनों तक रहे।

Resignation Letter. At Calcutta Mehta Rai Pannalal wrote his resignation letter to Resident Lt Col Wyllie:

उन्होंने कहा, 'कुछ कारणों से मैं प्रधान पद पर बने रहने में असमर्थता जताता हूं। मैंने पच्चीस वर्षों तक राज्य की सेवा की। मुझे खुशी है कि राज्य को बहुत फायदा हुआ है। कृपया सद्भावना के साथ मेरा इस्तीफा स्वीकार करें। राय पन्नालाल मेहता द्वारा हस्ताक्षरित

मेहता फतेहलाल इस पत्र को लेकर उदयपुर लौट आए।

कलकत्ता से कटक - इसके बाद मेहता पन्नालाल और उनका दल स्टीमर जहाज द्वारा कलकत्ता से चांदबाली बंदरगाह के लिए रवाना हुआ। जहाज पर उन्हें प्रसिद्ध सितार वादक जियालाल के साथ का सौभाग्य मिला। वे चांदबाली में जहाज से उतरे और कटक पहुंचने के लिए नहर मार्ग पर छोटी नावों का सहारा लिया। चांदबाली ओडिशा के भद्रक जिले में वैतरणी नदी के तट पर बसा एक शहर है। यह एक प्राचीन नदी बंदरगाह था जो ओडिशा के व्यापार और नेविगेशन में एक अलग स्थान रखता है। इस स्थान से बंगाल और भारत के अन्य राज्यों में सर्वोत्तम गुणवत्ता वाले चावल का निर्यात किया जाता था। इस उपजाऊ क्षेत्र को उड़ीसा के 'चावल के कटोरे' के रूप में जाना जाता था। बड़े स्टीमर और जहाज चांदबाली बंदरगाह पर सामान लाने के लिए उपयोग किए जाते थे। आज, चांदबाली का प्राचीन बंदरगाह और कटक से जोड़ने वाली नहर बुरी तरह से रेती से भरी हुई है। इसमें स्टीमर या बड़ी नौकाओं का कोई जल मार्गदर्शन (नेविगेशन) और पलायन संभव नहीं है।

कटक से जगन्नाथ पुरी - कटक से वे बैलगाड़ी में भुवनेश्वर होते हुए जगन्नाथ पुरी पहुंचे। वे वहां आठ दिनों तक रहे। भगवान जगन्नाथ मंदिर ओडिशा राज्य के तटीय शहर पुरी में स्थित है। यह मंदिर कृष्ण और विष्णु के उपासकों के लिए एक महत्त्वपूर्ण तीर्थ स्थल है। यह चार धाम बद्रीनाथ, द्वारका, पुरी और रामेश्वरम् तीर्थयात्राओं का भी हिस्सा है जो एक हिंदू के जीवन काल में करने की उम्मीद की जाती है। पूरी के मंदिर का निर्माण 11वीं शताब्दी में पूर्वी गंगा वंश के पूर्वज राजा अनंतवर्मन चोडागंगा देव द्वारा खंडहरों के ऊपर किया गया था। मंदिर

अपनी वार्षिक रथ यात्रा के लिए प्रसिद्ध है, जिसमें मंदिर के तीन मुख्य देवताओं को भक्तों द्वारा खींची गई विशाल और विस्तृत रूप से सजाए गए मंदिर के रथों पर ले जाया जाता हैं। जगन्नाथ, बलभद्र और सुभद्रा की त्रिमूर्ति आदि देवताओं को रथ में विराजमान करते हैं। ऋतु के आधार पर देवताओं को अलग-अलग वस्त्रों और रत्नों में सजाया जाता है।

जगन्नाथ पुरी से मदुरै – मेहता राय पन्नालाल के दल ने रामेश्वरम् के लिए ट्रेन पकड़ने के लिए जगन्नाथ पुरी से बैलगाड़ियों में गोपालपुर होते हुए इच्छापुरम तक 108 मील (190 किमी) की यात्रा की। रास्ते में विजयनगरम राज्य के वे राजकीय अतिथि थे। वे नरसिंहपुरम, विष्णुकांची, शिवकांची और मद्रास होते हुए मदुरै पहुंचे। मद्रास में उनकी मेजबानी सेठ किशन दास ने की और मंदिर की देव दासियों के नृत्य द्वारा दल का मनोरंजन किया। उन्हें मदुरै में मीनाक्षी देवी मंदिर पसंद आया क्योंकि यह अब तक का सबसे बड़ा मंदिर था।

मदुरै से रामेश्वरम् – अगले दिन मेहता राय पन्नालाल का दल रामेश्वरम् के लिए रवाना हुआ और आठ दिनों तक वहां रहा। रामेश्वरम्, मद्रास प्रेसीडेंसी (अब तमिलनाडु) में पंबन द्वीप पर स्थित है, जो एक चैनल द्वारा मुख्य भूमि भारत से अलग है और श्रीलंका में मुन्नार द्वीप से लगभग पचास किलोमीटर दूर है। पम्बन रेल पुल, मुख्य भूमि भारत के मंडपम शहर को पम्बन द्वीप पर स्थित रामेश्वरम् से जोड़ता है। 24 फरवरी 1914 को खोला गया पुल, यह सन् 2010 में बांद्रा-वर्ली सी लिंक के उद्घाटन तक भारत का पहला और सबसे लंबा समुद्री पुल था। दिसंबर 1964 के महान चक्रवात से पहले, जब पंबन द्वीप तबाह हो गया था, तब तक ट्रेनें धनुषकोडी, भारत का अंतिम स्टेशन तक जाती थीं। सन् 1988 में, सड़क पुल का निर्माण भी रेल पुल के समानांतर किया गया था। हिंदू पौराणिक कथाओं के अनुसार, यह वह स्थान हैं जहां से भगवन राम ने अपनी पत्नी सीता को उसके अपहरणकर्ता रावण से बचाने के लिए समुद्र के पार एक पुल (जिसे राम सेतु के नाम से जाना जाता है) का निर्माण किया था। हिंदू देवता शिव को समर्पित रामनाथस्वामी मंदिर में पीठासीन देवता एक लिंग के रूप में है। यह भी बारह ज्योतिर्लिंगों में से एक है। यह मंदिर दोनों शैव और वैष्णव संप्रदाय के लिए एक पवित्र तीर्थ स्थल माना जाता है और यह चार धाम तीर्थयात्रा का हिस्सा है।

रामेश्वरम् से अजमेर - मेहता राय पन्नालाल का दल खण्डवा होते हुए रतलाम लौट आया। सेठ दीपचंद ने दल के लिए एक अच्छे मेजबान की भूमिका निभाई। सेठ ने उदयपुर की यात्रा के लिए उन्हें सामान और गाड़ियों के साथ एस्कॉर्ट करने की भी पेशकश की। लेकिन मेहता पन्नालाल को मेवाड़ के रेजिडेंट ने सूचित किया कि उदयपुर लौटने के बजाय वह अजमेर में

आराम करें। मेहता पन्नालाल और उनका दल छह महीने की तीर्थयात्रा के बाद अजमेर के लिए रवाना हो गया।

रेजिडेंट लेफ़्टिनेंट कर्नल वॉयली सरकारी काम से अजमेर आए और मेहता पन्नालाल से भी मिले और कहा कि, *"अब उदयपुर आना आपके लिए उचित नहीं है। महाराणा आपकी उपस्थिति से प्रशासन चलाने में बाधा महसूस करते हैं। हम आपके बेटे मेहता फतेहलाल के लिए भी उपयुक्त कार्यभार ढूंढेंगे।"* मेहता पन्नालाल इस जवाब से खिन्न हुए।

मार्च, 1895 में, मेहता पन्नालाल ने महाराणा फतेह सिंह को एक पत्र भेजा, जिसमें कहा गया कि चूंकि उन्हें उदयपुर जाने की अनुमति नहीं है, इसलिए उन्हें बद्रीनाथ की तीर्थयात्रा पर जाने की अनुमति दी जा सकती है, जो उनके लिए शेष पवित्र स्थानों में से अंतिम है। इसके बजाय, श्रीजी ने उन्हें उदयपुर लौटने का निर्देश दिया। चित्तौड़गढ़ से मेहता पन्नालाल के लिए लवाजमे की व्यवस्था की गई। हाथियों के स्थान पर घोड़ा गाड़ियां उपलब्ध कराई गईं। मेहता पन्नालाल के उदयपुर पहुंचने पर श्रीजी महाराणा फतेह सिंह ने तुरंत भेंट कर सम्मानित किया और फिर वे रेजिडेंट लेफ़्टिनेंट कर्नल वॉयली से भी मिले, जिन्होंने उन्हें दो सप्ताह बाद अजमेर लौटने की सलाह दी। उन्होंने रेजिडेंट से लिखित में देने के लिए कहा, लेकिन इसे अस्वीकार कर दिया गया। चूंकि कि श्रीजी ने मेहता पन्नालाल को वापस लौटने के लिए नहीं कहा इसलिए वे उदयपुर में ही रहे।

14.7 बच्छावत मेहता द्वारा अन्य तीर्थ यात्राएँ

कुरुक्षेत्र की यात्रा

सन् 1900 के अक्तूबर-नवंबर में चंद्रग्रहण (चंद्र ग्रहण) और सूर्य ग्रहण (सूर्य ग्रहण) दोनों थे। इसलिए मेहता पन्नालाल अपने भाई मेहता लक्ष्मीलाल के साथ दिल्ली होते हुए हरिद्वार और लक्ष्मण झूला की तीर्थयात्रा पर गए। फिर वह अमृतसर और लाहौर चले गए और कुरुक्षेत्र होते हुए दिल्ली लौट आए। मेहता पन्नालाल ने अपनी किताब 'स्व-जीवनी' में लिखा है कि कुरुक्षेत्र में सूर्य ग्रहण के अवसर पर तीन लाख से अधिक लोग पवित्र डुबकी लगा रहे थे। तीर्थ यात्रियों के लिए एक बड़ा बाजार था। सिख समुदाय पूरे सामान और ग्रंथ साहिब के साथ पवित्र शहर पहुंचे थे। अचानक अफवाह उड़ी कि शहर में टाइफाइड फैल रहा है। इसलिए तीर्थ यात्री शहर छोड़ने के लिए इधर-उधर भागने लगे। अंबाला और दिल्ली की ओर जाने वाली मालगाड़ियां खचाखच भरी चल रही थीं। यात्रा के लिए कोई तांगा (घोड़ा गाड़ी) भी उपलब्ध नहीं था। वे अगले

तीन दिनों तक पटियाला हवेली में रुके और नाथद्वारा के गोसाईजी देवकीनंदन की संगति का आनंद लिया, जो भी तीर्थयात्रा पर हवेली में थे।

यमुनोत्री, गंगोत्री, बद्रीनाथ और केदारनाथ की यात्रा

सन् 1902 में मेहता राय पन्नालाल अपने पुत्र मेहता फतेहलाल के साथ दिल्ली, हरिद्वार, देव-प्रयाग, गंगोत्री और केदारनाथ होते हुए बद्रीनाथ की तीर्थयात्रा पर गए। यमुनोत्री, गंगोत्री और केदारनाथ के साथ पवित्र शहर बद्रीनाथ, हिन्दओं के लिए महत्त्वपूर्ण तीर्थों में से एक छोटा चार धाम बनाता है। इस प्रकार मेहता राय पन्नालाल ने अपनी चार धाम यात्रा का चौथा सूचक पूरा किया। मेहता फतेहलाल रास्ते में पेट की बीमारी से पीड़ित रहे, जो बहुत दर्दनाक थी। तीर्थ यात्रा पर गए नाथद्वारा के गोसाईजी देवकीनंदन के सानिध्य में सत्संग का उन्हें एक बार फिर सौभाग्य प्राप्त हुआ। मेहता पन्नालाल का दल, अयोध्या, कानपुर, मथुरा और वृंदावन होते हुए उदयपुर लौट आया।

जगन्नाथ पुरी की यात्रा

सन् 1904 में मेहता तख्त सिंह मथुरा होते हुए जगन्नाथ पुरी की तीर्थयात्रा पर गए। उसी वर्ष मेहता पन्नालाल द्वारा एक 'गंगोज' समारोह आयोजित किया गया था। तीर्थ यात्रा पूरी होने पर लाए गए गंगाजल को महिलाओं द्वारा ले जाए जाने वाले मिट्टी के बर्तनों पर छिड़का जाता है। सामुदायिक भोजन की व्यवस्था की जाती है और दान में पैसा दिया जाता है। हालांकि, मेहता पन्नालाल के भानजे मेहता (कटारिया) भोपाल सिंह (1858-1912) ने एक बार फिर समारोह को रोकने की कोशिश की क्योंकि सन् 1899 के भीषण अकाल के बाद मेवाड़ में सामुदायिक भोजन (जीमण) पर प्रतिबंध लगा दिया गया था। लेकिन महाराणा फतेह सिंह ने समय पर हस्तक्षेप करके अनुमति दी गई क्योंकि इसमें धर्मार्थ (चैरिटी) भी शामिल था।

आगरा यात्रा का प्रसंग

10 जनवरी, 1907 को लॉर्ड मिंटो द्वारा पुरस्कार और उपाधियां प्रदान करने के लिए आगरा में एक विशेष दरबार आयोजित किया गया था। मेहता पन्नालाल और उनके बेटे फतेहलाल भी विभिन्न कार्यक्रमों के लिए टिकट खरीदने के बाद अपनी व्यक्तिगत क्षमता में समारोह में शामिल हुए। वे मथुरा, गोकल, गिरिराज, जयपुर, अजमेर, पुष्कर, देवली, राजोला, चित्तौड़, चारभुजा और नाथद्वारा का दौरा करने के बाद उदयपुर लौट आए।

मथुरा, गोकुल और नाथद्वारा की यात्रा

सन् 1914 में, मेहता पन्नालाल जलवायु परिवर्तन के लिए, बीकानेर, सांभर (सबसे बड़ी अंतर्देशीय खारे पानी की झील के लिए प्रसिद्ध), मथुरा, गोकुल, गोवर्धन और गिरिराज की तीर्थयात्रा पर गए। प्रथम विश्व युद्ध 1914 में शुरू हुआ और मेहता पन्नालाल ने भी युद्ध राहत कोष में 237 रुपये का दान दिया।

मेहता फतेहलाल ने नाथद्वारा में पारिवारिक इष्टदेव श्रीनाथजी से प्रेरित होकर और अपने पिता मेहता राय पन्नालाल के आशीर्वाद से पवित्र मंदिर में सदावर्त सहित सह धर्मार्थ कार्य शुरू किया। यह सिलसिला सन् 1957 में मेहता फतेहलाल के निधन तक जारी रहा। बाद में नाथद्वारा मंदिर के पास मुख्य सड़क पर परिवार के घर को उनके पोते, मेहता कन्हैया लाल और गोकल लाल ने मंदिर को दान कर दिया।

14.8 कुलदेवी की उत्पति और मान्यताएं

बछावतों की कुलदेवी कौन है?

यह मेरे लिए सबसे अधिक पूछा जाने वाला प्रश्न है। कुछ और शोध के साथ, यहां मेरे विचार हैं:

बछावतों की उत्पति सम्राट पृथ्वीराज के चौहान वंश से हुई थी। इस में कोई संदेह नहीं हैं। पूर्वज देवड़ा गोत्र के चौहान थे, जिन्होंने 13-14वीं शताब्दी में देलवाड़ा राज्य (देवकुल पाटन नगरी - उदयपुर के निकट) पर शासन किया था। राजा सागर देवड़ा चौहान, राव देवराज (चन्द्रावती) और राव कीर्तिपाल (जालोर) के वंशज और देलवाड़ा के बहादुर राजा, बछावतों के पूर्वज थे। बाद में 14वीं शताब्दी में, इस वंश ने जैन धर्म अंगीकार किया। इस प्रकार कालांतर में ओसवाल समुदाय में बच्छावत गौत्र का जन्म हुआ।

ओसवाल संस्कृति के एक प्रमुख शोधकर्ता हंसराज बोकाड़िया कहते हैं,

"जो गोत्र, क्षत्रिय जातियों से उत्पन्न हैं, उनकी कुलदेवी पूर्व क्षत्रिय जाति की ही होती हे।"

यह तार्किक और उचित लगता है। क्यों नहीं? देवड़ा चौहानों की कुलदेवी आशापुरा माता है। इसलिए बछावतों की कुलदेवी आशापुरा माता होनी चाहिए। जबकि आजकल अधिकांश बच्छावत सच्चियाय माता को कुलदेवी मानते हैं। कुलदेवी की प्रथा, मान्यता और विश्वास स्थानीय रीती-रिवाजों पर भी निर्भर करती है। हम सब स्वतंत्र हैं। इसलिए, हम में से प्रत्येक की अपनी

राय हो सकती है। लेकिन तथ्य जानने के बाद इस में बदलाव और सुधार की गुंजाइश हैं, ऐसा मेरा मानना है।

चौहान वंश की कुलदेवी

चौहान वंश की कुलदेवी शुरू से ही शाकम्भरी माता रही हैं। चौहान वंश का राज्य शाकम्भर (सांभर, राजस्थान में नमक के लिए प्रसिद्ध) में स्थापित हुआ तब से ही शाकम्भरी को कुलदेवी के रूप में पूजा जाता रहा है। नाडोल में भी चौहान वंश के देवड़ा गोत्र के राव लक्ष्मण ने शाकम्भरी माता की आराधना की थी, और आशीर्वाद स्वरूप उसकी सभी आशाएं पूर्ण होने पर लक्ष्मण ने माता को आशापुरा के नाम से संबोधित किया। इसकी वजह से माता शाकम्भरी एक और नाम 'आशापुरा' के नाम से विख्यात हुई और बाद में देवड़ा गोत्र के चौहान वंश के लोग माता शाकम्भरी को आशापुरा माता के नाम से कुलदेवी मानने लगे।

कालांतर में देवड़ा गोत्र के वंशज, जिन्होंने जैन धर्म अंगीकार किया, आशापुरा को कुलदेवी के रूप में मानते हैं। यह घटना वि.स. 1000, माघ सुदी 2 (सन 943) की है, जिसका सन्दर्भ इतिहासकार डा. दशरथ शर्मा और मुंहता नैणसी की पुस्तकों से भी मिलता है।

कुलदेवी की उत्पति और मान्यताएं

प्रत्येक हिन्द परिवार किसी न किसी ऋषि के वंशज हैं जिनसे उनके गोत्र का पता चलता है। बाद में कर्मानुसार इनका विभाजन वर्णों में हो गया विभिन्न कर्म करने के लिए, जो बाद में उनकी विशिष्टता बन गया और जाति कहा जाने लगा। हर जाति वर्ग, किसी न किसी ऋषि की संतान है। उन मूल ऋषि से उत्पन्न संतान के लिए वे ऋषि या ऋषि पत्नी कुलदेव/कुलदेवी के रूप में पूज्य हैं। पूर्व के हमारे कुलों अर्थात पूर्वजों के खानदान के वरिष्ठों ने अपने लिए उपयुक्त कुल देवता अथवा कुलदेवी का चुनाव कर उन्हें पूजित करना शुरू किया था, ताकि एक आध्यात्मिक और पारलौकिक शक्ति कुलों की रक्षा करती रहे। इससे उनकी नकारात्मक शक्तियों/ऊर्जाओं और वायव्य बाधाओं से रक्षा होती रहे तथा वे निर्विघ्न अपने कर्म पथ पर अग्रसर रह उन्नति करते रहें।

कुलदेवी की प्रथा का आरंभ क्षत्रिय वंश से हुआ। चूंकि राजपूत पुरुष समय-समय पर युद्ध भूमि जाते थे और उनका लौटना निश्चित नहीं होता था, इसलिए महिलाओं के धार्मिक जीवन में कुलदेवी की महत्वपूर्ण भूमिका है: वह उनके भाग्य और सम्मान की सबसे महत्वपूर्ण दिव्य संरक्षक हैं। कई मिथक जो अभिभावक के रूप में उनके द्वारा किए गए चमत्कारी कार्यों का वर्णन करते हैं, न केवल अद्भुत हैं - बल्कि रोमांस, साज़िश, खतरे और विजय से भरे हुए हैं।

महिलाओं का कहना है कि कुलदेवी सपनों और दर्शनों में दिखाई देती हैं ताकि महिलाओं को पारिवारिक दुर्भाग्य से बचने में मदद मिल सके। इसके कई उदाहरण दिए जा सकते हैं। तबाही से बचने के सबसे आम मामलों में बीमार पति या कभी कभी बच्चे शामिल होते हैं। महिलाओं का यह भी कहना है कि अक्सर एक कुलदेवी दुर्भाग्य को टालने के लिए नहीं बल्कि एक चेले (भक्त) को उसके दृष्टिकोण के बारे में चेतावनी देकर दुर्भाग्य के लिए तैयार करने में मदद करती हैं। कुलदेवी के साथ सती माता के पूजन का भी उतना ही महत्व है।

कुलदेवी के साथ भैरूजी (भैरवजी) की भी मुख्य भूमिका है। भैरूजी विभिन्न देवियों (कुलदेवी सहित) के परिचारक होने के साथ-साथ अपने आप में एक देवता भी हैं। एक अविश्वसनीय रूप से चमकदार कुंवारा, भैरूजी महिलाओं, विशेष रूप से युवा कुंवारियों से प्रसन्न होते हैं। राजस्थान के साथ-साथ अन्य जगहों पर, भैरूजी का स्थान कुंवारियों के यौन प्रवेश से भी जुड़ा हुआ है। इस प्रकार हो सकता हैं राजपूत महिलाएं और अन्य जातियों की महिलाएं शादी से ठीक पहले भैरूजी की पूजा करती हैं।

इन कहानियों में हमेशा एक ऐसी स्थिति शामिल होती है जहां एक कुलदेवी प्रकट हो जाती है क्योंकि उसकी पूजा को कुछ आवश्यक तरीके से उपेक्षित किया गया है। वह चेतावनी देती हैं कि जब तक उसकी पूजा ठीक से नहीं की जाती है, तब तक विभिन्न अवांछनीय परिणाम सामने आएंगे। एक चेतावनी की उपस्थिति आम तौर पर बुरे शगुन के साथ होती हैं, जैसे, गायों के थन मुरझा जाते हैं, बच्चों को बुखार आ जाता है, पैसे की समस्याएं उत्पन्न होती है। ऐसी हमारी मान्यताएं हैं। मान्यता उसे कहते हैं जो हमारे लिए सत्य हो सकती हैं, लेकिन सब के लिए नहीं। ध्यान रहे कि भारतीय परंपराएं, दोनों सांस्कृतिक और क्षेत्रीय हैं।

संक्षेप में, कुलदेवी और सतीमाता उन लोगों से भी अपनी दूरी बनाए रखना पसंद करती हैं जिनकी वे रक्षा करती हैं। धारण करने के बजाय, वे शिक्षाप्रद दर्शन भेजना और चेतावनियां देना पसंद करती हैं। वे उस समय के बारे में बताती हैं, जिसमें एक कुलदेवी चेतावनी देने के लिए प्रकट होती हैं, साथ में आनेवाले संकट को रोकने में मदद करने के लिए भी।

यह शक्ति उस वंश की उन्नति में नकारात्मक ऊर्जा को बाधाएं और विघ्न उत्पन्न करने से रोकती थी और उस कुलदेवी का पूजन उस वंश में पीढ़ी दर पीढ़ी परम्परा बन गया। पाठ, व्रत, कथा, विवाह, जडूला अदि जो भी धार्मिक कार्य करते हैं उनको हमारी कुलदेवी इष्टदेव तक पहुंचाती हैं। इनकी कृपा से ही कुल वंश की प्रगति होती हैं।

14.9 बच्छावतों की गोत्र - उत्पति और वर्तमान

देवड़ा चौहान राजपूत (11-12वीं शताब्दी)

- सम्राट पृथ्वीराज के वंशज राव देवराज से राव कीर्तिपाल से राव सामंत सिंह - 'देवड़ा' चौहान राजपूत (चन्द्रावती / जालौर)
- राजा सागर – पुत्र राव सामंत सिंह, गोत्र 'देवड़ा' चौहान राजपूत (देलवाड़ा - मेवाड़)
- राजा बोहित्य और पुत्र राणा श्रीकरण – पुत्र और पोते राजा सागर, गोत्र 'देवड़ा' चौहान राजपूत (देलवाड़ा - मेवाड़)

ओसवाल – जैन (13-16वीं शताब्दी)

- राजकुमार समधर ('देवड़ा' चौहान राजपूत) - देलवाड़ा के राजा बोहित्य के पोते और श्रीकरण के पुत्र - गुजरात के खेड़ीनगर में जिनेश्वर सूरीजी महाराज के आशीर्वाद से जैन धर्म अंगीकार करने वाले पहले व्यक्ति। 'संघ' यात्राओं के दौरान, समधर और उनका परिवार दान में फल देता था। इसलिए उनके परिवार के सदस्यों को 'फोफालिया' गोत्र के नाम से जाना जाता है। समधर को 'संघपति' के नाम से भी जाना जाता था। समधर के वंशजों को 'बोहित्रा' या 'बोथरा' गोत्र के नाम से जाना जाता है (मारवाड़ / बीकानेर)
- संघपति तेजपाल (समधर के पुत्र) – 'श्री-श्रीमाल' गोत्र के नाम से जाना जाता है (मारवाड़ / बीकानेर)
- संघपति नरपाल (समधर के वंशज) – उनके दो बेटे थे - जैसल और वीरम। वीरम के वंशजों को 'डुंगरानी बोथरा' गोत्र के नाम से जाना जाता है (मारवाड़ / बीकानेर)
- दीवान बच्छराज / वत्सराज - समधर के वंशज, नरपाल के पोते और जैसल के पुत्र को 'बच्छावत' गोत्र के नाम से जाना जाता है (मारवाड़ / बीकानेर)
- देवराज (बच्छराज के भाई) – समधर के वंशज 'दसानी' गोत्र के नाम से जाना जाता है (मारवाड़ / बीकानेर)
- हंसराज (बच्छराज के भाई) – समधर के वंशज 'बोथरा' गोत्र के नाम से जाना जाता है (मारवाड़ / बीकानेर)
- मेघराज - दीवान बच्छराज के पोते और दीवान वर सिंह के पुत्र को 'मेघानी' गोत्र के नाम से जाना जाता हैं (मारवाड़ / बीकानेर)

- डुंगरसी - दीवान वर सिंह के पुत्र और दीवान बच्छराज के पोते को 'डुंगरवाल' गोत्र के नाम से जाना जाता है (मारवाड़ / बीकानेर)
- दीवान करम चंद – दीवान बच्छराज के प्रत्यक्ष वंशज और दीवान संग्राम सिंह के पुत्र को बादशाह अकबर द्वारा दी गई 'मेहता' की उपाधि (बीकानेर)

बच्छावत मेहता – ओसवाल: वैष्णव / जैन (16-21वीं सदी)

- भानजी मेहता - करम चंद के एकमात्र जीवित वंशज जो मेवाड़ पहुंचे – को 'बच्छावत' गोत्र के मेहता नाम से जाना जाता है (मेवाड़ / उदयपुर)

ऊपरी चित्र - दीवान करम चंद बच्छावत ने शत्रुंजय (पालीताना) में मंदिर बनवाया

निचला चित्र - जिन मूर्तियाँ और रत्न, जो अकबर से वापस हासिल किये

बड़ा उपासरा (रांगड़ी चौक) और चिंतामणि मंदिर, बीकानेर

मोहन कंवर, सरस कंवर (पत्नी), सरजू कंवर - देवीलाल मेहता की पत्नी और पुत्रियाँ

अध्याय 15

परम्परा, पाखंड और पक्षपात

*यह संस्मरण एक रूढ़िवादी हिंदू अभिजात्य वर्ग के घर के मूल्यों में पले-बढ़े व्यक्तित्व की आकर्षक कहानियां हैं, जो पूर्व आई.सी.एस. (इंडियन सिविल सर्विस) अधिकारी और मेहता राय पन्नालाल के प्रपौत्र कन्हैया लाल मेहता की आत्मकथा '**इन डिफरेंट वर्ल्ड्स**' पुस्तक का उद्धरण है। उदयपुर के अधिकांश बच्छावत मेहता हवेलियों में एक समानांतर कहानी चलती रहती थी। यह अध्याय परिवार की पूर्व परम्पराओं पर केवल प्रकाश डालता है। लेकिन आज समय के साथ संस्कृति और परम्परा ने अच्छे के लिये मोड़ लिया है।*

मेहता देवीलाल के बेटे कन्हैया लाल ने स्नातक शिक्षा के लिए अजमेर और बाद में लंदन स्कूल ऑफ इकोनॉमिक्स तथा लिंकन इन में जाने से पहले, ज्यादातर घर और उदयपुर की पारंपरिक 'पाठशालाओं' में निजी अनुशिक्षक (ट्यूटर्स) से अपनी प्रारंभिक शिक्षा प्राप्त की। सन् 1937 में वह भारतीय सिविल सेवा (आई.सी.एस) परीक्षा में उत्तीर्ण होने वाले पहले राजस्थानी बने। उन्होंने संयुक्त प्रांत, हिमाचल प्रदेश और नेफा (NEFA) में ब्रिटिश और भारत सरकार के तहत कार्य किया। इसके बाद वह विदेश मंत्रालय चले गए और सन् 1963 से 74 तक कई देशों में भारत के राजदूत रहे। एक आई.सी.एस. अधिकारी के रूप में उन्हें नॉर्थ ईस्ट फ्रंटियर एजेंसी (नेफा, अब अरुणाचल प्रदेश) में आदिवासी लोगों के साथ बहुत ही विशेष कार्य में पांच साल से अधिक समय बिताने का शानदार अवसर मिला। उन्होंने अपनी पसंद की महिलाओं से शादी की, जिनसे उन्हें प्यार हो गया था, पहले एक यहूदी ईसाई जर्मन महिला गिसेला और उनके निधन पर हैदराबाद से उच्च वर्ग की एक मुस्लिम महिला सकीना। वह हिंदू परिवार में दुल्हनों के चयन को नियंत्रित करने वाले प्रतिबंधों से बेपरवाह थे। कन्हैया लाल मेहता अभिजात्य वर्ग के घर में पले-बढ़े, बाद में एक आधुनिक, मुक्त, तर्कशील और दूरदर्शी नागरिक में बदल गए।

15.1 पुत्र का जन्म

मेहता राय पन्नालाल के पोते मेहता देवीलाल की शादी जोधपुर के रावजी परिवार के महज चौदह साल की सरस कंवर से हुई थी। सरस कंवर ने सोलह और सत्रह साल की उम्र में दो बेटियों को जन्म दिया। हवेली के बुद्धिमान पहले से ही एक ऐसे बेटे को जन्म देने की उसकी क्षमता के बारे में संदेह कर रहे थे, जिसके बिना कोई हिंदू परिवार पूरा नहीं होता है। परिवार को बनाए रखने के लिए केवल एक बेटे की आवश्यकता थी। अपने पिता के अंतिम संस्कार के समय 'कपाल-क्रिया' करने और हर साल अपने दिवंगत पूर्वजों को श्राद्ध (प्रणाम) करने के लिए भी बेटा जरूरी माना जाता था। कहा जाता था कि इन अनुष्ठानों के अभाव में दिवंगत की आत्मा को शांति नहीं मिलेगी।

सरस कंवर घबराई नहीं। ठाकुर जी में अपनी पूरी आस्था और अंतहीन प्रार्थनाओं के साथ, उन्होंने जोधपुर में गणगौर के चार दिवसीय, रंगीन और रोमांचक त्योहार के दूसरे दिन (सन् 1914) मेहता देवीलाल को एक बेटा भेंट किया। बाद में उनका नाम कन्हैया लाल रखा गया। एक सम्मानित रिवाज के अनुसार, एक लड़की अपनी गर्भावस्था के अंतिम कुछ महीने 'पीहर' (मां के घर) में बिताती हैं। यह खबर उदयपुर तक गई और यहां तक कि ग्रैंड ओल्ड मैन, मेहता पन्नालाल को भी नींद से जगाया गया ताकि उन्हें यह खुशखबरी दी जा सके उन्हें लगने लगा कि यह बेटा ही स्वर्ग में उनका प्रवेश सुनिश्चित करेगा और मृत्यु के बाद उनकी आत्मा को शांति लाएगा।

मेहता कन्हैया लाल (के.एल.) अपनी किताब इन 'डिफरेंट वर्ल्ड्स' में लिखते हैं, जब परदादा-परदादी जीवित होते हैं तो विशेष पूजा के साथ सोने की सीढ़ी (निसरणी) पर चढ़ने का समारोह किया जाता है। मेहता राय पन्नालाल ने अपने दाहिने पैर के अंगूठे को सोने से बनी सीढ़ी के सबसे ऊपरी पायदान पर स्वर्ग की सीढ़ियों पर चढ़ने के प्रतीकात्मक इशारे के रूप में रखा। ठाकुर जी को धन्यवाद देने के रूप में विशेष पूजा की जाती है और बच्चे की लंबी उम्र के लिए उनका एहसान मानते हैं। धार्मिक मोर्चे पर जहां इस तरह का कार्यक्रम चल रहा था, वहीं इंद्रियों के सुखों को तृप्त करने की व्यवस्था भी की गई थी। ढोलनियों की मंडली जनानी हवेली में व्यस्त थी, दिन के कई घंटों तक महिला मेहमानों और नौकरानी-नौकरों को उनके गीतों और ढोलकों के साथ मंत्रमुग्ध कर रही थी। नृत्य करने वाली लड़कियां पुरुष मेहमानों के मनोरंजन और आनंद के लिए दरीखाना (मर्दाना बैठक) में गाने और नृत्य करने के लिए लगी हुई थीं। यह सिलसिला कई दिनों तक चलता रहा। ऐसा माना जाता है कि उदयपुर के जागीरदारों की हवेलियों के इतिहास में यह उत्सव बेजोड़ था।

के.एल. मेहता आगे लिखते हैं, "मुझे हर सुबह कुछ मिनटों के लिए मेरे परदादा राय पन्नालाल जी के पास ले जाया जाता था। बूढ़े सज्जन मुझे प्यार करते थे और जो लोग उन्हें बधाई देने के लिए उनके आसपास इकट्ठा होते थे, या तो बच्चे के बारे में कुछ पूरक शब्द कहते थे या सिर्फ मूक प्रशंसा में घूरते थे। यदि पिता उस समय मौजूद थे, तो वह मेरी बातों पर कोई ध्यान नहीं देते थे, क्योंकि शिष्टाचार पिता को अपने पिता की उपस्थिति में अपने बच्चों से बात करने से मना करता था।"

15.2 मेहता राय पन्नालाल का नाथद्वारा में निधन

मेहता राय पन्नालाल 74 साल की उम्र में गंभीर रूप से बीमार पड़ गए थे। वे अपने शुरुआती सत्तर के दशक में नाथद्वारा में बनाए गए एक घर में चले गए (बाद में यह घर मंदिर को दान किया गया), भक्ति और प्रार्थना में अपने अंतिम दिन बिताने के लिए। उनकी इच्छा पूरी हुई और नाथद्वारा में उनका निधन हो गया। उनके पुत्र मेहता फतेहलाल ने कपाल क्रिया की। मेहता राय पन्नालाल के निजी सामान को गरीबों के बीच वितरित करने के लिए गडबोर ले जाने के लिए ऊंट के दोनों ओर चमड़े के दो बड़े बक्से बांधे गए थे। के.एल. मेहता लिखते हैं, "मैंने भी चार शस्त्र देवता चारभुजा के मंदिर में मुंडन समारोह (झडुला) के लिए अपनी पहली ऊंट की सवारी की थी। मुझे मंदिर के दरबार-चौक में बैठाया गया। मैं केवल धोती पहने हुए था। मंदिर के नाई ने मेरे बालों को काट दिया और केवल एक चोटी रखी।"

के.एल. मेहता आगे लिखते हैं, "जब मेरे लिए सीखना शुरू करने का समय आया, तो मुश्किल से पांच साल की उम्र में, दादा फतेहलाल जी मुझे श्रीनाथजी के पारिवारिक देवता के दर्शन करने और उनका आशीर्वाद लेने के लिए नाथद्वारा ले गए। हमने गोसाई गोवर्धन लाल जी के पुत्र दामोदर लाल जी को मेरा आध्यात्मिक गुरु बनने का अनुरोध किया। अगली सुबह बाल कटने के बाद मैंने स्नान किया और दामोदर लाल जी के पास ले जाया गया। मेरे सामने एक स्लेट (काले पत्थर की प्लेट) रखी गई थी और मैंने अपने दाहिने हाथ के अंगूठे और अग्र उंगली के बीच एक 'वर्तन' (चाक) रखा था। दामोदर लाल जी ने मेरा हाथ पकड़ा और देव-नगरी लिपि के पहले पांच व्यंजन लिखने में मेरी मदद की। छोटा सा समारोह मेरे गुरु के रूप में स्वीकार करते हुए शपथ लेने के साथ संपन्न हुआ।"

कुछ वर्षों बाद दामोदर लाल जी श्रीनाथजी के उपासकों के बीच महायाजक के रूप में अपने पिता के उत्तराधिकारी बने, जो देश भर से बड़ी संख्या में वहां आया करते हैं। दामोदर लाल जी को बाद में एक मुस्लिम गायिका से प्यार हो गया। उन्होंने अपना सारा समय बॉम्बे में उसके साथ बिताया और मंदिर में अपने कर्तव्यों की उपेक्षा की। के.एल. मेहता कहते हैं, "मैंने

सोचा था कि इसका मतलब लगभग निश्चित रूप से उनके वैष्णव अनुयायियों द्वारा अस्वीकार कर दिया जाएगा। लेकिन ऐसा कुछ नहीं हुआ। अनुयायियों ने यह सब अपने पक्ष में ले लिया। दामोदर लाल जी का प्रभाव पूर्वतः बना रहा।"

पिता मेहता देवीलाल ने संत तुलसी दास का दोहा पढ़कर इस घटना को समझाया: "*समरथ को नहीं दोष गुसाईं*" (शक्तिशाली और अमीर कुछ भी गलत नहीं कर सकते)।

15.3 चित्तौड़गढ़ में प्रवास

सन् 1924-25 की बात है। बचपन में गर्मी की छुट्टियों के दौरान, कन्हैया लाल को अपने चाचा मेहता उदयलाल के साथ समय बिताने के लिए चित्तौड़गढ़ भेजा गया था, जो उस समय हाकिम (जिला मजिस्ट्रेट) थे। के.एल. मेहता लिखते हैं, "उदयलाल जी मेरे पिता से बिल्कुल अलग थे। वह एक आसान और सरल प्रकृति वाले सज्जन थे, जिन्होंने जीवन को जैसा आया वैसा लिया और उनका अधिकांश हिस्सा बन गया। वह गपशप और हार्दिक हंसी का आनंद उठाते थे। कोई बड़ा दुःख उन्हें लंबे समय तक परेशान नहीं कर सकता था। उन्होंने हमारे समुदाय से संबंधित मामलों में बहुत रुचि ली। मेरे साथ निजी नौकर हरजी भी थे, जो सुबह की सैर के लिए किले पर ले जाते, फिर बनास नदी में तैरने के लिए। कसरत और शरीर को मजबूत करने पर जोर दिया गया। जैसे ही वे किले पर चढ़ते, हरजी जुझार राजपूत वीरता की कहानियां सुनाते। कैसे उनमें से कुछ सिर कटने के बाद भी हाथों में नंगी तलवारें लेकर लड़ते रहे थे। हरजी का कहना हैं कि आत्माएं अभी भी रात में किले के चारों ओर घूमती हैं। ये उन लोगों द्वारा देखी जा सकती हैं जिन्हें भगवान ने अलौकिक प्राणियों को देखने के लिए विशेष वरदान दिया है।"

15.4 बच्छावत मेहताओं की सामाजिक संरचना

परिवार की दिनचर्या का प्रारंभ महाराणा के दरबार में देखे गए तौर-तरीके के अनुसार होता था। मेहता फतेहलाल जी के दरीखाने में सुबह का सत्र, दादा राय पन्नालाल जी की मृत्यु के बाद परिवार के मुखिया के रूप में, एक तरह के दरबार के साथ शुरू हुआ। सभी फर्श पर बैठे थे। केवल एक दरी जिस पर हर सुबह एक साफ सफेद चादर बिछी हुई थी। हर सुबह करीब पंद्रह-बीस शुभचिंतक आते थे, झुक कर प्रणाम करते थे और जीवन में उनकी स्थिति के आधार पर उचित दूरी पर एक आधा घंटे के लिए बैठे रहते थे। उनमें से किसी के पास लेनदेन करने के लिए कोई विशेष व्यवसाय नहीं था। जब वे बैठे रहे, तो उन्होंने खुशी-खुशी उन विषयों पर पिछले 24 घंटों से संबंधित जानकारी दी, जिनमें फतेहलाल जी की रुचि हो सकती थी। महलों के विषय में कोई भी गपशप और उस समय का छोटा-मोटा वार्तालाप होता था। जैसे कि पगड़ी

का रंग जो महाराणा ने उस सुबह पहना था, दरबारियों के नाम जिन्हें फटकार लगाई गई हो सकती हैं और जिन्हें पुरस्कृत किया गया हो। अन्य उपस्थित लोग हवेलियों में चल रहे घटनाक्रम की रिपोर्ट करेंगे, जैसे कि गठबंधन बनना, जन्म और मृत्यु, पिछली रात आयोजित नाच-गाने का विवरण, कौन-कौन शामिल हुए, अगर उनमें से कोई भी नशे में था और दुर्व्यवहार करता था और इसी तरह की गपशप।

महाराणा फतेह सिंह को तंग-मुट्ठी (कंजूस) के रूप में जाना जाता था। महाराणा साहब जब पगड़ी का उपहार भी देते थे, तो प्राप्त-कर्ता विशेष गर्व के साथ पहनने का दावा करता था। अमूमन वह पपीता, अमरूद या सीताफल जैसे फल ही उपहार में देते थे, जो उन के बगीचों - गुलाब बाग और सहेलियों-की-बाड़ी से आते थे। उनके पुत्र महाराज कुमार भोपाल सिंह उदार थे। वे एक टेनिस रैकेट उपहार में दे देते थे, अगर उन्हें पता चला कि उनके पसंदीदा दरबारियों के बेटे ने इस खेल को अपनाया है। वे बंदूक या तलवार भी उपहार में देते थे और कभी-कभी भूमि अनुदान भी देते थे। आमतौर पर महाराणा की उपस्थिति में सभी से खड़े रहने की उम्मीद की जाती थी। सिर्फ बैठक में ही विशेष दरबारियों को बैठने की अनुमति थी।

के.एल. मेहता लिखते हैं, "दादा के दरीखाने में ऐसा ही दरबार, केवल छोटे पैमाने पर, शाम को अंधेरा पड़ने के बाद दोहराया गया था। हवेली के भरोसेमंद नौकर रामनाथ दादा की मौजूदगी में तेल से जगमगाते दीपक और लालटेन के साथ दिखाई देते थे। दरीखाने में मौजूद सभी लोग खड़े होकर हाथ जोड़ रोशनी को सलाम करते और दादाजी को इशारा दोहराते। केवल तीन-चार वसीलदार ही रुकेंगे, जबकि बाकी अपने-अपने घर के लिए रवाना होंगे। अगर वे दादाजी के प्रिय होते थे, तो वह 'चौपड़ (लूडो की तरह भारतीय खेल) खेलते थे।

के.एल. मेहता लिखते हैं, "थोड़ी देर बाद रात का खाना एक थाली (चांदी की बड़ी प्लेट) में परोसा जाता था, जिसमें आधा दर्जन चांदी के छोटे कटोरे थे, जिनमें विभिन्न सब्जियां, दाल आदि होती थीं। थाली में ही मिठाइयों के साथ फुलका और चावल रखे जाते थे। सभी व्यंजनों को एक साथ परोसा जाता था।"

के.एल. मेहता आगे लिखते हैं, "मैं एक ऐसी दुनिया में पैदा हुआ था जिसमें पुरुषों और महिलाओं के बीच लगभग कोई संवाद नहीं था। ससुर और बहू एक घर में एक साथ जीवन बिता सकते थे, बिना कभी बहु का चेहरा देखे या उनके बीच बिना एक शब्द का आदान-प्रदान हुए। पारस्परिक संबंध ऊपरी सतह पर एक नियम के रूप में थे, जिसमें आमने-सामने के मिलन में सद्भावना और चापलूसी का प्रदर्शन था।"

"हमारा परिवार और समुदाय अंत में उदयपुर शहर तक सीमित था, जहां हम रहते थे। यदि परिवार का कोई सदस्य आधिकारिक पद पर था, तो उसे अपने रिश्तेदार और वसीलदार, जो खुद को अलग-अलग हवेलियों से जोड़ते थे और जरूरत पड़ने पर एहसान प्राप्त करने की उम्मीद करते थे। कोई अपने बड़ों के सामने तब तक नहीं बोलता था, जब तक कि उससे बात नहीं की जाती थी। यदि कोई धूम्रपान करता या शराब पीता, तो उससे इनकार करने की उम्मीद की जाती थी। इस तरह के विरोधाभासों ने असुरक्षा की आंतरिक भावना पैदा की, जिससे किसी पर विश्वास करना मुश्किल हो गया। वास्तव में कुछ व्यक्ति दोहरी ज़िंदगी जीते थे और दैनिक जीवन में पाखंड प्रमुख था। हवेली में हम मेवाड़ी में बातचीत करते। हमारी महिलाएं कोई अन्य भाषा नहीं जानती थीं। उनका ज्ञान भी अपने पतियों को सरल पत्र लिखने में सक्षम बनाने के लिए पर्याप्त था। उनके पति राज्य के कर्तव्यों के कारण लम्बे समय तक दूर रहते थे।"

15.5 जनाना हवेली के शिष्टाचार

हवेली की महिलाओं ने सख्त पर्दे का पालन किया। महिलाएं जनानी हवेली के बाहर तब तक नहीं जा सकती थीं जब तक कि चार नौकरानियां साथ न हो। दो लगातार उसके आगे चलती थीं और अन्य दो उसके पीछे चलती थीं। खुद को लपेटने और घूंघट के पीछे अपना चेहरा और सिर छिपाने के लिए एक अतिरिक्त साड़ी पहननी पड़ती। के.एल. मेहता लिखते हैं, "उदयपुर में भी समय बदल रहा है। जब मैं बारह साल का था तो नौकरानियों का मिलना मुश्किल था, इसलिए मां को अन्य हवेली की महिलाओं के साथ आम तौर पर, उनमें से केवल दो के साथ जाने के लिए मजबूर किया जाता था। चाँदनी नामक कपड़े की एक लंबी सफेद चादर प्रत्येक छोर पर नौकरानी द्वारा पकड़ी जाती थी और माँ का सिर ढका रहता था। इस प्रकार वह अपने गंतव्य तक पैदल चलती थी जैसे कि एक चलते-फिरते तम्बू के नीचे।"

के.एल. मेहता कहते हैं, "परिवार के पुरुष सदस्य जनाना में प्रवेश नहीं करते थे, सिवाय इसके कि जब पिता या दादा अपने सुबह के भोजन के लिए वहां जाते थे। तीन या चार पुरुष नौकर भोजन परोसते थे।"

के.एल. मेहता कहते हैं, "जब हमारी पहली मोटर कार आई, तो यह वेसली थी। जब भी महिलाएं इसमें यात्रा करती थीं, तो इसे सूती चादरों से ढंकना पड़ता था। ड्राइवर की बाहरी दृष्टि केवल विंड-शील्ड पर होती थी। आगे की सीट पर ड्राइवर और एक-दो पुरुष नौकर बैठते थे। उनका पीछे की सीट पर बैठी महिलाओं से भी पर्दा रहता था। ऐसे मौके भी आए जब मेरी मां उदयपुर से अपनी मां के घर जोधपुर तक ट्रेन से सफर करती थी तो ढंकी हुई घोड़ा गाड़ी या कार उन्हें रेलवे स्टेशन तक ले जाती थी। उसे जितना संभव हो सके डिब्बे के करीब लाया

जाता था। वहां नौकरानी आगमन की प्रतीक्षा करती थी। कार और डिब्बे के बीच एक प्रकार का पर्दा रहता था जो सूती चादर से बनता था। इसी तरह का एक अभ्यास गंतव्य स्टेशन पर किया जाता था।"

जब परिवार का मुखिया जनाना को संदेश भेजना चाहता था, तो वह हवेली के कामदार के माध्यम से जाता था। कामदार एक कपड़े के पर्दे के पीछे खड़ा होता और महिला से बात करता। हवेली की महिलाएं औपचारिक अर्थों में अशिक्षित थी। उन्होंने उच्च स्थिति का खूब आनंद लिया और अक्सर सिंहासन के पीछे की शक्ति के रूप में कार्य किया। वे अपने पतियों के विश्वास को जीतने में सफल रहीं। हालांकि, यह सोचना नासमझी होगी कि एक गृहिणी के पास अपना घर चलाने में कोई आवाज नहीं थी। आजकल 'वूमेन लिब' की आवाज के बारे में कोई कुछ भी कहे, मेहता घर की महिलाएं उदयपुर में उस सामंती समय में भी अपना रास्ता बना लेती थीं। के.एल. मेहता अपनी मां के बारे में कहते हैं, जब भी बेटे या बेटियां कुछ चाहते थे, तो उनका जवाब होता था, "आपके पिता सबसे अच्छे से जानते हैं"। असली दृष्टिकोण बाद में निजी तौर पर आता था, जब माँ अपने पति से बात करती थी, "मुझे यकीन है कि आपने जो कहा उसमें आप काफी सही हैं लेकिन मुझे आश्चर्य हैं, अगर आपने विचार किया है ...।"

परंपरागत रूप से, हवेली में भाइयों को अपनी बहनों के साथ बातचीत करने से रोका जाता था। के.एल. मेहता कहते हैं, "यह मेरी एक बड़ी निराशा रही हैं कि हवेली के मानदंडों ने मुझे अपनी बड़ी बहनों, मोहनजी बाईसा और सरजू बाया के साथ का उतना आनंद लेने से रोक दिया जितना मैं चाहता था। भाई स्कूल जाते और दोस्तों के साथ खेलते, लेकिन बहनें नौकरानी-नौकरों से घिरी रहती थीं। कभी-कभी पड़ोस से अपनी उम्र की कुछ सहेलियों के साथ जनानी हवेली में आकर समय व्यतीत करती थीं। चौदह साल की उम्र से पहले ही बहनों की शादी हो गई थी। शायद ही कोई ऐसा विषय था जिस पर हम बातचीत कर सकें। वे किसी भी स्कूल में नहीं गयीं और उन्हें पता नहीं था कि जनानी हवेली के बाहर क्या हो रहा है, मुख्य रूप से पर्दा प्रथा के सख्त पालन के कारण।"

15.6 जनानी हवेली में पुरुष आगंतुक

के.एल. मेहता लिखते हैं, "मां आगंतुक की स्थिति के आधार पर अपने चेहरे को पूरी तरह से या आंशिक रूप से ढंकने के लिए अपने सिर से साड़ी खींचती थीं। अगर उसे सख्त पर्दे का पालन करना था, तो एक नौकरानी, मां और आगंतुक के बीच खड़ी होती थी, मां को छिपाने के लिए एक हाथ से अपना 'लहंगा' चौड़ा रखती थी।"

के.एल. मेहता आगे कहते हैं कि जब मां अस्वस्थ थीं और एक चिकित्सक को बुलाना पड़ता था, "वह सफेद चादर से ढके गद्दे पर लेट जाती थीं। दो नौकरानियां, प्रत्येक छोर पर, उसे छिपाने के लिए चादर पकड़ती थी। डॉक्टर के बैठने के बाद मां चादर के नीचे से हाथ दिखाती थी, ताकि वह उनकी नब्ज की जांच कर सके। अगर वह पेट दर्द से पीड़ित होती, तो एक नौकरानी डॉक्टर के हाथ को प्रभावित हिस्से कि तरफ इशारा करती थ। जाँच पूरी होने के बाद, डॉक्टर उनके लिए दवा लिखता था।"

के.एल. मेहता आगे लिखते हैं, "अन्य आगंतुकों में कामदार शामिल थे जो दादाजी से एक संदेश ला रहे होते थे या जिन्हें मां ने बुलाया होता था। जब मंडी से खाद्यान्न या सब्जियों, फलों, मसालों आदि की खरीद के लिए कुछ नकदी की जरूरत होती थी तो कामदार को बुलाया जाता था। कभी-कभी पंसारी का सन्देश महिलाओं को अपनी दुकान में सूखे मेवे, मसाले, केसर आदि जैसे नए आगमन के बारे में सूचित करने के लिए भी वह आता था। गोचरी (भिक्षा) के लिए जैन साधु (महाराज) भी आते, या तो दोनों पुरुष या दोनों महिलाएं। वे बासी पके हुए चावल या चपाती लेते थे। वे चुपचाप रसोई में अपना रास्ता बनाते हुए आते और एक शब्द या यहां तक कि एक नज़र का आदान-प्रदान किए बिना चले जाते। ये मंदिर-मार्गी साधु हवेली के बाहर जाने से पहले कभी-कभी मुस्कुराते थे और हमारे कल्याण के बारे में पूछते थे। सभी साधुओं को पवित्र पुरुष माना जाता था। इसलिए मां उनके सम्मान में अपनी साड़ी को सिर्फ भौंहों तक ही उतारती थीं।"

15.7 दुष्ट आत्मा को दूर करने के लिए अनुष्ठान

के.एल. मेहता लिखते हैं, "एक सुबह दादासा ने घोषणा की, कि एक अंग्रेज, उसकी पत्नी और उसकी बहन हवेली का दौरा करेंगे। वे पर्यटक बनकर उदयपुर आए थे। कमरों को साफ किया गया था। हवेली को मुख्य सड़क से जोड़ने वाली गली पर पानी छिड़कने के लिए भिश्तियों की एक टुकड़ी को नियुक्त किया गया था। यह धूल को नीचे रखने के लिए था। बदबू को दबाने के लिए गुलाब जल का छिड़काव किया गया, क्योंकि राहगीर कभी-कभी गली में घरों की दीवारों पर पेशाब करते थे।"

मर्दाना हवेली में कुछ समय रुकने के बाद, दोनों अंग्रेज महिलाओं को मां और बहन से मिलने के लिए जनानी हवेली लाया गया। के.एल. मेहता कहते हैं, "मैं हैरान होने के साथ-साथ डर गया और खुद को मां के पीछे छिपा लिया। सौभाग्य से बैठक लंबे समय तक नहीं चली क्योंकि वे बातचीत नहीं कर सके। उनके जाने पर माँ बहुत खुश थी। माँ का पहला विचार मेरे बारे में था। उसे डर था कि अजनबियों की बुरी नजरें मुझे नुकसान पहुंचाएगी। एक नौकरानी को समय-समय पर नज़र उतारने के लिए कहा गया था। इसमें उसकी दोनों मुट्ठी में नमक और

साबुत लाल मिर्च थी और उन्हें आग की लपटों में डालने से पहले कुछ इंच की दूरी पर तीन बार सिर से पैर तक मेरे शरीर के चारों ओर ले जाने का अनुष्ठान किया गया था।"

अंग्रेज महिलाओं की यात्रा कई दिनों तक बातचीत का मुख्य विषय बनी रही। जनानी हवेली की महिलाएं इस तथ्य से कभी उबर नहीं सकीं कि महिलाएं तंग, लम्बी गर्दन के कपड़े पहन सकती हैं और अपने स्तन की मध्य दरार, कमर और पैरों को इतनी अभद्रता से प्रदर्शित कर सकती हैं। उनके हल्के बालों और नीली आंखों पर भी टिप्पणियां कसी जा रही थीं। उनके लाल चेहरों ने बंदरों की याद दिला दी।

15.8 मोहन कंवर का विवाह

मेहता देवीलाल की सबसे बड़ी बेटी मोहन कंवर की शादी तब हुई थी जब वह चौदह साल (सन् 1923) की भी नहीं थी। यह जश्न पूरे एक महीने तक चला। पहले तीन सप्ताह रिश्तेदारों, दोस्तों, पुराने नौकरों और वसीलदारों (शुभचिंतकों) के घरों में मध्यान्ह भोजन और रात का खाना खाने में लग गए थे। इस अवधि के अंत तक, एक ही दिन में, भाग लेने के लिए चालीस भोजन थे। इसका अर्थ था कि दुल्हन के पास प्रत्येक स्थान पर भोजन के केवल कुछ निवाले थे, जहां उसे आमंत्रित किया गया था। के.एल. मेहता लिखते हैं, "लगभग नौ साल की उम्र में, मैं अपने ग्रे टट्टू की सवारी करते हुए हर जगह उनके साथ गया, जबकि मोहन बाई जी को मेरे आगे चार लोगों द्वारा पालकी में ले जाया जाता था। रात के समय पालकी के आगे आधा दर्जन लोग मशाल लेकर चलते थे, जिन्हें मिट्टी के तेल से जलाया जाता था। क्योंकि अभी तक गैस के दीपक बाजार में दिखाई नहीं दिए थे।

सुबह का दौर आमतौर पर प्रातः 9 बजे शुरू होता और दोपहर 1 बजे के आसपास समाप्त होता। दूसरा दौर शाम करीब 7 बजे शुरू हुआ और करीब आधी रात तक चलता था। यह रिवाज इस वादे पर आधारित था कि हवेली से जुड़े लोगों के निमंत्रण को अस्वीकार करना अनुचित होगा, चाहे समाज में आपका पद कितना भी ऊंचा क्यों न हो। जुलूस में अधिकांश नौकर और उनके परिवार के सदस्य भाग लेते थे। इस विचार से कि हर जगह दुल्हन खाने के लिए जाती थी, दो या तीन सदस्यों को कण्ठ गीला करने के लिए पीछे छोड़ दिया जाएगा, जबकि अन्य आगे बढ़ जाते।

पल्ली हवेली (पन्नालाल हवेली) में, गैना जीजी सन् 1908 में सरस कंवर के साथ दहेज में जोधपुर से आई थीं। हवेली के सेवक उसे गैना व्यान जी के रूप में संबोधित करते थे। इसका अर्थ था कि वह बहू के पीहर से आई थी। वह जीवन भर अपनी हैंसियत के प्रति सच्ची रहीं, हवेली में रहीं और उसने मेहता देवीलाल की पत्नी सरस कंवर की मृत्यु तक ईमानदारी से सेवा

की। के.एल. मेहता लिखते हैं, "मेरी बड़ी बहन की शादी चौदह साल की उम्र में भगवत सिंह जी (मुन्होत) मेहता से हुई, जो उदयपुर के जागीरदार हवेली में से एक, से ताल्लुक रखते थे। तब हमने भी दहेज के रूप में एक लड़की दी। उसका नाम केसर जीजी था। लेकिन वह लंबे समय तक नहीं टिकी क्योंकि एक दिन वह पुरुष नौकरों में से एक के साथ भाग गई। हमने उसे फिर कभी नहीं देखा। कालांतर में भगवत सिंह जी राजस्थान सरकार के मुख्य सचिव बन कर सेवा निवृत्त हुए।"

15.9 पतंग बाजी और अन्य गतिविधियाँ

मेहता देवीलाल अपने बेटों को ज्यादा से ज्यादा खेल-कूद और कला के प्रशिक्षण के मामले में महत्वाकांक्षी थे। एक ग्रे टट्टू खरीदा गया था और के.एल. मेहता ने घुड़सवारी में अपना पहला सबक लिया था। वे मुश्किल से 9 साल के थे। बाद में, उन्हें अपने पिता के घोड़े की सवारी करने की अनुमति दी गई, जिसका नाम उनके नाम पर रखा गया, कन्हैया बक्स। मेहता देवीलाल के बेटों - कन्हैया लाल और गोकुल लाल को तैराकी सीखने के लिए पिछोला झील और कुश्ती के लिए पास के अखाड़े में भेजा गया था। कन्हैया लाल को हारमोनियम बजाना और गाना सिखाने के लिए एक संगीत के उस्ताद को नियुक्त किया गया। मेहता देवीलाल को निराशा हुई, जब उन्हें एहसास हुआ कि उनके बेटे में इन कलाओं के लिए कोई प्रतिभा नहीं है। के.एल. मेहता लिखते हैं, "बचपन में, मैं हवेली के बाहरी चौक में फुटबॉल और क्रिकेट खेलता था और कभी-कभी जनाना और मर्दाना हवेली के बीच सार्वजनिक गली पर। बाद में कुछ बड़े होने पर मैंने उदयपुर में महाराणा भोपाल कॉलेज के लिए क्रिकेट खेला। बाद में मुझे इंगलैंड में टेनिस पसंद आया और लंदन स्कूल ऑफ इकोनॉमिक्स तथा लंदन विश्वविद्यालय दोनों का प्रतिनिधित्व किया।"

के.एल. मेहता लिखते हैं, "बचपन में मेरा एक पसंदीदा खेल पतंगबाजी था। लगभग एक महीने तक यह सिलसिला चलता था। पतंगबाजी का अंतिम दिन निर्जला एकादशी का शुभ हिंदू त्योहार था। हम हवेली की छतों पर जाते थे, एक दर्जन पतंगों से लैस होकर। ये होती थीं विभिन्न आकारों और विभिन्न रंगों में। जैसे ही उनमें से एक ने उड़ान भरी, पेंच लड़ने शुरु। एक बार जब यह संपर्क होता हैं, तो आप मांजे को तब तक चलने दे सकते हैं जब तक कि डोरियों में से एक कट न जाए। या तो आप आपकी पतंग से जुदा हो या आपके विरोधी की।"

के.एल. मेहता कहते हैं, "हम, कामदार जी के बेटों के साथ, पूर्व में सूरज पोल से लेकर पश्चिम में करजाली हवेली तक के क्षेत्र के कुछ प्रसिद्ध पतंगबाजों में से एक थे। मुझे लगता है कि हमने जो रेकॉर्ड हासिल किया था, वह सन् 1927 में एक सीजन की एक दोपहर के दौरान कुछ पच्चीस पतंगों को काटना था। विजयी पतंग के मालिक को पड़ोसी छतों से 'वो काटा हैं' के

शोर के साथ एक महान जयकार दिया जाता ...! इस तरह कटी हुई पतंगें हवा में तैरती थीं, जब तक कि वे किसी गली में या किसी ओर के घर की छत पर नहीं गिर जाती। परंपरागत रूप से, सड़क से बच्चे उन्हें प्राप्त करने के लिए प्रतिस्पर्धा करते। कभी-कभी इस प्रक्रिया में पतंग फट जाती थी। किसी भी मामले में, एक बार जब किसी ने तैरती हुई पतंग की डोर को पकड़ लिया, तो उसके मालिक को उस पर अपना दावा करने की अनुमति नहीं थी।"

पतंग उड़ाने के सामान में एक बड़ी चकरी शामिल थी जिस पर मांजा लपेटा जाता है। मंझा सबसे अच्छी गुणवत्ता का होना चाहिए। लगभग सौ गज की दूरी तक और पतंग से बंधे सामने के हिस्से को कांच के पाउडर और सरेस (गोंद) के पेस्ट से सूत दिया गया, जिससे डोर कड़क और तेज धारदार बना बन जाती थी। माहिर पतंगबाज अपना पेस्ट और मंझा खुद बनाते थे। यह एक मुश्किल प्रक्रिया थी जिसे मैंने अपने पुराने दोस्तों से सीखा। हमने टूटी हुई पुरानी सोडा-पानी की बोतलों के कांच के टुकड़े खरीदे, जिन्हें इस काम के लिए सबसे अच्छा माना जाता है। हमारी टीम भूत महल के पास एकांत कोने में बैठती थी। कांच को लोहे के इमाम दस्ते में कूट-कूट कर एक महीन पाउडर में बदल दिया जाता था। फिर इसे पिघला हुआ लेकिन बदबूदार ऊंट के गोंद (सरेस) के साथ मिलाया गया और एक महीन पेस्ट में परिवर्तित कर दिया था। इसके बाद इसे दाहिने हाथ की मुट्ठी में लिया जाता और डोर की पूरी लंबाई पर सूता जाता था। तैयार डोर मंझा कहलाती है।

15.10 हवेली में रसोई और धर्म की दिनचर्या

के.एल. मेहता लिखते हैं, "स्नान और कपड़े पहनने के बाद, मैं नाश्ते के लिए जनानी हवेली में प्रवेश करता था। अनिवार्य था एक गिलास गर्म दूध और कटोरा भर कर गुड़ का हलवा, जो हमारी अपनी गायों के दूध से बने शुद्ध घी से तैयार किया जाता था। सूखे मेवों के अलावा हलवे का अन्य मुख्य घटक, समय-समय पर भिन्न होता है। विकल्प सूजी, मूंग या चने की दाल, बादाम या आलू के बीच था। गुड़ का उपयोग मीठे के रूप में किया जाता था, क्योंकि इसे चीनी की तुलना में स्वस्थ माना जाता था।"

"माँ को प्रातः के निजी दिनचर्या में लगभग दो घंटे लगते थे। परिवार के पुरुषों के आगमन से पहले समाप्त करना पड़ता था। जैसे दादा और पिता अपने सुबह के भोजन के लिए जनानी हवेली में आते थे। अंबालाल जी, हवेली के रसोइया को दिन के दो मुख्य भोजन के लिए आवश्यक सभी सामग्री देते थे मेवा, घी और चीनी पर नजर रखनी पड़ती थी, क्योंकि यह महंगा और कम आपूर्ति में बताया जाता था।"

केवल ब्राह्मण रसोइये को चौके (रसोईघर) में प्रवेश करने की अनुमति थी। रसोइया पके हुए चावल, दाल, सब्जियों आदि के छोटे-छोटे हिस्से को चौके के बाहर रखता था, जिसे एक पुरुष या महिला नौकर द्वारा परोसने के लिए भोजन कक्ष में ले जाया जाता था। नौकरानी या नौकर रसोई के बाहर, एक अंगीठी पर फुलके को फुलाते तथा दाल-सब्जी पुनः गर्म करते थे। बचा-खुचा भोजन वापस रसोई में नहीं जा सकता था। गैर ब्राह्मण से स्पर्श हो चुका होता था। कभी-कभी मां खुद अमरस, लीलवे का हलवा (तजा हरे चने का मीठा) या श्रीखंड बनाती थीं, जिसे भोजन के साथ मिठाई के रूप में परोसा जाता था। परंपरागत रूप से रसोई में लापसी, खीर और चूरमे के लड्डू जैसी मिठाइयां तैयार की जाती थीं। गुड़ की लापसी सभी शुभ अवसरों, त्योहारों और जन्मदिन पर अनिवार्य रूप से बनती थी।

हवेली में भण्डार के रखवाले चुन्नीलाल जी कोठारी को ईमानदारी के लिए प्रतिष्ठा प्राप्त थी। दोपहर में वह चावल, दाल, गेहूं आदि का वजन करते। फिर नौकर-नौकरानियां को छोटे कंकड़ चुनने के लिए दिए जाते और बाद में आवश्यकता अनुसार पीस दिए जाते थे। प्रत्येक नौकरानी के पास एक घट्टी आवंटित थी। चौपाड़ (भूतल पर एक बड़ा कमरा) में दो-तीन घट्टीयां थीं, जिसे महिला लकड़ी के हैंडल से घुमाती थी और बारी-बारी से एक मुट्ठी भर अनाज पीसने के लिए डालती थी। हालांकि यह एक कठिन काम था, लेकिन महिलाओं को दोपहर में एक या दो घंटे काम करने की आदत थी। यह काम खुशी-खुशी गीत गाते हुए करती थीं। यह एक अच्छा शारीरिक व्यायाम भी था, और इसलिए उन्हें वजन बढ़ने की कोई समस्या नहीं रहती थी।

के.एल. मेहता लिखते हैं, "कबूतरों के लिए चना या ज्वार अलग रखे गए थे। माँ एक नौकर को छत पर ले जाती और अनाज छिड़कने के लिए कहती थीं। कबूतरों की एक समय-सारणी थी, जो पूरे दिन नीरस गुटर-गूं का शोर करते और पल भर में अनाज चुग लेते थे। उनका पसंदीदा स्थान दरीखाना था, जहाँ कुछ कबूतरों ने महाराणाओं और हमारे पूर्वजों के कई बड़े चित्रों के पीछे अपने घोंसले बनाए थे। घोंसले एक बार बनाए जाने के बाद, यूं ही छोड़ दिए जाते थे, क्योंकि इनमें रखे किसी अंडे का गिरकर टूटना पाप माना जाता था।"

हवेली से आवारा जानवरों के लिए भी भोजन उपलब्ध कराया जाता था। बाहर सड़क पर आवारा कुत्तों को बासी रोटियां दी जाती थी। बचा हुआ दूध आवारा बिल्लियों को दिया जाता था। मकर संक्रांति पर हर साल एक शानदार घटना होती थी। यह हिंदू त्योहार का प्रमुख दान दिवस माना जाता था।

के.एल. मेहता लिखते हैं, "माँ चील-पतंग के लिए विशेष गुलगुला तैयार करवाती थी। ये गेहूं के आटे के गोले होते थे, जिन्हें तेल में तला हुआ और गुड के साथ मीठा किया जाता था। कुछ नौकरों के साथ गुल-गुलों से भरे बर्तन लेकर छत पर जातीं। चीलें आकाश में ऊंची उड़ान

भरती थी। केवल तीन से चार शुरू में देखी जातीं। लेकिन नौकरों की 'आओ-आओ' की पुकार सुन कर अचानक पच्चीस-पचास चीलें उतर आतीं। गुलगुलों को आकाश की ओर फेंक दिया जाता था और चीलें उन्हें अपनी चोंच में झपट्टा मार कर पकड़ लेती थीं। कभी-कभी, एक या दो चीलें इतनी नीचे झपट्टा मारती थीं कि हमें उनके पंजे की चोट लगने के डर से बचना पड़ता था।"

धर्मपरायणता के तौर पर समय-समय पर ब्राह्मण भोजन का आयोजन किया जाता था। उनकी संख्या बीस या उससे अधिक होती थी। इसमें ब्राह्मण उप-जाति, जैसे कि गुजर गौड़ और मेनारिया आदि होते थे। कभी-कभी इनकी संख्या दो सौ या उससे भी अधिक हो जाती थी। ऐसे अवसरों पर भोजन में मेवाड़ की प्रसिद्ध झकोलमा पूड़ी, चने की दाल और सब्जियों के अलावा पांच अलग-अलग प्रकार की मिठाइयां शामिल थीं। निमंत्रण जबानी दिया जाता था। संबंधित उप-जाति के प्रत्येक पुरुष सदस्य का भोजन में स्वागत किया जाता था। उनमें से प्रत्येक को दक्षिणा भी दी जाती थी। यह आमतौर पर एक रुपये का चांदी का सिक्का होता था।

15.11 हवेली में मृत्यु

सरस कंवर करीब दो साल से कैंसर की बीमारी से ग्रस्त थी। ज्योतिषियों से सलाह ली गई लेकिन उन सभी ने कहा, उनकी कुंडली के अनुसार सितारे मृत्यु की ओर इशारा नहीं करते थे। वे ठीक हो जाएंगी और कई वर्षों तक जीवित रहेंगी। लेकिन उनके पति मेहता देवीलाल ने उनकी हालत बिगड़ती देखी थी। उन्हें पता था कि अंत निकट है। सन् 1924 में, उनका इलाज कर रहे अजमेर के हकीम निज़ामुद्दीन ने घोषणा की, कि अंत आ गया है। शव को जमीन पर उतारा गया, गद्दे में लपेटकर भूतल (ग्राउंड फ्लोर) पर एक कमरे में ले जाया गया, जहां वह सुबह तक पड़ा रहा। के.एल. मेहता लिखते हैं, "मैं दुःख में डूब गया और जब तक मैं सो नहीं गया तब तक चुपचाप अपने तकिए में मुंह छिपा कर रोता रहा।"

भोर होने पर सरस कंवर के पार्थिव शरीर को धीरे-धीरे स्नान कराया गया। उस स्थान को गंगा नदी के पवित्र जल का छिड़काव कर सुगंधित किया गया। उसके बालों को तेल लगाया गया। विवाहित महिला के माथे पर पारंपरिक सिंदूर लगाया जाता था। अठारह साल पहले हवेली में प्रवेश करने के दौरान वह दुल्हन की तरह चमकीले रंगों में सजी हुई थी। हवेली के रीति-रिवाज का पालन करते हुए, उसके चारों ओर लिपटी ओढ़नी उसके पति के घर से थी। घाघरा उसकी मां की ओर से आया था। चूड़ा (हाथी दांत की चूड़ियां) उसकी बांहों और कलाई से हटा दिया था, क्योंकि इसे जलाना अशुभ माना जाता था। जब के.एल. मेहता ने चेहरा ढकने से पहले अपनी मां का चेहरा आखिरी बार देखा, तो उन्होंने पाया, कि वह अवर्णनीय रूप से सुंदर और युवा लग गया रही हैं। इसके बाद शरीर को जमीन से उठाया गया। बांस और घास से बनी अर्थी

पर उतारा गया। जैसे ही अर्थी को हवेली से बाहर ले जाने के लिए जमीन से उठाया गया, वहां इकट्ठा हुई महिलाएं जोर से चिल्ला-चिल्ला कर रोने लगीं।

श्मशान घाट शहर की दीवारों के बाहर लगभग दो मील दूर था। अर्थी को मानव कंधों पर, विभिन्न पुरुषों के साथ ले जाया गया - रिश्तेदारों, दोस्तों और वसीलदारों ने बारी-बारी से कन्धा दिया और जुलूस 'राम नाम सत्य हैं, सत्य बोलो गत्य हैं' के तेज उच्चारण के साथ आगे बड़ा। जिसका अर्थ हैं: भगवान राम का नाम सत्य हैं और मृत्यु पुनर्जन्म के चक्र से बच जाती हैं।

के.एल. मेहता लिखते हैं, "पहले मेरा सिर रीति-रिवाज के अनुसार मुंडवाया गया। श्मशान घाट पर, जब शव को चिता पर रखा गया, तो मेरे चाचा मेहता उदयलाल ने एक जलती हुई मशाल मुझे सौंपी और चिता को जलाने के लिए इशारा किया। कुछ समय पश्चात् अपने दाहिने हाथ में रखे बांस की मदद से खोपड़ी तोड़ने की रस्म 'कपाल क्रिया' की। कुछ घंटों बाद, शरीर राख में परिवर्तित हो गया।"

मृत्यु के बाद तेरह दिनों तक चलने वाले 'क्रिया कर्म' का भार के.एल. मेहता के कंधों पर आ गया, जो उनके दो बेटों में से बड़े थे। के.एल. मेहता लिखते हैं, "मुझे अनुष्ठानों के बारे में कुछ भी नहीं पता था। शोक की अवधि एक वर्ष तक चली। गहन शोक का तेरह दिवसीय कार्यक्रम धार्मिक और सामाजिक कार्यों से जुड़ा हुआ था, जिसमें तीसरे दिन 'फूलों' को इकट्ठा करने के लिए अंतिम संस्कार के स्थान पर जाना शामिल था। ये 'फूल' हड्डियों के टुकड़े थे, जिन्हें आग की लपटें भस्म नहीं कर सकती थीं। उन्हें एक छोटे मिट्टी के बर्तन में रखा गया और लाल कपड़े से ढक दिया गया, बाद में परिवार के पंडों (पुजारियों) द्वारा जपे गए मंत्रों की संगत में गंगा के पवित्र जल में विसर्जित करने के लिए राख के साथ प्रयाग ले जाया गया।"

परिवार के पुरुष आम तौर पर साहस और दार्शनिक ज्ञान के साथ त्रासदी को सहन करते थे। दूसरी तरफ बड़ी संख्या में रिश्तेदारों और नौकरानियों के साथ परिवार की महिलाओं ने छाती पीट-पीट कर जोर से, लयबद्ध, उग्र रोने का शोर मचाकर अपना दुख व्यक्त किया था। ऐसा ही एक सत्र समय-समय पर रुकता था और हर बार जब कोई पुरुष या महिला, रिश्तेदार या पारिवारिक मित्र संवेदना के लिए आता तब रोना-धोना तेज होता था। के.एल. मेहता कहते हैं, "पूरा प्रदर्शन मेरे युवा दिमाग को पाखंड के रूप में लगा था। मेरा मानना था कि दिल से महसूस किया गया दुःख अनिवार्य रूप से एक निजी मामला था, जिसे चुपचाप केवल अंतरंग व्यक्तियों के साथ साझा किया जा सकता था।"

मेहता देवीलाल एक गंभीर सोच वाले व्यक्ति थे, जिनके पास जीवन के बारे में और विशेष रूप से बच्चों की शिक्षा और परवरिश पर स्पष्ट विचार थे। वास्तव में बच्चों का भविष्य संवारना

उनका एकमात्र जुनून बन गया जब उनकी पत्नी सरस कंवर का केवल बत्तीस साल की उम्र में निधन हो गया। के.एल. मेहता लिखते हैं, "मेरे पिता ने दूसरी शादी करने से मना कर दिया। हमारे लिए चिंता के छोटे से छोटे प्रसंग में गहरी व्यक्तिगत रुचि लेते हुए वे हमारे लिए एक पिता और माता दोनों बन गए।"

कन्हैया लाल और गोकल लाल दोनों उच्च शिक्षा के लिए इंगलैंड गए थे। के.एल. मेहता लिखते हैं, "क्रूर भाग्य मेरे पिता को भी कुछ महीने पहले ही इस दुनिया से दूर ले गया, जब मैं स्वर्ग में जन्मी सेवा - आई.सी.एस. में अपना कैरियर बनाने के लिए इंगलैंड से भारत लौटा।"

15.12 मेहता कन्हैया लाल के प्रेम त्रिकोण

जब देवीलाल की पत्नी सरस कंवर कैंसर से बीमार थीं, तब डॉ ताराबाई मार्टिन ने अजमेर के पास ब्रिटिश छावनी नसीराबाद में उनका इलाज करवाया था। सरस कंवर के अंतिम दिनों में डॉ मार्टिन की भतीजी नैंसी और शादीशुदा अपनी बड़ी बहन के साथ घूमने-फिरने के लिए उदयपुर आई थी। वह मेहता देवीलाल के निमंत्रण पर आई थी और उन्हें स्टेट होटल में ठहराया गया था।

के.एल. मेहता लिखते हैं, "नैंसी युवा, जिंदादिल और खुद से कुछ साल बड़ी लगती थी। नैंसी और मैं एक-दूसरे को पसंद करते थे। मैंने उसकी संगत में जितना संभव हो उतना समय बिताया। उसने इंटेरमीजिएट किया था और मैं उसके साथ स्वतंत्र रूप से घूम-फिर सकता था। हमने एक-दूसरे पर कोमल नज़रों का आदान-प्रदान किया। वह ऐसी किसी भी अन्य महिला से अलग थी जिससे मैं मिला था। मैंने उसके प्रति बहुत आकर्षित महसूस किया था। जब वह उदयपुर से चली गईं तो मुझे दुख हुआ और उसकी यादें कई हफ्तों तक मुझे परेशान करती रहीं। मैंने उन्हें प्रेम पत्र भी लिखे, जो कभी नहीं भेजे गए। इनमें से एक चिट्ठी मेरे पिता के हाथ में आ गई। इस पर मुझे डांट और चेतावनी मिली कि अगर पढ़ाई में अच्छा करना है और अपनी जिंदगी में सफल होना है तो लड़कियों से दूर रहूँ।"

उच्च शिक्षा के लिए लंदन में रहने के दौरान, मेहता कन्हैया लाल को लंदन स्कूल ऑफ इकोनॉमिक्स में एक साथी छात्रा गिसेला, जो एक कुलीन जर्मन यहूदी परिवार से थी, से प्यार हो गया। उन्होंने उदयपुर में मौजूद अपने भाई गोकल लाल से कहा कि वह गिसेला से शादी करने के इरादे के बारे में अपने पिता मेहता देवीलाल को बताएं और इस पत्र के माध्यम से यह खबर सुनने के लिए मानसिक रूप से तैयार करें। गोकल ने अपने पिता को गिसेला की तस्वीरें और यहां तक कि एक पत्र भी दिखाया जो बड़े भाई कन्हैया लाल ने लिखा था। लेकिन भारत लौटने से पहले ही पिता का निधन हो गया।

के.एल. मेहता लिखते हैं, "मेरे भाई गोकल ने मेरी मदद करने के लिए सक्रिय भूमिका निभाई। मैंने एक ऐसी महिला से शादी करने का फैसला किया जो समुदाय से बाहर थी और हिंदू भी नहीं बल्कि एक विदेशी थी। लेकिन आधुनिक विचारधारा वाले, हमारे करीबी रिश्तेदार, डॉ मोहन सिन्हा (चील) मेहता, दादा फतेहलाल जी की मर्जी के खिलाफ बनारस में संपन्न मेरी हिन्दू रीति-रिवाज वाली शादी में शामिल हुए। डॉ मेहता ने गिसेला का कन्यादान किया। उदयपुर में समुदाय के बुजुर्गों ने बैठक की और स्थिति पर चर्चा की। आखिरकार कुछ नहीं हुआ और उन्होंने वास्तव में मुझे समुदाय से निष्कासित करने का इरादा छोड़ दिया।" संयोग से, किशोरावस्था में के.एल. मेहता ने डॉ मोहन सिन्हा (चील) मेहता को हमेशा प्रेरणास्रोत के रूप में देखा था। अपने पिता की तरह वे भी एक व्यापक विचारधारा वाले पुरुष थे। वे मेवाड़ राज्य के मंत्री थे और शिक्षा और स्काउट्स में उनकी विशेष रुचि थी।

बीसवीं शताब्दी के शुरुआती पचास के दशक से, सआदत अली खान और उनकी पत्नी सकीना दोनों के.एल. मेहता और उनकी पत्नी गिसेला को अच्छी तरह से जानते थे। सआदत अली, संयुक्त प्रांत (यूपी) के मूल निवासी और बाद में हैदराबाद के एक प्रतिष्ठित परिवार से थे। सकीना के पिता भी यूपी से हैंदराबाद आए थे और पूर्ववर्ती हैदराबाद राज्य में कई उच्च पदों पर रहे थे। उनके दोस्तों में पंडित मोती लाल नेहरू और सर तेज बहादुर सप्रु थे। सआदत अली हैदराबाद निर्वाचन क्षेत्र से भारत गणराज्य की पहली संसद के लिए चुने गए थे। के.एल. मेहता लिखते हैं, "सआदत, सकीना, गिसेला और मैं कई बार मिले, अक्सर राजनयिक पार्टियों और राष्ट्रपति भवन के भोज में। सकीना की सुंदरता ने मुझे चकाचौंध कर दिया था।"

मेहता दम्पति लगातार खान दम्पति के संपर्क में रहे। के.एल. मेहता कहते हैं, "कई साल बाद, मध्य साठ के दशक में, मैं अंकारा (तुर्की) में राजदूत के रूप में तैनात था और सआदत बग़दाद (इराक़) में राजदूत के रूप में था। सन् 1967 में अंकारा में हमारे अंतिम दिनों के दौरान, मेरी पत्नी गिसेला गंभीर रूप से बीमार पड़ गई और मैं उसे इलाज के लिए जर्मनी ले गया। कुछ हफ्तों बाद, जब हम जर्मनी थे, हमें सआदत की अचानक मृत्यु की दुखद खबर मिली। तब वह दिल्ली की परामर्श यात्रा पर थे।"

गिसेला ने भी अपने बिस्तर से मुझे दुःख जताया, "एक अच्छे दोस्त को खोना कितना दुखद है। बेचारी सकीना! कृपया उसे पत्र लिखें।" कुछ दिनों बाद खुद गिसेला का जर्मनी में निधन हो गया। सकीना और के.एल. मेहता अगले वर्ष इथियोपिया के सम्राट हैले सैलासी की भारत यात्रा के संबंध में भारत की परामर्श यात्रा पर बम्बई में मिले। के.एल. मेहता लिखते हैं, "सकीना हैदराबाद के तत्कालीन निजाम मुकर्रम जहां की पत्नी, राजकुमारी एसरा के साथ बम्बई में

मौजूद थीं। बाद में मैंने और सकीना ने हैदराबाद में शादी कर ली। सकीना की पहली शादी सआदत से एक बेटी सुरूर थी।"

मेहता देवीलाल के बेटे कन्हैया लाल ने संयुक्त प्रांत, हिमाचल प्रदेश और नेफा (NEFA) में ब्रिटिश और भारत सरकार के तहत कार्य किया। इसके बाद वह विदेश मंत्रालय चले गए और सन् 1963 से 74 तक कई देशों में भारत के राजदूत रहे। एक आई.सी.एस. अधिकारी के रूप में उन्हें नॉर्थ ईस्ट फ्रंटियर एजेंसी (नेफा, अब अरुणाचल प्रदेश) में आदिवासी लोगों के साथ बहुत ही विशेष कार्य में पांच साल से अधिक समय बिताने का बेहतरीन अवसर मिला। उन्होंने अपनी पसंद की महिलाओं से शादी की, जिनसे उन्हें प्यार हो गया था। पहले एक यहूदी ईसाई जर्मन महिला गिसेला और उनके निधन पर हैदराबाद से उच्च वर्ग की एक मुस्लिम महिला सकीना। वे हिंदू परिवार में दुल्हनों के चयन को नियंत्रित करने वाले प्रतिबंधों से बेपरवाह थे। कन्हैया लाल मेहता अभिजात्य वर्ग के घर में पले-बढ़े थे, लेकिन बाद में एक आधुनिक, मुक्त, तर्कसंगत और दूरदर्शी नागरिक में बदल गए थे।

कन्हैया लाल मेहता (सन् 1955) - साथ में तेजी बच्चन और इंदिरा गाँधी

कन्हैया लाल मेहता, पत्नी गिसेला के साथ (सन् 1970)

बिचली हवेली के रसोईघर का भण्डार

अध्याय 16

रसोईघर

बच्छावत संस्कारों से शुद्ध शाकाहारी होते हैं क्योंकि वे जैन धर्म और वैष्णव धर्म दोनों का पालन करते हैं। बच्छावत मेहता मूल रूप से ओसवाल समुदाय के हैं और जैन धर्म में विश्वास करते हैं। हालांकि, पीढ़ियों से महाराणा की सेवा में होने के नाते, बच्छावत मेहता परिवार में खाना पकाने को राजपूत और वैष्णव दोनों संस्कृतियों और इस शुष्क क्षेत्र में सामग्री की उपलब्धता से भी प्रभावित किया गया था। भोजन जो कई दिनों तक चल सकता है और गर्म किए बिना खाया जा सकता है, उसे प्राथमिकता दी गई थी। पानी और ताजी हरी सब्जियों की कमी का भी खाना पकाने पर असर पड़ा है।

पारंपरिक बच्छावत मेहता परिवारों की रसोई एक पवित्र स्थान होता था। इसे शुभ संकेत, जैसे शुभ-लाभ, स्वास्तिक, इत्यादि से सजाया जाता था। आज कल छोटे घरों में यह एक मिनी पूजा-प्रार्थना कक्ष का रूप भी लेता है। ज्यादातर घरों में, आपको जूते पहन कर रसोई में प्रवेश करने की अनुमति नहीं होती है। रसोई में अग्नि प्रज्वलित करने से पहले आपसे स्नान करने की अपेक्षा होती थी।

हालांकि मैं खाना पकाने में नियमित नहीं हूं, लेकिन निश्चित रूप से खाना बनाना पसंद करता हूं। यह मुझे अपने घर और लोगों के करीब लाता हैं। मेरी मां भीकम कुंवर और बाद में हमारी महिला रसोइयों – गोपीबाई, जमुनाबाई और गंगाबाई द्वारा बनाए गए सरल व्यंजनों की नकल करने से ज्यादा सुकून देने वाला कुछ भी नहीं है। हालांकि जब मैं सिर्फ आठ साल का था तब मेरी मां का निधन हो गया था, लेकिन खाना बनाना हमेशा मेरा जुनून रहा है। मेरी सबसे प्यारी भोजन की यादें दाल बाटी चूरमा से जुड़ी है। इसकी बात हम इस अध्याय के अंत में करेंगे।

16.1 रसोईघर - एक पवित्र स्थान

पारंपरिक बच्छावत मेहताओं की रसोई एक पवित्र स्थान होता था। इसे शुभ संकेत, जैसे शुभ-लाभ, स्वास्तिक, इत्यादि से सजाया जाता था। आजकल छोटे घरों में यह एक मिनी पूजा-प्रार्थना कक्ष का रूप भी लेता है। ज्यादातर घरों में, आपको जूते पहनकर रसोई में प्रवेश करने की अनुमति नहीं होती है। रसोई में अग्नि प्रज्वलित करने से पहले आपसे स्नान करने की अपेक्षा थी। आपको तब तक खाने की अनुमति नहीं होती थी जब तक कि आपने स्नान नहीं किया हो। यह सब स्पष्ट रूप से एक संदेश देता था कि भोजन सिर्फ पेट भरने के लिए नहीं हैं। भोजन कुछ विशेष और पवित्र वस्तु है, जीवन के यज्ञ का प्रसाद है।

खाना बनाते समय कोई कभी भोजन का स्वाद नहीं लेता और कोई भी देवताओं को स्वाद युक्त भोजन (जूठा) प्रदान नहीं करता। हम देवताओं का 'जूठा' खाते हैं जो 'प्रसाद' है, क्योंकि यह प्रेम और अधीनता का संकेत है। रसोइयों ने कभी भी नमक की मात्रा को नहीं मापा; यह सब अन्दाज से होता था, स्वादानुसार नमक! व्यंजनों को कभी नहीं लिखा गया था, लेकिन अभ्यास के माध्यम से तैयार किया जाता था। भोजन को गंध से देखकर परखते थे, कभी स्वाद नहीं लेते थे। इसलिए खाना पकाने का काम एक रचनात्मक क्रिया था। यह स्वाद जिव्हा से परे, अन्य इंद्रियों को खोलने की मांग करता था। रसोइए से उम्मीद की जाती थी कि वह अपने और मुंह के अलावा, अपनी आंखों, कानों, नाक और उंगली की युक्तियों पर भरोसा करेगा।

व्यंजन विधि की अनुपस्थिति यह संकेत देती थी कि जीवन सूत्रों के बारे में नहीं था। आपके पास जो कुछ भी था, आपको उसके साथ काम करना था।। उस पर रचनात्मक होना था। इसका मतलब यह भी था कि ज्ञान को केवल दस्तावेजों में संग्रहित नहीं किया जा सकता। जब मां की मृत्यु हो गई, तो उसके हाथों की बनी दाल का विशेष स्वाद उसके साथ चला गया। मसाले का डिब्बा जायकेदार भोजन के लिए एक शक्तिशाली उपकरण होता था। हर मसाले के डिब्बे में एक ही सामग्री होती थी – लेकिन अलग-अलग रसोइयों द्वारा उपयोग किए जाने वाले अनुपात से अलग-अलग स्वाद पैदा किए जाते थे। खराब भोजन को एक और मसाला डालकर अच्छा बनाया जा सकता था। इस प्रकार सब कुछ थोड़ी सी रचनात्मकता के साथ प्रबंधित किया जा सकता है।

बच्छावत मेहता के घर में, भोजन हमेशा एक थाली पर परोसा जाता था। यह आमतौर पर चांदी से बनी होती थी। हर पकवान के लिए एक कटोरी थी। अब एक थाली में खाने की कल्पना करें, जहां सब कुछ एक साथ परोसा जाता हैं – सलाद, चावल, रोटी, दाल, सब्जी, चटनी और

पापड़, यहां तक कि मीठा भी। रोटी तोड़ते समय या चावल मिलाते समय उंगली गोलाकार चलती है। जिस तरह से खाना खाया जाता है, उसका असर हमारे सोचने के तरीके पर भी पड़ता है। व्यंजन एक-एक कर के नहीं खाए जाते। उन्हें मिश्रित किया जाना चाहिए, जो विशिष्ट रूप से भारतीय संस्कृति की पहचान है। इसलिए पश्चिमी व्यंजनों में, हम खाना पकाने वाले का स्वाद लेते हैं लेकिन भारतीय व्यंजनों में हम अपने मिश्रण का स्वाद लेते हैं।

महिलाएं, आमतौर पर घर की बहू खाना परोसती थीं। घर के पुरुष पहले खाते थे, फिर बच्चे और अंत में महिलाएं। यह पदानुक्रम स्थापित किया गया था। खाना पकाने का काम रसोई में किया जाता था, जहां वास्तु के अनुरूप चूल्हा (अग्नि स्थान) बनाया जाता है। लकड़ी और गाय के गोबर के उपलों का उपयोग अग्नि के रूप में किया जाता था। चूल्हे को मिट्टी और गाय के गोबर के मिश्रण के साथ लेपित किया जाता था। भोजन घी में पकाया जाता था और ब्राह्मण महिलाओं द्वारा, जिन्हें अक्सर 'जीजी' (बड़ी बहन) के रूप में जाना जाता था। बच्छावतों के घरों में रसोइये का दर्जा परिवार के सदस्यों की तुलना में अधिक था। परिवार की युवा बेटियों को भी अपने बड़ों से पाक कला सीखने के लिए प्रोत्साहित किया जाता था। महिलाएं हमेशा खाना पकाने से पहले स्नान करती थीं। मासिक धर्म के दौरान भोजन नहीं परोसती थीं और न ही रसोड़े में प्रवेश करती थीं। लेकिन आज आधुनिक घरों में इस तरह कि जीवन शैली और स्वच्छता के अभ्यास का पालन नहीं किया जाता है।

बच्छावत मेहता संस्कारों से शुद्ध शाकाहारी होते हैं क्योंकि वे जैन धर्म और वैष्णव धर्म दोनों का पालन करते हैं। चूंकि वे समय-समय पर राजपूत कुलीनता से भी प्रभावित रहे है, इसलिए कुछ सदस्यों ने मांसाहारी भोजन और शराब का सेवन किया। आज अधिकांश बच्छावत मेहता परिवार प्याज, लहसुन और मसालों का उदारतापूर्वक उपयोग करते हुए मुगलई शैली में अपना भोजन पकाते हैं। हालांकि, श्रावण या कार्तिक के महीने में वे सख्त शाकाहारी बन जाते हैं और प्याज और लहसुन का सेवन भी नहीं करते। वे शिवरात्रि के दौरान भगवान शिव को कच्चा दूध चढ़ाते हैं। जन्माष्टमी के दौरान भगवान कृष्ण का मक्खन चढ़ाते हैं। नवरात्रि के दौरान देवी दुर्गा को नींबू चढ़ाया जाता है। इस प्रकार संस्कार और अनुष्ठान के माध्यम से, भोजन को एक अर्थ प्राप्त होता है।

16.2 खाना पकाने में वैष्णव और राजपूत संस्कृति का प्रभाव

मेवाड़ के बच्छावत मेहताओं के घर में खाना पकाने में राजपूत और वैष्णव दोनों संस्कृतियों और मेवाड़ के शुष्क क्षेत्रों में सामग्री की उपलब्धता से भी प्रभावित किया जाता था। भोजन जो कई

दिनों तक चल सके और गर्म किए बिना खाया जा सके, उसे प्राथमिकता दी जाती थी। पानी और ताजी हरी सब्जियों की कमी का भी खाना पकाने पर असर पड़ा है।

आम खाद्य पदार्थ फुलका, दाल, हरी सब्जियां, चावल और दही के साथ पापड़, अचार और कचूम्बर है। वंश के कुछ पसंदीदा व्यंजन हैं - कढ़ी (खट्टा दही और बेसन से तैयार करना), गट्टे-की-सब्जी (बेसन से तैयार करना), सूरन-की-सब्जी, रातालू-की-सब्जी (बैंगनी कंद), कण-की-सब्जी (ताज़ा भुट्टे से तैयार करना), मक्की-का-ढोकला (मक्की के आटे से तैयार करना), मिस्सी रोटी (जौ, चना और गेहूं के आटे को मिलाकर बनाई गई रोटी), चूरमा-बाटी (गेहूं के आटे के साथ पकी हुई रोटी)। त्योहारों पर बनाने वाले लोकप्रिय मीठे व्यंजन हैं – गुड़ की लपसी (दलिया का हलवा), जाज़रिया (भुट्टे का हलवा), मालपुआ (पैन केक), बूंदी का लड्डू और खीर।

बच्छ बारस (वत्स द्वादशी) के दिन बच्छावतों के घरों में बिना चाकू से काटे हुए अनाज की प्रथा है। पारंपरिक भोजन में मक्की या बाजरे की रोटी, अंकुरित चने एवं मूंग बघारे हुए, हाथों से तोड़ी गयी ग्वार फली की सब्जी, कढ़ी, घर का बनाया माखन एवं गुड़ का भोग लगाया जाता है। रोजमर्रा के भोजन से हट के पारंपरिक भोजन का अलग ही आनंद है। स्त्रियां गाय एवं बछड़े की पूजा कर पुत्र के मंगल हेतु प्रार्थना करती है। पुत्र को तिलक लगाकर नारियल एवं यथायोग्य रुपये भेंट करती है।

मेवाड़ी भोजन प्रसिद्ध दाल-बाटी-चूरमा के उल्लेख के बिना अधूरा है। पिकनिक भोजन के रूप में शुरू हुआ भोजन बच्छावत मेहता परिवार का एक विशिष्ट व्यंजन बन गया है। चने का उपयोग मेवाड़ी खाना पकाने में बहुत किया जाता है क्योंकि यह शुष्क रेगिस्तानी परिस्थितियों में आसानी से उगता है। चने से बने बेसन का उपयोग रोटियां, गट्टा, मिठाई बनाने के लिए किया जाता है और कढ़ी के लिए गाढ़ा करने वाले एजेंट के रूप में भी किया जाता है। यह देखा जा सकता हैं कि वंश द्वारा उपयोग किए जाने वाले मुख्य अनाज मक्का और चना हैं।

16.3 हाथों से भोजन करने के पीछे वैदिक ज्ञान

आपने अक्सर सोचा होगा कि हमारे पूर्वज भारत में और विशेष रूप से बच्छावत परिवारों में अपने हाथों से भोजन करते थे। देवदत्त पटनायक, अध्यात्मिक एवं मैनेजमेंट गुरु का कहना है,

"हाथों से खाना खाने से शरीर ही नहीं मन और आत्मा का भी पेट भरता है। यह वैदिक ज्ञान है जिसके आनंद की केवल पूरी तरह से सराहना की जा सकती है, अगर कोई हाथ से खाता है, न कि कांटे और चम्मच से तो वही इस आनंद की अनुभूति कर सकता है।"

हमारे हाथ और पैर पांच तत्त्वों से जुड़े हैं। आयुर्वेदिक ग्रंथों में सिखाया गया है कि प्रत्येक उंगली पांच तत्वों में से एक का विस्तार है।

1. अंगूठा - अग्नि है। आपने बच्चों को अपने अंगूठे को चूसते हुए देखा होगा। यह प्रकृति का उस उम्र में पाचन में सहायता करने का तरीका है जब वे चबाने में असमर्थ है।
2. तर्जनी उंगली - वायु / वरुण है।
3. मध्य उंगली - आकाश / ईथर है। मानव शरीर में छोटे अंतरकोशिकीय स्थान
4. अनामिका उंगली - पृथ्वी है।
5. छोटी उंगली - जल है।

16.4 दाल-बाटी-चूरमा, हम हैं देसी सूरमा

बच्छावत मेहताओं का पसंदीदा व्यंजन और मेवाड़ का प्रसिद्ध भोजन दाल बाटी चूरमा है। कोई भी खास मौका इसके बगैर खास नहीं होता। कई घरों में तो छुट्टी के दिन दाल-बाटी बनना अनिवार्य है। नई बहुओं को भी पहले दिन ही परिवार के इस स्वादिष्ट नियम के बारे में बता दिया जाता है। हर घर की पसंद बाटी करीब तीन दिन तक खराब भी नहीं होती है। ऐसे में यात्रा के दौरान भी लोग इसे साथ लेकर जाना पसंद करते हैं। गांव में जहां चूल्हे पर भोजन बनता था, वहां रोटी बनने के बाद बचे हुए आटे की दो-तीन बाटी तो बन ही जाती थी। स्वाद में यह बाटी जितनी जायकेदार होती हैं, इसका इतिहास भी उतना ही रोचक है। बच्छावत परिवार के कुछ पुराने और कुछ चटोरे लोगों से पूछताछ के बाद पता चला है कि बाटी का आविष्कार क्यों, कहाँ, कब और कैसे हुआ।

बाटी मूलतः मेवाड़ और मारवाड़ का पारंपरिक व्यंजन है। इसका इतिहास करीब तेरह सौ साल पुराना है। आठवीं सदी में राजस्थान में बप्पा रावल ने मेवाड़ राजवंश की शुरुआत की। बप्पा रावल को मेवाड़ राजवंश का संस्थापक भी कहा जाता है। इस समय राजपूत सरदार अपने राज्यों का विस्तार कर रहे थे। इसके लिए युद्ध भी होते थे। इस दौरान ही बाटी बनने की शुरुआत हुई। दरअसल युद्ध के समय हजारों सैनिकों के लिए भोजन का प्रबंध करना चुनौती पूर्ण काम होता था। कई बार सैनिक भूखे ही रह जाते थे। ऐसे ही एक बार एक सैनिक ने सुबह रोटी के लिए आटा गूंथा, लेकिन रोटी बनने से पहले युद्ध की घड़ी आ गई और सैनिक आटे की लोइयां रेगिस्तान की तपती रेत पर छोड़कर रणभूमि में चले गए। शाम को जब वे लौटे तो लोइयां गर्म रेत में दब चुकी थी, जब उन्हें रेत से बाहर निकाला तो दिन भर सूर्य और रेत की तपन से वे पूरी तरह सिक चुकी थी।

थककर चूर हो चुके सैनिकों ने इसे खाकर देखा तो यह बहुत स्वादिष्ट लगी। इसे पूरी सेना ने आपस में बाटकर खाया। बस यहीं इसका आविष्कार हुआ और नाम मिला बाटी। इसके बाद बाटी युद्ध के दौरान खाया जाने वाला पसंदीदा भोजन बन गया। रोज सुबह सैनिक आटे की गोलियां बनाकर रेत में दबाकर चले जाते और शाम को लौटकर उन्हें चटनी, अचार और रणभूमि में उपलब्ध ऊंटनी व बकरी के दूध से बने दही के साथ खाते। इस भोजन से उन्हें ऊर्जा भी मिलती और समय भी बचता। इसके बाद धीरे-धीरे यह पकवान पूरे राज्य में प्रसिद्ध हो गया। कालांतर में बाटियां गोबर के कंडों पर बनने लगीं। आजकल गैस तंदूर पर भी बाटी बनाने लगी हैं।

मंडलगढ़ किले के अंतिम किलेदार और निवासी मेहता लखपत सिंह कहते हैं,

"किले के दक्षिणी छोर पर राजा रूप सिंह का महल और तोपखाना है। नब्बे के दशक में पुरातत्त्व विभाग वाले यहाँ खुदाई कर रहे थे तो वहां बहुत सारे हथियारों के साथ ढेर सारी बाटियां भी मिलीं। ऐसा माना जाता हैं कि जब राजा रूप सिंह युद्ध हार रहे थे तब उनके सैनिक अपना बाटियों का भोजन छोड़ कर भाग खड़े हुए थे।"

एक दन्त कथा के अनुसार, बादशाह अकबर की रानी, जोधा बाई (हरखा बाई – आमेर के राजा भारमल की पुत्री) के साथ बाटी मुगल साम्राज्य तक भी पहुंच गई। मुगल खानसामे बाटी को बाफ कर (उबाल कर) बनाने लगे। इसे नाम दिया बाफला बाटी। इसके बाद यह पकवान देश भर में प्रसिद्ध हुआ और आज भी है। इसे कई तरीकों से बनाया जाता है।

अब बात करते हैं दाल की। दक्षिण और मालवा के कुछ व्यापारी मेवाड़ में रहने आए तो उन्होंने बाटी को दाल के साथ चूर कर खाना शुरू किया। यह जायका प्रसिद्ध हो गया और आज भी दाल बाटी का गठजोड़ बना हुआ है। उस दौरान पंचमेर दाल खाई जाती थी। यह पांच तरह की दाल - चना, मूंग, उड़द, तुवर और मसूर से मिलकर बनाई जाती थी। इसमें शुद्ध घी से तेज मसालों का तड़का होता था। कालांतर में उड़द की दाल मेवाड़ में, मूंग की दाल मारवाड़ में, तुवर की दाल जयपुर में और पंचमेर की दाल मालवा में लोकप्रिय रही है। चूंकि बच्छावत परिवार सारे राजस्थान में फैला हुआ है, बाटी के साथ दाल भी स्थानीय पसंद हैं। आजकल बाटियां बाजरी या जवारी के आटे की भी बनती है। साथ में पसंदीदा दाल, गट्टे की सब्जी, दही का रायता, चटनी और अचार भी परोसा जाता है।

अब चूरमा की बारी आती हैं। मेहता लखपत सिंह कहते हैं,

"यह मीठा पकवान अनजाने में ही बन गया। दरअसल एक बार मेवाड़ के गुहिल वंश के रसोइये के हाथ से छूटकर बाटियां गन्ने के रस में गिर गईं। इससे बाटी नरम, मीठी और स्वादिष्ट भी हो गई । इसके बाद से इसे गन्ने के रस में डुबोकर बनाया जाना लगा। कालांतर में गुड़ या मिश्री के साथ, इलायची, जायफल और ढेर सारा घी भी इसमें डलने लगा। बाटी को चूरकर बनाने के कारण इसका नाम चूरमा पड़ा।"

दाल बाटी चूरमा, हम हैं देसी सूरमा! –

देसी बाटी गोबर के कंडों पर सेंकी जाती थी; आज कल गैस तंदूर पर भी अच्छी बन जाती है

बच्छावत परिवार की पसंदीदा – अचराइ-पचराइ की सब्जी

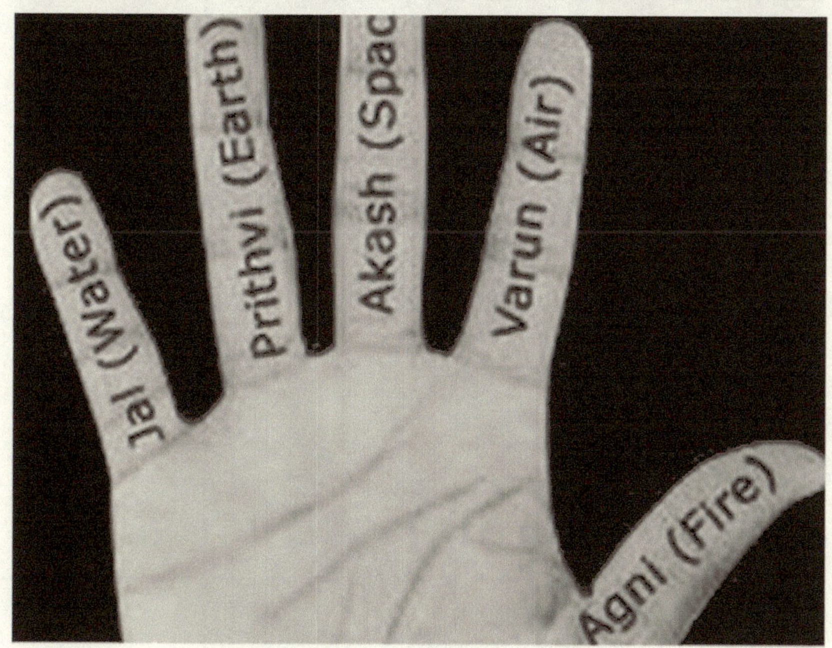

पत्तल-दौने में और हाथ से खाने का महत्त्व

प्राचीन दुर्ग माण्डलगढ
Bachhawat Heritage Foundation
बच्छावत हेरिटेज़ फ़ाउन्डेशन
Mandalgarh Fort
A premier 'Thikana' of Bachhawat Mehtas

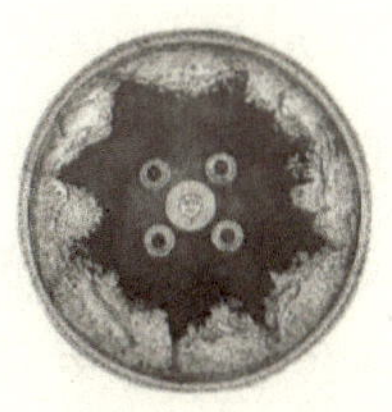

अध्याय 17

मांडलगढ़ किला

मांडलगढ़ किला मेवाड़ की पूर्वी सीमा पर एक मजबूत आधार के रूप में कार्य करता था। सन् 1947 में भारत की स्वतंत्रता तक यह किला बच्छावत मेहताओं का प्रमुख ठिकाना था। सन् 1765 में मेहता अगर चंद को पहले किलेदार के रूप में नियुक्त किए जाने के बाद यह वंश के सदस्यों के नियंत्रण में रहा। ये हमारे पूर्वजों द्वारा छोड़ी गई विरासत के प्रति मेरी भावनाएं और कल्पनाएं हैं।

लंबे समय से मैं हमेशा मांडलगढ़ किले और बच्छावत मेहता की महिमा से मोहित रहा हूँ जिन्होंने सदियों तक इस किले पर शासन किया। इस किले की भव्यता और महिमा को पुष्पांजलि अर्पित करने का समय आ गया है। यह बहुत संतोष की बात है कि मेरा सपना आज फलीभूत हो रहा है। संस्मरण के वर्णन को केवल हमारे पूर्वजों द्वारा छोड़ी गई विरासत के प्रति मेरी भावनाओं और कल्पनाओं की अभिव्यक्ति के रूप में माना जाना चाहिए। अपने संस्मरणों को आकार देने के लिए, मैंने मांडलगढ़ किले में भौगोलिक स्थिति, सामाजिक-सांस्कृतिक जीवन, त्योहारों और भूमि चिह्नों के वर्णन पर विचार किया है। मैं आभारी हूँ, मेहता लखपत सिंह का जो एकमात्र बच्छावत मेहता परिवार के किले पर सन् 2015 तक रहते थे। वे किले की कई यात्राओं के दौरान मेरे दोस्त, दार्शनिक और मार्गदर्शक रहे हैं।

किले पर सन् 1947 में आजादी के समय लगभग एक हज़ार परिवारों की बस्ती थी, जिसमें सत्तर के दशक की शुरुआत तक अदालत, प्रशासनिक कार्यालय, मंदिर और एक हाई स्कूल भी था। विभिन्न समुदायों के लोग सदियों से किले पर सौहार्द की बड़ी भावना के साथ रहते थे और विभिन्न त्योहारों को उत्साह के साथ मनाते थे। हालांकि, बदलते समय के साथ, दैनिक जरूरतों, खाना पकाने के लिए ईंधन, पक्की सड़क और नौकरियों की अनुपलब्धता के कारण किले पर जीवन तेजी से कठिन होता जा रहा था। सरकार द्वारा पुनर्वास के लिए प्रोत्साहन दिए जाने के कारण लोग मांडलगढ़ शहर की तलहटी चले गए। आज किले की बर्बाद बस्तियों को देखकर दिल निराशा से भर जाता है।

17.1 किले पर बच्छावत मेहताओं का वर्चस्व

मुसलमानों और बाद में मुगलों के प्रारंभिक आक्रमणों के दौरान इस किले के लिए और उसके आसपास कई लड़ाइयां लड़ी गईं। अतीत में किला भी मुसलमानों के नियंत्रण में था। किले पर मुस्लिम बस्ती के प्रमाण हैं, जो कुल खंडहर में हैं। एक पीरगाह (सूफी संत की आरामगाह) भी है जिसे आज तक बनाए रखा गया है। किलेबंदी, गढ़, आवासीय मकान और धार्मिक मंदिर एक राजा या संरक्षक के शासनकाल या नियंत्रण का प्रतिनिधित्व नहीं करते हैं, बल्कि कई लोगों के शासन या नियंत्रण का प्रतिनिधित्व करते हैं।

किले को महाराणा अमर सिंह द्वितीय (1698-1710) ने सन् 1706 में पुनर्प्राप्त किया था। तब से यह उनके उत्तराधिकारियों के निर्बाध कब्जे में रहा हैं। सेनापति भांजी मेहता के वंशज बच्छावत मेहता महा सिंह को महाराणा अमर सिंह द्वितीय द्वारा मंडलगढ़ किले के रख-रखाव के लिए अनुबंध पर दिया गया था। इसके बाद इसके रख रखाव का ठेका मेहता पृथ्वीराज पुत्र महा सिंह को दे दिया गया क्योंकि लगातार महाराणा किले के रख रखाव और सुरक्षा से खुश थे।

17.2 किले की ऐतिहासिक पृष्ठभूमि

प्राचीन मांडलगढ़ किले का इतिहास कुछ दन्त कथाओं को छोड़कर अज्ञात है। भाट और चारण (कवि और कहानीकार) प्राचीन काल में परंपरा और कुलों की स्मृति के संरक्षक थे। एक कथा में कहा गया हैं कि राजा मोरध्वज ने प्राचीन काल में इस किले से शासन किया था। परम्पराएँ हमें बताती हैं कि मांडलगढ़ किले की स्थापना बारहवीं शताब्दी में निकुम्भ राजपूतों द्वारा चित्तौड़ के प्रवेश द्वार के रूप में की गई थी। वे महान चौहान वंश की शाखा है। कहा जाता है कि निकुम्भों को दिल्ली के एक सम्राट द्वारा सरनेट (जिसका अर्थ हैं बिना सिर) की उपाधि दी गई थी, क्योंकि वे मुगल दरबारों का दौरा करते समय अपना सिर नहीं झुकाते थे। जब मुगलों ने दरवाजे पर तलवार लटकाई तो उनमें से कुछ ने सिर झुकाने के बजाय तलवार से अपनी गर्दन कटवाने की अनुमति दी थी। वे मेवाड़ के गुहिल शासकों से पहले मांडलगढ़ किले के मालिक थे। एक अन्य दन्त कथा के अनुसार किले का निर्माण बारहवीं शताब्दी में सोलंकी राजपूतों के बलनोत वंश के एक प्रमुख द्वारा किया गया था।

इस किले के नाम को लेकर एक पौराणिक कथा भी प्रचलित है। इस क्षेत्र को नियंत्रित करने वाले चनेना नामक स्थानीय गुर्जर प्रमुख के पास मांडू नाम का एक भील (योद्धा जनजाति) सेवक था जो जंगली सूअरों से गन्ने के खेतों की रक्षा करता था। एक दिन एक पत्थर पर अपना तीर तेज करते हुए उसे आश्चर्य हुआ कि तीर की धार सोने में परिवर्तित हो रही हैं। उसने अपने प्रमुख को

खबर दी, जिन्होंने पत्थर के मूल्यवान को महसूस करते हुए, इस पारस पत्थर को अपने कब्जे में ले लिया। प्रमुख ने इस पत्थर से समृद्ध होकर किले का निर्माण किया और कृतज्ञता के प्रतीक में इसका नाम अपने भील सेवक मांडू के नाम से मांडलगढ़ रखा।

17.3 किले की भौगोलिक और वनस्पति परिस्थिति

चित्तौड़गढ़, कुम्भलगढ़ और मांडलगढ़ पूर्व राज्य मेवाड़ के तीन सबसे बड़े किले हैं। प्रशासनिक रूप से, मांडलगढ़ उदयपुर (मेवाड़) संभाग के भीलवाड़ा जिले की एक तहसील है। मांडलगढ़ किला समुद्र तल से 500 मीटर (किले पर उच्चतम बिंदु) की ऊंचाई पर और मांडलगढ़ शहर (तलहटी) की जलेश्वर झील से लगभग 100 मीटर की ऊंचाई पर 25डिग्री 12सेकंड उत्तर और 75डिग्री 5सेकंड पूर्व में स्थित है। किले का पठार उत्तर-दक्षिण दिशाओं में लगभग पौन किलोमीटर चौड़ा और पूर्व-पश्चिम दिशाओं में लगभग डेढ़ किलोमीटर लंबा है। किले की दीवार की परिधि लगभग चार किलोमीटर है। यह राजस्थान के कोटा शहर के रास्ते में भीलवाड़ा से लगभग तिरेपन किलोमीटर दूर है। मांडलगढ़ किला तीन तरफ से अरावली पहाड़ों की श्रृंखला से घिरा हुआ है। (गूगल अर्थ के सौजन्य से)

मांडलगढ़ तहसील में 3.5 लाख (सन् 2011 की जनगणना) की आबादी वाले 301 गांव शामिल हैं। लगभग 25% क्षेत्र खेती के आधीन है। इस क्षेत्र में प्रमुख फसल गेहूं और मक्का है। क्षेत्र में चूना-पत्थर के अच्छे भंडार हैं। एक ब्रॉडगेज रेलवे लाइन मांडलगढ़ शहर से भी गुजरती है, जो कोटा और भीलवाड़ा के बीच में हैं।

किले पर जलवायु भी बहुत स्वस्थ और आरामदायक हैं, लगभग डेढ़ महीने की गर्मियों को छोड़कर। वसंत और मानसून असाधारण रूप से सुखद है। यहाँ पर हरी घास और पेड़ों की प्राकृतिक सुंदरता आनंद लेने लायक है। किले पर पक्षियों की कई प्रजातियां और मांसाहारी जानवरों की कुछ प्रजातियां थीं, जैसे कि बाघ, भालू और जंगली सूअर। नब्बे के दशक की शुरुआत में किले पर आखिरी बार एक बाघिन और जंगली सूअर देखे गए थे। स्थानीय भाषा में 'सुवाडिया' नामक एक प्रकार का पौधा मानसून के दौरान बहुत तेजी से और घना बढ़ता है। इसकी हरी पत्तियों का इस्तेमाल गरीब लोग अपने भोजन के रूप में करते हैं। धीरे-धीरे किले पर वन क्षेत्र कम हो गया क्योंकि अधिक से अधिक लोगों ने ईंधन के लिए पेड़ों को काटना शुरू कर दिया। कई पानी के झरने हैं जो मानसून के दौरान सक्रिय हो जाते हैं। किले पर पानी के स्रोत - सागर और सागरी झील की ओर बहते हैं। लोग पिकनिक मानते हैं और पानी के झरनों पर स्नान करते हैं।

17.4 प्रधान मेहता अगरचंद चंद मांडलगढ़ के पहले किलेदार नियुक्त

मेहता पृथ्वीराज के पुत्र बच्छावत मेहता अगरचंद को सन् 1764 में मेवाड़ का प्रमुख सलाहकार नियुक्त किया गया था। अगले वर्ष सन् 1765 में उन्हें मांडलगढ़ किले के पहले किलेदार के रूप में भी नियुक्त किया गया। मेवाड़ के महाराणा अरी सिंह द्वितीय (रा.1761-73) द्वारा हस्ताक्षरित दिए गए पट्टे पर लिखा है (मूल पट्टा मेवाड़ी में है),

"भाई मेहता अगरचंद को मेरा आदेश। मंडलगढ़ जिला विद्रोही हो गया है। आपको अपना व्यक्ति समझ कर हम आपको वहां भेज रहे हैं। महाराणा कि भलाई के लिए अपनी पूरी कोशिश करें। अच्छे के लिए प्रयास करते समय, कुछ गलत को अनदेखा किया जा सकता है। अपने परिवार के साथ वहीं बस जाओ जब तक श्री एकलिंगजी का वर्चस्व कायम है। जिला आपका ही रहेगा। अपने आवास के लिए घर बनाएं। आम लोगों और किसानों को रियायतें देकर वहीं बसाने कि कोशिश करें। मजबूत हाथ से किले के मामलों का प्रबंध करें।"

17.5 कैप्टन जेम्स टॉड की मांडलगढ़ की यात्रा

मेहता देवीचंद के दो बेटे थे - त्रिलोक चंद और जुगल किशोर। उनकी दूसरी पत्नी से एक और बेटा स्वरूप चंद था। मेहता त्रिलोक चंद कम उम्र में संत बन गए और मेहता जुगल किशोर ने उनकी जगह ली। इस तरह वे मांडलगढ़ के किलेदार बन गए। मेहता जुगल किशोर बेहद बहादुर व्यक्ति थे। उन्हें मेवाड़ के ख़जाने की हमेशा चिंता रहती थी। यह दर्ज है कि उन्होंने गुजरात के निकटतम ठिकानों को नौ बार लूटा और मेवाड़ के खजाने को समृद्ध बनाया। उस समय मेवाड़ का अधिक खर्च मेहता जुगल किशोर की वजह से ही संभव हो पाया था। सन् 1842* के दौरान गुजरात के आक्रमणों में उनकी कम उम्र में मृत्यु हो गई।

लेफ्टिनेंट कर्नल जेम्स टॉड ने अपनी पुस्तक - 'एनल्स एंड एंटीक्विटीज ऑफ राजस्थान, या द सेंट्रल एंड वेस्टर्न राजपूत स्टेट्स ऑफ इंडिया' (खंड 3) में लिखा है,

"पहाड़ सिंह ने मुझे अपने पंचकल्याण (यह सफेद पैर और सफेद नाक वाले घोड़े के लिए इस्तेमाल किया जाने वाला शब्द हैं) पर मांडलगढ़ तक पहुंचाया। जहाजपुर सेना में स्थित पहाड़ सिंह एक वफादार, उत्साही, बहादुर सैनिक और महाराणा अरी सिंह द्वितीय के समर्थक हैं। 16-17 अक्टूबर, 1820 को, घाटी में आगे बढ़े और शहर (मांडलगढ़) के आधे मील के भीतर डेरा डाल दिया, वहाँ से राज्यपाल (किलेदार) और उनके संरक्षक मुझसे मिलने और मेरा स्वागत करने आए। लेकिन मैं किले पर चढ़ने के लिए बहुत कमजोर (बीमार) था, जो अफसोस का

विषय था। यह किसी भी तरह से दुर्जेय किला नहीं है। लंबाई में लगभग चार फर्लांग हो सकता है। इसमें एक छोटे कद की प्राचीर दीवार है, और पहाड़ी की शिखा को घेरने वाले गढ़ हैं। राज्यपाल का आवास और तोपखाना पश्चिम की ओर दिखाई देता है।"

कैप्टन जेम्स टॉड की यात्रा को यादगार बनाने के लिए, सन् 1828 में मेहता जुगल किशोर द्वारा राज्यपाल के निवास और किशनगढ़ के पूर्व राजा रूप सिंह के महलों की छत पर चार छतरियों का निर्माण किया गया था।

17.6 मेहता स्वरूपचंद द्वारा मांडलगढ़ किले में महाराणा स्वरूप सिंह की अगवानी

मेहता देवी चंद के पुत्र मेहता जुगल किशोर की गुजरात आक्रमण (सन् 1842*) के दौरान कम उम्र में मृत्यु हो गई थी। उस समय उनका बेटा हजारीमल नाबालिग था। इसलिए उनके छोटे सौतेले भाई मेहता स्वरूप चंद (ज.1790-1859) ने किलेदार के रूप में उनका स्थान लिया। वास्तव में मेहता स्वरूप चंद मेहता देवी चंद की दूसरी पत्नी के पुत्र थे और किलेदारी के हकदार नहीं थे। इसलिए उन्हें अंतरिम उपाय के रूप में यह काम सौंपा गया। लेकिन उन्होंने कभी भी किलेदारी मेहता हजारीमल को नहीं सौंपी। मेहता स्वरूप चंद ने महाराणा स्वरूप सिंह (रा.1842-61) की पारिवारिक परंपराओं के अनुसार निष्ठापूर्वक सेवा की और बदले में मांडलगढ़ किले के किलेदारी की पुष्टि का नवीनीकरण कराया।

इतिहासकार दशरथ शर्मा अपनी पुस्तक 'राजपूत इतिहास और संस्कृति पर व्याख्यान' में लिखते हैं –

"सन् 1850 में महाराणा स्वरूप सिंह 10,000 व्यक्तियों के साथ मांडलगढ़ किले में आए और एक सप्ताह तक रहे। इस अवसर पर मेहता स्वरूप चंद ने महाराणा का तहे दिल से स्वागत किया। उन्हें उनकी सेवाओं के लिए महाराणा द्वारा पुरस्कृत और सम्मानित किया गया।"

इस अवसर पर कविराज श्यामल दास ने लिखा हैं,

सम्मत सात उन्नीस से दीह माह बड्ड दोज,

पावन किया स्वरूप चंद नृप स्वरूप कृत भोज !!

अर्थ: संवत 1907 (सन् 1850) में राजा (महाराणा) स्वरूप सिंह को आतिथ्य प्रदान करते हुए (किलेदार) स्वरुपचंद ने भोजन की मेजबानी की।

17.7 किलेदारी के लिए उत्तराधिकार की राजनीति

प्रधान मेहता गोकलचंद ने अपने पिता मेहता स्वरूपचंद के निधन पर सन् 1865 में मांडलगढ़ किले के किलेदार के रूप में उनका स्थान लिया। वे बहुत गंभीर और धार्मिक व्यक्ति थे। कविराज श्यामल दास ने मेहता गोकल चंद के बारे में यह दोहा लिखा है,

मांडलगढ़, मथुरा नगरी, सागर, जमना नीर,

कृष्ण ज्यों केली करे, गोकलचंद गंभीर !!

मेहता पन्नालाल अपनी पुस्तक 'स्व-जीवनी' (आत्मकथा) में लिखते हैं,

"मेहता गोकल चंद के दो पुत्र थे - गोपाल सिंह (ज.1840) और गिरधारी सिंह (ज.1846*)। महाराणा सज्जन सिंह, बड़े पुत्र गोपाल सिंह से खुश नहीं थे, इसलिए किलेदारी के लिए उनके नाम पर विचार नहीं किया गया। महाराणा चाहते थे कि गोकलचंद के दूसरे पुत्र गिरधारी सिंह किलेदार के रूप में नियुक्त हों। लेकिन गिरधारी सिंह को मेहता जुगल किशोर के पुत्र मेहता हजारीमल को पहले ही गोद दे दिया गया था।"*

"1878 के दौरान मांडलगढ़ किले के उत्तराधिकार के कारण, मेहता गोकलचंद के तीसरे पुत्र मेहता विट्ठलदास की मां और उनके अन्य भाइयों के बीच संबंध खराब थे। महाराणा सज्जन सिंह (रा.1874-84) को शिकायतें भेजी गईं। उन्होंने किले का पट्टा जब्त कर लिया, क्योंकि मांडलगढ़ से कर बकाया था। इसके बदले महाराणा ने दिन-प्रतिदिन के खर्चों के लिए एक निश्चित राशि तय की।"

मेहता लखपत सिंह कहते हैं,

"मेहता गोकलचंद की दूसरी पत्नी ने अपने बेटे मेहता विट्ठलदास (ज.1855-1922) के लिए किलेदारी की मांग की। हालांकि, प्रधान मेहता पन्नालाल द्वारा समय पर हस्तक्षेप के साथ, एक समझौता हुआ और मेहता गोकल चंद की दूसरी पत्नी के बेटे मेहता विटहलदास को महाराणा सज्जन सिंह द्वारा किलेदार के रूप में नियुक्त किया गया। 'पट्टा' वापस कर दिया गया। केवल देवस्थान तालुक के तीन गांवों को पट्टे पर दिया गया, बाकी गांवों को छीन लिया गया। मेहता गिरधारी सिंह को चित्तौड़गढ़ और पुर जिलों का हाकिम बनाया गया।"

मेहता विट्ठलदास के तीन पुत्र थे - अक्षय सिंह, मनोहर सिंह और दौलत सिंह। मेहता अक्षय सिंह (ज.1879-1947) एक पटवी पुत्र होने के नाते महाराणा फतेह सिंह से सभी सम्मान प्राप्त किए। उन्होंने सन् 1915 में मांडलगढ़ के किलेदार के रूप में स्थान लिया। यह व्यवस्था सन् 1947 में स्वतंत्रता तक ऐसी ही रही, जब किलेदारी को समाप्त कर दिया गया।

17.8 किले का आँखों देखा परिचय

किले की तलहटी में बस स्टॉप से आगंतुक को किले के दक्षिणी छोर पर छत्रियां और पूर्वी छोर पर गौरवशाली अतीत के प्रशासनिक भवनों, जैसे कचहरी और शस्त्रागार का एक प्राचीन दृश्य देता है। जैसे ही कोई बस स्टैंड से किले की ओर बढ़ता है, बच्छावत मेहता की छतरियों के साथ सुंदर जलेश्वर तालाब देख सकता है। यहाँ झील के किनारे अतीत में अंतिम संस्कार किए गए थे। यह दृश्य बीती पीढ़ियों के बारे में उदासीनता पैदा करता है। दिल्ली, कोटा, चित्तौड़, रतलाम रेल मार्ग पर भी रेल द्वारा मांडलगढ़ पहुंचा जा सकता है।

किले के लिए दो मार्ग हैं। छोटा मार्ग पैदल चलने वालों के लिए है, जो आंशिक रूप से पक्का है। यह कचहरी-की-बारी (प्रशासनिक भवनों के पास किले की दीवार में द्वार हैं) तक पहुंचता है। अतीत में इस रास्ते पर एक पीले रंग की रेत की खान थी, जिसकी मिट्टी का उपयोग महिलाओं द्वारा अपने घरों की दीवारों और फर्श को पोतने करने के लिए किया जाता था। अब इसे बंद कर दिया गया है।

किले पर जाने के लिए एक लम्बी और पक्की सड़क है, जो मोटर गाड़ी सक्षम है। इस मार्ग पर ऊपर जाते समय पांच पोल (द्वार) आते हैं - सूरज पोल, चांद पोल, भाला पोल, राम पोल और बिसोत माता पोल। प्रत्येक पोल के बगल में सुरक्षा गार्डों के लिए कक्ष है, जो अब खंडहर में हैं। ये दरवाजे विशाल लकड़ी के दरवाजों के साथ बहुत मजबूत हैं। भाला पोल के विशाल दरवाजों पर लगे नुकीले भाले हैं। पूर्व में ये भाले दुश्मन के हमले के दौरान जहर के साथ लिपटे जाते थे। चांद पोल से एक रास्ता देव तालाब और झालेरे गांव तक जाता है, जो किले के उत्तरी किनारे के नीचे तलहटी में स्थित है। झील के रास्ते में तेजाजी-का-चबूतरा (स्मारक) है। जैसे ही कोई किले के ऊपर पहुंचता है, अंतिम द्वार बिसोत माता पोल है, जहां माताजी का मंदिर है। मंदिर में पूजा और आरती आज तक प्रतिदिन की जाती है। किले की तरफ और पोल के बाहर देव नारायण और नरसिंह माता का भी एक मंदिर है। पूर्व में श्रद्धालु अपनी मनोकामना पूरी करने के लिए रविवार को नारियल और अन्य प्रसाद लेकर इन मंदिरों में उमड़ते थे। आज वे सुनसान पड़े हैं क्योंकि किले के लोग कहीं और चले गए हैं।

किले के परकोटे की दीवार सुन्दर है लेकिन अब यह खंडहर में है। किले के पश्चिमी और उत्तर-पश्चिमी भाग के परकोटे की दीवार दुगनी चौड़ी है। उत्तर-पश्चिमी तरफ दीवार में एक छोटा सा द्वार है, जिसे हुरडा-की-बारी कहा जाता है। घुसपैठियों पर निगरानी रखने के लिए परकोटे की दीवार पर छोटी मीनारें हैं। किले का सबसे ऊँचा स्थान (समुद्र ताल से 503 मीटर) राम-द्वारा और सागर (पानी की झील) के नजदीक है। परकोटे की मीनारों से बाहर का नजारा

चौंकाने वाला है। आप खूबसूरत पहाड़ों और जंगलों को मीलों देख सकते हैं, जो हरे-भरे होने के साथ-साथ बंजर भी है। तलहटी और मांडलगढ़ की बस्ती की ओर देखते हुए, जलेश्वर तालाब, फसलों के साथ हरे-भरे खेत और कोटा नगर की तरफ जाती सड़क भी देखी जा सकती है। वर्षा ऋतु के दौरान जब झील का जलस्तर बढ़ता है तो आसपास के गांवों तक पानी उछलता है।

17.9 अतीत में किले के उपयोगी व्यक्ति

किले के अंतिम निवासी बच्छावत मेहता लखपत सिंह के अनुसार:

उन्नीसवीं और बीसवीं शताब्दी के दौरान किले पर सांस्कृतिक और सामाजिक जीवन बहुत समृद्ध था, जिसने यहाँ के जीवन को न केवल रंगीन बना दिया, बल्कि इसकी विरासत पर भी गर्व किया। अधिकांश कलाकार बाहरी दुनिया के लिए अज्ञात थे। ऐसे ही एक व्यक्ति थे, शास्त्रीय संगीत के प्रतिपादक कलूलाल ढोली। उनकी मौजूदगी के बिना कोई भी संगीत समारोह पूरा नहीं होता। पंडित रामनारायण आचार्य संस्कृत और ज्योतिष के असाधारण ज्ञानी थे। वे सुबह-सुबह अपने घर से किताबें, बर्तन और बैग लेकर दक्षिणा इकट्ठा करने के लिए निकलते थे। उनसे सलाह-मशविरा किए बिना कोई भी शुभ कार्य शुरू नहीं होता, चाहे वह विवाह, जन्म या त्यौहार से संबंधित समारोह हो।

एक अन्य ब्राह्मण नारायण थे, जो कुछ चुनिंदा घरों में भोजन पकाते थे। वह विभिन्न अवसरों के लिए विभिन्न व्यंजनों के अच्छे ज्ञान के साथ निस्वार्थ और पवित्र व्यक्ति थे। नरसिंह नामक एक और बुजुर्ग ब्राह्मण था, जो ज्योतिषीय भविष्यवाणियों और उनके सम्भावित समाधानों में निपुण था। दुबे (लोकप्रिय रूप से डाबीजी कहते थे) रावला के लाड़लालाल जी मंदिर में एक पुजारी था, जो एक विशेषज्ञ रसोइया भी था। वह रावला की विभिन्न हवेलियों में विशेष खाना पकाने का ख्याल रखता था। उनके पाक कौशल को दूर-दूर तक जाना जाता था।

रामसुख दर्जी, घीसा दर्जी और रामसुख खाती (बढ़ई) भी अपने कौशल के लिए जाने जाते थे। वे पैसे के लालच से दूर और निस्वार्थ एवं समर्पित कारीगर थे। काम उनके लिए पूजा था और आमतौर पर रावला में परिवारों द्वारा नियोजित किया जाता था। इसी तर्ज पर रामकरण दर्जी, राधाकृष्ण दर्जी और मोहन नाई हमेशा सभी को अपनी सेवाएं देने के लिए तैयार रहते थे।

राम मोहल्ले में उदासी महाराज (पुजारी), राम-द्वारा पर कबीर संप्रदाय के संत, सत्य नारायण मंदिर में खाकीजी महाराज और रघुनाथ द्वारा पर महंत (पुजारी) अक्सर बस्ती के लोगों के लाभ के लिए सत्संग का आयोजन करते थे। समुदाय की सद्भावना और समृद्धि के लिए समय-समय पर हवन आयोजित किए गए थे।

किलेदार मेहता अगर चंद के जमाने में तीन अपराधी (हिस्ट्री शीटर) थे: हीरा जोशी, पीरा बोखड़ा और धीरा गोलमदान। वे चोर बनाम चोर के सिद्धांत पर समाज विरोधी तत्वों को पकड़ने के लिए किले पर प्रशासन की सहायता भी करते थे।

17.10 किले पर मनाए गए त्यौहार और अनुष्ठान

किले के अंतिम निवासी बच्छावत मेहता लखपत सिंह के अनुसार:

दीपावली

दीपावली से लगभग एक या दो महीने पहले, किले पर लोग अपने घरों को साफ़ और सजाने की प्रक्रिया प्रारंभ करते थे। दीवारों पर नयी मिट्टी के साथ फिर से प्लास्टर किया जाता था। दूसरा कोट पीले रंग की मिट्टी का होता था। अन्य दीवारों को सफ़ेद चूने से पोता जाता था। फर्श को गाय के गोबर और लाल मिट्टी के मिश्रण से लेपा जाता था। लोक कला की आकर्षक रचना सफेद चूने के साथ दीवारों और फर्श पर बनायी जाती थी। गणपति की छवि के साथ पुष्प बंदनवार (दरवाजे की सजावट) कार्यक्रम की तैयारियों का मुख्य आकर्षण था। अक्तूबर-नवंबर के महीने में धन तेरस, रूप चौदस और दीपावली (अश्विन-कार्तिक 13, 14 और अमावस्या) से शुरू होकर तीन दिनों तक देवी लक्ष्मी की पूजा की जाती थी। घरों को तेल के दीयों से रोशन किया जाता था। बच्चों को पटाखे फोड़ने और अलग-अलग मिठाइयां खाने में मजा आता था।

होलिका दहन

मार्च के महीने में पूर्णिमा के दिन इस त्योहार को भी बहुत उत्साह के साथ मनाया जाता था। होलिका दहन के लिए जलाऊ लकड़ी अक्सर बच्चों द्वारा एकत्र की जाती थी। महिलाओं ने पूजा की और लोक गीत गाते हुए पवित्र अग्नि के चारों ओर घूमती और फसल कटाई के मौसम का स्वागत करती। अनाज, चना और जौ की बालियों को आग में भूना खाया जाता था। भारत और मेवाड़ में अन्य स्थानों के विपरीत, भीलवाड़ा जिले में फाग (रंग के साथ खेलना) होलिका दहन के अगले दिन नहीं मनाते हैं, लेकिन यह शीतला अष्टमी के दिन, यानी एक सप्ताह बाद खेला जाता है।

शीतला अष्टमी - होली के 8 दिन बाद शीतला अष्टमी चैत्र माह में पड़ती है। चेचक को भगाने के लिए शीतला माता की पूजा की जाती हैं। मांडलगढ़ किले की सभी माताएं अपने प्रसाद के साथ मंदिर की ओर बढ़ती हैं। इस दिन घर में आग नहीं जलाने की परंपरा है। इसलिए पिछली रात को खाना पकाया जाता है और शीतला अष्टमी के दिन ठंडा (बासी) भोजन खाया जाता है। इस अवसर के लिए कुछ लोकप्रिय व्यंजन और नाश्ते हैं - मीठा और नमकीन ओलिया (दही के साथ

चावल की तैयारी), मक्की की घाट (दही के साथ मक्की का दलिया), पंचकुटा (पांच प्रकार की सूखी सब्जियां), पूड़ी, गुलगुले (तली हुई गुड़ पकौड़ी), उबला हुआ और नमकीन काला साबुत चना, खीर, इत्यादि।

गणगौर, शीतला सप्तमी और घुडला

गणगौर मेवाड़ के लोगों का लोकप्रिय और सबसे महत्वपूर्ण त्योहारों में से एक है। यह वसंत, फसल और वैवाहिक निष्ठा का उत्सव हैं। गण भगवान शिव और गौर का पर्याय गौरी या पार्वती के लिए है, जो सौभाग्य (वैवाहिक आनंद) का प्रतीक है। अविवाहित महिलाएं अच्छे पति का आशीर्वाद पाने के लिए उनकी पूजा करती हैं, जबकि विवाहित महिलाएं अपने पति के कल्याण, स्वास्थ्य, लंबी आयु और सुखी वैवाहिक जीवन के लिए ऐसा करती हैं।

किले पर दूसरा सबसे लोकप्रिय त्योहार, गणगौर चैत्र शुक्ल 3 (मार्च-अप्रैल) को मनाया जाता है। त्योहार के लिए ईशरजी और गौरी की छवियां मिट्टी से बनाते हैं। कुछ मेहता परिवारों में, त्योहार की पूर्व संध्या पर प्रतिष्ठित चित्रकारों द्वारा हर साल स्थायी लकड़ी की छवियों को नए सिरे से चित्रित किया जाता था। तीज और गणगौर की मूर्तियों के बीच एक अलग अंतर यह हैं कि तीज महोत्सव के दौरान मूर्ति में एक छत्री होती है जबकि गणगौर की मूर्ति में छत्री नहीं होती है।

मुख्य दिन से पंद्रह दिन पहले, महिलाएं मधुर लोक गीतों और संगीत के साथ देवी गौरी की पूजा शुरू करती हैं। पूजा, अंकुरित गेहूं की घास और अन्य वस्तुओं के साथ की जाती है। गणगौर की सुबह महिलाएं स्नान और शुद्धिकरण के लिए सागर पहुंचती। दोपहर के शुभ मुहूर्त में प्रत्येक परिवार से गौरी और ईशरजी की मूर्तियों को लेकर गणगौर का जुलूस बस्ती और रावला की गली से होकर सागर के खुले छोर पर वट-वृक्ष के नीचे इकट्ठा होता है। गौरी के अपने पति के घर जाने के बारे में गीत गाए जाते हैं।

होली के सातवें दिन शीतला सप्तमी की शाम को, अविवाहित लड़कियां विशेष रूप से बनाए गए मिट्टी के छोटे-छोटे घड़े (जिनके चारों ओर कई छेद होते हैं), लेकर घर-घर जाती हैं। इन्हें घुड़ला कहा जाता हैं। इसके अंदर तेल का दीपक लगा हुआ होता है। सिर पर घुड़ला रखकर गांव में घूमते-घूमते वे घुड़ला के गीत गाती हैं। रास्ते में वे नकदी, मिठाई, गुड़, घी, तेल आदि के छोटे-छोटे उपहार इकट्ठा करती हैं। यह सिलसिला दस दिनों तक यानी गणगौर उत्सव के समापन तक जारी रहता है, जब लड़कियां अपने घुड़ले को तोड़कर कुएं या टंकी में फेंक देती हैं और एकत्रित धन राशि से दावत का लुत्फ उठाती हैं।

गणगौर उत्सव के दौरान सागर के खुले छोर पर एक बहुत ही रंगीन सांस्कृतिक मेला हुआ करता था। मां गौरी के दर्शन के लिए स्त्री-पुरुष अपनी रंग-बिरंगी वेशभूषा में आते थे। इस तरह

का जश्न तीन दिनों तक मनाया जाता था। बस्ती और आसपास के गांवों के पुरुष आतिशबाजी देखने के लिए सागर के आसपास इकट्ठा होते थे। गौरी और ईशरजी के आसपास महिलाओं को नाचते-गाते हुए देखा जा सकता था। पूरा माहौल सपनों की दुनिया की तरह था। आज यह सब खत्म हो गया है, क्योंकि किले पर कोई परिवार नहीं रहता है।

तीज

यह त्यौहार वर्षा ऋतु के महीने में जुलाई-अगस्त (श्रावण-भादों) के दौरान महिलाओं द्वारा मनाया जाता है। नव विवाहित महिलाओं के आनंद के लिए झूले बनाए जाते हैं। यह एक परम्परा है कि नव विवाहितों को उनके दोस्तों द्वारा कपड़े के कोडों से पीटा जाता है जब तक कि नव विवाहित महिला अपने पति का नाम नहीं पुकारती। भारतीय परंपरा में पति का नाम पुकारना वर्जित हैं। डबल मीनिंग वाले चुटकुले दोस्तों द्वारा क्रैक किए जाते हैं। पूरा माहौल कभी-कभी बूंदा-बांदी (मानसून का समय होने के नाते) और हंसी से भरा होता है। सत्तू (भुने हुए बेसन का मीठा पकवान) के लड्डू इस दिन के लिए विशेष रूप से तैयार किए जाते हैं। इस मौके पर महिलाएं रंग-बिरंगी वेशभूषा और आभूषण पहनती है।

जन्माष्टमी

भगवान कृष्ण का जन्म एक और महत्वपूर्ण त्यौहार है। किले पर विशेष रूप से बच्छावत मेहता परिवार, जो मुख्य रूप से वैष्णव हैं, इस त्योहार को बड़े उत्साह के साथ मनाते थे। इस अवसर पर लाड़ला लाल जी के मंदिर को अच्छी तरह से सजाया जाता था। जन्म के दिन, पुरुष और महिला उपवास रखते और आधी रात तक जागते थे। वे कृष्ण की स्तुति में भजन और गीत गाने में व्यस्त रहते थे। जन्म का समय सभी समारोहों का चरमोत्कर्ष था। बाल-गोपाल झूले पर बैठकर अपने भक्तों को दर्शन देते नजर आते। मुख्य प्रसाद में पंजीरी (धनिया पाउडर, अदरक पाउडर, खोपरा, मिश्री इत्यादि) होती थी।

बच्छ-बारस

जन्माष्टमी के बाद बच्छ-बारस भादव मास (लगभग सितम्बर) के बारहवें कृष्ण पक्ष को पड़ता है। इसे वत्स द्वादशी भी कहा जाता है। यह बच्छावत मेहता परिवार की विशेषता है कि जब परिवार की महिला पूजा से लौटती है, तो पुरुष अपनी हवेली के बाहर खड़े होते हैं। महिलाएं गाय की पूजा करती हैं। छोटे लड़कों से ओढ़नी (साड़ी) के पल्लू (कोने) को पकड़ने के बदले में उन्हें कुछ पैसे और एक नारियल दिया गया जाता है। मक्का और काले चने से बना भोजन तैयार किया जाता है।

शरद् पूर्णिमा

आश्विन पूर्णिमा के दिन किले पर बच्छावत मेहताओं द्वारा देवी लक्ष्मी की पूजा की जाती थी। मांडलगढ़ किले की छतों पर से एक खूबसूरत नजारा दिखाई देता था, क्योंकि रावला और आम लोग इस त्योहार को बड़े उत्साह से मनाते थे। परिवार चावल की खीर के कटोरे तैयार करते हैं और उन्हें चांदनी में रखते हैं। पूर्णिमा की रात देवी लक्ष्मी को अर्पित करने के बाद मिठाई को प्रसाद के रूप में परोसा जाता है। शास्त्रों में कहा गया हैं कि पृथ्वी से निकटता के कारण शरद् पूर्णिमा पर चंद्रमा सबसे चमकीला होता है। इसकी किरणों से अमृत वर्षा निकलती हैं, जिसमें स्वास्थ्य उपचार के गुण होते हैं। साथ ही इस अवसर के आसपास रोमांच और संगीत रचनाओं की किंवदंतियां बनाई गई हैं। यह वह रात थी जब भगवान कृष्ण एक साथ कई सौ गोपियों के साथ ब्रह्मांडीय रासलीला में शामिल हुए थे। ऐसा कहा जाता है कि सागर के निकट 'रसिया की मेड़ी' भी इस रात किले पर रोमांच करने वाले जोड़ों के लिए खोली जाती थी।

17.11 किले पर रुचिकर स्थान और उनका महत्त्व

मेहता लखपत सिंह कहते हैं कि किले पर रुचि के स्थानों ने बीसवीं शताब्दी के मध्य से रख रखाव की कमी के कारण अपना आकर्षण खो दिया है। हालाँकि पूर्व में किले के निवासियों के दोनों सामाजिक और सांस्कृतिक जीवन पर उनका बहुत प्रभाव था। फिर मैं उनके साथ किले के दर्शनीय स्थानों के भ्रमण के लिए निकला। आगे के अनुच्छेदों में ऐसे स्थानों का वर्णन है।

तोपखाना और जेल - किले के दक्षिणी छोर पर शस्त्रागार, जेल और कुछ प्राचीन महल स्थित है। मुख्य शस्त्रागार और जेल की इमारतें अभी भी बरकरार है क्योंकि लगभग साठ के दशक के अंत तक वहां एक हाई स्कूल था। मेहता अगरचंद के समय राजा रूप सिंह के महलों के हिस्से को तोपखाना और जेल में परिवर्तित कर दिया गया था। बाद में मध्य बीसवीं शताब्दी के दौरान इसे स्कूल में परिवर्तित कर दिया गया। राजा रूप सिंह के मूल महल कुल खंडहर में हैं। शस्त्रागार और जेल के सामने एक विशाल आंगन है। शस्त्रागार के ऊपर एक बड़ी छत भी है, जहां ब्रिटिश राजनीतिक एजेंट कैप्टन जेम्स टॉड (सन् 1820) की यात्रा की स्मृति में चार छतरियों का निर्माण सन् 1828 में मेहता जुगल किशोर द्वारा किया गया था। बीसवीं शताब्दी की शुरुआत में बिजली गिरने से एक छत्री नष्ट हो गयी थी। इन इमारतों की छतें अद्वितीय हैं क्योंकि यह चूना, गुड, काली मिट्टी और गाय के गोबर के संयोजन से बनी हैं। अतीत में शस्त्रागार में विशाल तोपें, बंदूकें और गोला-बारूद थे। सन् 2012 तक आंगन में कई तोपें लावारिस पड़ी थीं। सुना हैं की अब पि.डब्लू.डी. ने तोपों को तलहटी में सुरक्षित रखा है। खंडहर महलों में खुदाई के दौरान बहुत सारे गोला-बारूद और भोजन वाली बाटियां पाई गयी थी। ऐसा कहा जाता है कि राजा

रूप सिंह के समय में एक अभियान के दौरान, जब लड़ाई में हारना आसन्न था, तो अपनी शादी की पोशाक और गहने पहने सभी रानियों ने यहाँ जौहर किया।

कचहरी - प्रशासनिक और अदालत की इमारतें किले के पूर्वी छोर पर स्थित हैं। हालांकि वे खंडहर में हैं, फिर भी उनकी छत बरकरार है। ।आज भी दीवारों पर नीली मुगल शैली की चित्रकला गौरवशाली अतीत की याद दिलाती है। आंगन से भू-तल में जाने का एक छोटा सा दरवाज़ा भी है, जिसे बाहरी आक्रमण के दौरान किले से बचने के लिए एक गुप्त सुरंग माना जाता है। इमारत की खिड़कियां और झरोखे, जलेश्वर झील और तलहटी में बसी नगरी का सुन्दर दृश्य प्रस्तुत करती है। इन इमारतों में किलेदार और हाकिम के कार्यालय थे और बाद में आजादी के बाद लगभग सत्तर के दशक की शुरुआत तक सब डिवीजनल मजिस्ट्रेट और कोषागार थे। फिर वे तलहटी में स्थानांतरित हो गए।

सागर - यह एक विशाल प्राकृतिक पानी की टंकी है, जिसे मेहता अगरचंद ने सन् 1790 में बनवाया था। इसमें तीन तरफ कलात्मक सीढ़ियाँ हैं, जो पानी की ओर जाती हैं। सीढ़ियों के निर्माण के लिए उपयोग किए जाने वाले पत्थर, मुगलों द्वारा किले पर कब्ज़े के दौरान, नष्ट किए गए मंदिरों के खंडहरों से हैं। सागर की सीढ़ियों पर तीन पूजा स्थल हैं। वे हैं काला भैरोजी, गोरा भैरोजी और सागरेश्वर महादेव। यह पानी की टंकी किले की सभी पानी की जरूरतों को पूरा करने के लिए पर्याप्त थी। हालांकि बारिश का पानी सागर में एकत्र किया जाता है, लेकिन ऐसा प्रतीत होता हैं कि पानी का एक भूमिगत स्रोत भी है, जो सभी मौसमों के दौरान कुछ न्यूनतम जल स्तर को बनाए रखने में मदद करता है। सन् 1956 में, जब इस क्षेत्र में एक बड़ा अकाल पड़ा था, तो सभी झीलें और तालाब सूख गए थे; फिर भी तलहटी क्षेत्र के लोगों के लिए सागर में पर्याप्त पानी था। चूंकि सागर में स्नान और कपड़े धोना निषिद्ध है, इसलिए यह हमेशा रोगाणु मुक्त रहा हैं। यद्यपि जल स्रोत पहाड़ों से है, फिर भी यह स्वच्छ और आसानी से पचने योग्य जल हैं। टैंक में मछली और पानी के पक्षी दोनों इसे साफ रखने में मदद करते हैं। सागर का दक्षिणी छोर एक खुली ढलान पर है, जहां जानवर नीचे जाकर अपनी प्यास बुझा सकते हैं। मानसून के महीनों के दौरान, हवा में रोमांच के साथ, युवा और अविवाहित जोड़े सागर के पास 'रसिक मेडी' और वृंदावन बाग में उमड़ते थे।

सागरी - यह सागर के उत्तर की ओर एक छोटी पानी की टंकी है। यह मुस्लिम समुदाय के लिए था। पानी तक पहुंचने के लिए एक तरफ सीढ़ियां हैं।

नागरी - किले पर नाइक (दलित और श्रमिक वर्ग) समुदाय के लिए सागरी के भी उत्तर में एक छोटी पानी की टंकी थी। यह अब निष्क्रिय है।

गुफा - किले के उत्तर-पश्चिम की ओर एक लंबी गुफा है। ऐसा माना जाता है कि आक्रमण के दौरान सैनिक इस किले से चित्तौड़ की तरफ भाग सकते थे। अब इसे बंद करने की बात कही जा रही है।

आधार शिला - यह गुफा के ऊपर प्रकृति द्वारा रखी गई एक संतुलन चट्टान है। पशु और पक्षी गर्मियों के दौरान आश्रय लेने के लिए आते है।

चान्दबारी - यह किले के उत्तर-पश्चिमी तरफ एक गन फायरिंग प्रैक्टिस ग्राउंड है। आजादी से पहले मांडलगढ़ के हाकिम और किलेदार द्वारा वार्षिक शूटिंग प्रतियोगिता का आयोजन किया जाता था। आसपास के गांवों के जागीरदार इसमें हिस्सा लेते थे। उनके घोड़े पास के पेड़ों से बंधते थे। पूरे स्थान को विभिन्न रंगीन झंडों से सजाया जाता था। आश्रय के लिए रंग-बिरंगे टेंट और कनात लगती थी। प्रतिभागियों, मेहमानों और दर्शकों के लिए ठंडाई और जलपान होता था।

हुरडा की बारी - यह हुरडा गांव की ओर पश्चिमी तरफ किले में एक खिड़की खुलती है। यह एक बहुत ही सुन्दर स्थान हैं, जहां परकोटे की मीनारों में बैठकर, कोई भी हवा में ताजगी महसूस कर सकता है और क्षितिज में मीलों तक हरे खेतों के दृश्य का आनंद ले सकता है। सूर्योदय के समय दृश्य उत्तम होता है।

चारभुजा जी का मंदिर - किले के उच्चतम बिंदु के पास विष्णु का यह मंदिर स्थित है। मंडप की छत काले संगमरमर से बनी है। मंदिर में शाम की आरती नगाड़ा, झालर, घंटा और शंख की आवाजों से गूंजती है। पंजी महाराज इस मंदिर के अंतिम पुजारियों में से एक थे, जो किले के इतिहास और संस्कृति के बारे में बहुत जानकार थे। आज उनके पुत्र भूरजी और रामचंद्रजी मंदिर में रख-रखाव और पूजा-अर्चना कर रहे हैं।

हनुमान जी और सत्यनारायण जी का मंदिर - यह मंदिर उत्तर-पश्चिम की ओर, बस्ती के बाहर है। यह पूरी तरह से खंडहर हो गया है और मूर्तियों को तलहटी के मंदिरों में स्थानांतरित कर दिया गया है। गूगल मैप से पता चलता हैं कि अतीत में इन मंदिरों के आसपास एक बस्ती भी थी।

लाड़ला लाल जी मंदिर - यह मंदिर रावला में स्थित था। लाड़ला लाल जी (श्रीनाथ जी) बच्छावत मेहताओं के कुल देवता हैं। मेहता गोकुल चंद ने किले में लाड़ला लाल जी मंदिर के निर्माण में महत्वपूर्ण भूमिका निभाई थी। उन्होंने नाथद्वारा के गोसाई जी को उद्‌घाटन के लिए आमंत्रित किया और लालपुरा गांव को मंदिर के प्रबंधन, पूजा और अन्य अनुष्ठानों के खर्चों को पूरा करने के लिए उपहार में दिया। हालांकि अस्सी के दशक के उत्तरार्ध में जब नियमित पूजा-अर्चना

करने के लिए कोई साधन नहीं बचा, तो मूर्ति को तलहटी के एक मंदिर में स्थानांतरित कर दिया गया।

शीतला माता मंदिर - यह सागर के पश्चिमी छोर पर एक अलग पहाड़ी के शिखर पर स्थित है। एक लोकप्रिय धार्मिक त्योहार शीतला अष्टमी पर बच्चों की रक्षक देवी शीतला की पूजा की जाती है। चेचक से मुक्ति के लिए शीतला माता की भी पूजा की जाती है। मंदिर आज पूरी तरह से खंडहर में हैं।

रघुनाथ द्वार - यह रामानुज संप्रदाय द्वारा संचालित भगवान रघुनाथ (राम) का मंदिर रावले के ठीक सामने स्थित है। मंदिर का निर्माण मेहता शेर सिंह ने करवाया था। यह इस सम्प्रदाय के महंत (प्रधान पुजारी) का आसन भी है। संत कबीर, रैदास और सूरदास, रामानुजाचार्य के शिष्य थे। आजादी (सन् 1947) तक महंत द्वारा नियमित प्रार्थना और भक्ति कार्यक्रम आयोजित किए जाते थे। महंत के पास अपने निजी उपयोग के लिए एक हाथी था और तदनुसार हाथी बांधने के लिए रघुनाथ द्वार से जुड़ा एक स्थान था। इसके बाद धीरे-धीरे धन और दान की अनुपलब्धता के कारण मंदिर वीरान हो गया और अब यह खंडहर है।

राम मोहल्ला - यह स्थान सागर के दक्षिण पश्चिम में किले के उच्चतम बिंदुओं में से एक पर स्थित है। यह उदासी महाराज (दादू संप्रदाय) का निवास स्थान था। उदासी महाराज द्वारा गाए गए मधुर भजन आज भी लोग याद करते हैं। वे बस्ती से भोजन और भिक्षा मांगकर अपना जीवन व्यतीत करते थे। साठ के दशक में उनकी मृत्यु के बाद यह जगह खाली पड़ी है और आज यह पूरी तरह से खंडहर है।

राम द्वार - यह स्थान सागर के दक्षिण में स्थित हैं और कबीर संप्रदाय के एक संत का निवास स्थान था। उन्होंने राम द्वार की दीवारों पर रंग-बिरंगे अक्षरों में कबीर वाणी लिखी थी। यह संत बस्ती से खाना भीख मांगकर अपना गुजारा करते। पचास के दशक में उनकी मृत्यु के बाद यह जगह खाली पड़ी है और आज यह पूरी तरह से खंडहर है।

उंडेश्वर महादेव मंदिर - भगवान शिव की मूर्ति मंदिर के आधार पर गहराई में रखी गई है। इसलिए मंदिर का नाम उंडेश्वर पड़ा। इसका निर्माण जोगी जंगम ने दसवीं शताब्दी में करवाया था। यह अब तक का सबसे पुराना और सक्रिय मंदिर है। यहां भक्त धूमधाम और अनुष्ठानों के बिना भजन आदि में लिप्त होते हैं।

आदिनाथ भगवान जैन मंदिर - यह मंदिर जैन, प्रथम तीर्थंकर आदिनाथ भगवान को समर्पित है। प्रतिष्ठित दिगंबर जैन मंदिर के रूप में गुम्बद पर सैकड़ों नग्न आकृतियाँ बनी हैं। मेहता गोकुल चंद द्वारा पुराने काम की नकल के साथ इनका पुनर्निर्माण और मरम्मत की गई थी।

पार्श्वनाथ जैन मंदिर – यह मंदिर कोटा के नगर सेठ केसरी मल बापना ने अपनी पत्नी नंद कंवर की याद में बनवाया था। नन्द कँवर भूत महल निवासी मेहता सरदार सिंह की बड़ी बहन थी। पार्श्वनाथ भगवान की मूर्ति को खूबसूरती से रंगीन कटे हुए कांच से सजाया गया है। इस मंदिर से उपाश्रय (स्थानक) और रसोई घर जुड़ा हुआ है, जहाँ आने वाले जैन भिक्षु और भक्त ठहर सकते हैं।

दिगंबर जैन मंदिर - यह आदिनाथ जैन मंदिर के उत्तर में है। इस मंदिर का जीर्णोद्धार किया गया है और नियमित रूप से पूजा-अर्चना की जाती है।

लक्ष्मी नारायण मंदिर - इसे मेहता देवीचंद ने अपनी मां लक्ष्मीबाई (मेहता अगरचंद की पत्नी) की याद में बनवाया था। यह आज पूरी तरह से खंडहर है।

राजा मोर ध्वज के महल - ऐसा माना जाता हैं कि राजा मोर ध्वज ने नवीं शताब्दी के दौरान इस किले से शासन किया था। महल आज पूरी तरह खंडहर है। ये महल दिगंबर जैन मंदिर से सटे हुए हैं।

रघुनाथ व्यास की हवेली - वह उन्नीसवीं शताब्दी में किलेदारों के महत्वपूर्ण सलाहकारों में से एक थे। ये अब दिगंबर जैन मंदिर के निकट पूरी तरह से खंडहर है।

मुस्लिम बस्ती - यह बस्ती किले के उत्तरी छोर पर सागरी पानी की टंकी के पास है। 18-19 वीं शताब्दी में मुगलों द्वारा किले पर कब्ज़े के दौरान मुस्लिम सैनिक और सहायक यहां रहते थे।

पीरगाह – किले के उत्तर-पूर्व में ओर सागरी से परे एक सूफी संत का कब्रिस्तान है, जहां मुसलमान आज भी नमाज पड़ने तलहटी से आते हैं।

तेजाजी का चबूतरा - यह चांद पोल से देव तालाब के रास्ते में हैं। हर साल सावन-भादो (जुलाई-अगस्त) के दौरान तेजाजी की याद में एक मेले का आयोजन किया जाता है, जो मेहता देवी चंद के समय एक बहादुर योद्धा थे और मराठों से लड़ते हुए शहीद हो गए थे। कहा जाता है कि यहां तेजाजी की आत्मा रहती है और गंभीर बीमारियों से ग्रसित लोग इस पवित्र आत्मा से अनुग्रह चाहते हैं।

17.12 किले के बाहर बच्छावत वंश से जुड़े रुचिकर स्थान और उनका महत्त्व

देव तलाब - इसका निर्माण मेहता देवीचंद ने उन्नीसवीं शताब्दी की शुरुआत में करवाया था। यह तलाब किले के उत्तरी छोर पर लेकिन बाहर और एक घाटी में स्थित है। इसके पूर्वी छोर पर

बांध है, जो आस-पास के खेतों में सिंचाई के लिए पानी की आपूर्ति करता है। सैकड़ों स्थानीय मवेशी इस झील में पानी और घास चरने के लिए आते हैं।

बिजासन माता मंदिर - यह मंदिर किले के उत्तर में लगभग 2-3 किमी दूर एक अन्य पहाड़ी पर स्थित है। इसका निर्माण उन्नीसवीं शताब्दी के अंत में किलेदार मेहता विट्ठलदास के द्वारा किया गया था।

गुप्तेश्वर महादेव मंदिर – यह भी किले के उत्तर-पूर्व में लगभग 2-3 किमी दूर गुफा में एक पहाड़ी पर स्थित है। पास में एक छोटी ताजे पानी की टंकी और पानी का एक मौसमी झरना है। श्रद्धालु अक्सर इस स्थान पर पिकनिक मनाने आते हैं। मंदिर स्थल पर मेहता अगरचंद के गुरु के पैरों के निशान (पगलिया) के साथ एक छत्री भी है।

त्रिवेणी - मांडलगढ़ से लगभग आठ किमी दूर भीलवाड़ा की सड़क पर तीन नदियों - बनास, बेडछ और मेनाली का संगम है, जिसे त्रिवेणी कहा जाता हैं। नदी के बीच में एक प्राचीन भगवान शिव मंदिर है, जिसके चारों ओर हमेशा कुछ पानी रहता है। शिवरात्रि (फरवरी-मार्च) के दौरान यहां वार्षिक मेला लगता है, जिसमें आज भी आसपास के गांवों के हजारों लोग भाग लेते हैं। पूर्व में मांडलगढ़ के किलेदार को सपरिवार मुख्य अतिथि के रूप में आमंत्रित किया जाता था। ऐसा माना जाता है कि यहाँ त्रिवेणी में महात्मा गांधी की कुछ अस्थियों को भी विसर्जित किया गया था।

ऊपर - घुडला नृत्य कि मटकियाँ

नीचे - करम चंद जी की गणगौर के साथ बीकानेर का बच्छावत परिवार

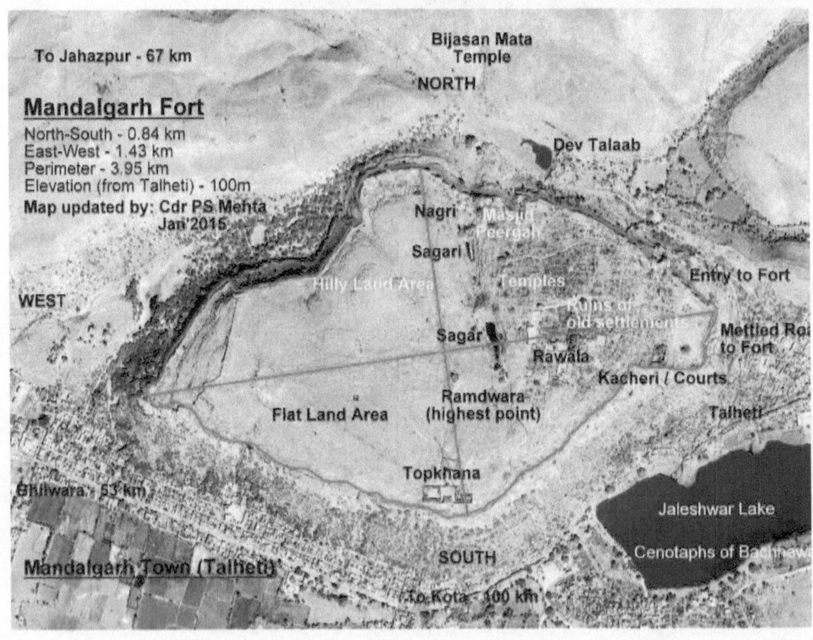

मंडलगढ़ का किला - सागर झील और गूगल नक्शा (सन् 2014)

North-west view of Fort from terrace of Rawala

Kachehari

Entrance to Mahal of Raja Roop Singh (17-18th Century)
Later during Mehta Agar Chand time (1822 AD)
- Topkhana (Cannon & Armoury Yard) & Karagrah (Jail)

Mahal - Raja Roop Singh of Kishangarh
Hatiyaar & Barood Grah (Armoury)
The Four Chatris were made by Mehta Jugal Kishore
to Honour the visit of Col Tod to the Fort in 1820

राजपूताना क्रॉनिकल
पराक्रम और परम्परा

परिशिष्ट

सभी तिथियां-वर्ष सामान्य युग (सी.ई./ए.डी. CE/AD) में हैं; स्टार (*) अनुमानित वर्ष को दर्शाता है। रा. - राज्य काल तथा ज. - जन्म-मृत्यु को दर्शाता है।

परिशिष्ट - 1

राजपूताना के सामंती प्रशासन में बच्छावत और उनके पूर्वज

Bachhawats & their Progenitors in the Feudal Administration of Rajputana

Deora Chauhan (Progenitors of Bachhawats) – Delwara (Mewar) Rulers	**From – To / Rao / Raja**
Deora Raja Sagar (Ruler – Delwara)	Reign* 1240-70 / Rana Jaitra Singh (Chittorgarh)
Deora Raja Bohitya (Ruler – Delwara)	Reign* 1270-1303 / Rana Samar Singh / Rana Ratan Singh (Chittorgarh)
Rana Shrikarn (Ruler – Delwara)	Reign* 1303-1330 / Maharana Hamir Singh I (Chittorgarh)
Deora Chauhan (Embraced Jainism / Bothra) - Patan	
Sanghpati Samdhar (B1320*/ Jainism – Khartargachh Acharya Jineshwar Suri ji)	Kheda (Kheda Nagar), Gujarat
Sanghpati Tejpal (B1340*)	Mantri – Patan, Gujarat
Sanghpati Kadua (B1360*)	Mantri – Chittorgarh – Maharana Lakha (Lakshya Singh - r.1382-1421) / Patan
Bachhraj (B1425*-1505)	Virampur, Marwar

Bachhawats (Birth-Death) – Jodhpur / Bikaner	**From – To / Rao / Raja**
Bachhraj (B1425*- D1505 Diwan / Jodhpur)	1453*-65* / Rao Jodha
Bachhraj (B1425*- D1505 Diwan / Bikaner)	1465/1488 - 1505 / Rao Bika
Bachhawat Karam Singh (Diwan)	1505-26 / Rao Naro / Lunkaran
Bachhawat Var Singh (Diwan)	1526-35 / Rao Jait Singh
Bachhawat Nagraj (Diwan)	1535-42 / Rao Jait Singh, Kalyan Mal
Bachhawat Sangram Singh (Diwan)	1542-71 / Rao Kalyan Mal
Bachhawat Mehta Karam Chand (B1542 - D1607/Dewan)	1571-92* / Rao Kalyan Mal & Raja Rai Singh
Bachhawat Mehta Bhag Chand (Mantri)	1619-20* / Raja Sur Singh
Bachhawat Mehta Lakshmi Chand (Mantri)	1619-20* / Raja Sur Singh
Mehtas (Birth-Death) / Pradhan / Munshi - Mewar	**From – To / Maharana**
Agar Chand (1735*-1799 / Pradhan)	1761-67 (Advisor), 1767-69, 1796-99 / Ari Singh II, Hamir Singh II, Bhim Singh
Devi Chand (1754-1827 / Pradhan)	1799-1802*, 1817*-18* / Bhim Singh
Sher Singh (1788- 1869* / Pradhan)	1827-29*, 1831-39, 1844-56 / Bhim Singh, Jawan Singh, Sardar Singh, Swarup Singh
Gokul Chand (1810-1878 / Pradhan)	1856-59, 1861-67, 1874-78 / Swarup Singh, Shambhu Singh
Sher Singh (1788 – 1869* / Regency Council)	1861-63 / Shambhu Singh
Pannalal (1843-1919 / Munshi)	1869-78 / Swarup Singh, Shambhu Singh, Sajjan Singh
Pannalal (1843-1919 / Pradhan)	1878-94 / Sajjan Singh, Fateh Singh
Mandalgarh – Kiledar	**From – To**
Agar Chand (1735*-1799)	1765-1799

Devi Chand (1754-1827)	1799-1820
Jugal Kishore (1800*-1842*)	1820-1842*
Swaroop Chand (1795*-1865*)	1842*-1865
Gokul Chand (1810-1878)	1865-1878
Vitthal Das (1852-1922)	1878-1935
Akshay Singh (1880-1947)	1935-1947
Jahazpur-Hakim	**From – To**
Sadaram (1765*-1835*)	1790-1835
Motiram (1787*-1839*)	1835-1838*
Mool Chand (1808*-1857*)	1838-1857*
Ajeet Singh (1833*- 1875*)	1857*-1860*
Murlidhar (1820*-1887)	1860*-1874, 1875-1876*
Laxmi Lal (1846*-1906) – Hakim & Army Commander	1876*-1888
Udai Lal (1895*-1963)	1930*-1935*
Chittorgarh – Hakim / Kiledar	**From – To**
Bhanji (1621-1651*) – Army Commander	1641*-1651*
Sher Singh – Kiledar (1788 - 1869*)	1818-27
Sita Ram – Kiledar & Hakim (1777*-1850*)	1827-50*
Sher Singh – Hakim (1788 - 1869*)	1860*-1861*
Girdhari Singh – Hakim (1841*-1900*)	1880-1885*
Hakim – Misc Districts	**From – To / Districts**
Prithviraj	1745-1764 (Nimbahera)
Sher Singh (1788 - 1869)	1857-1860* (Nimbahera)
Ajeet Singh (1833*- 1875*)	1851-1857 (Nimbahera)
Ajeet Singh (1833*- 1875*)	1861-1863 (Pur)
Raghunath Singh (1843*-1920*)	1868-1900* (Bagore, Saira, Rajnagar, Khamnor)
Girdhari Singh (1841*-1900*)	1878-1880* (Pur)

Takhat Singh (1855-1924)	1880-1920* (Girwa, Kapasan, Devasthan, Mahadraj Sabha)
Chatar Singh (1860*-1935*)	1885-1930 (Rashmi, Kapasan, Rajnagar, Mandalgarh, Bagore, Kumbhalgarh)
Jodh Singh (1866*-1916)	1896*-1915 (Treasury, Kapasan, Rashmi)
Fatehlal (1869*-1959)	1899*- 1946* (Mahadraj Sabha)
Madan Singh	1905*-1910* (Hurda, Pur, Khamnor)
Manohar Singh	1908-1917 (Kumbhalgarh, Sahara and Raj Nagar)
Naval Singh (1883*-1946)	1906-1946 (Sadri, Senti, Rashmi, Kapasan, Sarada)
Udai Lal (1895*-1963)	1916-40* (Rashmi, Kapasan, Chittor, Asind, Kumbhalgarh, Jahazpur)
Sangram Singh (1892*-1968)	1915-1950* (Secretary Mahadraj Sabha / Registrar Rajasthan High Court)

* Estimated year

Notes:

- The *Pradhan* was the highest bureaucratic administrator, along with military powers in the state of Mewar. He was appointed directly by the Maharana, and he was responsible for all administrative, military, fiscal, social, cultural and other matters directly to the throne. He would lay down codes for the court manners, appointments, and dismissals of Jagirdars and other persons in consultation with Maharana. In later nineteenth century for a short while, the office of Pradhan was replaced by the office of Secretary (Munshi) to Mahakma Khas, which was without the military power.
- The *Kiledars* and *Jagirdars* were also appointed by the Maharana to assume charge of the fort or the jagir through the rituals of Talwar-bandi (tying of the sword). On this ceremony itself, the Kiledar or Jagirdar had to pay a substantial gift to Maharana. The Maharana in turn, issued documents specifying the territory and the terms under which the Kiledar or Jagirdar would render military service or cause it to be rendered through horsemen, kinsmen and other Rajputs. They were required to maintain law and order in the territory under their command and appoint a petty officer for the

collection of revenue and settlement of judicial matters. It is estimated that the nobles, Kiledars and Jagirdars, in first category had annual incomes above one lakh rupees, those in second category fifty thousand rupees and those in third category twenty thousand rupees. The Kiledars and Jagirdars were authorised to levy taxes within their territories and the fines imposed by the Maharana from their own subjects. The Bachhawat Mehtas were basically official Jagirdars, but never conferred upon the hereditary rights.

- The *Hakims* (हाकिम) were also appointed by the Maharana. When the given jagir or Kiledari was taken away by the Maharana, he appointed a new person to look after the work of jagir or fort known as Hakim. He too had all powers of Kiledar or Jagirdar. He looked after court matters, revenue collection and general administration. Some Hakims were also conferred military powers to lead the Mewar army to protect sovereignty of the state and contain any internal revolutionary activities.

परिशिष्ट - 2

बच्छावत योद्धा: युद्ध और बलिदान का वर्णन

(1240-1890)

समय/ काल	नाम - युद्ध / वीरगति	राजा - साथ दिया	युद्ध स्थान	युद्ध - किसके विरुद्ध
1240-70*	राजा सागर - युद्ध	राणा जैत्र सिंह	चित्तौड़गढ़ देलवाड़ा	सुल्तान अहमद शाह / मोहम्मद गौरी - गुजरात सुल्तान शम्सुद्दीन इल्तुतमिश – दिल्ली
1303	**राजा बोहित्य – वीरगति**	राणा रतन सिंह	चित्तौड़गढ़	अलाउद्दीन खिलजी
1330*	**राणा श्रीकर्ण – वीरगति**	महाराणा हमीर सिंह प्रथम	मछिन्द्रगढ चित्तौड़गढ़	मोहम्मद बिन तुग़लक़
1500*	दीवान बच्छराज – युद्ध	राव बीका	बीकानेर / हिसार	सुल्तान बहलोल लोधी / सारंग खान
1526	**दीवान करम सिंह –वीरगति (भोमिया की उपाधि)**	राव लूणकरण	नारनौल	बाबर
1535*	**दीवान वर सिंह – वीरगति**	राव जैत सिंह	बीकानेर	हाजी खान लोधी
1542*	दीवान नगराज	राव जैत सिंह (वीरगति) / राव कल्याणमल (राजतिलक)	बीकानेर	राव मालदेव (जोधपुर)
1573-83*	दीवान करम चंद	राजा राय सिंह	नागौर, जालौर, गुजरात, सिंध	सुल्तान मिर्ज़ा इब्राहिम, मोहम्मद हुसैन मिर्ज़ा, नवरंग खान (गुजरात), बलूची सुल्तान
1592*	दीवान करम चंद	बादशाह अकबर	उपरी सिन्धु घाटी / कश्मीर	सुल्तान याकूब (अफ़ग़ानिस्तान) - युद्ध और वार्तालाप से संधि

समय/ काल	नाम - युद्ध / वीरगति	राजा - साथ दिया	युद्ध स्थान	युद्ध - किसके विरुद्ध
1672-80	**भांजी मेहता, सेना नायक – वीरगति**	महाराणा राज सिंह प्रथम	किशनगढ़ उदयपुर	ओरंगजेब की मुग़ल सेना
1767-99	प्रधान मेहता अगरचंद – वीरगति मेहता दीप चंद (1788)	महाराणा अरि सिंह द्वितीय, हमीर सिंह द्वितीय और भीम सिंह	मांडलगढ (1764) उज्जैन (1769) जावड (1788) गांगर, नाहर मगरे (1790) कुम्भलगढ़ (1792) जहाजपुर (1799)	मराठा तथा छोटे सरदार (चुण्डावत / शक्तावत) – अगर चंद की मृत्यु मांडलगढ किले में घायल होने पर
1820-42	**क़िलेदार मेहता जुगल किशोर – वीरगति**	महाराणा सरदार सिंह और स्वरूप सिंह	गुजरात	गुजरात सुलतान
1835-38	हाकिम मेहता मोतीराम (जहाजपुर)	महाराणा जवान सिंह	खेराड / महुआ (1836)	मीणा / धाँगड़ द्वारा उपद्रव और अवज्ञा
1844-56	प्रधान मेहता शेर सिंह	महाराणा स्वरूप सिंह	लावे (1844) लुहारी (1851) निम्बाहेडा (1857)	ठाकुर छत्र सिंह मीणा – उपद्रव ग़दर के बागियों
1859-61	प्रधान मेहता गोकल चंद	महाराणा स्वरूप सिंह	आर्गिया (1859) रूपाहेली (1861)	रावत बाघ सिंह – बागी
1857	**हाकिम मेहता मूल चंद (जहाजपुर) -वीरगति**	महाराणा स्वरूप सिंह	धाँगड़ महुआ गाँव (मालवा सीमा) – 1857	धाँगड़ ठाकुर
1857	हाकिम मेहता अजीत सिंह	महाराणा स्वरूप सिंह	जहाजपुर	मीणा / डाकू
1862	**किलेदार मेहता सवाई सिंह – वीरगति**	महाराणा शंभू सिंह	निम्बाहेडा	गुजरात के मुसलमान शासक

समय/ काल	नाम - युद्ध / वीरगति	राजा - साथ दिया	युद्ध स्थान	युद्ध - किसके विरुद्ध
1876	प्रधान मेहता गोकलचंद	महाराणा सज्जन सिंह	नाथद्वारा	नाथद्वारा के गोसाई गिरधारी लाल - अविश्वास एवं अवज्ञा
1876	हाकिम और सेना नायक मेहता लक्ष्मीलाल (जहाजपुर)	महाराणा सज्जन सिंह	धाँगड़ महुआ गाँव (मालवा सीमा)	धाँगड़ जाति द्वारा उपद्रव और अवज्ञा
1884	हाकिम और सेना नायक मेहता लक्ष्मीलाल (जहाजपुर)	महाराणा सज्जन सिंह	बोइड़ा	रावत केसरी सिंह द्वारा अवज्ञा

परिशिष्ट - 3

मेवाड़ के शासक

Rulers of Mewar

Reference: Eternal Mewar-http://www.eternalmewar.in/mewar_encyclopedia

Guhilot rulers at Chittor - Rawal

	Name	Reign Began C.E.	Reign Ended C.E.
1	Kalbhoj *Bappa Rawal*	734	753
2	Khuman I	753	773
3	Matatt	773	793
4	Bhartri Batt I	793	813
5	Sinha	813	828
6	Khuman II	828	853
7	Mahayak	853	878
8	Khuman III	878	942
9	Bhartri Batt II	942	943
10	Allat – He establishes a new capital at ancient Ahar. 953 AD death of Allat. No successor for 8 years while Parmaras attack Ahar. Parmara king Vakpati of Malwa rules Chittor.	951	953

Guhilot rulers at Ahar – Rawal

Name		Reign Began C.E.	Reign Ended C.E.
1	Narwahan	971	973
2	Shalivahan	973	977
3	Shakti Kumar	977	993
4	Amba Prasad	993	1007
5	Shuchi Varma	1007	1021
6	Nar Varma	1021	1035
7	Keerti Varma	1035	1051
8	Yograj	1051	1068
9	Vairath	1068	1088
10	Hanspal I	1088	1103
11	Vair Singh	1103	1107
12	Vijai Singh	1107	1127
13	Ari Singh I	1127	1138
14	Chaud Singh	1138	1148
15	Vikram Singh	1148	1158
16	Ran Singh	1158	1168
17	Kshem Singh (Khet Singh)	1168	1172

Guhilot rulers at Dungarpur – Rawal

	Name	Reign Began C.E.	Reign Ended C.E.
1	Samant Singh - Rao Kirtipal of Jalore invades Ahar and dislodges Samant Singh. Settles Deora Chauhans around Ahar. Rawal Samant Singh shifts capital to Dungarpur. *	1172	1179
2	Kumar Singh – Kumar Singh takes back Ahar from Rao Samar Singh, son of Kirtipal. * Relocates capital to Nagda.	1179	1191
3	Mathan Singh - Fought alongside Prithviraj Chauhan against Muhammad of Ghor & was one of the few Rajput rulers to survive.	1191	1211
4	Padam Singh - His successor moves the seat of government to Nagda.	1211	1213

* Extract from the personal diary written in 1939 by Mathura Nath Purohit, Master of Ceremonies, Mewar,

Guhilot rulers at Nagda – Rawal

	Name	Reign Began C.E.	Reign Ended C.E.
1	Jaitra Singh - Recovered Chittor after the fall of Malwa to Sultan Iltutmish.	1213	1253

Guhilot rulers at Chittor – Rana

	Name	Reign Began C.E.	Reign Ended C.E.
1	Jaitra Singh	1213	1253
	Mewar without a ruler for eight years	1253	1262
2	Tej Singh	1262	1273
3	Samar Singh	1273	1302
4	Ratan Singh I - Siege of Chittor by Alauddin Khilji & conquest of Mewar by Delhi Sultanate (Chittorgarh under Songara Maldev ruler of Jalore / Alaudin Khilji from 1303 - 26)	1302	1303

Sisodia Dynasty at Chittor – Maharana

	Name	Reign Began C.E.	Reign Ended C.E.
1	*Maharana* Hamir Singh I - First to take the title of Maharana of Mewar (Hamir defeated Muhammad Tughlaq with Badgujars as his main allies. The Mewar re-established their supremacy within 50 years of the sack of Chittorgarh and recaptured in 1353).	1326	1364
2	*Maharana* Kshetra Singh - Takes Ajmer and Mandalgarh	1364	1382
3	*Maharana* Lakha - Takes remaining Mewar territories from Delhi. Killed in Battle.	1382	1421
4	*Maharana* Mokal – Marwar (Rao Ranmal of Mandor) invades Mewar and Mokal is assassinated at age 24. His elder brother, Chunda, is called back to safeguard Mewar. In 1427, Rao Ranmal of Mandor becomes administrator of Chittor for Muhammad Khilji of Malwa.	1421	1433

	Name	Reign Began C.E.	Reign Ended C.E.
5	*Maharana* Kumbha – Rao Ranmal continued as administrator of Mewar at the side of Rana Kumbha. In 1438, Rana Kumbha decided to end the power sharing arrangement, and had Rao Ranmal assassinated in Chittor. Rana Kumbha defeated Muhammad Khilji of Malwa and kept him as prisoner at Chittor for six months. He also gained victories over Kutb-ud-din of Gujarat.	1433	1468
6	*Maharana* Udai Singh I	1468	1473
7	*Maharana* Rai Mal	1473	1509
8	*Maharana* Sangram Singh I (Rana Sanga) - Defeated at the Battle of Khanwa by Mughal Emperor Babur in 1527.	1509	1527
9	*Maharana* Ratan Singh II	1528	1531
10	*Maharana* Vikramaditya	1531	1537
11	*Maharana* Banbir Singh – In 1536, Vikramaditya was assassinated by Banbir. Panna Dhai, Udai's nurse, substitutes her own son Chandan for the Prince. Banbir slays Chandan. Panna secretly smuggles Udai to the safety of Kumbhalgarh. Banbir usurps throne.	1537	1540
12	*Maharana* Udai Singh II – He lost Chittor to Mughal Emperor Akbar on February 25, 1568. He moved his capital to Udaipur.	1540	1568

Sisodia Dynasty at Udaipur

	Name	Reign Began C.E.	Reign Ended C.E.
1	*Maharana* Udai Singh II	1568	1572
2	*Maharana* Pratap Singh I - In 1576, Pratap meets Mughal army led by Man Singh at Haldighati. Hopelessly outnumbered, forced to retire. Mughals failed to conquer Mewar. In 1582, Pratap motivated his soldiers to fight back. The two groups – one under Maharana Pratap himself and other under Kunwar Amar Singh and battle of Dewair was fought. Pratap secured the decisive victory in battle of Dewair, and it resulted in permanent closure of 36 Mughal check posts in Mewar. Additionally, close to 36,000 Mughal soldiers surrendered. Maharana Pratap continued his fight against Mughal empire and soon was able to recover all of Mewar, except Chittorgarh.	1572	1597
3	*Maharana* Amar Singh I	1597	1620
4	*Maharana* Karan Singh II	1620	1628
5	*Maharana* Jagat Singh I	1628	1652
6	*Maharana* Raj Singh I	1652	1680
7	*Maharana* Jai Singh	1680	1698
8	*Maharana* Amar Singh II	1698	1710
9	*Maharana* Sangram Singh II	1710	1734
10	*Maharana* Jagat Singh II	1734	1751
11	*Maharana* Pratap Singh II	1751	1754
12	*Maharana* Raj Singh II	1754	1761
13	*Maharana* Ari Singh II	1761	1773
14	*Maharana* Hamir Singh II	1773	1778
15	*Maharana* Bhim Singh	1778	1828
16	*Maharana* Jawan Singh	1828	1838
17	*Maharana* Sardar Singh	1838	1842
18	*Maharana* Swarup Singh	1842	1861
19	*Maharana* Shambhu Singh	1861	1874

	Name	Reign Began C.E.	Reign Ended C.E.
20	*Maharana* Sajjan Singh	1874	1884
21	*Maharana* Fateh Singh	1884	1930
22	*Maharana* Bhupal Singh	1930	1956
23	Maharana Bhagwat Singh - Last ruler of Mewar (Udaipur)	1956	1984
24	Shriji Arvind Singh	1984	Present

Maharana Bhagwat Singh passed away on 2 November 1984. On 28 December 1971, India amended its Constitution to remove the position of the rulers of princely states and their right to receive privy-purse payments, thus making him the last ruler of Udaipur.

He has 2 son's elder Mahendra singh and younger Arvind singh. Before his death he made a trust named: Maharana Mewar Foundation and younger son Arvind Singh looks after the trust and lives in city palace Udaipur.

परिशिष्ट - 4

बीकानेर के शासक

Rulers of Bikaner

Reference: Bikaner State (Wikipedia) - https://en.wikipedia.org/wiki/Bikaner_State

SN	Titles / Rulers / Dynasty (Rathore)	Reign Began	Reign Ended
1	Rao Bika – Son of Rao Jodha (Jodhpur) in 1465 went out to build a new state at Jangladesh, along with his uncle Rao Kandhal, adviser Bachhraj and others. In 1488 it was founded as state of Bikaner.	1488	1504
2	Rao Nar Singh	1504	1505
3	Rao Lunkaran	1505	1526
4	Rao Jait Singh	1526	1542
5	Rao Kalyanmal – acknowledged the suzerainty of Emperor Akbar in 1570	1542	1574
6	Rao / Raja Rai Singh I – important General in the Mughal army. Given title of Raja. From 1585 to 1594 he was employed in the Deccan by Emperor Akbar, where he was Subedar of Burhanpur.	1574	1612
7	Raja Dalpat – Sur Singh revolted against his elder brother Dalpat Singh and killed him along with his guards with the consent of Emperor Jahangir.	1612	1613
8	Raja Sur Singh	1613	1631
9	Raja Karan Singh – deposed by Aurangzeb and exiled to Karanpura in the Deccan. 1667-69 Interregnum.	1631	1667
10	Maharaja Anup Singh – first to be granted title of Maharaja by Aurangzeb	1669	1698
11	Maharaja Sarup Singh – died early from smallpox	1698	1700
12	Maharaja Sujan Singh – ordered to attend Emperor Aurangzeb in the Deccan, where he remained for ten years	1700	1735

SN	Titles / Rulers / Dynasty (Rathore)	Reign Began	Reign Ended
13	Maharaja Zorawar Singh	1735	1746
14	Maharaja Gaj Singh – the first of his line granted permission to mint his own coinage by Emperor Alamgir II	1746	1787
15	Maharaja Rai Singh II	1787	1787
16	Maharaja Pratap Singh – poisoned by his uncle Surat Singh	1787	1787
17	Maharaja Surat Singh – he incurred huge debts due to his military adventures. Entered the protection treaty with East India Company	1787	1828
18	Maharaja Ratan Singh – received hereditary title of Narendra Maharaja from Emperor Akbar Shah II and assisted the British during First Afghan War of 1841	1828	1851
19	Maharaja Sardar Singh – assisted the British during the Indian Uprising of 1857.	1851	1972
20	Maharaja Dungar Singh – assisted the British during Second Afghan War	1872	1887
21	Maharaja (Hon Maj General) Sir Ganga Singh – served in the First World War 1914-15. Member of the Imperial War Cabinet and served the British Royal family	1887	1943
22	Maharaja Lt Gen Sir Sadul Singh	1943	1950
23	Maharaja Karni Singh – Member of Parliament for Bikaner, (1952–1977). On 28 December 1971, India amended its Constitution to remove the position of the rulers of princely states and their right to receive privy-purse payments, thus making him the last ruler of Bikaner.	1950	1971
	Assumed Headship of Royal family		
	Karni Singh	1971	1988
	Narendra Singh	1988	2003
	Ravi Raj Singh	2003	2022

परिशिष्ट - 5

मंत्रिश्वर करमचंद बच्छावत निसाणी

कवि मल्ल कृत्

मल्ल कवीसर नाम ले पूरण ब्रह्म जहान का
जिणधरती नीरनै निरधार धर्या असमान का
तिस पीछे समरू शारदा मोहि अंक बतावै ज्ञान का
आदि वरणो करम चंद नाम लिऊँ पुरखान का ।। 1 ।।

सागर राजा देवड़ा नाडूल पहिले थान का
जिण देवलवाड वसाइके माल लिया मलवाब का
तिस पाटे उदा बोहित्थ राऊ जिण देश उजाल्या भान का
राणों भयौ करण राव जिण गढ़ लिया मछंदर आन का ।। 2 ।।

जिण गिरंद नवा गढ़ गल्या कालयवन खुरसान का
सब साह समंधर उधरे जिणजैन धर्या जीय ध्यान का
शेत्रुन्ज गिरनार जाई करि नाम कहाया दान का
फोफलिया भया तेजपाल धन सायर सातम मान का ।। 3 ।।

वील्हा मुंहता मंडली मूल मंत्री कुली दीवान का ।
कडवा मुंहता माहित था चीत्तोड़ हुकम गढ़ रान का ।
मेर मुंहता मेर ही रिण खांग कमर करबान का ।
मांडन मुंहता भीव जाणी भुज अरजन जैसे बाण का ।। 4 ।।

उदा मुंहता मारका जिण संघ बली वे वान का ।
नागदे मुंहता देत ही कुल आलम सवे विहान का ।
जेसल मुंहता करण जाण दे कंचन बारह वान का ।। 5 ।।

कहुं मुंहता करमसी जिण पण राख्या वीकाण का ।
वरसिंघ मुंहता ऊजला उजेलै दादा नान का ।
नगराज मुंहता राजवी बल बोलनको अभिमान का ।। 6 ।।

अब संग्राम पाटे गढ़पति चढ़ी दिल्ली भज्या खत्रीयान का ।
अब कर्मचन्द अवल्लीया जिण कोट करै अवराण का ।
जिण पैंतीसे दूरभाख्य में वड दान दिया धन धान का ।
लाहौर महोछव करमचंद किया जुगपरधान का ।। 7 ।।

पद बड़ा जिनसिंहसूरि करि आदर बहुमान का ।
वे कीमति खरच्यो दरब कोइक मलि करैन बियान का ।
सवा कोडी नव हाथिया नव गांव पांचसै ऐराकी रान का ।
भागचंद को द्वा करै कुल आलम सबै जिहान का ।। 8 ।।

खग्ग तपै तिहुं लोकमें लिखमीचंद सुजान का ।
गुरकै नातै मल्ह्कुं गांव दिया तोसाम का ।
परिवार अमर करमे तदा जा जब लग नाम पुराण का ।
वे करमचंद मंत्री भया दिल्ली के सुलताण का ।। 9 ।।

।। इति करमचंदरी निसाणी कवि मल्हरी कही ।।

स्रोत: मंत्री करमचन्द्र बच्छावत, लेखक: भंवरलाल नाहटा, प्रकाशन 2009, (पृष्ठ 118)

परिशिष्ट - 6

वंशावली - बच्छावत वंश (सन् 1140 - 1900)

मास्टर टेबल - दीवान बच्छराज से करम चंद से भांजी मेहता

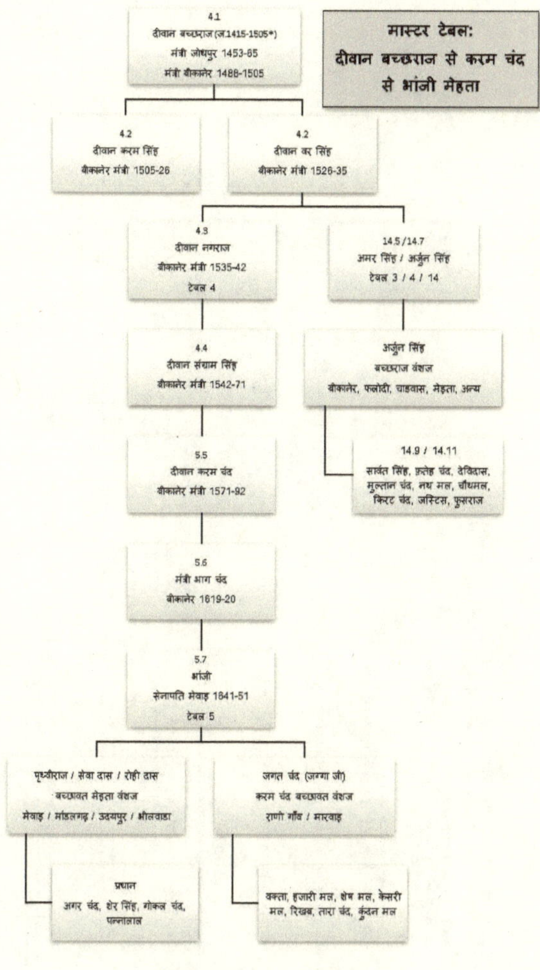

Compiled by Pratap Mehta / 2023

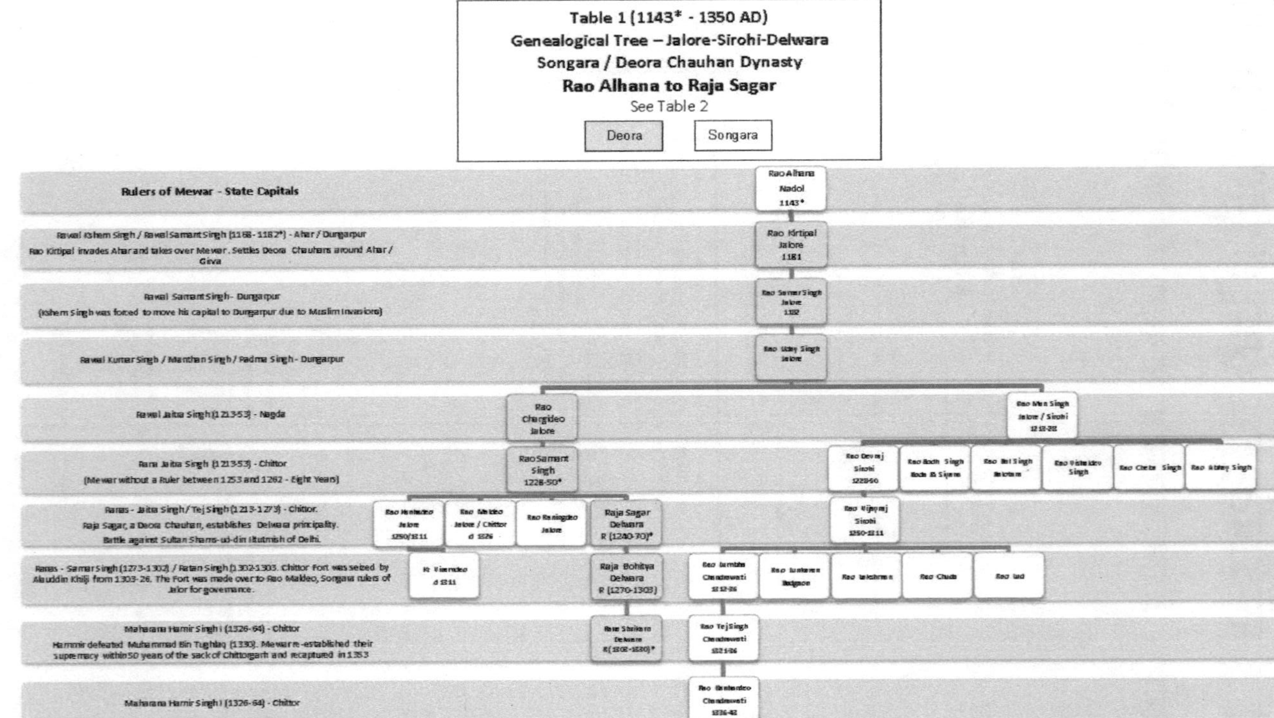

Eminent Historian Rai Bahadur Gaurishankar Ojha writes, *"The information regarding genealogy of Deora Chauhans, available from the different books of 'Bhaats' (story tellers) and inscriptions, is full of contradictions and the names are at variance. There is a difference of opinion among historians as well, regarding genealogy of Songara and Deora Chauhans".*

Prepared by Pratap Singh Mehta / 2015

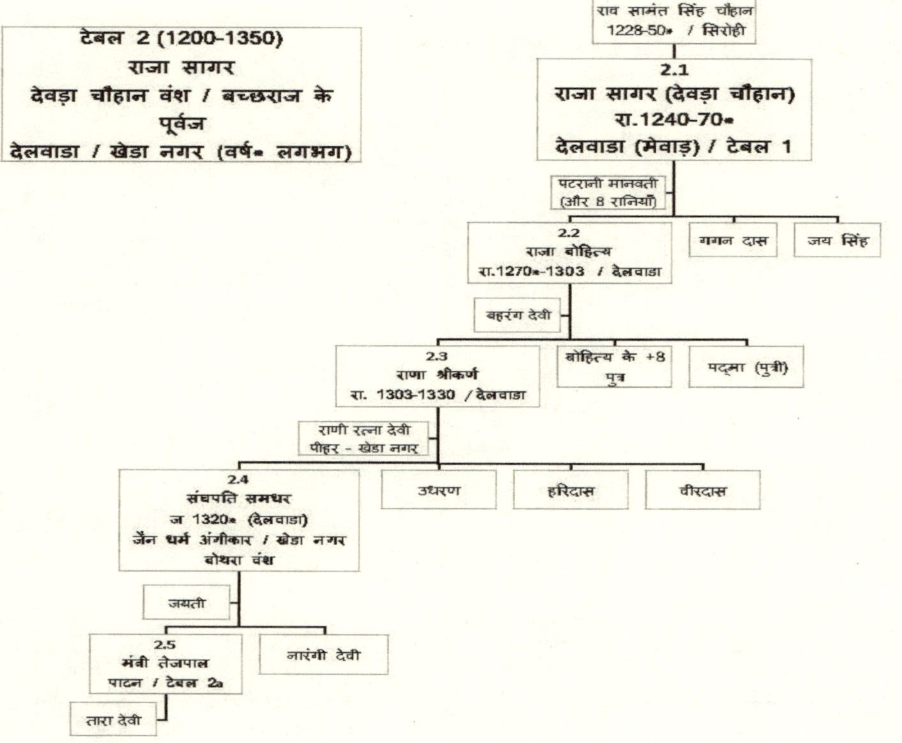

Compiled by Bhanwar Lal Nahata / Pratap Mehta / 2023

टेबल 2a (1350-1425)
मंत्री तेजपाल
देवड़ा चौहान वंश / बच्छराज के पूर्वज
पाटन / वीरमपुरा (वर्ष* लगभग)

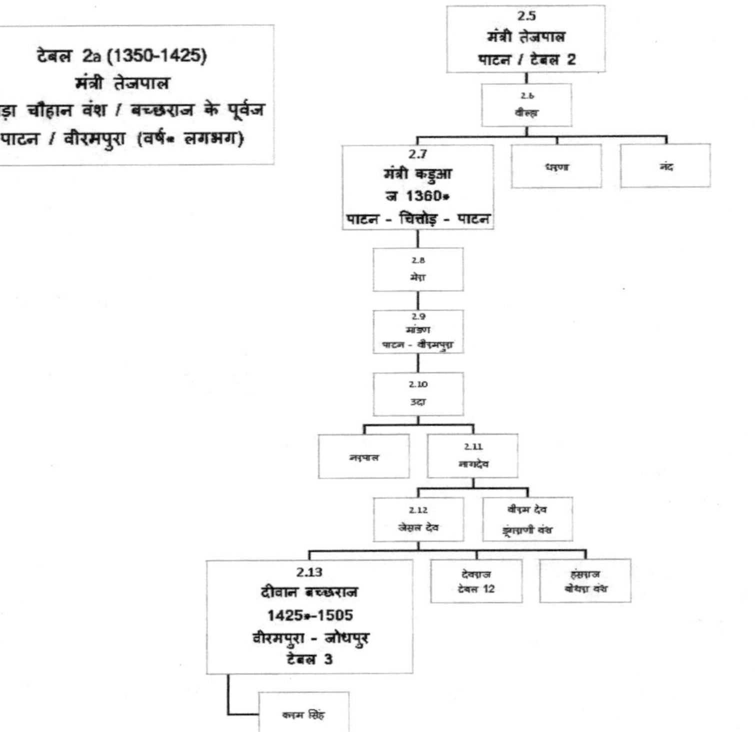

Compiled by Bhanwar Lal Nahata / Pratap Mehta / 2023

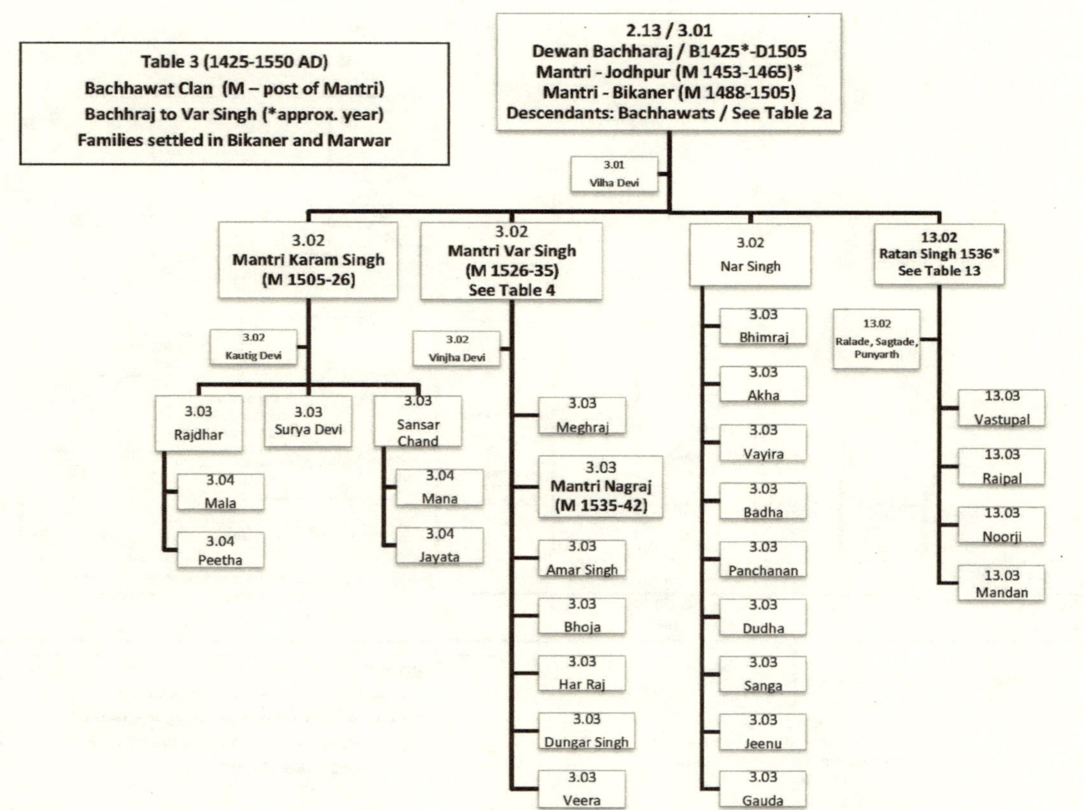

Complied by Bhanwar Lal Nahata / Pratap Singh Mehta / 2023

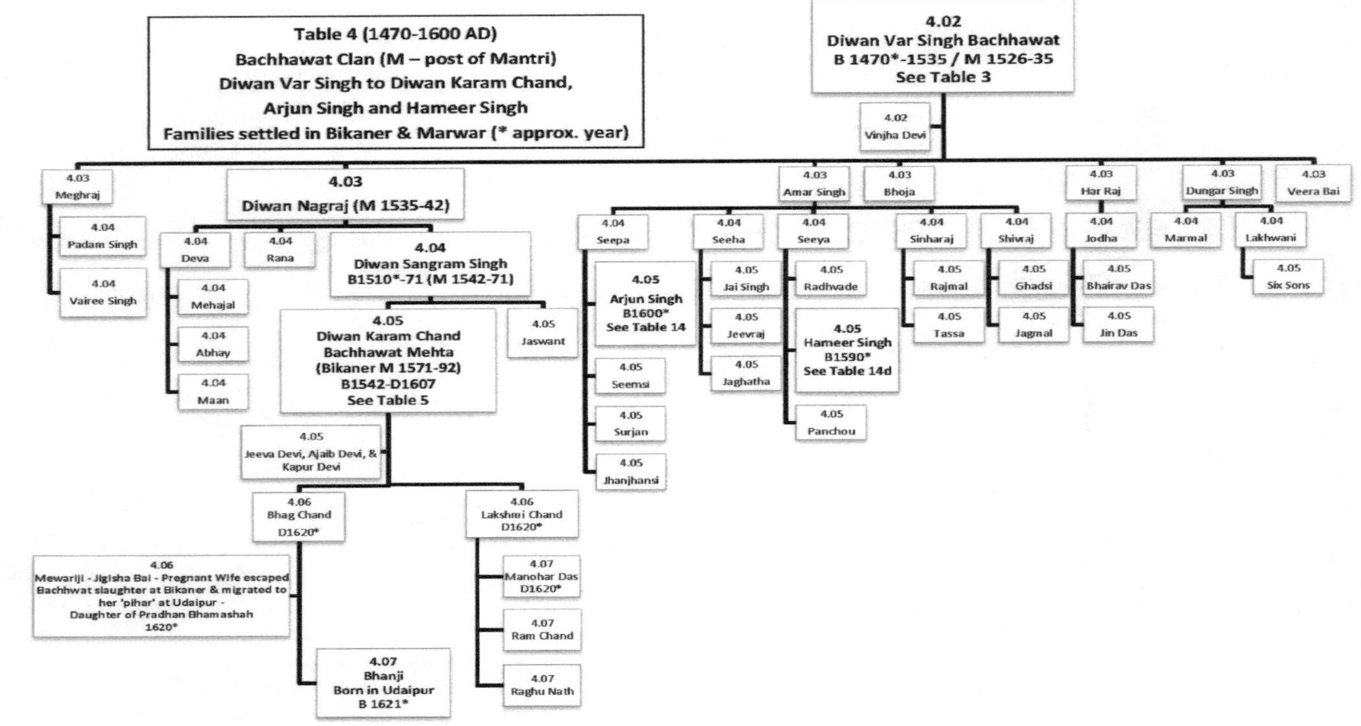

Compiled by Bhanwar Lal Nahata / Pratap Singh Mehta / 2023

Table 5 (1550-1700 AD)
Bachhawat Mehtas
Karam Chand to
Kishan Das / Sawa Das / Rohi Das / Prithviraj / Jagat Chand
Udaipur / Chittorgarh

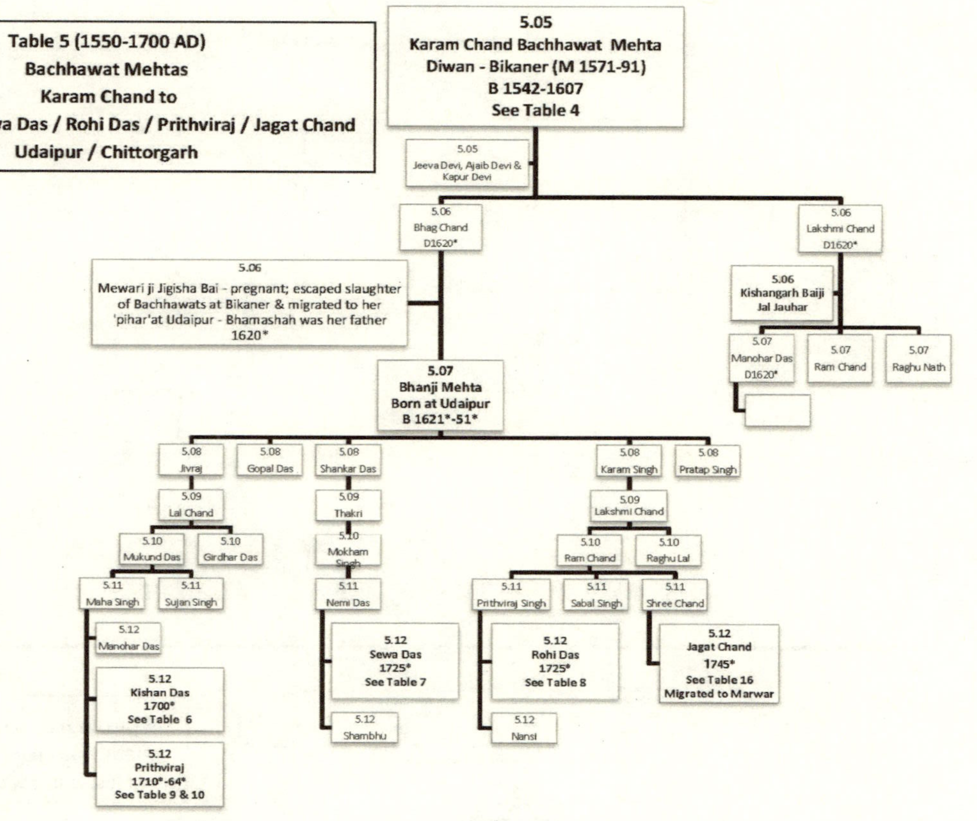

Compiled by Lakshman Singh Mehta / Pratap Singh Mehta / 2023

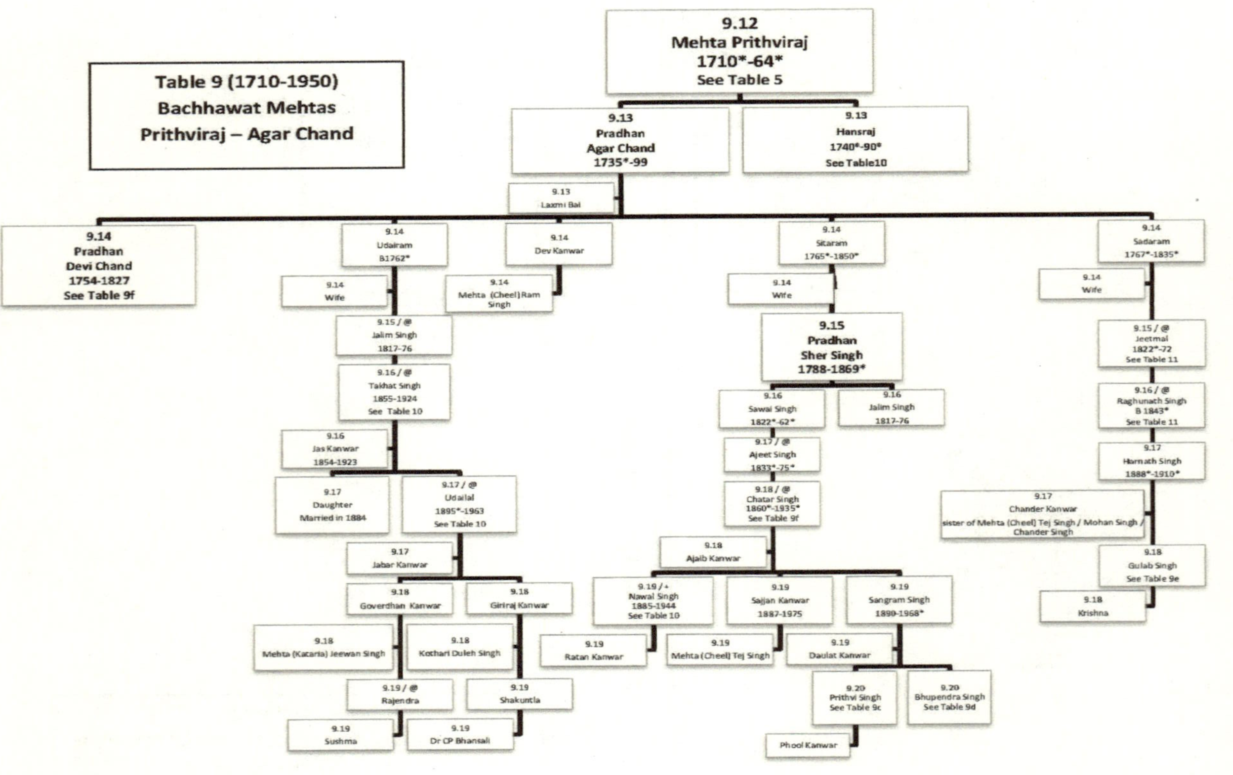

Compiled by Pratap Singh Mehta / 2023

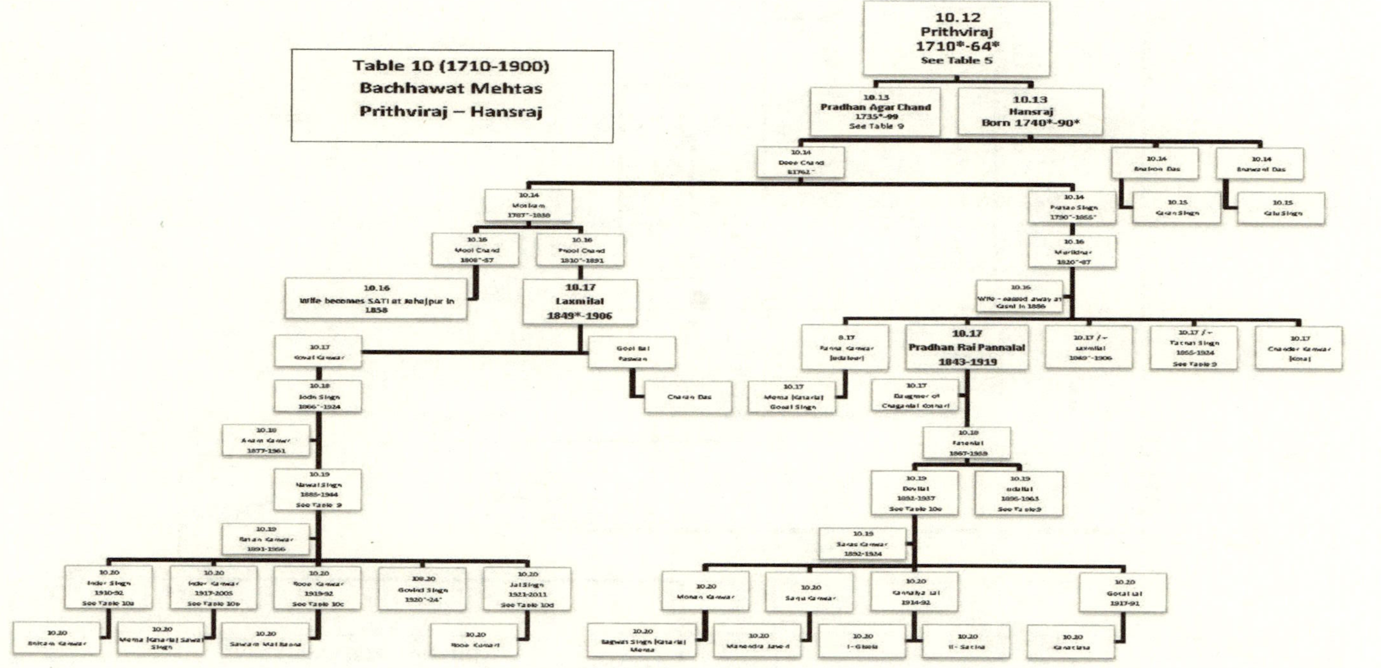

Compiled by Pratap Singh Mehta / 2023

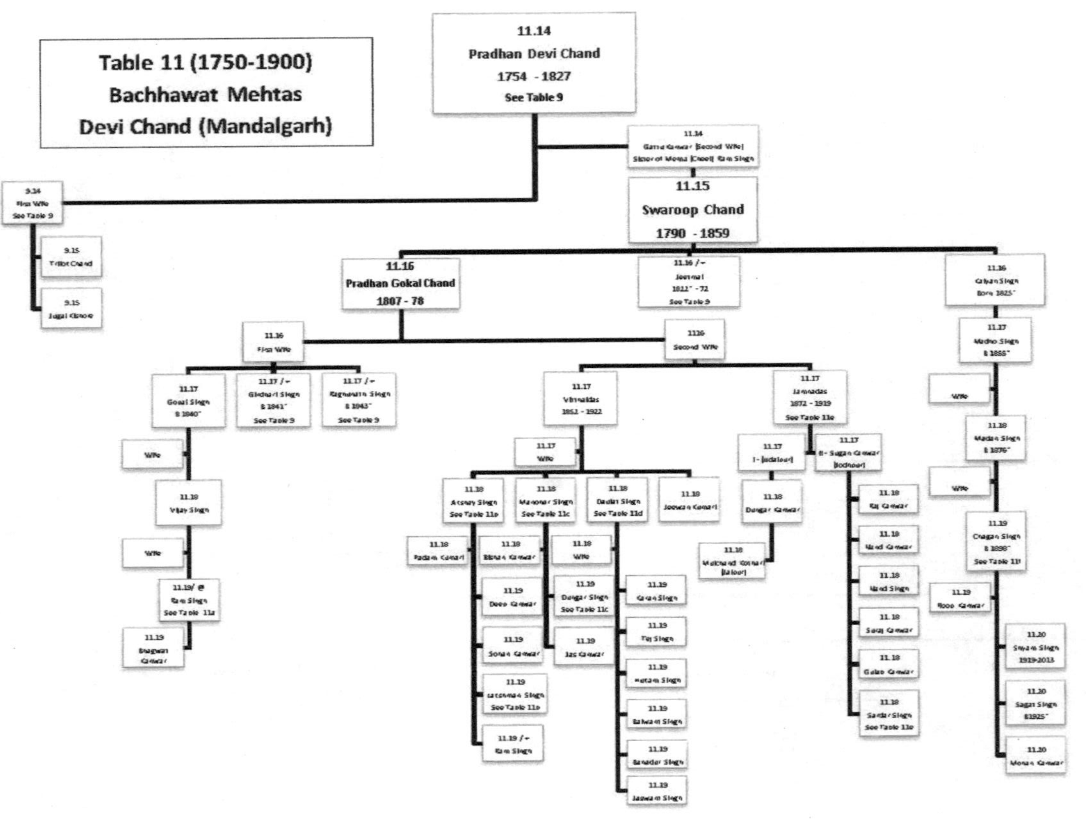

Prepared by Pratap Singh Mehta / 2015

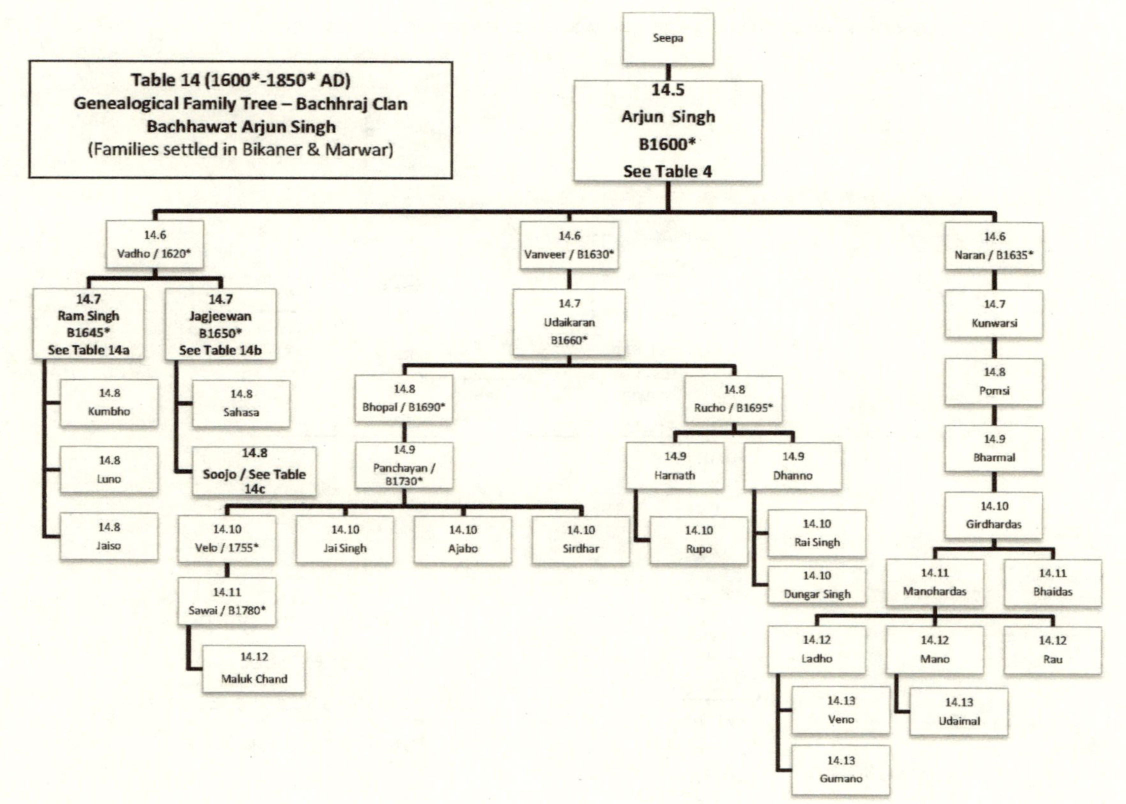

Prepared by Pratap Singh Mehta / 2015

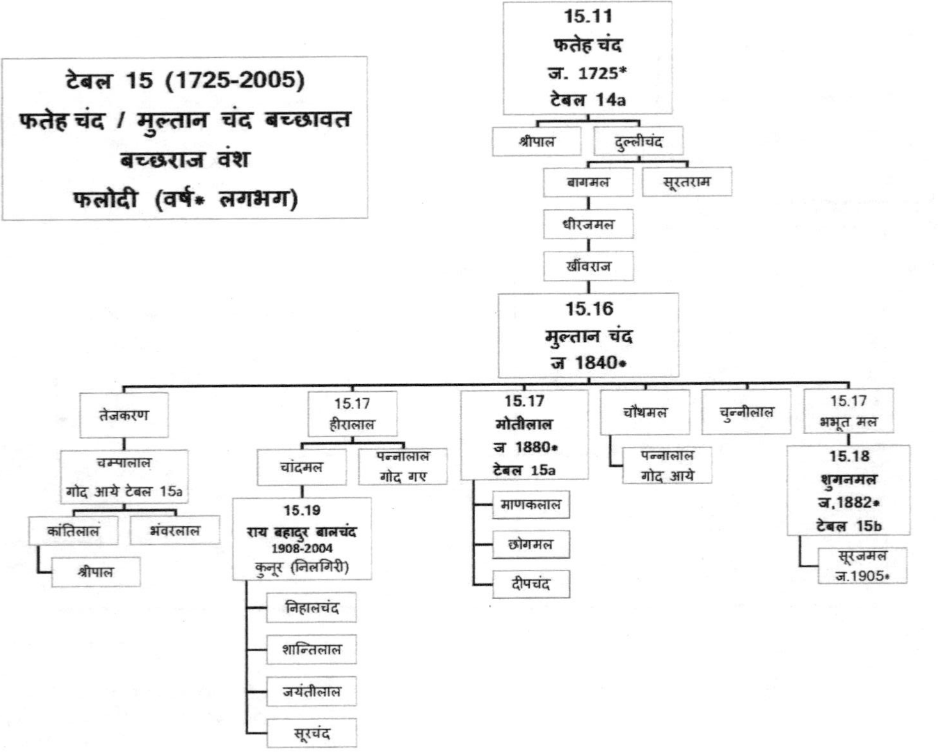

Compiled by Pratap Mehta / Sudhir Kumar Bachhawat / Hukmi Chand Mehta / 2023

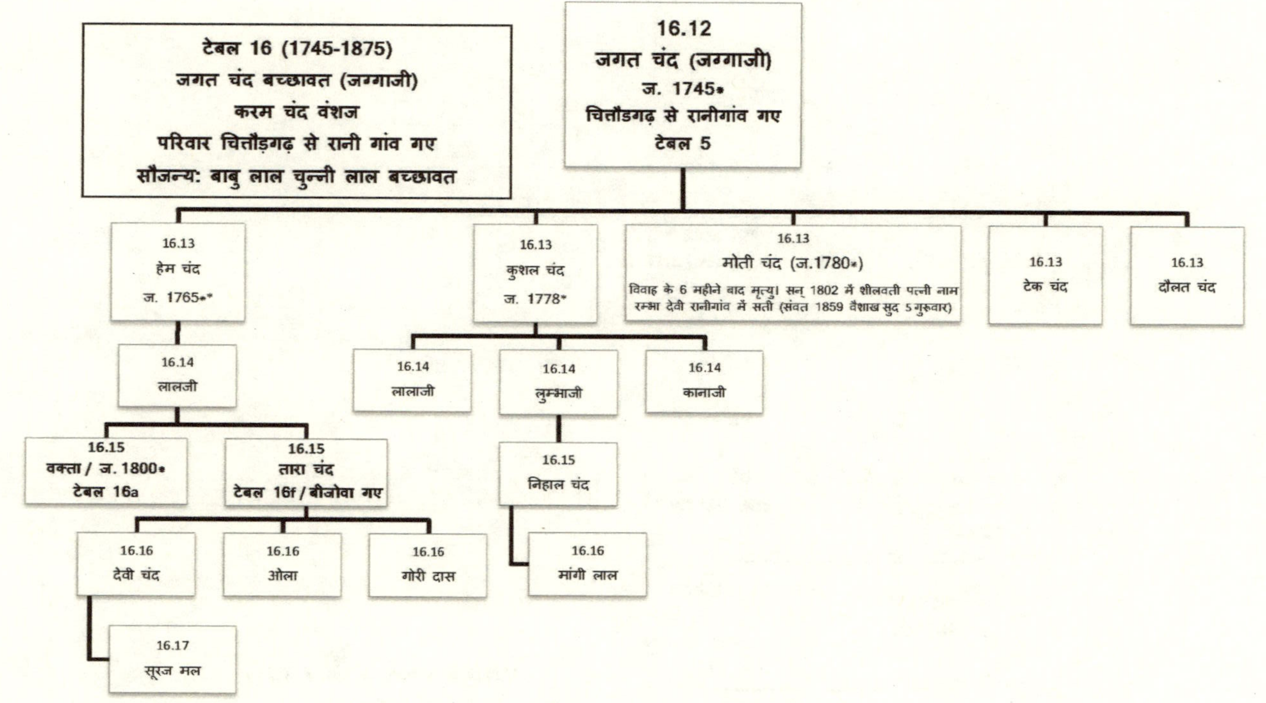

Compiled by Pratap Mehta / Babu Lal Chunni Lal / 2023

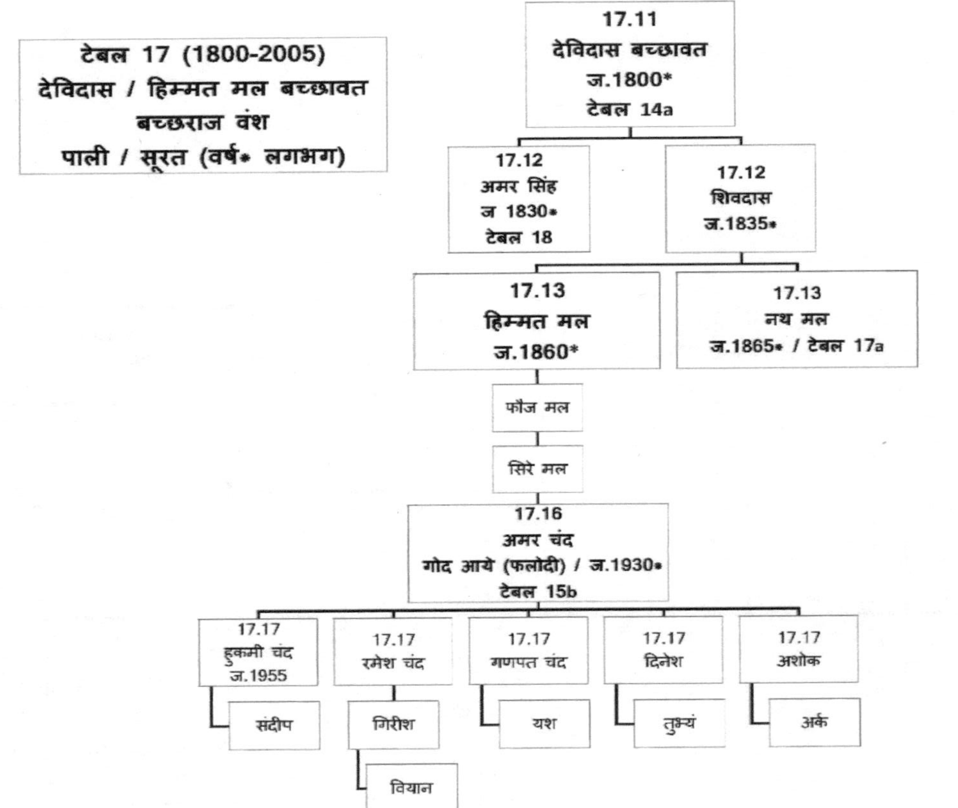

Compiled by Pratap Singh Mehta / Hukmi Chand Mehta / 2023

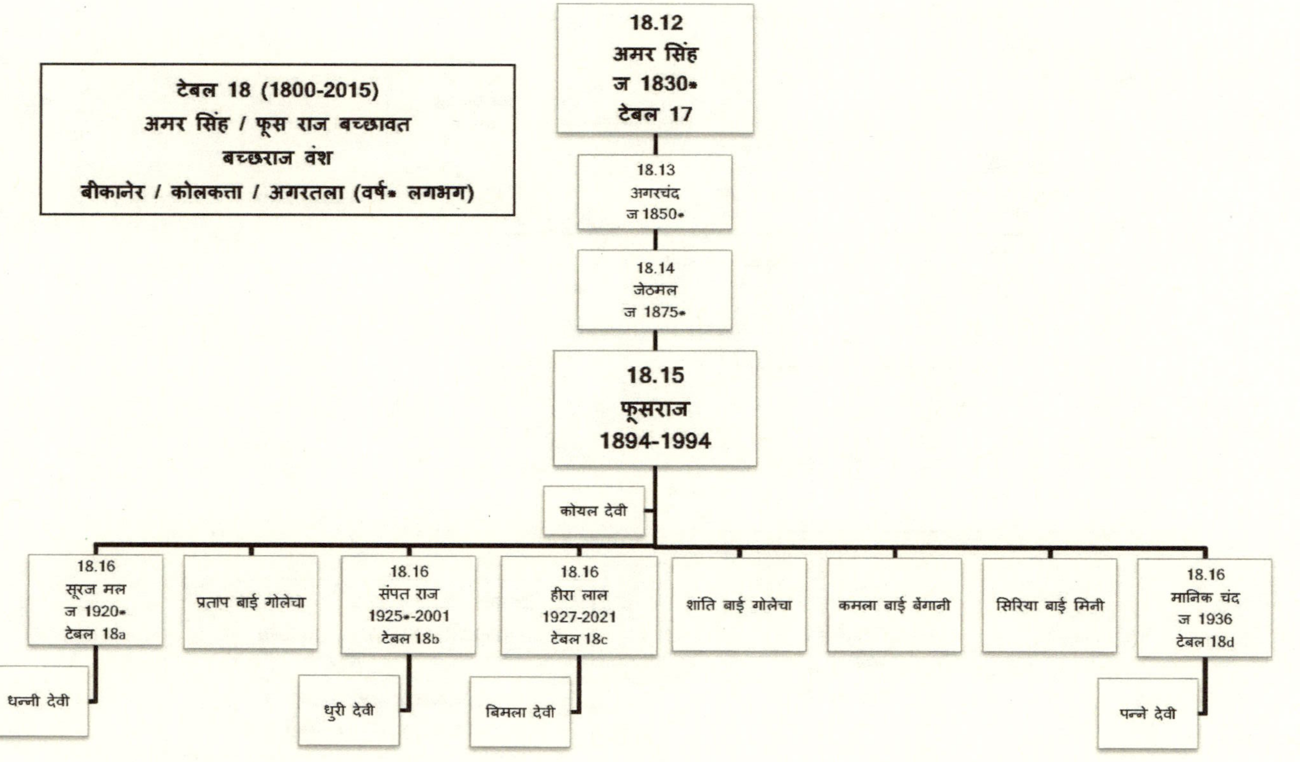

Compiled by Pratap Mehta / Tarun Bachhawat / Vikram Bachhawat / 2023

टेबल 19 (1650-1850)
सावंत सिंह बच्छावत
बच्छराज वंश
बीकानेर / बीदासर / दुशारणा
सरदार शहर / चाडवास (वर्ष* लगभग)

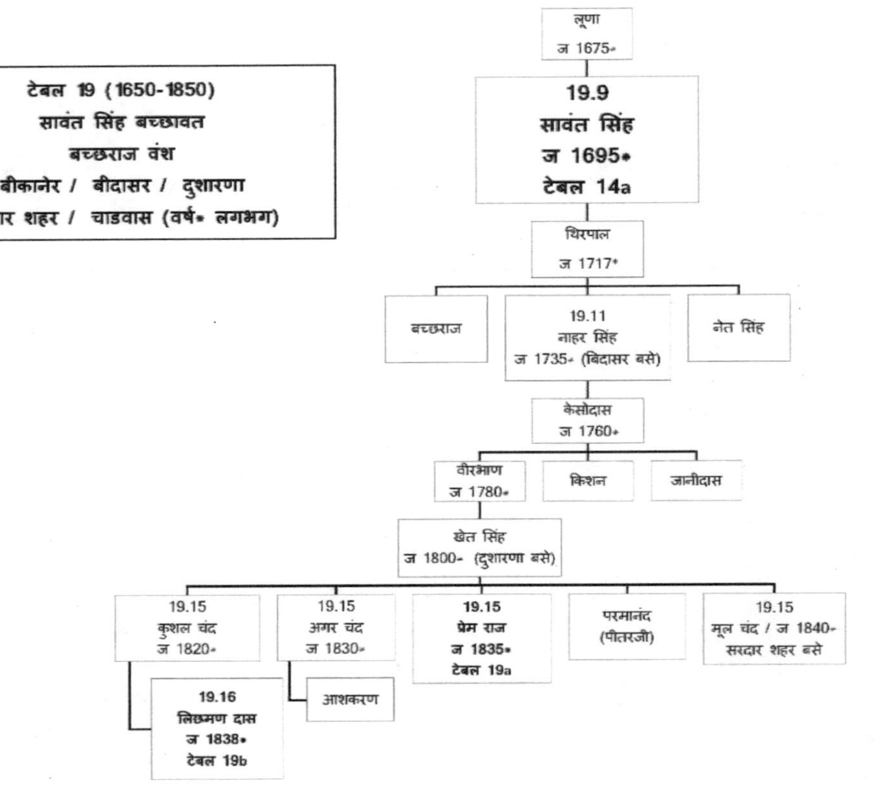

Compiled by Pratap Singh Mehta and Chatra Singh Bachhawat / 2023

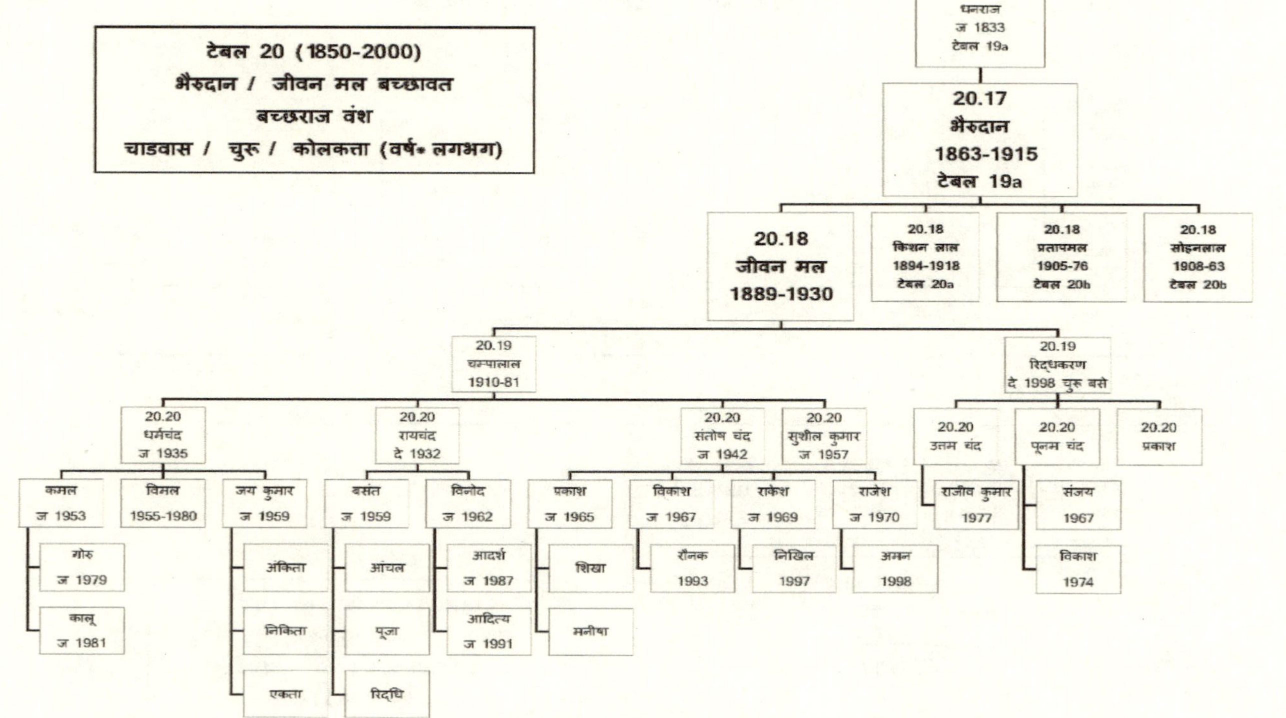

Compiled by Pratap Singh Mehta and Chatra Singh Bachhawat / 2023

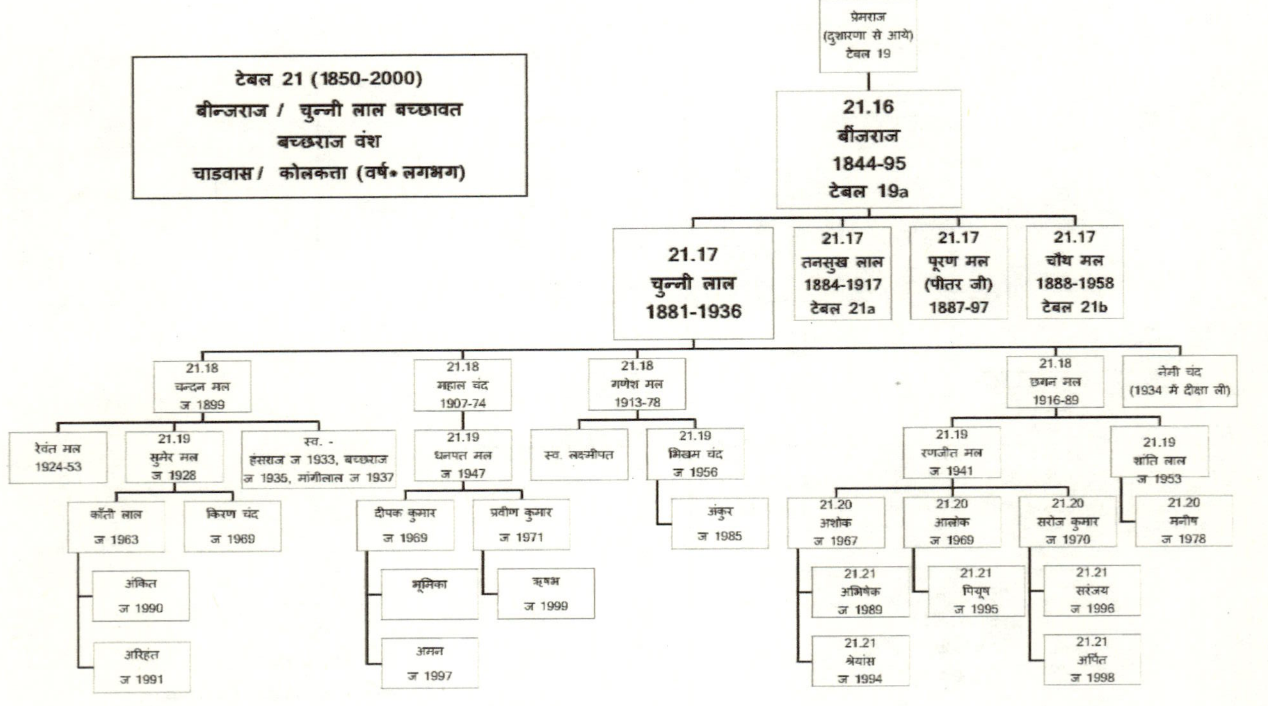

Compiled by Chatra Singh Bachhawat & Pratap Mehta / 2023

टेबल 21b (1900-2000)
चौथ मल / पूनम चंद बच्छावत
बच्छराज वंश
चाडवास / रायपुर / मुंबई (वर्ष* लगभग)

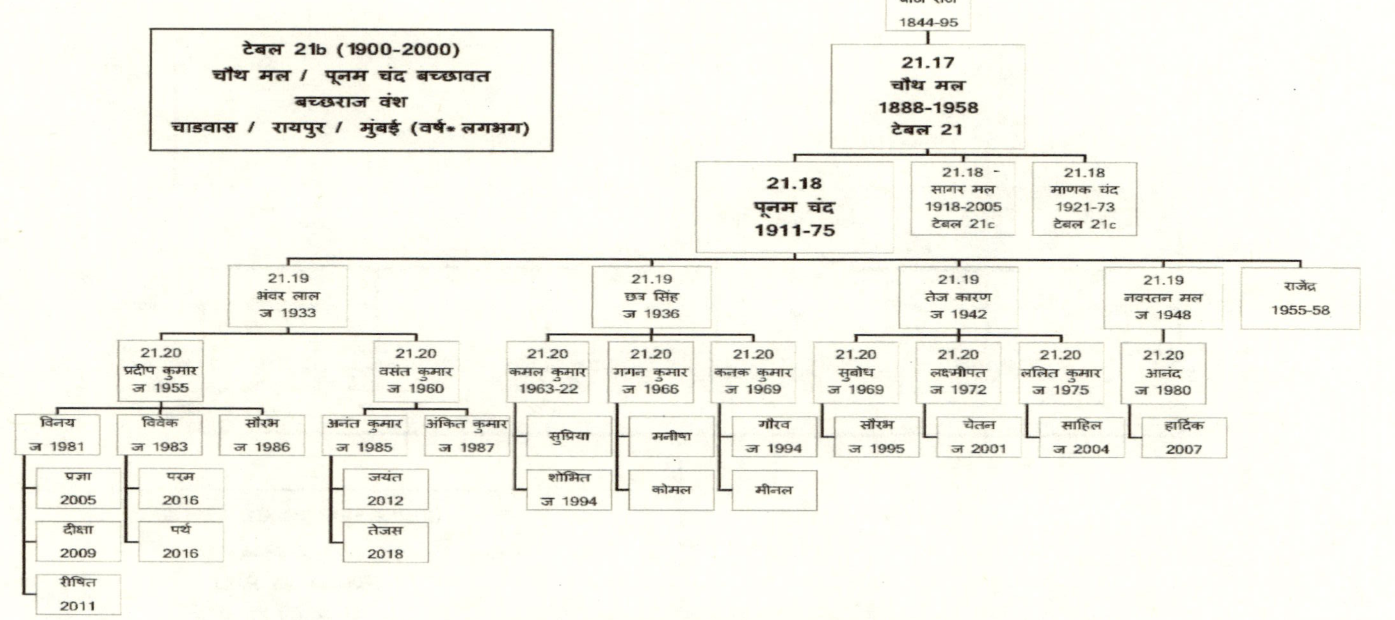

Compiled by Chatra Singh Bachhawat & Pratap Mehta / 2023

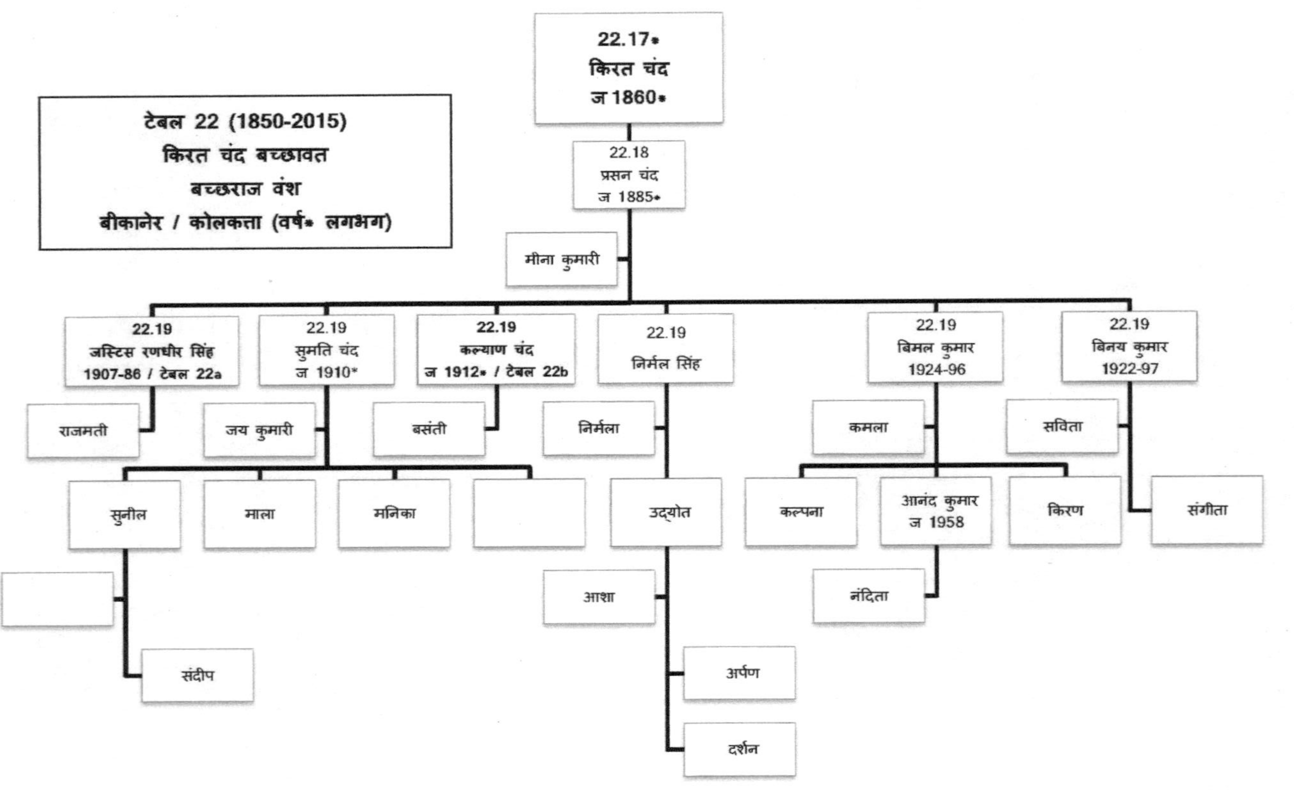
टेबल 22 (1850-2015)
किरत चंद बच्छावत
बच्छराज वंश
बीकानेर / कोलकत्ता (वर्ष* लगभग)
22.17*
किरत चंद
ज 1860*
22.18
प्रसन चंद
ज 1885*
मीना कुमारी
22.19
जस्टिस रणधीर सिंह
1907-86 / टेबल 22a
राजमती
22.19
सुमति चंद
ज 1910*
जय कुमारी
22.19
कल्याण चंद
ज 1912* / टेबल 22b
बसंती
22.19
निर्मल सिंह
निर्मला
22.19
बिमल कुमार
1924-96
कमला
22.19
बिनय कुमार
1922-97
सविता
सुनील
माला
मनिका
उद्योत
कल्पना
आनंद कुमार
ज 1958
किरण
संगीता
आशा
नंदिता
संदीप
अर्पण
दर्शन
Prepared by Pratap Singh Mehta / 2023

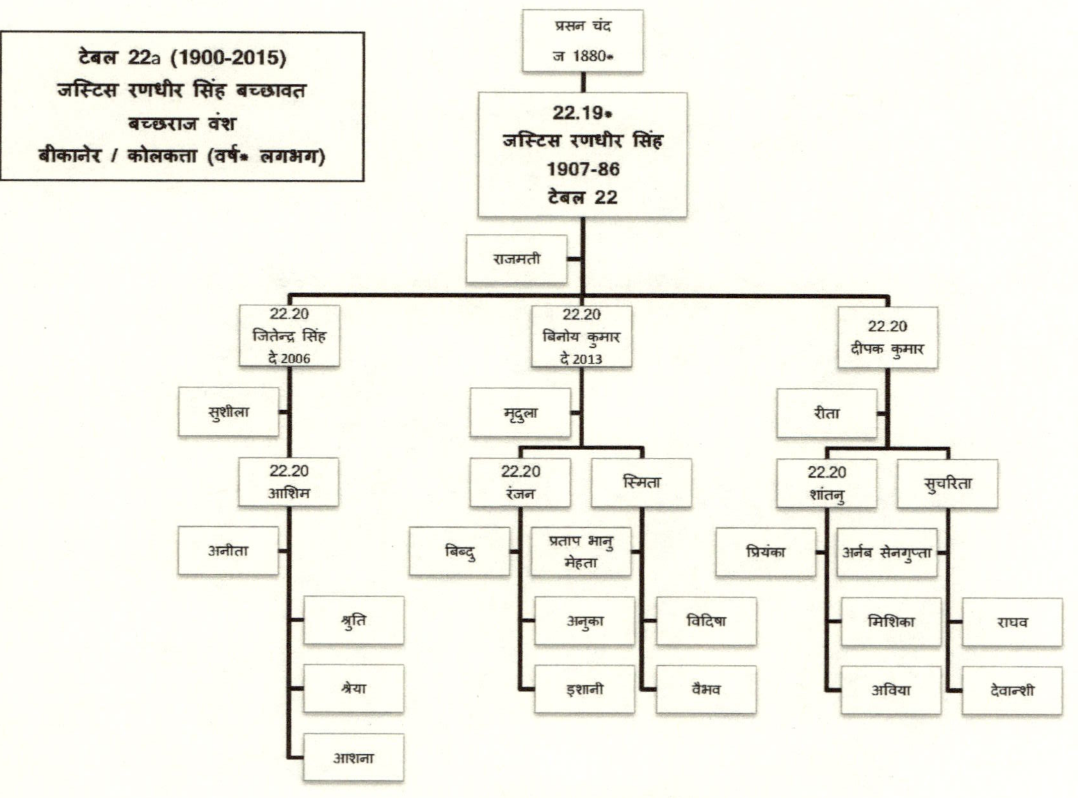

Complied by Pratap Singh Mehta / 2023

परिशिष्ट - 7

पराक्रम और परम्परा - सन्दर्भ ग्रन्थसूची

Parakram aur Parampara - Bibliography

The following books and people, including internet URLs have been consulted for the research:

1. **Karam Chand Vanshho Kirtankam Kavyam** (मंत्री करम चंद वंशावली प्रबंध) – Jaysom Upadhyay (1593) / Shree Guna Vinaya (1598) / Hindi Translation by Madan Kumar Shastri, Udaipur, 1985 (Credit: Lakshman Singh Mehta).
2. **Swa-Jeewni (Autobiography)** – **Rai Pannalal Mehta**, CEI, Diwan / Pradhan / Amatya of Mewar State. Published at the at the behest of Gokul Lal Mehta, Retd, IAS / Editors: Dr PD Pathak; Onkar Lal Menaria / Rajasthan Oriental Research Institute, Jodhpur in 1989
3. **Annals and antiquities of Rajasthan**, or The central and western Rajput states of India (Volume 3) http://www.archive.org/details/annalsantiquitie03todjuoft / Tod, James, 1782-1835; Crooke, William, 1848-1923 / London : H. Milford, Oxford University Press, 2005 / Pages 402, 1721-24
4. **Oswal Jati ka Itihas** - S.R. Bhandari and others / Seth Rajmal Lalwani / Oswal History Publishing House, Indore (1934)
5. **Veer Vinod, Part 1** - Kavi Shyamal Das and presented by Raghuvir Singh (Malwa), page 276-286
6. **Veer Vinod, Part 2** - Kavi Shyamal Das
7. **Mantri Karam Chand Bachhawat** - Bhanwarlal Nahata / Prakrit Bharati Academy, Jaipur; BJ Nahata Foundation, Calcutta (2009)
8. **Bachhawat Gotriya Mehta Vansh: Utpatti, Ateet and Vartmaan (Hindi)** - Lakshman Singh Mehta / Mahendra Prakashan 1983
9. **Gazetteer Of Bikaner State** - By Captain PW Pawlet Officiating Political Agent, Alwar (1874); Re-Printed at the Government Press, Bikaner, 1932
10. **Rajputana Gazetteers** - Vol III-A - The Western Rajputana States Residency and The Bikaner Agency; Compiled by Major KD Erskine; Printed by The Pioneer Press at Allahabad; 1909.

11. **Bikaner Rajya ka Itihas Part 1 & 2** - By Maha Mahopadhya Rai Bahadur Sahitya-Vachaspati Dr Gaurishankar Hirachand Ojha; Printed at The Vedic Yantralaya, Ajmer; 1939 (Hindi)
12. **Udaipur Rajya ka Itihas Part 1 & 2** - By Maha Mahopadhya Rai Bahadur Sahitya-Vachaspati Dr Gaurishankar Hirachand Ojha; Printed at The Vedic Yantralaya, Ajmer; 1939 (Hindi)
13. **Bikaner Jain Lekh Sangrah** - Preface by Dr Vasudev Sharan Agrawal; Compiled & Edited by Agar Chand Nahata and Bhanwrlal Nahata; published by Shri Abhay Jain Granthalaya, Bikaner; 2013; Pages 19, 34-38, 45, 51, 52, 70, 76.
14. **Studies In Indian History: Rajasthan Through the Ages the Heritage Of Rajputs** - R.K. Gupta & S.R. Bakshi / Sarup & Sons, 2008 / Shows result in 54 pages
15. **Honour, status & polity** - Pratibha Jain, Saṅgītā Śarmā / Rawat Publications, 2004 / Pages 197, 199, 204
16. **Lectures on Rajput history and culture** - Dasharatha Sharma / Motilal Banarsi Das, 1970
17. **Caste, Clan, and Ethnicity: A Study of Mehtas in Rajasthan** - Lalit K. Mehta / Rawat Publications, 1999 / Show results in over 100 pages
18. **The Maharajas of Bikaner** - by Rajya Shree Kumari Bikaner; Published by Amaryllis, Munjal publishing house, New Delhi; 2012. Pages 1-34.
19. **Eternal Mewar** http://www.eternalmewar.in/User/Research/WikiDescription.aspx?Id=mehta / HRH Arvind Singhji Mewar / E- newsletter
20. **Dalpat Vilas** - is the surviving fragment of a historical manuscript. Written in the Rajasthani language, it is the earliest known Rajput source of Mughal -Rajput relations / The author of the *Dalpat Vilas* remains unknown / Sadul Rajasthani Research Institute, Bikaner 1960
21. **Advanced Study in the History of Medieval** - Jaswant Lal Mehta / Sterling Publishers, 1980
22. **Rajasthan through the Ages** - a comprehensive and authentic history of Rajasthan / Dasharatha Sharma / Government of Rajasthan. First published 1966 by Rajasthan Archives
23. **Jainism in Mediaeval India** - Chapter XIV, 1300-1800 AD, Prologue http://www.jainworld.com/literature/jainhistory/chapter13.asp & http://www.jainheritagecentres.com/Jainism/Articles/Jainism_In_Medieval_India.pdf / English translation by SM Pahedia

24. **Mewar and the British, 1857-1921 AD** - a history of the relations of the Mewar State with the British Government of India from 1857 to 1921 A.D. / D. L. Paliwal / Bafna Prakashan, 1971

25. **Essays on Rajputana** - reflections on history, culture, and administration / Susanne Hoeber Rudolph, Lloyd I. Rudolph / Concept, 1984 / Pages 402, 1721-24

26. **Later Mewar** - Ram Vallabha Somani / Shantidevi Somani, published by Current Law House, Jaipur, 1985

27. **The artists of Nathdwara** - the practice of painting in Rajasthan / Tryna Lyons / Indiana University Press, 2004 / Pages 168, 172, 200

28. **The golden book of India** - a genealogical and biographical dictionary of the ruling princes, chiefs, nobles, and other personages, titled or decorated, of the Indian empire. http://books.google.co.in/books?id=zykYAAAAYAAJ&dq=editions%3AISBN8187879548&q=+mehta / Sir Roper Lethbridge / S. Low, Marston & Co., 1900 / Page 402

29. **Costumes and textiles of royal India** - Ritu Kumar / Antique Collectors' Club, 1999 / Page 168

30. **The Historians and Sources of History of Rajasthan** - 1581-1625. 39. Ibid., pp. 1518-34. 39a. Vir Vinod, vol. V, pp. 1785-2257. 40 / Gopi Nath Sharma, V. S. Bhatnagar / University of Rajasthan. Centre for Rajasthan Studies, 1992

31. **Deora** - http://en.wikipedia.org/wiki/Deora **;** One of the Rajput clans of Mewar and offshoot of the Chauhans, they dwell in and around Sirohi. Chauhan with 26 branches.../ 2011

32. **Chauhan Rajputs Vansh Agnivanshi** http://www.shvoong.com/humanities/1681556-chauhan-rajputs-vansh-agnivanshi-ankur/ / Ankur Bhaduria

33. **Authentic and good historical books on Mewar, Maharana Pratap and Survanshi** - Written by Gujarati Author Harilal Upadhyay.

34. **Maharana - The Story Of The Rulers Of Udaipur** http://www.worldcat.org/title/maharana-the-story-of-the-rulers-of-udaipur/oclc/22957226 / Brian Masters / Mapin Pvt Ltd, Ahmedabad, 1990

35. **Manuscript** - DS Mehta / 1960*

36. **The Mughal State, 1526-1750 – Themes in Indian History** / Alam Muzaffar & Sanjay Subrahmanyam / Oxford University Press, India (2000) / Pages 30, 67, 95, 136, 172

37. **Portrait of an Artist – The Diary of C Raja Ravi Varma /** Raja Ravi Varma / 2006

38. **The Kingdom of Mewar** - This book traces the history of the Kingdom of Mewar (Udaipur) spreading over 1400 long years / Irmgard Meininger / D.K. Printworld / Page 208, xii

39. **Patan, Gujarat -** From Wikipedia, the free encyclopedia

40. **Rohtas Fort /** Wikepedia.org 2012

41. **A Historical and Political Perspective of Kashmir Issue -** Dr. Naghma Mangrio, Professor, Department of International Relations University of Sindh, Jamshoro. Email: naghmagul@hotmail.com / Dr Naghma Mangrio / Internet, 2006

42. **Bappa Rawal** - **http://en.wikipedia.org/wiki/Bappa_Rawal**

43. **Rao Ranmal / Rao Chunda** - https://rb.gy/crb7y ; https://rb.gy/o1qqk ;https://historyglow.com/rao-ranmal/;https://historyglow.com/rao-chunda/

44. **Sansmaran /** Dhaybhai Tulsinath Tanwar / 1982 - Shree Geeta Printing Press, Udaipur

45. **Memories of Princely India by Sir Canard Cornfield /** "Illustrated Weekly of India", 20 May 1971

46. **Rajputana Agency Records, Mewar** - 1874-84, No 1

47. **Themes In Indian History – The Mughal State** - 1526-1750; by Muzaffar Alam and Sanjay Subrahmanyam; Page 208

48. **Chiefs and Leading Families in Rajputana** - Fourth edition; Government Printing Press, Calcutta; 1916

49. **Eke Shahar ki Kahani: Logon ki Jubani** - by Sanjay Shrimali; Published by Surya Prakashan Mandir, Bikaner; 2011. Page 106

50. **Bikaner Rajya ka Itihas – Kuch Anchue Pahelu** - by Mohammed Iqbal; Vikas Prakashan, Bikaner; 2013; Page 26-41

51. **The Sword of the Prophet: A Politically Incorrect Guide to Islam** - by Dr. Serge Trifkovic. This information is adapted for Front Page Magazine (18 November 2002) by Robert Locke. Dr. Serge Trifkovic received his PhD from the University of Southampton in England and pursued postdoctoral research at the Hoover Institution at Stanford. His past journalistic outlets have included the BBC World Service, the Voice of America, CNN International, MSNBC, *U.S. News & World Report, The Washington Times,* the *Philadelphia Inquirer, The Times* of London, and the *Cleveland Plain*

Dealer. He is foreign affairs editor of *Chronicles: A Magazine of American Culture*. http://archive.frontpagemag.com/readArticle.aspx?ARTID=21094

52. **Bachhawat Vansh aur Charwas Bachhawat Parivar (Hindi)** – Chatra Singh Bachhawat, Raipur / published at Kolkata, 2003.

53. The following books / research papers for study on **Mantri Karam Chand:**
    - **Sindhayachal Dayaldas-ki-Khyat**, (A History of Bikaner State), JK Jain et al ed. Bikaner, 1989, pp 31-32
    - Siddhi Chandra Upadhyay, **Bhanu Chandra Charitra**, ed Shri Moham Lal Dalichand
    - **Desadarpan** (A History of Bikaner State), pp32 and 333
    - **Yug Pradhan Jin Chandra Suri**, pp 61 and 229.
    - **The Centre and Locality in Mughal India: The case of Mantri Karam Chand Bachhawat of Bikaner**, by Prof Shalin Jain, pp 332-339, Paper at 68th session of IHC 2007

54. Interviews, manuscripts, paintings, and bards from the following person:
    - Mehta Lakhpat Singh / Mandalgarh / 2010-23
    - Mehta Bhupendra Singh / 2008-23
    - Late Mehta Prithvi Singh / Bhilwara / 2009-15
    - Late Mehta Bhagwat Singh / Udaipur / 2010-19
    - Late Mehta Inder Singh / Udaipur / 1965-90
    - Late Mehta Ram Singh / Udaipur / 2003-04
    - Late Mehta Lakshman Singh / Udaipur / 1989-90
    - Late Mehta Fatehlal / Udaipur / 1956-57
    - Late Mehta Sangram Singh / Udaipur / 1960-64
    - Late Bhanwar Lal Sanghvi / Bengaluru / 1974-77
    - Late Gopibai Nandwana / Udaipur / 1960-85
    - Bachhawat Chatra Singh / Raipur / 2019-23
    - Bachhawat Mehta Hukmi Chand / Pali / 2019-23
    - Bachhawat Tarun Jain / Agartala / 2019-23
    - Bachhawat Manek Chand / Kolkata / 2017-20
    - Rajendra Nath Purohit / Udaipur / 2014-20
    - Late Jaswant Singh Singhvi / Udaipur / 2010-19
    - Nadeem Ahmad Nadeem / Bikaner / 2014-23

समीक्षा

"Are we makers of history? We are made by history, and if we don't know history, then we are like a leaf that does not know it is part of a tree. Nevertheless, if history were taught in the form of stories, it would never be forgotten. Thank you for sending me your anecdotal coffee table book, "Rajputana Chronicles: Guns and Glories" – The thousand-year story of the Bachhawat clan. I look forward to the pleasure of reading it at length during quiet interludes and being enlightened about this significant part of our history."

Amitabh Bachchan, Film Actor and Television Host
(Review for Guns and Glories, 2017)

ये कौन से कुल की कीर्ति कथा जिसने अपने कुछ अनुभव और शासनोचित गुणों से इस देश के शासकों, सामन्तों और अधिकारियों को गौरवान्वित किया है? बच्छावत परिवार ने अपने महत्तम गुणों से इतिहास रचा और वह प्रत्येक वंश के लिए प्रेरणा का स्रोत बना हुआ है। यह एक परिवार मात्र नहीं, प्रेरक और पृष्ठ पोषक संरक्षक गुणों का गौरव है। उनके यश को पढ़ना और पढ़ाना, पराक्रम और पुरुषार्थ को प्रबल करना है। प्रथा-परंपराओं को प्रौढ़-पीठ पर प्रतिष्ठित करने जैसी पहल है। वे बधाई और अभिनंदन के योग्य होते हैं जो पीढ़ियों के लिए प्रेरणा के पथ को राजमार्ग करने लिए शब्दों के कीर्ति स्तंभ रचते हैं, वे ही हृदय में हार होकर शोभित होते हैं!

डॉ. श्रीकृष्ण 'जुगनू', इंडोलॉजिस्ट

"In a world getting increasingly intoxicated by technology, social media and Pokémon Go, Commander Mehta goes back in time and comes up with a book 'Rajputana Chronicles: Guns and Glories' that celebrates our culture and legacy through some insightful anecdotes from the great Rajputana. He takes the reader on an informal journey where he is not afraid of getting off the highways of history and taking them through the by lanes of Rajputana heritage where we find some incredible, yet untold stories of valour and morality at their most educating and entertaining levels."

Anupam Kher, Film Actor, Producer & Director, and Motivational Speaker (Review for Guns and Glories, 2017)

क्या अधिकांश इतिहास राजाओं के बारे में लिखा गया है कि वे कैसे अपना राज्य चलाते थे? क्या आप जानते कि यह पुस्तक राजपूताना के विस्मृत शासकों, उनके मंत्रियों और अनकही पराक्रम, प्रतिष्ठा और परम्परा की अनकही ऐतिहासिक गाथाओं के बारे में है? यह पुस्तक, इतिहास और धरोहर प्रेमियों के शोध-कर्ता के लिए ही नहीं, बल्कि संस्कृति प्रेमियों के लिए बहुउपयोगी रहेगी।

श्रीजी अरविन्द सिंह मेवाड़

(राजपूताना क्रॉनिकल्स: गन्स एंड ग्लोरीज़ की समीक्षा 2016)

यह पुस्तक राजपूताना के बहादुर और गौरवमयी सांस्कृतिक अतीत की मजेदार सच्ची कहानियों को प्रकट करती है और एक भूले हुए बच्छावत वंश को प्रकाश में लाती है।

डा. पुष्पेन्द्र सिंह राणावत, पूर्व भू वैज्ञानिक, भू विरासत विशेषज्ञ

(राजपूताना क्रॉनिकल्स: गन्स एंड ग्लोरीज़ की समीक्षा, 2016)

क्या वैश्य जाति के होने के बावजूद बच्छावत सैन्य रणनीति में, क्षत्रिय सलाहकारों से बेहतर जाने जाते थे? हाँ, क्योंकि उनमें राजसी (देवड़ा चौहान) रक्त प्रवाहित था। अपनी कलम एवं तलवार का उपयोग वे समान हुनर और प्रभाव के साथ करते थे।

डॉ. देवेन्द्र राज मेहता, पद्मभूषण, पूर्व भारतीय प्रशासनिक सेवा अधिकारी

क्या बच्छावत परिवार का जन हित कार्यों में महत्त्वपूर्ण सहयोग रहता आया है? इन्हीं कारणों से पूर्व में बीकानेर के दीवान करम चंद बच्छावत और उसके बाद के वंशजों की अविस्मरणीय सामाजिक उन्नयन वृत्तियाँ, आज विशेष स्मृतियाँ बनी हुई हैं।

छत्र सिंह बच्छावत, साहित्यकार, समाज सेवक (रायपुर)

राजपूताना के विस्मृत गणमान्य शासकों और मंत्रिगण की विरासत और इतिहास की अन्य कई विविधताओं का यह दर्पण आपको सुन्दर लगेगा। यहाँ विशेष रूप से उनकी अनकही दास्तान के पराक्रम और परम्परा का प्रतिबिम्ब दर्शाया गया हैं।

जयदेव शर्मा, पत्रकार

www.ingramcontent.com/pod-product-compliance
Lightning Source LLC
LaVergne TN
LVHW091137150826
845672LV00005B/964

* 9 7 9 8 8 9 1 8 6 3 4 4 6 *